O DIREITO AGRÁRIO EM DEBATE

D598   O Direito Agrário em debate / Alexandre Gonçalves Lippel ... [et al.]; Domingos Sávio Dresch da Silveira, Flávio Sant'Anna Xavier, organizadores. — Porto Alegre: Livraria do Advogado, 1998.
333p.; 16x23 cm.

ISBN 85-7348-091-2

1. Direito Agrário. 2. Imóvel rural. 3. Desapropriação. 4. Reforma agrária. 5. Direito de propriedade. 6. Justiça agrária. 7. Meio ambiente. I. Lippel, Alexandre Gonçalves. II. Silveira, Domingos Sávio Dresch da. III. Xavier, Flávio Sant'Anna.

CDU   349.42

Índices para catálogo sistemático

Reforma agrária
Desapropriação
Direito de propriedade
Justiça agrária
Imóvel rural
Direito agrário
Meio ambiente

(Bibliotecária responsável: Marta Roberto, CRB 10/652)

O DIREITO AGRÁRIO EM DEBATE

Alexandre Gonçalves Lippel
Antonio José de Mattos Neto
Domingos Sávio Dresch da Silveira (Organizador)
Eliana Pires Rocha
Flávio Sant'Anna Xavier (Organizador)
Ivaldo Gehlen
Jacques Távora Alfonsin
Jefferson Carús Guedes
Leandro Paulsen
Manoel Lauro Volkmer de Castilho
Marcelo Dias Varella
Moisés Tomás Stefani
Octavio Mello Alvarenga
Roger Raupp Rios
Roxana Cardoso Brasileiro Borges

livraria
DO ADVOGADO
editora

Porto Alegre, 1998

© Alexandre Gonçalves Lippel, Antonio José de Mattos Neto,
Domingos Sávio Dresch da Silveira (org.), Eliana Pires Rocha,
Flávio Sant'Anna Xavier (org.), Ivaldo Gehlen, Jacques Távora Alfonsin,
Jefferson Carús Guedes, Leandro Paulsen, Manoel Lauro Volkmer de Castilho,
Marcelo Dias Varella, Moisés Tomás Stefani, Octavio Mello Alvarenga,
Roger Raupp Rios e Roxana Cardoso Brasileiro Borges.

Capa de
Carla M. Luzzatto

Foto da capa de
Ronaldo Bernardi
(a foto foi alterada eletronicamente)

Projeto gráfico e diagramação de
Livraria do Advogado / Valmor Bortoloti

Revisão de
Rosane Marques Borba

Direitos desta edição reservados por
Livraria do Advogado Ltda.
Rua Riachuelo, 1338
90010-273 Porto Alegre RS
Fone/fax: (051) 225-3311
E-mail: livadv@vanet.com.br
Internet: www.liv-advogado.com.br

Impresso no Brasil / Printed in Brazil

Sumário

Primeira Parte - Direito Agrário e Propriedade

1. A propriedade agrária e suas funções sociais
   Domingos Sávio Dresch da Silveira 11
2. Notas sobre o instituto do imóvel rural e o Direito Agrário
   Flávio Sant'Anna Xavier 26

Segunda Parte - Direito Agrário e Desapropriação

3. O Justo Preço
   Manoel Lauro Volkmer de Castilho 57
4. Desapropriação por interesse social para reforma agrária, "ratificação da posse" e direito à indenização
   Eliana Pires Rocha 83
5. Desapropriação da posse no Direito Brasileiro
   Jefferson Carús Guedes 106
6. O direito de propriedade e os limites à desapropriação
   Leandro Paulsen 130
7. Algumas inovações trazidas pela MP nº 1.577/97, suas sucessoras e o Decreto nº 2.250/97
   Moisés Tomás Stefani 150
8. A Medida Provisória 1.632/98 e o Decreto 2.250/97
   Alexandre Gonçalves Lippel 186

Terceira Parte - Direito e Reforma Agrária

9. Princípio democrático e reforma agrária
   Roger Raupp Rios 195
10. MST, um novo movimento social?
    Marcelo Dias Varella 212
11. Reforma agrária: opção pelo modelo familiar de desenvolvimento
    Ivaldo Gehlen 239

Quarta Parte - Justiça e conflitos agrários

12. Justiça agrária especializada: um ideal postergado
    Octavio Mello Alvarenga 261

13. Os conflitos possessórios e o Judiciário.
    Três reducionismos processuais de solução
    Jacques Távora Alfonsin 269

Quinta Parte - Direito Agrário e meio ambiente

14. Função ambiental da propriedade e reforma agrária
    Roxana Cardoso Brasileiro Borges 289

15. O Direito Agroambiental na Amazônia e o
    desenvolvimento sustentável
    Antonio José de Mattos Neto 312

Apresentação

Este livro sobre Direito Agrário tem o debate como compromisso central, não só pela variedade dos temas propostos, mas, fundamentalmente, pela fonte plural de seus autores, cuja posição como operadores do Direito representa uma visão multifacetada, portanto pretensamente representativa deste ramo do Direito.

A leitura dos artigos – é verdade – poderá semear a impressão da descontinuidade, da amplitude demasiada do espectro temático, quiçá, de um verdadeiro conflito sobre temas cardinais, e se assim exsurgir, realizada estará a intenção de seus organizadores, que foi a de imolar-se em verdadeiro debate e renegar ideário siamês, em especial diante de tema tão candente, verdadeira "questão nacional", que é a democratização do acesso à propriedade fundiária – do qual o Direito Agrário é tão dependente.

E nem poderia ser diferente se atentarmos para a diversa posição jurisdicional de cada Autor, quando não do ideário que sempre se entranha em cada opinião ou da realidade díspare deste vasto país, tão desigual, tão brasileira.

Há de se admitir, com absoluta franqueza, o quão difícil a instauração deste debate, diante da aridez doutrinária e da inexistência de um foro permanente sobre o tema, contrastante com a universalidade já longínqua do Estatuto da Terra e da sempre renovada tentativa de soerguer o Direito Agrário como ramo autônomo, quando não para pontuá-lo diante de uma contradição: discuti-lo sob uma distribuição fundiária quase feudal nestes tempos de final de século-milênio, a importar, noutras palavras, num debate antigo (não superado) e moderno (desafiador), repisando velhos temas e se aventurando em searas nunca dantes visitadas.

Esta contradição, que parece emergir dos vários artigos, nunca coube tão bem no Direito Agrário de um país chamado Brasil, no qual, malgrada a linguagem universal advinda da massificação dos meios de comunicação e dos efeitos da globalização dependente, ainda preserva cento e vinte expressões redutíveis ao hectare; onde a mecanização e a biogenética convivem com a junta-de-boi, o trabalho escravo e com o pior dos atrasos: a fome e a institucionalização do latifúndio num país de mais de oito milhões de quilômetros quadrados.

Por derradeiro, pretendeu-se, apesar da ojeriza d'alguns, o contato com outras disciplinas, como a sociologia e a economia, de sorte a preservar e a incentivar característica do Direito Agrário – tão dependente da realidade e suas vicissitudes. Que esta obra represente uma contribuição à divulgação e à solidificação do Direito Agrário entre nós. É o que esperamos.

Domingos Sávio Dresch da Silveira
Flávio Sant'Anna Xavier
Organizadores

Primeira Parte

DIREITO AGRÁRIO E PROPRIEDADE

— 1 —
A propriedade agrária e suas funções sociais

DOMINGOS SÁVIO DRESCH DA SILVEIRA
Professor de Direito Agrário da UFRGS e
Procurador Regional da República

SUMÁRIO: 1. Introdução; 2. A função social da propriedade como elemento constitutivo do conceito jurídico de propriedade; 3. A efetividade da função social da propriedade; 4. A propriedade rural e sua função social; 5. Conclusão; Bibliografia.

1. Introdução

É comum falar-se em Função Social da Propriedade. Nossa constituição consagrou esse princípio em diversos dispositivos.[1] Contudo, o que não se tem referido é que existem diversas funções sociais que variam conforme o tipo de propriedade.

Pretendemos neste pequeno trabalho analisar as diversas funções sociais exercidas pela propriedade imobiliária, correlacionando-as com a própria evolução do conceito jurídico de propriedade. Entendemos que pouco restou do conteúdo do direito de propriedade como definido nos grandes códigos do século passado e em nosso Código Civil de 1917.

Apesar disso, os que fazem atuar o sistema jurídico, comumente denominados de "operadores do direito", apenas com dificuldade percebem que o conceito absoluto de propriedade,[2] a que em geral

---

[1] Dentre outros dispositivos, o princípio foi referido nos artigos 5º, inciso XXIII, 182, § 3º, 186, e 170, III, da CF.
[2] Nunca é demais lembrar que o Código Civil francês a define, desde 1804, como um direito *plus absolut*, em expressiva redundância.

prestam culto, persiste apenas como uma projeção mental, não guardando relação com a realidade social e, tampouco, sendo funcional no sistema.

Assim sendo, é inegável que o conceito de propriedade usualmente utilizado no meio jurídico é aquele nascido com o capitalismo e que o tem como um atributo da condição humana, conferindo a seu titular um direito "com caráter absoluto" e, como conseqüência, uma ilimitada liberdade de utilização.[3]

Acrescente-se, ainda, que a pós-modernidade,[4] com seu duplo processo de globalização e relativização dos valores, está a produzir uma sociedade que exige um direito mais flexível, capaz de regular relações de propriedade que tendem a perder, por inteiro, o caráter absoluto da antiga propriedade imobiliária. Atualmente é mais perceptível tal fenômeno no campo da propriedade imaterial, a qual comporta desde o direito autoral e a propriedade industrial[5] até a propriedade virtual, ou seja, aquela exercida sobre espaços no "mundo web" denominados de *sites*.

Analisando nosso sistema normativo, poderemos perceber a existência de funções sociais da propriedade que se diferenciam conforme o tipo de propriedade, sendo possível afirmar que, atualmente, as propriedades exercem várias funções sociais.

Procuraremos indagar sobre as razões que fazem com que esteja pouco presente no discurso dos juristas o princípio da função social da propriedade, cuja extensão e densidade normativa poderia se constituir em notável instrumento para a construção de consensos. Em suma, o que faz com que o profissional do direito tenha tanta

---

[3] Sobre o tema, merece ser mencionado o estudo de Ana Prata, *A Tutela Constitucional da Autonomia Privada*, especialmente a seguinte passagem: "parece evidente, na seqüência do que já foi dito, que se configura, internamente, o direito de propriedade como um *poder discricionário e ilimitado* de utilização do bem pelo respectivo titular (...) se o direito de propriedade recorta uma esfera de poder do sujeito com exclusão de qualquer intromissão alheia, é evidente que no interior desse domínio o sujeito tem um poder soberano de decisão" (p. 150, grifamos).

[4] A propósito, vale lembrar instigante estudo de Boaventura de Souza Santos denominado *La transición postmoderna: derecho y política*. DOXA - *Cuadernos de Filosofia del Derecho*. Alicante, (6):223-263, 1989.

[5] A atual Constituição não descuidou de arrolar entre os direitos fundamentais a propriedade industrial, como se percebe do disposto no artigo 5º, inciso XXIX: "a lei assegurará aos autores de inventos industriais privilégio *temporário* para sua utilização, bem como proteção às criações industriais, à propriedade das marcas, aos nomes de empresas e a outros signos distintivos, *tendo em vista o interesse social e o desenvolvimento tecnológico e econômico do País*". Desde logo, percebe-se que a função social da propriedade industrial vincula-se diretamente ao interesse social e ao progresso tecnológico e econômico do País, o que determina que o próprio direito seja, por definição, temporário e instrumental, ou seja, reconhecido enquanto efetivamente aplicado à produção.

dificuldade para utilizar o princípio da função social da propriedade nas suas diversas modalidades? Eis nossa principal indagação.

Para tanto, o trabalho será dividido em duas partes. Na primeira, analisaremos alguns aspectos da categoria função social da propriedade e na segunda parte verificaremos as feições particulares que a função social gera na propriedade imobiliária agrária. Desde logo, esclarecemos que, pelos limites deste artigo, não analisaremos o instigante tema da função social da empresa e da propriedade imaterial.

2. A função social da propriedade como elemento constitutivo do conceito jurídico de propriedade

Ouve-se, com grande freqüência, que a propriedade não é mais um direito absoluto. Tal afirmação costuma preceder, sobretudo, argumentações doutrinárias ou jurisprudenciais que pretendem conferir, contraditoriamente, proteção absoluta à propriedade.

Talvez seja o momento de se afirmar o contrário. *A propriedade tem algo de absoluto.* Algo de sagrado. E o sagrado (o que move as montanhas, como quer o poeta), o absoluto da propriedade é a sua função social, que constitui, em síntese, o seu perfil constitucional.

Contudo, quer nos parecer que a função social da propriedade não deva ser visualizada como um conjunto de princípios programáticos. Temos que a melhor concepção é aquela que afirma ser a função social *elemento constitutivo* do conceito jurídico de propriedade. Importa dizer que a função social não é um *elemento externo*, um mero adereço do direito de propriedade, mas *elemento interno* sem o qual não se perfectibiliza o suporte fático do direito de propriedade.

Em obra já clássica, afirma *Stefano Rodotà* que a função social não pode se identificar com a banda externa da propriedade, mas que se identifica com o próprio conteúdo da propriedade.[6]

Essa posição foi expressamente adotada por *José Afonso da Silva*, que entende ser a função social "elemento da estrutura e do regime jurídico da propriedade", impondo-lhe um *"novo conceito"*.[7]

---

[6] *El Terrible Derecho – Estudios sobre la propiedad privada.* Madrid, Editorial Civitas S/A, 1986. Literalmente, afirma o consagrado jurista italiano: "a función no puede identificarse ulteriormente con la banda externa de la propiedad, reservada a la colectividad, y se presenta con una expresión elíptica, que unifica los presupuestos de la calificación jurídica de modo tal que identifica el contenido mismo de la situación de pertenencia" (p. 239).

[7] Diz o renomado constitucionalista: "a doutrina se tornara de tal modo confusa a respeito do tema, que acabara por admitir que a propriedade privada se configura sob dois aspectos: a)

De forma mais contundente, afirma *Eros Roberto Grau* que a propriedade que não cumpre sua função social não existe e, como conseqüência, não merece proteção e deveria ser objeto de perdimento, e não desapropriação.[8]

Em monografia dedicada ao tema, *Rafael Colina Galea*, após afirmar que a propriedade não pode ser concebida como um direito subjetivo de disposição plenamente livre, entende que a função social modela internamente o direito de propriedade, e não apenas serve como limite externo de seu conteúdo. Arremata o autor que não se trata de atribuir ao proprietário um poder ilimitado que será posteriormente restringido pela aplicação da função social da propriedade, mas sim o próprio direito já nasce limitado.[9]

Na mesma linha, vale lembrar que essa posição foi marcante na doutrina italiana, especialmente após a Segunda Guerra Mundial. Pietro Barcellona afirmou: "A função social não pode ser constituída como um dado externo, como qualquer coisa que se encontra fora da estrutura da propriedade" já que essa é "condicionada à realização das funções, aos fins que são atribuídos a cada um no âmbito da coletividade".[10]

De forma ainda mais incisiva, afirma *Pietro Perlingieri* que o proprietário "(...) só recebeu do ordenamento jurídico aquele direito de propriedade na medida em que respeite aquelas obrigações, na medida em que respeite a função social do direito de propriedade. *Se o proprietário não cumpre e não se realiza a função social da propriedade, ele deixa de ser merecedor de tutela por parte do ordenamento jurídico, desaparece o direito de propriedade*".[11]

---

como direito civil subjetivo e b) como direito público subjetivo. Essa dicotomia fica superada com a concepção de que a função social é elemento da estrutura e do regime jurídico da propriedade; é, pois, princípio ordenador da propriedade privada; incide no conteúdo do direito de propriedade; impõe-lhe novo conceito", conforme se lê no *Curso de Direito Constitucional Positivo*. SP, RT, 6ª edição, p. 241.

[8] Textualmente, diz o referido autor: "(...) a propriedade dotada de função social, que não esteja a cumpri-la, já não será mais objeto de proteção jurídica. Ou seja, já não haverá mais fundamento jurídico a atribuir direito de propriedade ao titular do bem (propriedade) que não está a cumprir sua função social. Em outros termos, já não há mais, no caso, bem que possa, juridicamente, ser objeto de direito de propriedade (...) não há, na hipótese de propriedade que não cumpre sua função social 'propriedade' desapropriável. Pois é evidente que só se pode desapropriar a propriedade; onde ela não existe, não há o que desapropriar" (*in: A ordem econômica na Constituição de 1988 – interpretação e crítica*. SP, RT, 1990, p. 316).

[9] *La Función Social de la Propiedad Privada en La Constitución Española de 1978*. Barcelona, J.M. Bosch Editor, 1997, especialmente 198 a 204.

[10] *Diritto privato e processo economico*. Nápoles, 1977, pp. 181-2.

[11] *Introduzione alla problematica della 'proprietà'*. Camerino, 1970, p. 71.

Ora, se confrontarmos tais posições com a orientação jurisprudencial majoritária (quase absoluta), sobretudo no que se refere à proteção possessória, veremos que as posições acima transcritas soam quase como subversivas. Contudo, idéias muito próximas podem ser encontradas, até mesmo, na "Carta del Lavoro", documento fundamental do fascismo na Itália.[12]

Para alguns, a propriedade, em razão de sua função social, deve ser visualizada não apenas como um *direito fundamental*, mas também como um *dever fundamental*.

3. A efetividade da função social da propriedade

Assentado que a função social da propriedade integra como elemento essencial o conceito jurídico de propriedade, cumpre indagar se tal princípio é auto-aplicável ou depende de regulamentação. Por outro lado, impõe-se também a indagação sobre a possibilidade de sua integração através da atuação do Poder Judiciário.

Inegavelmente a Função Social da Propriedade é um conceito jurídico com termos indeterminados. Mas tal característica, ao contrário de ser um fator de limitação à sua aplicação, constitui-se em elemento de potencialização do instituto.[13]

Por outro lado, se tomarmos a posição daqueles que afirmam o caráter programático[14] do princípio constitucional em exame, veremos que nem mesmo as conseqüências típicas das normas programáticas são admitidas. Sabe-se que tais normas produzem, ao menos, os seguintes efeitos imediatos: (a) revogam leis anteriores com ela incompatíveis, (b) vinculam o legislador à sua realização, (c)

---

[12] Como lembrado por Ana Prata, op. cit.,p. 165, a Declaração VII previa a função social da propriedade nos seguintes termos: "A ordem corporativa respeita o princípio da propriedade privada. Esta completa a personalidade humana: é um direito e, se é um direito, é também um dever. Tanto que pensamos que a propriedade privada deve ser entendida como função social; não pois como propriedade passiva, mas como propriedade activa, que não se limita a gozar os frutos da riqueza, mas a desenvolve, a aumenta e multiplica". Por certo, se tal princípio fosse assumido pelos tribunais, haveria significativamente menos iniqüidade na proteção da grande propriedade improdutiva.
[13] Eros Roberto Grau, tratando dos conceitos jurídicos indeterminados, afirma: "são indeterminados os conceitos cujos termos são ambíguos ou imprecisos - especialmente imprecisos - razão pela qual necessitam ser completados por quem os aplique. Neste sentido, talvez pudéssemos referi-los como conceitos carentes de preenchimento com dados extraídos da realidade" (*Direito, conceito e normas jurídicas*, RT, 1988, p.72). Mais adiante, o festejado autor arremata, afirmando que cabe ao Judiciário o preenchimento dos conceitos indeterminados.
[14] Ressalte-se que, quase invariavelmente, refere-se às normas constitucionais programáticas como sendo *"meramente"* programáticas, como se delas nenhum efeito jurídico irradiasse.

condicionam a atuação da administração pública e (d) informam a interpretação e aplicação da lei pelo Judiciário.

Ora, se tais conseqüências próprias das normas ditas programáticas fossem aplicadas às propriedades teríamos, indubitavelmente, um extraordinário avanço, pois até o momento, aos olhos, sobretudo, do Judiciário, respectivamente: (a) a norma constitucional não revogou nada do CCB nem do CPC em matéria possessória, (b) o legislador ainda não se sentiu compelido a adaptar o regime jurídico da posse à Constituição, ou sequer a aprovar o projeto de lei do Estatuto da Cidade, (c) a Administração Pública tem sido extremamente lenta e ineficiente na declaração do interesse social dos latifúndios improdutivos, e (d) o Judiciário interpreta os dispositivos do Código Civil de forma assistemática, desconsiderando os princípios constitucionais sobre a propriedade.[15]

Essa situação foi oportunamente detectada por *Ana Prata*, que afirma ser comum na prática dos tribunais deixar-se de aplicar as cláusulas gerais previstas na Constituição ao argumento de sua vagueza ou imprecisão, o que retiraria o seu caráter normativo.[16]

Como bem assinala *Canotilho*, a distinção entre norma e princípio, modernamente, está superada. Admite-se que no âmbito do "superconceito norma" encontramos as espécies regras e princípios, sendo certo que esses últimos revelam "normas que não são expressas por qualquer enunciado legislativo, *possibilitando aos juristas, sobretudo aos juízes, o desenvolvimento, integração e complementação do direito*".[17]

Como afirmado, entendemos que não estamos diante de norma constitucional de caráter programático. A função social, por força de disposição constitucional expressa (artigo 5º, § 1º), "tem aplicação imediata", por tratar-se de norma definidora de direitos e garantias fundamentais.

Nada impede, é certo, que a lei, ou até mesmo a própria Constituição, venha a explicitar algumas funções sociais atribuídas à propriedade. Tal situação, ao contrário de denotar a não-auto-aplicabilidade do instituto, significa que, por ser um "conceito jurídico

---

[15] A propósito, merece especial menção o artigo de autoria de Laércio A. Becker, "A repercussão da função social da propriedade no Processo Civil", in: *Revista de Direito Processual Civil Genesis*, nº 4, jan./abr. 1997, pp. 55-70.

[16] *A Tutela Constitucional da Autonomia Privada*. Coimbra, Almedina, 1982, p. 139.

[17] *Direito Constitucional*. Coimbra, Almedina, 1991, 5ª ed., especialmente pp. 172-3. Afirma, ainda, que os princípios possuem função normogenética e sistêmica, tendo "idoneidade irradiante que lhes permite ligar ou cimentar objetivamente o sistema constitucional" (p. 175).

com termos indeterminados" pode e deve, para a sua atuação concreta, ser preenchido por elementos normativos ou judiciais.[18]

Indaga-se, nessa linha, se toda e qualquer propriedade possui função social ou se essa seria característica apenas dos bens de produção.

Afirma *Eros Roberto Grau* que no ordenamento jurídico nem todos os bens teriam função social, alguns desempenhariam função individual ligada fundamentalmente à sobrevivência. De tal forma, o disposto no inciso XXII do artigo 5º da CF não se aplicaria às propriedades vinculadas exclusivamente à sobrevivência do indivíduo e de sua família.[19]

Tomando a mesma perspectiva, *Fábio Konder Comparato* diz que não é toda e qualquer propriedade que pode ser considerada como um direito fundamental. Essa qualidade seria própria apenas daquela que cumprisse "essencialmente à sua função de proteção pessoal (...) Quando a propriedade não se apresenta, concretamente, como uma garantia da liberdade humana, mas, bem ao contrário, serve de instrumento ao exercício de poder sobre outrem, seria rematado absurdo que se lhe reconhecesse o estatuto de direito humano, com todas as garantias inerentes a essa condição".[20]

Há outros, entretanto, que afirmam incidir a função social sobre todos os tipos de propriedade, sejam bens de produção, sejam propriedades individuais. A propósito, sustenta *Ana Prata* que "por mínima que seja, a função social pode encontrar-se em qualquer situação de propriedade".[21] Do contrário, não seria possível pensar-se na função social dos bens culturais ou imóveis urbanos. Na mesma trilha, afirma *Peter Häberle* que não existe direito fundamental que não possua uma função social.[22]

Entendemos que a funcionalização do direito de propriedade atinge a todas as espécies de propriedade. A nosso ver, o que varia

---

[18] Sustenta Fábio Konder Comparato que em razão da imediata atuação do princípio da função social da propriedade, mesmo faltando a norma prevista no § 4º do artigo 182 da Constituição Federal, "a Administração Pública, quando de uma desapropriação, ou o Poder Judiciário, no julgamento de uma ação possessória, reconheçam que o proprietário não cumpre o seu dever fundamental de dar ao imóvel uma destinação de interesse coletivo, e tirem deste fato as conseqüências que a razão jurídica impõe" (in: *Direitos e Deveres Fundamentais em Matéria de Propriedade*, conferência proferida no 1º Congresso de Direitos Humanos, Brasília-DF, 1997, mimeo).

[19] *A ordem econômica...*, pp. 243-9.

[20] Op. Cit., pp. 8 e 9.

[21] *A Tutela Constitucional...*, p. 167.

[22] *La Libertad Fundamental en el Estado Constitucional*. Lima-Peru, Fondo Editorial de La Pontificia Universidad Católica del Perú, 1997, p. 60.

é o tipo de função social. Mesmo na pequena e na média propriedades que, nas condições previstas no artigo 182 da Constituição Federal, são insuscetíveis de desapropriação, o que há é uma função social cumprida independentemente da produtividade do imóvel. A função social, portanto, apesar de ser diversa da regra prevista para a propriedade fundiária, está presente e consiste na garantia ao desenvolvimento do núcleo familiar. Essa já é, em si, uma função socialmente relevante. Assim, a função social não é, necessariamente, coletiva. Diga-se, ainda, que ao contrário das constituições anteriores, a atual inclui a função social da propriedade dentre os direitos fundamentais e, não apenas, no capítulo da ordem econômica, o que parece indicar a funcionalização de todas as espécies de propriedades.[23]

4. A propriedade rural e sua função social

A propriedade imobiliária é aquela que de forma mais intensa povoa o imaginário social. Em geral, quando alguém é indagado sobre sua condição de proprietário, a resposta é dada considerando a titularidade de algum bem imóvel (o fetiche do "bem de raiz"). De tal modo é que, não raras vezes, toma-se a espécie (propriedade imobiliária) pelo gênero.

Refletindo sobre o tema, *Paolo Grossi* afirmou que a propriedade é, mais do que qualquer outro instituto jurídico, mentalidade, aqui entendida como conjunto de valores que circulam numa área espacial e temporal, capaz de conferir uma unidade orgânica aos elementos dispersos.[24]

A Constituição Federal cuidou expressamente da função social da propriedade imobiliária rural no artigo 186, que dispõe:

"Artigo 186 – A função social é cumprida quando a propriedade rural atende, simultaneamente, segundo critérios e graus de exigência estabelecidos em lei, aos seguintes requisitos:
I – aproveitamento racional e adequado;
II – utilização adequada dos recursos naturais disponíveis e preservação do meio ambiente;

---

[23] A propósito, há interessante artigo de Rosalinda P. C. Rodrigues Pereira, denominado "A Teoria da Função Social da Propriedade Rural e Seus Reflexos na Acepção Clássica de Propriedade", in: *Revista de Direito Civil*, volume 65, pp. 104-128, especialmente p. 117
[24] Para uma melhor compreensão do conceito de mentalidade, ver "La Propiedad y las propiedades. Un análisis histórico". Madrid, Civitas, 1992, especialmente o capítulo 7 (pp. 57-66).

III – observância das disposições que regulam as relações de trabalho;
IV – exploração que favoreça o bem-estar dos proprietários e dos trabalhadores".

Os requisitos acima transcritos não são exatamente uma novidade em nosso Direito, já que os mesmos constavam do artigo 2º, § 1º da Lei nº 4.504/64 (Estatuto da Terra), tendo havido, apenas, a constitucionalização do conteúdo da função social da propriedade agrária.

Assinale-se, por oportuno, que os requisitos componentes da função social da terra devem estar presentes *simultaneamente*, o que significa dizer que para o seu efetivo cumprimento é necessária a presença dos elementos econômico (produtividade), ecológico e social.

A definição constitucional da função social em exame vincula-se à natureza de bem de produção do imóvel fundiário. A terra deve destinar-se à produção de outros bens, notadamente daqueles que compõem a alimentação da população. A produtividade do imóvel rural é o primeiro elemento da função da terra que a Constituição faz coincidir com as idéias de racionalidade e adequação no aproveitamento.

O aproveitamento racional da terra é aquele realizado com a melhor técnica agrícola. Já o aproveitamento será considerado adequado quando levar em conta o potencial que a terra oferece, ou seja, suas condições geofísicas[25]. Vale lembrar, que a Lei nº 8.171/91 (Lei de Política Agrícola), como desdobramento infraconstitucional do princípio, prevê expressamente que o solo é "patrimônio nacional" sendo dever do agricultor e do Poder Público tomar todas as medidas para evitar a sua deterioração[26].

Os critérios e índices de aferição da produtividade acham-se pormenorizadamente regulamentados pela Lei nº 8.629/93. Em apertada síntese, considera-se produtiva a propriedade que atinge 80% do Grau de Utilização da Terra (GUT) e pelo menos 100% do Grau de Eficiência na Exploração. Portanto, não se pode seriamente afirmar que o cumprimento do elemento econômico da função social da propriedade rural seja algo vago ou impreciso. Ao contrário, é possível, a qualquer tempo, seja à administração pública, seja ao

---

[25] *A teoria da função social...*, pp. 120-1.
[26] Dispõe expressamente o artigo 102 da Lei nº 8.171/91: "O solo deve ser respeitado como patrimônio natural do País. Parágrafo único – A erosão dos solos deve ser combatida pelo Poder Público e pelos proprietários rurais".

julgador na resolução de caso concreto, apurar se estão sendo cumpridos os níveis de produtividade previstos em lei.

Os níveis de produtividade são apurados em procedimento administrativo em que se asseguram a ampla defesa e o contraditório, tendo o Supremo Tribunal Federal, em dezenas de oportunidades, anulado Decretos Presidenciais que declaravam imóveis rurais de interesse social para fins de reforma agrária em decorrência do descumprimento do devido processo legal administrativo.[27]

Causa preocupação, entretanto, que a determinação do conteúdo da cláusula constitucional prevista no inciso I do artigo 186 (aproveitamento racional e adequado) dependa, com exclusividade, de índices definidos por órgãos componentes do Poder Executivo Federal[28], sem qualquer intervenção do Congresso Nacional, o que torna possível a adequação dos índices a eventuais interesses dos governantes. Isso significa dizer que, se houver vontade política de acelerar o programa de reforma agrária, basta tornar os indicadores de produtividade mais elevados, o que fará com que maior número de propriedades sejam consideradas improdutivas. Da mesma forma, se o interesse momentâneo pender pela não-realização da reforma agrária, basta que os índices sejam minimizados, de tal forma que a quase totalidade das propriedades, mesmo as que possuam pequena atividade econômica, sejam consideradas produtivas.

O segundo elemento a ser considerado na função social da propriedade rural é o respeito ao meio ambiente. De forma significativa, há quase três décadas, notadamente após a Conferência de Helsinque (1972), as questões ambientais passaram a ser incorporadas pelos ordenamentos jurídicos como resultado da preocupação de preservação do planeta. Nossa atual Constituição Federal consagra um capítulo inteiro ao meio ambiente, rompendo o quase absoluto silêncio das ordens constitucionais anteriores. Como reflexo desse processo mais amplo, a preservação do meio ambiente e a utilização adequada dos recursos naturais passaram a compor o núcleo do direito de propriedade da terra.

Assim, não basta que o imóvel seja produtivo, é necessário que a sua exploração respeite a integridade ambiental do bem. Mais ainda, a disposição do inciso II do artigo 186 legitima crescentes

---

[27] A propósito, vale lembrar as seguintes decisões: MS 22164-SP (DJU 17.11.95), MS 22165-MG (DJU 7.12.95) e MS 22.193-SP. O devido processo legal administrativo para apuração dos índices de produtividade sofreu recente alteração pela MP 1577/97.
[28] Artigo 11 da Lei nº 8.629/93.

restrições que o legislador ordinário e o administrador vêm impondo à utilização da propriedade rural.[29]

Por fim, o imóvel rural deve respeitar o elemento social, ou seja, observar as normas relativas às relações de trabalho e favorecer o bem-estar dos trabalhadores e dos proprietários, conforme previsto nos incisos III e IV do artigo 186.

Aparente contradição surge quando verificamos que o inciso II do artigo 185 da Constituição Federal exclui da desapropriação para fins de reforma agrária, a denominada desapropriação-sanção, a propriedade produtiva. Tal previsão, se interpretada isoladamente, nos conduziria à curiosa situação da impossibilidade de ser desapropriado o imóvel rural que houvesse se tornado produtivo em razão da derrubada indiscriminada de significativa extensão da mata atlântica (ofensa ao elemento ecológico) e com a utilização de trabalho infantil escravo (ofensa ao elemento social).

Parte da doutrina tem entendido que a Constituição conferiu idenidade absoluta à propriedade produtiva, o que a tornaria insuscetível de desapropriação por interesse social para fins de reforma agrária, restando ao administrador valer-se apenas das outras modalidades de desapropriação (utilidade pública ou interesse social), com prévio pagamento em dinheiro.[30]

Entretanto, há outros[31] que entendem que apenas a propriedade que se tornar produtiva respeitando os três elementos componentes da função social, expressamente previstos no artigo 186 da Constituição Federal, encontra-se excluída da reforma agrária. Argumentam que o contrário importaria em premiar a propriedade que descumpre sua função social ou, por outra, que respeita apenas o elemento econômico previsto no artigo 186. Assinale-se que essa interpretação é a que melhor se harmoniza com a concepção que defendemos de ser a função social elemento constitutivo do direito de propriedade.

---

[29] Merece especial menção a ampliação da denominada Reserva Florestal Legal, operada pela MP 1.511/96, que impede a derrubada da floresta em até 80% da extensão dos imóveis na região Norte.
[30] José Afonso da Silva, sobre o tema, mantém duas posições diametralmente opostas em duas obras que vêm sendo sucessivamente reeditadas sem qualquer modificação compatibilizadora. Em seu manual, *Curso de Direito Constitucional Positivo*, 5ª ed. SP, RT, 1990, p. 686, afirma: "A proibição de desapropriação da propriedade produtiva, para fins de reforma agrária, com pagamento da indenização mediante título da dívida agrária, é, a nosso ver, absoluta, sendo inútil procurar interpretação diferente com base em nossos desejos. Isso não seria científico". Por sua vez, na obra *Direito Ambiental Constitucional*, SP, Malheiros, 1994, p. 155, diz: "O proprietário que explore sua propriedade rural sem atender a esses requisitos fica sujeito à expropriação dela para fins de reforma agrária nos termos do art. 184 da Constituição".
[31] Marcelo Dias Varella. *Introdução ao Direito à Reforma Agrária*. Leme - SP, LED, 1997 e Rosalina Pinto da Costa Rodrigues Pereira. *Reforma Agrária – um estudo jurídico*. Belém, CEJUP, 1993.

Em que pese não tenha o Supremo Tribunal Federal enfrentado diretamente o tema, vale lembrar passagem de acórdão unânime[32] do Plenário daquela Corte em que se afirmou:

"A defesa da integridade do meio ambiente, quando venha este a constituir objeto de atividade predatória, *pode justificar* reação estatal veiculadora de medidas - *como a desapropriação-sanção* - que atinjam o próprio direito de propriedade, pois o imóvel rural que não se ajuste, em seu processo de exploração econômica, aos fins elencados no art. 186 da Constituição claramente *descumpre* o princípio da função social inerente à propriedade, *legitimando*, desse modo, nos termos do art. 184 c/c o art. 186-II, da Carta Política, a edição de decreto presidencial consubstanciador de declaração expropriatória para fins de reforma agrária" (grifos do original).

Percebe-se que a decisão concorda com a posição que nos parece mais adequada com o sistema constitucional, ou seja, que a propriedade produtiva só estará incólume à reforma agrária se respeitar, simultaneamente, os elementos ecológico e social requisitos da função social da propriedade rural.

5. Conclusão

Em que pese a posição bastante crítica de *Rodotá* sobre a dificuldade dos operadores do direito de incorporarem ao seu discurso e à sua prática o princípio da função social da propriedade, o qual fica entregue basicamente ao exercício de retóricos e confusionistas,[33] acreditamos que pela forma como está incorporado à nossa Constituição e com os reflexos que vêm operando na legislação ordinária, bem como na operacionalização do direito como um todo, seja na esfera de decisão da administração pública, seja no Poder Judiciário, há efetivas possibilidades de que o mesmo não se restrinja a mero argumento de retórica.

É inegável, entretanto, que há um misterioso obstáculo impedindo, sobretudo os Tribunais, mesmo em situações dramáticas,[34] de

---

[32] MS 22.164-0-SP (DJU, 17.11.1995), Relator Ministro Celso de Mello, publicado na íntegra na revista LEX Jurisprudência do STF, vol. 208, pp. 251-269.
[33] *El Terrible Derecho...*, p. 269.
[34] As incontáveis tragédias envolvendo a execução de decisões judiciais concedidas na proteção incondicional da propriedade, mesmo quando improdutiva, compõe o cotidiano forense, sendo os massacres de Eldorado dos Carajás e Corumbiara apenas os exemplos mais recentes.

aplicar o princípio da função social da propriedade em sua integralidade, ou melhor, em sua radicalidade constitucional. Os poucos que tentam assim proceder, levando a sério a tarefa de julgar (que ainda responde pelo apelido de justiça), são rapidamente denominados de alternativos. Cremos que no curso desse breve trabalho pudemos verificar que a aplicação do princípio constitucional da função social da propriedade nada tem com o *direito alternativo*, mas sim se constitui em importante *alternativa do direito* para a resolução dos conflitos envolvendo a propriedade em geral mas, em especial, a imobiliária.

Parece-nos significativo que o projeto de Código Civil, ao que tudo indica em fase final de tramitação na Câmara dos Deputados, tenha incorporado o princípio da função social da propriedade como eixo fundamental, com reflexos não apenas no capítulo dos Direitos Reais, mas em todos os demais ramos do direito civil.[35] Vale lembrar, por exemplo, que em lugar do atual dispositivo que define a propriedade como faculdade absoluta, poderemos ter norma que incorpora integralmente os requisitos constitucionais da função social da propriedade enunciando, em seu § 4º, hipótese típica em que o julgador terá a possibilidade de aplicar, em sua plenitude, a função que deve cumprir a propriedade.

Contudo, resta a pergunta: sobreviverão as novas e inovadoras normas ao processo de interpretação a ser inicialmente realizado pelos juízes do Código mais privatista da história da humanidade? Refletindo sobre situação semelhante, disse de forma instigante *Gaston Bachelard*:

"Até nas horas em que a ciência exige mutações psicológicas das mais decisivas, os interesses e os instintos manifestam uma estranha estabilidade. Os psicólogos tradicionais tripudiam então sobre nossas idéias ousadas; lembram-nos, *cheios de amarga sabedoria*, que é preciso mais que uma equação para mudar o coração humano e que não é em algumas horas de deliciosos êxtases intelectuais que se reduzem os instintos e se suscitam novas funções orgânicas. Apesar dessas críticas, continuamos a achar que o pensamento científico, sob a forma exclusiva na qual alguns o vivem, é psicologicamente formador".[36]

Se é necessário mais que uma "equação para mudar o cérebro" humano, talvez seja necessário mais do que um novo Código Civil

---

[35] Não é outra a conseqüência que se pode extrair dos artigos 421 e 2.063.
[36] *A Formação do espírito científico - contribuição para uma psicanálise do conhecimento*. RJ, Contraponto, 1996, pp. 306-7.

para alterar a cabeça dos intérpretes e, sobretudo, dos aplicadores do Direito investidos do poder do Estado ("eles, os juízes"). Esse algo mais parece ser a produção de uma doutrina fiel aos princípios da Constituição e que produza uma geração com coragem de pensar e dar consistência teórica e normativa aos princípios gerais do direito. Esse parece o desafio.

Bibliografia

ARRUDA, Kátia Magalhães. "A função social da propriedade e sua repercussão na propriedade urbana". *Revista de Informação Legislativa*, Brasília, ano 33, nº 132, out/dez. 1996.

BACHELARD, Gaston. *A Formação do espírito científico - contribuição para uma psicanálise do conhecimento*. Rio de Janeiro: Contraponto, 1996.

BARCELLONA, Pietro. *Diritto privato e processo economico*. Nápoles, 1977.

BECKER, Laércio A. "A repercussão da função social da propriedade no processo civil". Revista de Direito Processual Civil Genesis, Curitiba, nº 4, jan./abr. 1997.

CANOTILHO, José Joaquim Gomes. *Direito Constitucional*. 5ª ed. Coimbra: Almedina, 1991,

COMPARATO, Fábio Konder. *Direitos e Deveres Fundamentais em Matéria de Propriedade*, Conferência proferida no 1º Congresso de Direitos Humanos, Brasília-DF, 1997.

CRETELLA JÚNIOR, José. *Comentários à Constituição Federal de 1988*. Vol. VIII, arts. 178 a 232. São Paulo: Forense Universitária, 1993.

FREITAS, Décio. *Palmares, a Guerra dos Escravos*. Porto Alegre: Mercado Aberto, 1984.

GALEA, Rafael Colina. *La Función Social de la Propiedad Privada en La Constitución Española de 1978*. Barcelona: J.M. Bosch Editor, 1997.

GRAU, Eros Roberto. *Direito Urbano – regiões metropolitanas, solo criado, zoneamento e controle ambiental, projeto de lei de desenvolvimento urbano*. São Paulo: RT, 1983.

——. *Direito, conceito e normas jurídicas*. São Paulo: RT, 1988.

——. *A ordem econômica na Constituição de 1988 – interpretação e crítica*. São Paulo: RT, 1990.

GROSSI, Paolo. *La Propiedad y las propiedades. un análisis histórico*. Madrid: Civitas, 1992.

HÄBERLE, Peter. *La Libertad Fundamental en el Estado Constitucional*. Lima-Peru: Fondo Editorial de La Pontificia Universidad Católica del Perú, 1997.

LOBO, Luiz Felipe Bruno. *O Direito Indigenista Brasileiro*. São Paulo: LTr, 1996.

MARCZYNSKI, Solange Rita. *Índios: Temas Polêmicos*. Revista de Informação Legislativa, Brasília, a. 28, n. 111, jul./set. 1991.

MENDES, Gilmar Ferreira. "Terras ocupadas pelos índios". *Revista de Direito Público*, SP, v. 21, n. 86, abr/jun 1998.

PEREIRA, Rosalinda P. C. Rodrigues. "A Teoria da Função Social da Propriedade Rural e Seus Reflexos na Acepção Clássica de Propriedade". *Revista de Direito Civil*, São Paulo, volume 65.

——. *Reforma Agrária – um estudo jurídico*. Belém: CEJUP, 1993.
PERLINGIERI, Pietro. *Introduzione alla problematica della "proprietà"*. Camerino, 1970.
PRATA, Ana. *A Tutela Constitucional da Autonomia Privada*. Coimbra: Almedina, 1982.
RIOS, Aurélio Veiga. "Quilombos: Raízes, conceitos, perspectivas". Boletim Informativo NUER (Núcleo de Estudos sobre Identidade e Relações Interétnicas), Florianópolis, volume 1, número 1, 1996.
RODOTÁ, Stefano. *El Terrible Derecho – Estudios sobre la propiedad privada*. Madrid: Editorial Civitas S/A, 1986..
SANTOS, Boaventura de Sousa. "La transición postmoderna: derecho y política". *DOXA - Cuadernos de Filosofia del Derecho*. Alicante, (6):223-263, 1989.
SILVA, Dimas Salustiano. "Constituição e Diferença Étnica: o problema jurídico das comunidades negras remanescentes de quilombos no Brasil". Boletim Informativo NUER (Núcleo de Estudos sobre Identidade e Relações Interétnicas), Florianópolis, volume 1, número 1, 1996.
SILVA, José Afonso da. *Curso de Direito Constitucional Positivo*. 6ª ed. São Paulo: RT.
——. *Direito Ambiental Constitucional*. São Paulo: Malheiros, 1994.
——. "Terras tradicionalmente ocupadas pelos índios". In: *Os Direitos Indígenas e a Constituição*, Brasília, Núcleo de Direitos Indígenas e Safe, 1993.
——. *Direito Urbanístico Brasileiro*, 2ª ed., ver e atual. São Paulo: Malheiros, 1995.
VARELLA, Marcelo Dias. *Introdução ao Direito à Reforma Agrária*. São Paulo: LED – Editora de Direito Ltda, 1997.

— 2 —

Notas sobre o Instituto do Imóvel Rural e o Direito Agrário

FLÁVIO SANT'ANNA XAVIER
Procurador do INCRA/RS

"...Pensando bem, não há um princípio para as coisas e para as pessoas, tudo o que um dia começou tinha começado antes, a história desta folha de papel, tomemos o exemplo mais próximo das mãos, para ser verdadeira e completa, teria de ir remontando até os princípios do mundo, de propósito se usar o plural em vez do singular, e ainda sim duvidemos, que esses princípios não foram, somente pontos de passagem, rampas de escorregamento, pobre cabeça a nossa, sujeita a tais puxões, admirável cabeça, apesar de tudo, que por todas as razões é capaz de enlouquecer, menos por essa..."
(José Saramago – "A jangada de Pedra")

SUMÁRIO: 1. Introdução; 2. Autonomia ou especialidade; 2.1. O Código de Napoleão; 2.2. O Debate na *Rivista di Diritto Agrario*; 2.3. Autonomia do Direito Agrário; 3. O Instituto do Imóvel Rural e o Direito Agrário; 3.1. A definição legal; 3.2. Imóvel rural; 3.3. Prédio rústico; 3.4. Área contínua; 3.5. Destinação x localização; 3.5.1. O critério adotado pelo CTN e a Lei 8.629/93; 3.5.2. Há um conceito constitucional para Imóvel Rural?

1. Introdução

O exame do instituto do imóvel rural sob o prisma da agrariedade poderia, sem qualquer sobressalto, trilhar a vala doutrinária comum que se exige de qualquer matéria relevante para o Direito - ou para um de seus ramos - não fosse o "principal instituto do

Direito Agrário"[1] e umbilicalmente relacionado com seu objeto (*fundus*). Esta *centralidade* adiciona e contamina ao pretendido exame temas, polêmicas, encruzilhadas próprias do Direito Agrário (D.A.), que se quer ramo desplugado de outros troncos, especialmente do Direito Civil, de sorte que não há como dissecá-lo sem antes cruzar por tais veredas, marcadamente existenciais.

Especialmente pela constatação de que, entre nós, não são poucos os doutrinadores e julgados que insistentemente abordam o Imóvel Rural sob o prisma e princípios do direito privado, mesmo que reconheçam a validade do Estatuto da Terra (ET), dando azo, por conseguinte, a uma série de equívocos. É verdade que há um *motivo histórico* relevante, que parece ter se espraiado a todos os ordenamentos ocidentais que se inspiraram no Código Civil francês, de 1804, que sói se avolumou em nosso país, dado o surgimento temporão de lei especial agrária, ao menos em relação ao nosso Código Civil, contribuindo para a sobrevivência e aparente unidade do direito privado. Olvidam-se que Napoleão, ao sancionar o Estatuto Civil, já tinha em mente o surgimento de um Código Agrário, cuja existência, todavia, malgrada a designação de uma Comissão de Juristas, não se transformou em realidade, ensejando, assim, a atrofia de alguns dispositivos pretensamente substitutivos ou sepultadores de uma *lex* agraria. Não é difícil imaginar o desvio decorrente desta lacuna, agravado neste século pela industrialização e urbanização de nossa civilização. A jurisprudência recente do Supremo Tribunal Federal é o corolário deste equívoco de hermenêutica.

Imprescindível, ainda, além do exame deste equívoco histórico, o resgate do debate sobre a autonomia/especialidade do D.A., travado entre os jusagraristas na *Rivista di Diritto Agrario*, entre os anos de 1928 e 1931, em especial entre Giangastone Bolla e Ageo Arcangelli, que soergueu as bases do D. A. como ciência e desenvolveu seus institutos e princípios gerais, debate este que parece não ter fim, se é mesmo se possa exigir o remanso, num ramo que ainda não se definiu em se chamar agrário ou rural; se é público ou privado, se propugna uma Justiça especializada e assim por diante.

E o reconhecimento da sua autonomia não se presta, apenas, para afastá-lo do direito privado, mas para aviventar fronteiras com o direito tributário, cujo critério adotado pelo Código Tributário Nacional para caracterização de imóvel rural foi – e continua sendo – catapultado como verdadeira antinomia às normas do D.A., não

---
[1] Paulo Guilherme de Almeida, *Direito Agrário – A propriedade Imobiliária Rural*, Ed. LTR, p. 7.

sendo poucos os que preconizam a prevalência eficacial daquela norma, ante sua classificação como Lei Complementar. De sorte que, enviesar pelo debate da autonomia se apresenta como premissa fundamental para qualquer conclusão sobre a definição do instituto do imóvel rural, sob o prisma da agrariedade.

Sem embargo deste debate existencial, "ontológico", sobre autonomia, o instituto em questão se ressente, ainda, daqueles que, se de um lado admitem sua autonomia, invocam a existência de um conceito próprio plasmado no texto constitucional para o imóvel rural, maculando a definição do Estatuto da Terra ou da Lei 8.629/93 com a terrível nódoa da inconstitucionalidade, ante incompatibilidade ou não-absorção evidentes, ao menos quanto ao aspecto fundamental de sua caracterização, isto é, na dualidade *destinação* x *localização*. E, adiante se verá, não são poucos os que reconhecem esta incompatibilidade nem, o mais importante, vulneráveis seus argumentos.

Prevê-se, desde já, uma trajetória ziguezagueante, dirigida, contudo, à afirmação da autonomia do D. A.; ao enfrentamento, alfim, deste instituto ao lume do *jus propium* da agricultura, da agrariedade, inclusive como forma de reconhecer a disciplina através da aviventação de suas fronteiras, embora muitos sejam os riscos de desvio diante de tanta responsabilidade, e, mormente, ao deparar-se-lhe com tema tão ingrato, que parece ser esta a sina de quem se aventura nesta seara, mesmo como intenção distante nestas brevíssimas e despretensiosas notas.

2. Autonomia ou especialidade

O resgate do debate histórico travado no final da década de 20 deste século, na *Rivista di Diritto Agrario*, antes de situar o nascimento científico do D.A., se revela *determinante* para o exame das normas que regulam este Instituto. Há aqui uma questão de método exegético que se impõe, de cara, ao intérprete, a que se referia o já universal mestre Carlos Maximiliano, citando Emílio Caldara: "definir de modo preciso, o caráter da norma e a matéria de que é objeto, e indicar o ramo do Direito a que a mesma pertence, visto que variarem o critério de interpretação e as regras aplicáveis em geral, conforme a espécie jurídica de que se trata" (*Hermenêutica e Aplicação do Direito*, Ed. Forense, p. 303), advertindo para o fato de "o que não partir desse pressuposto, essencial à boa Hermenêutica, incidirá em erros graves e freqüentes."

Assim que, o conhecimento, e, principalmente, a definição do embate entre autonomia e especialidade, importando, ou não, no desplugamento do D. A. do tronco comum do Direito Civil, não se trata de mera informação histórica ou exercício diletante, mas de cardinal importância para que, alfim, possa o intérprete não baralhar institutos de um ramo com o critério interpretativo de outro. Do contrário, estar-se-á absolutizando mera interpretação gramatical das normas existentes sem a influência determinante dos princípios gerais do ramo a que pertence, importando em inverter e comprometer sua análise, que parece ser este *o vício capital de quem se debruça sobre o Instituto do Imóvel Rural face ao D.A.*

2.1. O Código de Napoleão

Antes de seu resgate, contudo, merece menção a informação trazida pelo mestre Fernando Pereira Sodero sobre as vicissitudes históricas deste embate, valorizado por um equívoco e adesismo histórico das legislações que se influenciaram pelo Código Napoleônico, de modo especial por sua *lacuna* em se tratando de normatização do mundo agrário. Foi, talvez, o único agrarista brasileiro que alertou para o fato, relatado por Planiol, de que quando Napoleão sancionou, em 06.II.1804, o Código Civil francês, já previa a necessidade de complementá-lo com um Código Agrário. Embora fosse verdade que o "Código de Napoleão continha e contém numerosas normas disciplinadoras da matéria agrária, conquanto não fosse nem pretendesse ser um Código Agrário, ou seja, um conjunto sistemático de normas disciplinadoras da propriedade da terra e seu uso, bem como das atividades agrárias e das relações dela emergentes", não contemplou o Estatuto de 1804 a agricultura como matéria especial, daí por que, segundo Sodero, "Napoleão, com seu tino prático e inteligência invulgar, teve ampla visão do problema e, em 1808, designou Comissão de Juristas, que se reuniu na cidade francesa de Baione, para elaborar um anteprojeto de Código Agrário, pois, dentro de sua concepção, este iria oferecer ao campo, normas específicas, disciplinando tudo o que não se contivesse no Código Civil – e mais, permitindo perfeita harmonia entre ambos. Dois diplomas legais dirigidos para duas facetas diferentes do ser humano: uma, regulamentando as relações de ordem privada que concernem a todo e qualquer cidadão, abrangendo o regime dos bens, ou seja, os direitos reais, a disciplinação das normas relativas às obrigações e contratos, à família e às sucessões, além de disposições sobre noções gerais e comuns a todas estas institutições especiais; e outra, disciplinando a propriedade rural, o uso da terra, as atividades agrárias e todas as relações que dela surgem – em virtude e por causa das mesmas (e atualmente, sob o suporte jurídico das normas que dizem respeito à função social e econômica desta mesma terra rural)" ("O Direito Civil e o Direito Agrário", in *Revista de Direito Civil, Imobiliário, Agrário e Empresarial* nº 31, pp. 59/60).

Ocorre que, malgrado seu conhecimento das características especiais da atividade agrária, suas aventuras bélicas, desgraçadamente, impediram que a Comissão criada transformasse intenção em realidade. E a conseqüência imediata foi, invocando lição de Savatier (*Les Métamorphoses Économiques et Sociales du Droit Privé d'Aujourd'hui*, vol 3º/211 e ss.), que, desta forma, "os conflitos surgidos no setor primário da produção foram solvidos pelo Código Civil, sem atender à condição peculiar da terra rural, do proprietário, do produtor rural, daquele que exerce sua profissão na atividade agrobiológica, em tudo diferente da comercial ou industrial, ou ainda, do setor de serviços" (ob. cit., p. 61).

Esta informação, dado seu caráter único no D.A. brasileiro, é de capital importância porque anuncia a atrofia experimentada pelo Código Civil napoleônico e - o que nos interessa - por nosso Código Civil, supervalorizando normas de direito agrário, ali contidas de forma esparsa, mas que não têm a complexão pretendida por Napoleão, que era a de criar um Código Agrário em atenção às particularidades do mundo rural ou agrário. De roldão, a lacuna experimentada pelos franceses se espraiou por vários países, sendo absolutamente seguro concluir ser este um dos principais motivos para o surgimento temporão do D.A. como ciência e ramo do Direito.

O vício exegético privatista que contamina o Direito Agrário se nutre desta lacuna histórica, verdadeiro *caldo de cultura*, especialmente pelo esquecimento do projeto ambicionado por Napoleão. Tais quais os códigos latinos, o projeto de Bevilácqua, embora se alimentando também do Código Civil alemão de 1896, reproduziu esta lacuna, assim como o debate que se sucedeu para sua aprovação, mesmo já vicejando na Europa a doutrina da função social da propriedade, especialmente depois das célebres conferências do mestre gaulês Leon Duguit na Faculdade de Direito de Buenos Aires, publicadas em 1911, sob o título "As transformações Gerais do Direito Privado desde o Código de Napoleão."

Nosso Código Civil regulou, assim, o direito à propriedade como um direito absoluto, na pura acepção romanista do amplo poder de dispor, arbitrariamente, da substância e da utilidade da coisa, com exclusão de qualquer pessoa e, em caso de turbação ou esbulho, admitiu ao possuidor emprego de sua própria força, classificando-a como "atos de defesa ou desforço" (artigos 502 e 524). É verdade que o Projeto primitivo inseria no artigo 524, segundo seu autor, na obra comentada, a alocução "dentro dos limites por ela (a lei) traçados", o que foi suprimido do texto final com o argumento da amplitude da liberdade do direito à propriedade, sendo certo que só foi atenuado com a promulgação da Constituição de 1934, a qual, em seu artigo 113, somente garantiu tal direito quando não for "exercido contra o interesse social ou coletivo, na forma que a lei determinar".

Nesta mesma esteira, ao dispor sobre parceria rural e locação de prédios rústicos e sobre sucessão hereditária, *v.g.*, nosso Estatuto Civil não considerou as particularidades da agricultura, repousando sua normatização sob o critério absolutista e conservador do direito à propriedade e à negação de sua função social, traços que, marcadamente, delimitam a fronteira entre o D.A. e o Direito Civil. Nitidamente, ao regular os Contratos Agrários, normatizados pelos artigos 1.211 a 1.215 (locação) e 1.140 a 1.423 (parceria), favorecia o proprietário em detrimento da parte mais débil, legalizando a acumulação leonina da renda, transformando a terra que, *per si*, não tem valor, mas apenas preço, em verdadeira *reserva de valor*.[2] O preço do arrendamento era livre, assim como a definição da proporção da partilha dos frutos, na parceria. E bem se sabem as conseqüências desta liberdade, a hipertrofiar uma das partes, em detrimento da estabilidade do parceiro e arrendatário na terra e na perpetuação de condições sub-humanas, quase feudais. Eram livres, ainda, o reajuste e a periodicidade mínima e havia uma *lacuna* sobre questões fundamentais como a proteção contra a simulação ou fraude do proprietário; a liberdade do pagamento em pecúnia, caso o arrendador exigisse a equivalência com base em preços inferiores ao mercado; o direito de preeempção; a renovação automática dos contratos e um sem-número de situações. Da mesma forma, ao dispor sobre sucessão, equiparou o imóvel rural ao urbano, sem qualquer preocupação com a proliferação dos minifúndios e sem qualquer incentivo à mantença da unidade econômica então existente.

Importa concluir que qualquer tentativa de se estabelecer, entre nós, o Código Civil como balizador normativo ou como direito co-

---

[2] Sobre este fenômeno nacional, ver artigo de Jacob Gorender, "Gênese e Desenvolvimento do Capitalismo no Campo Brasileiro", *in A Questão Agrária Hoje*, Ed. da Universidade Federal do Rio Grande do Sul, Org. João Pedro Stédile.

mum em relação ao D.A., importa, numa análise superficial, num equívoco histórico e doutrinário, como o corolário de um adesismo que parece se nos acompanhar, agora mutilado pelo amadurecimento do Direito Agrário como ciência jurídica e ramo autônomo do Direito, inclusive no Brasil.

2.2. O debate na Rivista di Diritto Agrario

É pacífico que o nascimento do Direito Agrário como doutrina, ocorreu com o surgimento, em 1922, da *Rivista di Diritto Agrario*, dirigida pelo Professor de Florença, Giangastone Bolla.

E, como resultante de sua própria fundação, se entregou nos seus primeiros anos a uma discussão existencial sobre o D.A., de sorte a delimitar, ao menos no campo do debate doutrinário, suas fronteiras.[3]

Assim que, logo no período inicial (1928-1931), se travou intenso debate entre seu fundador Bolla e Ageo Arcangelli, cada qual defendendo as teses da autonomia (Escola Técnico-Econômica) e da especialidade (Escola Jurídica) do D. A., respectivamente.

Em apertada síntese,[4] consistia a tese autonomista de Bolla em, inicialmente, seguir os passos de Scialoja, propagador da autonomia do Direito Marítimo na Itália, defendendo o *tecnicismo* da atividade agrária: "*el tecnicismo todo particular de la actividad agraria, la especial función y la consecuente disciplina de los factores aplicables a la producción agrícola (tierra, trabajo, capital), la peculiaridad de algunos institutos jurídicos, que llevados a la especial economia adquieren una condición propia aconsejan no retardar más la investigación*" (Bolla, Nota introdutiva, RDAgr, 1928-53, *in* Carrozza e Zeledón, ob. cit., p. 48). Depois, bem mais tarde, defende a autonomia a partir da constatação de que o objeto do D.A. se baseia na unidade econômica do *fundus* – fator essencial sobre qual emergem todas as relações, concluindo que "*la sistemática del derecho agrario debe apoyarse sobre esta realidad económica e histórica y el* ius propium *de la agricultura debe ser ... el reglamento*

---

[3] A Revista delimitou dois objetivos programáticos: acompanhar as normas relacionadas com os agricultores e realizar estudos que coordenem tais normas, revisem os institutos ultrapassados, de sorte a reduzi-los à unidade e aos princípios gerais do Direito.

[4] Além dos números da RDAgr deste período, outros escritores detalham este debate, de forma didática e minudente, e que, inclusive, serviram de base para este pequeno intróito. V. "Teoria General e Institutos de Derecho Agrario", Antonio Carrozza e Ricardo Zeledón Zeledón, Ed. Astrea; "Derecho Agrario", A. Ballarin Marcial, Ed. Rev. de Derecho Privado; "Derecho Agrario", M. de Zulueta, Ed. Salvat; "Introducción al estudio del Derecho Agrario", Lucio Mendieta y Nuñez, Ed. Porrua e "La autonomia del Derecho Agrario", Julio O. Chiappini, *in* Revista de Direito Civil, Imobiliário, Agrário e Empresarial nº 11.

jurídico del rus y del fundus (el suelo y la hacienda agraria) como institutos específicos que ocupan un puesto preeminente en la producción agrícola" (Bolla, *L'ordinamento giuridico dell'agricoltura*, RDAgr. 1933-456, *in* Carrozza e Zeledon, ob. cit., p. 49).

De outro lado, a tese da especialidade, do mercantilista e agrarista Arcangelli, repousava na inserção do D.A. dentro do direito civil, já que, no seu sentir, a característica da autonomia consistia na existência de princípios gerais comuns a toda a matéria, e próprios e especiais dela, a ponto de lhe conferir uma unidade que deveria distingui-la de outras; estimava que a dura penas poderia considerar autônomo o Direito Mercantil, se não existisse a instituição da quebra, *"ya que los principios propios de la materia mercantil se habían ido extendiendo también a la materia civil"* (*Scritti di Diritto Comerciale ed agrario*, Arcangelli, Padova, 1.936, III, p. 340, *in* Balarín Marcial, ob. cit., p. 232). Princípios estes que não visualizava no D.A., daí por que o caracterizava como direito privado e seu estudo, doutrina privatista.

Embora numericamente inferior, a tese de Arcangelli teve grande influência, não só em Vita mas, posteriormente, com Carrara, Cicu, Palazzo e Bassanelli, que passaram a sustentá-la depois de seu falecimento, em 1935. Todavia, os seguidores de Bolla tiveram grande importância para cimentar a autonomia do D.A., já sob a influência do novo Código Italiano de 1942 – que acolhe a idéia da empresa como critério básico para a regulação do Direito Comercial -, a partir da *definição de seus princípios gerais*, especialmente com Frassoldati,[5] com o espanhol Balarín Marcial,[6] com o venezuelano Duque

---

[5] Os princípios do D.A. poderiam se resumir em: o *princípio da boa cultivação*, que é o direito do proprietário e a obrigação de todos os outros titulares da empresa agrária ou co-titulares da empresa agrária em um grau de intensidade tal que supera consideravelmente a responsabilidade de qualquer outro empreendedor; o *princípio da dimensão mínima* da empresa agrária, intimamente relacionada com a anterior, que implica a proibição do fracionamento da mínima unidade de cultivo e do procedimento coativo de recomposição imobiliária; o *princípio da indivisibilidade dos resultados totais no ano agrário*, que é uma realidade econômica antes que jurídica, pois quando no mesmo ano se sucedem distintos titulares no gozo do fundo se prescinde a apropriação em vez a massa de todos os frutos do ano para reparti-los proporcionalmente à duração do respectivo direito; *o princípio da colaboração nos contratos agrários*, que se baseia em normas que impõem a assistência a parte menos rica e que restabelecem o equilíbrio econômico entre os contratantes; o *princípio da colaboração entre fundos*, que se origina em numerosas disposições que sancionam a solidariedade entre os vizinhos, moderando o exercício rigoroso dos direitos singulares. (*"Sull'autonomia giuridica del diritto agrari"*, in *"Atti del Primo Convegno Internazionale di Diritto Agrario"*, t. I, p. 159-170, *apud* Carrozza e Zeledón, ob. cit., p. 58).

[6] *O princípio de que a propriedade deve cumprir sua função social*, deixando a propriedade de ser instrumento de gozo e benefício puramente individual para servir os interesses gerais da produção e de novas exigências "sociais"; o *princípio de proteção máxima à empresa agrária familiar rentável*, baseado na finalidade de criar uma robusta classe média camponesa como base da estrutura agrária; o *princípio de distribuição da propriedade e o acesso à propriedade*, de forma a criar explorações familiares; o *princípio da dimensão mínima das explorações agrárias*, representando o

Corredor,[7] dentre outros tantos que, amparados na lição do mestre, começaram a aviventar os princípios norteadores do D.A., e, por via de conseqüência, o reconhecimento de sua autonomia. A importância deste período foi o estabelecimento dos princípios informadores do D.A., os quais se espraiaram de forma quase uniforme a todos os ordenamentos agrários no mundo, inclusive nosso Estatuto da Terra.

E foi, paradoxalmente, com a delimitação dos princípios gerais, a que tanto reclamavam os discípulos de Arcangelli, que a autonomia do D.A. começou a se firmar no cenário jurídico. Registe-se, também, novo movimento, nos idos de 1962, intitulado "Escola Moderna", capitaneado principalmente pelo mestre italiano Antonio Carrozza, que se propunha a firmar a autonomia do D.A. pelo *aclaramento e aprofundamento de seus institutos*, e daí para a demarcação dos princípios gerais. Com a idade avançada de Bolla, e o falecimento de Frassoldati, seu mais próximo discípulo, Carrozza e outros mestres italianos assumiram as tarefas administrativas da *Rivista* e do *Instituto di Diritto Agrario Internazionale e Comparato*, quando *"replantea metodológicamente la labor que venía desarrollando la incipiente doctrina ius agrarista al reprocharle a ésta, y sugerirle a la vez, que quizá no tenía sentido continuar buscando aquellos principios generales, sino mejor sería estudiar el derecho agrario por institutos, buscando otro tipo de principios, menos universales y generales pero más profundos, que pudieran luego estructurar todo un sistema al permitir ubicar los institutos de mayor o menor rango, determinando si pertenecían o no al derecho agrario"* (Zeledón, "La escuela moderna del derecho agrario", in "Revista Judicial", 1948, nº 30, p. 160)

2.3. Autonomia do Direito Agrário

Todos os autores que teorizaram a matéria concordam que o exame da autonomia tem uma tripla faceta, e sob a qual deve ser

---

mínimo pela exploração familiar; o *princípio de um especial rigor à grande propriedade*, como paradigma à exploração familiar; o *princípio de identificar a correspondência entre propriedade e empresa*, de sorte a degradar o direito de quem é proprietário mas não é seu cultivador; o *princípio de procurar a conservação das explorações agrárias e especialmente das familiares*, especialmente diante da sucessão ou execução por dívidas; o *princípio de fomentar à associação entre empresários agrícolas* para a solução de problemas comuns; o *princípio da planificação das intervenções estatais*, e, por fim, o *princípio da paridade*, com o fim de melhorar o nível e as condições de vida no campo com os demais setores (Ballarín Marcial, ob. cit., p. 299-329).

[7] O *princípio da função social; das dotações locais; da manutenção da unidade parcelária; da proteção da pequena e média propriedades; da proteção dos recursos naturais renováveis e da intangibilidade das colheitas* e o *respeito às situações produtivas dos fundos* (Derecho Agrario, Duque Corredor, pp. 21-23, apud Carroza e Zeledón, ob. cit., p. 60).

dividida a conclusão derradeira. A *autonomia científica*, a exigir seja o D.A. uma diciplina jurídica autônoma, por amparar suas normas em princípios peculiares e por um método especial, - quando seus princípios informadores podem ser sistematizados de forma orgânica; *autonomia didática*, como sinônimo de seu ensino especializado dentro do saber jurídico, em especial nos cursos acadêmicos de Direito, e, por fim, *autonomia legislativa* quando, sob o ponto de vista legislativo, estão contidas em disposições legais peculiares, numa codificação. Balarín Marcial lembra, ainda, a *autonomia jurisdicional*, "*aludiendo a si convendría la existencia de una jurisdición para las cuestiones y litigios entre agricultores (o de algún modo concernientes al agro)*" (ob. cit., p. 219).

Também uníssona a conclusão de que a autonomia não deva ser entendida de forma absoluta, de sorte a pretender estancar sua fronteira, como se fosse possível isolar-se de outros ramos, prescindir do contato, em especial de sua origem privada.

Importa ressaltar que destas facetas, sobressaem os aspectos *científico* e *legislativo* da autonomia, os quais, adiante-se, não se equivalem temporalmente, embora a autonomia científica é dependente da especialidade legislativa, ao menos como sistema, existente de forma orgânica.

O reconhecimento da autonomia do D.A. começa pela particularização da Agricultura e do chamado mundo rural, numa espécie de contraponto histórico, econômico e cultural ao mundo urbano, à urbe. Assim, desde a mitologia, que sempre lhe emprestou deuses próprios, distintos das divindades mercuriais, como *Deméter* (em latim, *Ceres*), também deusa da fertilidade; à teoria econômica, que a enquadrou no setor "primário", ao lado da indústria (secundário) e dos serviços (terciário); à sociologia, que lhe emprestou um modo estático, tradicional e humanista de viver, que a tudo é diferente do mundo urbano, desde a vida - lenta, solitária e previsível - à morte, que até no suicídio se apresenta com ritual próprio; mundo entoado pelos romances e poemas nela ambientados, a Agricultura tem, indiscutivelmente, características próprias, umbilicalmente relacionadas com a origem humana, e com sua luta pela sobrevivência e domínio sobre a natureza.

Quer me parecer que o dilema atual da autonomia na definição desta particularidade evidente é o desprestígio econômico da agricultura, em detrimento da nova revolução técnico-científica experimentada no mundo e, de outra banda, a transformação, inclusive entre nós, da sociedade predominantemente rural numa sociedade tipicamente urbana, o que, se por um lado não esmaece sua particularidade, a torna personagem coadjuvante destas transformações neste final de século-milênio. Devemos atentar, destarte, que, tanto o Código Civil francês quanto o nosso, foram elaborados numa sociedade tipicamente rural, onde os camponeses eram a maioria da população, embora ascendente uma nova classe social, ou que, muito antes de seu surgimento, haviam várias leis agrárias, como as distantes Lei das XII Tábuas, consideradas para muitos como o primeiro Código Agrário da humanidade. Talvez por estas razões que, segundo mestre Carnelutti, *"el D.A. tine, entre las ramas salidas del tronco del derecho, el título de la más rancia nobleza ..., no hay duda de que le corresponde la primogenitura en relación con el derecho del comercio, de la industria o de la navegación"* (*La vía della salvezza*, in Balarín Marcial, ob. cit. p. 221).

Assim como a especialização do comércio engendrou a necessidade de um ramo jurídico próprio, a agricultura, com seu particularismo, exige um exame a partir de tais características, que a distinguem radicalmente da afirmação da urbe, seu contraponto. É evidente que o reconhecimento deste particularismo não significa o resgate daqueles sistemas legislativos agrários, visto sua normatização repousar, hoje, na aplicação do *princípio da função social da propriedade* e de seu intrincamento *com a manutenção de um meio ambiente saudável e equilibrado*, dois dos seus princípios mais importantes, e, sem qualquer exagero, determinante na caracterização desta particularidade nesta quadra histórica. A afirmação desta conclusão serve de força centrífuga para delimitar a fronteira entre o direito agrário e o direito civil, baseado que é nos princípios individualistas e absolutos - numa valorização sem precedentes dos bens imóveis em relação aos móveis e assim por diante.

A correspondência entre a Agricultura e sua função precípua do aproveitamento humano da terra, em especial de seus frutos ou rendimentos, lhe confere uma *finalidade econômica* que, a par da idiossincrasia inerente de quem nela vive, a distingue radicalmente da urbe, porquanto *permeia e define todas suas relações*, inclusive jurídicas e uma *coexistência determinante com a natureza*, cuja participação na cadeia produtiva se apresenta fundamental, e, muitas vezes, incontrolável ao arbítrio humano. Assim, se apresenta determinante, *v.g.*, a intempérie ou uma epizootia, ou, de outro giro, uma manobra conjuntural de importação de alimentos, principalmente se atentarmos para a característica cíclica de sua produção e a dependência da natureza, capazes de burilar sobremaneira sua base e as relações dela dependentes. Tais particularidades formam a essência da agricultura e são radicalmente distintos da urbe, a exigir, desta maneira, um tratamento jurídico distinto.

Outra questão em que aflora a autonomia do D.A. é sua dupla natureza, que se abebera tanto do Direito privado quanto do Direito público, dando azo que, inclusive por questões práticas, mereça estudo particularizado, fugindo, ainda, da visão pandectista de classificar o Direito. E é o exame das normas agrárias que desnuda esta dupla natureza, a exigir, na lição de Cerrutti *"un corte transversal de la materia jurídica"*; um *método novo* para sua evolução, que transcenda as fronteiras estanques do direito público ou privado, mesmo que seja latente sua tendência à publicização, que, se afasta esta "anomalia" o afasta, mais ainda, do Direito privado.

Ao lado do *jus propium* da Agricultura e da sua dupla natureza e tendência à publicização está a afirmação incontestável dos princípios gerais, próprios e especiais do D.A., a ponto de lhe conferir uma *unidade*, distinta, principalmente, do Direito Civil (discriminados nas notas 5, 6 e 7), dos quais se destaca o que preconiza a *função social da propriedade*, e, em menor escala, o *da proteção e dependência com o meio ambiente, o da dimensão mínima, da indivisibilidade dos resultados totais no ano agrário, da proteção da pequena e da média propriedades* e o princípio de *procurar a conservação das explorações agrárias e especialmente das familiares*.

No Brasil, o D.A. tem forte influência constitucional, e "nasceu", de direito, através da E.C. nº 10/64, em seu artigo 5º, XV, *b*, e, em nível ordinário, com o surgimento da Lei nº 4.504, de 30.XI.1.964, que criou o chamado "Estatuto da Terra". Neste documento legislativo, há a consagração dos princípios gerais que caracterizam o D.A, e, pela primeira vez, se pode afirmar se tratar de verdadeiro Código Agrário em nosso país, pela pretensão de ser um diploma orgânico e destinado a normatizar as relações do mundo rural, a partir da consagração daqueles princípios e pela definição de seus institutos sob o prisma da agrariedade, do *jus proprium* da Agricultura.

Obra consagrada no mundo jurídico nacional, seja pela pretensão de organicidade e por seu conteúdo programático, o Estatuto da Terra foi brandido como sinônimo de Reforma Agrária, malgrado o pouco interesse político em sua aplicação à realidade e, ultimamente, sua reforma parcial, com a pretensão da renovação, sem, contudo, idêntico apuro científico e visão panorâmica, em detrimento da pulverização de normas, que corroem aquela organicidade, e, mesmo, alguns de seus princípios fundamentais. Cabe ressaltar, aqui, todavia, que a edição do Estatuto da Terra é a demonstração, entre nós, não só da autonomia legislativa do D.A., mas através da agrariedade, do *jus proprium* da Agricultura, da consagração dos seus princípios informadores, dos institutos e de sua própria autonomia; enfim, desplugando-se, afortunadamente, do tronco do direito privado, mesmo sob o crivo dos critérios propugnados pela Escola Jurídica.

3. O Instituto do Imóvel Rural e o Direito Agrário

3.1. A definição legal

A Lei 8.629/93, que dispõe sobre a regulamentação dos dispositivos constitucionais relativos à reforma agrária, inseridos no Capítulo III, Título VII, da Constituição Federal, em seu artigo 4º, I, define o conceito, "para os efeitos desta Lei", de imóvel rural, *verbis*:
"(...)
Art. 4º Para os efeitos desta Lei, conceituam-se:
I – Imóvel Rural – o prédio rústico de área contínua, qualquer que seja a sua localização, que se destine ou possa se destinar à exploração agrícola, pecuária, extrativa vegetal, florestal ou agroindustrial;"

A antiga e revogada definição, dada pelo Estatuto da Terra, era a seguinte, *verbis*:
"(...)
Art. 4º Para os efeitos desta Lei, definem-se:
I – Imóvel Rural, o prédio rústico, de área contínua, qualquer que seja a sua localização, que se destine à exploração extrativa agrícola, pecuária ou agro-industrial, quer através de planos públicos de valorização, quer através de iniciativa privada;"

O conceito vigente repetiu basicamente a noção dada pelo Estatuto da Terra, também em seu artigo 4º, inovando, tão-somente, na *extensão* do alcance do critério da destinação (com o acréscimo da locução "possa se destinar"), com a *supressão* de sua instituição quer "através de planos públicos de valorização, quer através de iniciativa privada" e a *adequação técnica* às suas modalidades, com a especificidade da "exploração extrativa agrícola" em agrícola, propriamente dita, extrativa vegetal e florestal, antes inexistentes no texto legal, mas cuja ampliação já se fizera sentir no art. 5º do Dec. 59.566/66.

São, pois, seus elementos: (1) prédio rústico; (2) área contínua e (3) destinação ou potencial destinação à exploração agrícola, pecuária, extrativa vegetal, florestal ou agroindustrial.

3.2. Imóvel rural

O D.A. sempre claudicou na utilização dos vocábulos *rural* e *agrário*, não só para se definir como ramo autônomo, mas na nominação de alguns de seus institutos. O vocábulo rural, *v.g.*, parece que predominou na França e em Portugal, enquanto na Itália, na Espanha e na América Latina se utilizou o vocábulo *agrário*, malgrada a influência francesa na Argentina. Embora alguns preconizem a sinonímia entre ambos ou parecer filigrana jurídica, o certo é que, efetivamente, diferem tais conceitos, o que, em nome da técnica jurídica, impõe seu aclaramento.

A voz rural provém do latim *ruralis*, de *rus*, a significar campo. Tem nítida conotação geográfica, no sentido de estático de "ubicação", como contraponto a *urbs*, isto é, ao urbano. Enquanto agrário equivale a *ager*, que também significa campo, porém com sentido de produção, dinâmico.

Pode parecer imperceptível tal diferença, mas dada sua transcendência para a própria nominação do ramo, é importante ressaltar sua distinção, e, para tal, é feliz o parêntesis cinético feito pelo mestre Octávio Mello Alvarenga: "diremos que 'rural' é fotográfico enquanto 'agrário' é cinematográfico; vai uma diferença substancial entre 'figura estática' e 'figura em movimento'" ("Justiça Agrária – Considerações estruturais face à realidade brasileira", in RDAgr. 01, p. 48).

Outro aspecto importante para realçar tal distinção é pelo fato, histórico, que na antiga Roma, denominava *agraria lex* (lei agrária) a que regulava a distribuição das terras provenientes das conquistas, entre os cidadãos romanos; assim como *agraria res*, o nome desta divisão, de sorte que seu significado, a par de um conteúdo de produção, se reveste, também, de um conteúdo distributivo da estrutura fundiária, talvez por isso se denomine reforma *agrária* a bandeira da democratização profunda no campo.

Há uma tendência na utilização cada vez mais freqüente do vocábulo *agrário*, em detrimento do rural, o qual só se justifica como contraponto à urbe, mas, exatamente por esta redução, se reveste de uma paralisia contraditória com sua inquietude econômica.

Advindo do latim *immobilis* (que não se move) o vocábulo imóvel parece acompanhar as mesmas regras da terminologia jurídica privada, as quais definem a *res immobilis*, também denominada bem de raiz. Seguem, assim, a classificação civilista, segundo sua natureza, de imóveis naturais, por ação do homem, por destino ou acessão física artificial e por determinação legal, no entanto, permeados de uma característica própria, a *agrariedade*.

3.3. Prédio rústico

Verbete anotado por De Plácido e Silva, (*Vocabulário Jurídico*, vol. II, p. 420) *prédio* vem do latim *praedium*, e, em sentido amplo, significa toda porção de terra ou do solo, constituída em propriedade de alguém, haja nele, ou não, construções (edifícios).

Primitivamente, designava simplesmente o *solo* ou o *terreno*, desprovido de qualquer construção (*res soli*). Hodiernamente, contudo, tem um significado amplo e abrange todas as casas e construções, seja na cidade ou no campo. *Prédio*, com a mesma significação de *fundus*, designa também toda a espécie de bem de raiz ou de bem imobiliário. Ensina De Plácido que "na linguagem romana, *praedium*, *fundus* e *solum* tinham sentido equivalente mas que, em verdade, possuem conceitos definidos: o *prédio* é o terreno apropriado ou propriedade imobiliária; o *solo* é toda extensão superficial da terra e o *fundo* é o terreno em que se acha uma edificação, compreendida a própria edificação" (ob. cit., p. 420).

Por sua vez, o vocábulo rústico, advindo do latim *rusticus*, de *rus*, é um romanismo antigo para se definir tudo o que pertence ao campo. Ao D.A., todavia, tem o significado de *ager*, imóvel destinado ao cultivo ou o sentido ainda de caracterizar coisas que, não obstante estejam na urbe, sejam, por sua destinação, eminentemente rurais ou agrárias.

Praedium rusticum significa, então, toda porção de terra ou solo, constituída em propriedade de alguém, haja nele, ou não, construções destinadas ao cultivo. E é esta função econômica intrínseca que o distingue de outra espécie de imóvel ou propriedade (principalmente a urbana) não só por sua estreita vinculação com a natureza, mas com seu objeto mais próximo, a terra e com as vicissitudes científico-econômicas inerentes à agricultura.

3.4. Área contínua

O vocábulo *área* é tido em diversas acepções. Os mestres Osvaldo e Silvia Opitz esclarecem que "Florentino (1.211 *de verb*) chama área o lugar vazio na cidade destinado para nele se construírem edifícios e casas... finalmente chama 'área' os lugares ou terrenos próprios e destinados para trilhar, malhar, secar e limpar frutos da agricultura (L. 14, par. ult., C. de Servit). Esta última acepção é o prédio rústico" (*Tratado de Direito Agrário* – Ed. Saraiva – 1983, p. 42). Esta definição não discrepa dos demais autores, que sempre a relacionam ao vocábulo de origem latina *area* (superfície plana, área geométrica ou espaço compreendido em uma periferia, chão, terreno), representando a expressão do tamanho total da propriedade.

Na definição para o D.A. da expressão *contínua*, todavia, se estabelece um conceito próprio, no qual muitos confundem seu alcance. Os mestres Osvaldo e Silvia Opitz, uma vez mais, estabelecem esta diferenciação – de forma clássica – ao advertirem que a palavra contínuo tem um sentido que *transcende* os três significados mais comuns emprestados à palavra contínuo, isto é, no *tempo*, como consecutivo; no *espaço*, unido, seguido ou no *figurado*, como ininterrupto. Para o D.A. o que importa "é a *utilitas* da área, isto é, deve haver continuidade na utilidade do imóvel, embora haja interrupção por acidente, por força maior, por lei da natureza ou por fato do homem. Há unidade econômica na exploração do prédio rústico. A vantagem é econômica, e não física, como aparenta a expressão legal" (ob. cit., p. 43).

Comumente, nas ações de desapropriação por interesse social para fins de reforma agrária ou nos procedimentos administrativos tendentes à desapropriação tem-se abandonado, por apego exagerado à literalidade gramatical, este significado, próprio do D.A., que, a par de coadunar com seus princípios gerais, o distingue radicalmente da classificação típica do Direito Civil e Registral.

Assim, o que interessa para sua identificação é o exame da *utilitas* (proveito ou vantagem econômica), tanto no aspecto espacial quanto como em sua repercussão jurídica. Pouco interessa, *v.g.*, se a propriedade é dividida por um acidente natural, como uma estrada ou um rio, pois "embora não haja continuidade no espaço, há *continuidade econômica*, isto é, desde que seja explorada convenientemente por seu proprietário" (ob. cit., p. 43). Neste caso, embora com solução de continuidade, física o que se está a falar, mas representando uma unidade econômica, isto é, se aproveitando da mesma infra-estrutura, deve ser considerada como contínua, desde que explorada conjuntamente. Deve-se impregnar seu conceito do aspecto econômico, relevando sua acepção ortodoxa ou gramatical, em consonância com os princípios gerais do D.A., do *jus proprium* da agricultura e do condicionamento do direito à propriedade à sua função social.

Pelo mesmo critério, pouco importa, *v.g.*, que um imóvel rural seja formado pela reunião de várias matrículas no Cartório de Registro de Imóveis, devendo-se, *a priori*, afastar qualquer divisão de sua área, como abstração jurídica, por exigência cartorial, ou por qualquer outro argumento privatista. A mensuração da área está diretamente relacionada com sua *utilitas*, mesmo que dividida em várias matrículas, ou pelo fato de que sejam distintos seus proprietários. Aliás, tem sido este o principal obstáculo para a correta definição deste instituto.

E tal conclusão, antes de demarcar claramente seu conteúdo econômico, tem enorme repercussão no D.A., porquanto é por este critério que se definirá, *v.g.*, o tamanho do imóvel, e, por conseguinte, sua classificação e à aplicação da vedação constitucional da expropriação da pequena e da média propriedades (art. 185, I), nos limites convencionados pelos incisos II e III da Lei 8.629/93, e, de outro giro, para indenizar a terra nua, no aspecto do prazo de resgate dos Títulos da Dívida Agrária (TDA) (§ 3º do art. 5º da Lei 8.629/93).

Em sede de verificação do cumprimento da função social, em especial na configuração da condição da produtividade do imóvel rural, ou, nos termos legais, se é explorada econômica e racionalmente, atingindo graus de utilização da terra (80%) e de eficiência na exploração (100%), segundo índices fixados pelo INCRA, quando não inserta nas exceções legais (art. 6º, § 7º; arts. 7º e 8º da Lei 8.629/93), este debate tem adquirido importância magna, decisiva mesmo para a admissão da desapropriação-sanção, inclusive na esfera judicial. Como o efetivo pecuário, *v.g.*, via de regra, é mensurado através das fichas de vacinação, classificadas, também como regra, em nome do proprietário e nem sempre se possa identificar a propriedade rural e seja comum existência de "área de posse", sem domínio, bem se pode perceber o resultado distinto na verificação dos índices, em especial do GEE, quando não para que se pugne pela anulação do Decreto Presidencial ou do processo expropriatório. A não-utilização do critério da *utilitas* resulta, muitas vezes, na consideração de efetivo pecuário ou na produção agrícola efetivamente existentes, mas em cotejo com uma área menor, fruto ora da absolutização do significado espacial ou gramatical, ora de sua mensuração em virtude do registro imobiliário, dando azo a que se considerem produtivas áreas que, na realidade, são improdutivas.

O intérprete tem papel importante na preservação desta característica econômica do instituto, não só como reconhecimento inequívoco da autonomia do D.A., mas para evitar a fraude, seja para descaracterizar a configuração de imóvel improdutivo ou para se beneficiar de prazo de resgate menor de TDA, cuja correspondência com o tamanho do imóvel é norma cogente, plasmada no texto constitucional e que, portanto, não detém a Administração ou o Poder Judiciário faculdade para alterá-la.

Forçoso reconhecer, todavia, que este critério do D.A. não tem encontrado eco suficiente nos doutrinadores, e, em especial, na jurisprudência, embora não se tenha conhecimento que a tenha enfrentado diretamente este alcance econômico, mas seu aclaramento se imporá em função da repercussão prática e jurídica de seu alcance.[8]

Questão controvertida, também, é o cotejo da adoção deste critério com o apresentado pelo § 6º do artigo 46 do Estatuto da Terra, para o qual "no caso do imóvel rural em comum por força de herança, as partes ideais, para os fins desta Lei, serão consideradas como se divisão houvesse, devendo ser cadastrada a área que, na partilha, tocaria a cada herdeiro e admitidos os demais dados médios verificados na área total do imóvel rural", dando a entender não ser o critério da transcendência o adotado pelo Estatuto da Terra, isto porque a Lei 8.629/93 nada previa a respeito.

---

[8] Em acórdão do STF, que não enfrentou diretamente o tema da continuidade, em virtude da via estreita do Mandado de Segurança, vale a pena, dado seu conteúdo, transcrever o seguinte excerto da manifestação da Procuradoria-Geral da República, em parecer do Dr. José Rodrigues Ferreira, *verbis*:
"... O Estatuto da Terra (Lei 4.504/64) criou um conceito próprio de imóvel rural para 'os efeitos da lei', ou seja, 'para fins de execução da Reforma Agrária e promoção da Política Agrícola', como bem explicita o seu artigo 4º, inc. I... Esse conceito não esconde o *estrato publicista* da idéia que o inspirou, fundada nos princípios que informam, a função social da propriedade, idéia, essa, que já no fim do último quartel do século passado, empanava o discurso privativista daqueles que viam a propriedade como extensão da própria pessoa, e que abalou o mundo ao ser inscrita na *Encíclica Rerum Novarum*, de Leão XIII...
Aliás, coube também a esse grande Mestre (F.P. Sodero), elaborar um dos mais perfeitos resumos da idéia da *doutrina da função social da propriedade*, *verbis*: "O Estatuto da Terra, como o Direito Agrário brasileiro, fundamenta-se na doutrina da função social da propriedade, pela qual toda a riqueza produtiva tem uma finalidade social e econômica, e quem a detém deve fazê-la frutificar, em benefício próprio e da comunidade em que vive...
Então, em face da lei (Estatuto da Terra, art. 4º, I) e da Constituição (art. 160,III), o fracionamento do imóvel não poderá servir de atestado para que ele fique à margem do processo produtivo e imune à desapropriação por interesse social, se a área permanece *contínua*...
Ora, no caso, a planta do imóvel (fl. 9) mostra que a Fazenda São Joaquim foi fracionada em *14 lotes de áreas contínuas*, distribuídos *dois a dois* a membros de uma *mesma família*, todos improdutivos. Assim, a idéia de *continuidade da área* e de *descumprimento da função social* da propriedade inspirada no direito público há de sobrepor-se às de desmembramento e do *laisser faire*, nitidamente de direito privado, por isso que aquela regra do Estatuto da Terra (art. 4º, I) há, também, de sobrepor-se à do art. 5º do Decreto-lei 2.363/87, toda vez que se defrontarem, no caso... a distribuição de lotes *dois a dois*, resultante da divisão feita em família, presume a entrega de *área contínua* ao condômino (como é de praxe nas divisões), não lhe alterando, portanto, o conceito de 'imóvel rural' do Estatuto da Terra..."
MS 20.787-6-DF – rel. Min. Moreira Alves, Deferiu a Segurança, v.u., *in* RT 638/200.

No sentido da plena vigência deste dispositivo do ET é o teor de recente aresto do Excelso Pretório, que teve o Min. Celso de Mello como Relator.[9]

Deve-se atentar para o fato de que, nos termos da alínea *f* do artigo 17, o Estatuto da Terra considerou expressamente a herança ou legado como meio de acesso à propriedade rural, inserida no Título que trata especificamente da reforma agrária (Título II). E, ao mesmo tempo em que cada fração ideal advinda da sucessão é considerada de *per si*, rezou, nos termos do polêmico e inovador art. 65, a vedação da indivisibilidade do imóvel rural, mesmo em caso de sucessão *causa mortis* (§§ 1º e 2º), e, de outro giro, em seu parágrafo 3º, estipulou que "no caso de um ou mais herdeiros ou legatários desejar explorar as terras assim havidas, o Instituto Brasileiro de Reforma Agrária poderá prover no sentido de o requerente ou requerentes obterem financiamentos que lhes facultem o numerário para indenizar os demais condôminos".

O ET pretendeu albergar, de um lado, a divisão fundiária através da sucessão *causa mortis*, e, do outro, o impedimento à ploriferação de minifúndios, além de propiciar o financiamento, ao menos de forma programática, àquele que se proponha a indenizar os demais condôminos, de sorte a manter a unidade econômica existente.

A instituição deste critério, consagrado na jurisprudência, deve ser visto, contudo, como uma *exceção* à regra, mesmo porque tinha caráter de *norma especial* em relação à disposição geral do artigo 4º do ET e, nem de longe ou com esforço hercúleo, a derrocada deste instituto aos ditames privatistas, até porque, depreende-se da leitura do referido Acórdão o cumprimento de regra contida na *lex* agrária, com a observação, apenas, de que coaduna com dispositivo do Código Civil.

---

[9] "DESAPROPRIAÇÃO – Inadmissibilidade – Imóvel rural – Propriedade em comum por força de herança – Partes ideais consideradas de *per si*, não ultrapassam cada qual o teto de 15 módulos fiscais (art. 4º, III, Lei 8.629/93) – Hipótese em que partes ideais são propriedades diversas, como se divisão houvesse – Enquadradas como de médio porte para fins do art. 46, § 6º, da Lei 4.504/64.
Ementa oficial: Aberta a sucessão, o domínio e posse da herança transmitem-se desde logo, aos herdeiros legítimos e testamentários – art. 1.572 do CC. Daí a insubsistência de decreto para fins de desapropriação, no qual restou considerado o imóvel como um todo, olvidando-se o Estatuto da Terra – Lei 4.504/64, de 30.11.64, no que, mediante o preceito do § 6º do art. 46, dispõe que, no caso de imóvel rural em comum, por força de herança, as partes ideais nele previstos são consideradas como se divisão houvesse. Propriedades diversas enquadradas como médias por não suplantar, cada qual, consideradas de per si, o teto de quinze módulos fiscais – inc. III do art. 4º da Lei 8.629/93.
MS 22.045-ES – T. Pleno – J. 26.9.95 – DJU 30.6.95 – v.u. – RT 719/323-5.

Sem embargo deste caráter de especialidade, há de se considerar que ao tempo da edição do ET, *não havia vedação à desapropriação para fins de reforma agrária incidente na pequena e na média propriedades*, daí por que se preocupou apenas em considerar a média total da propriedade (o conjunto das frações ideais) para a compulsação da produtividade, e não sua utilização como unidade econômica, embora, à época, houvesse vedação, de cunho ordinário, para a desapropriação de imóveis que não excedessem três vezes o módulo rural, desde que fossem superior à propriedade familiar. Se atentarmos para o conceito antigo de latifúndio, hoje por sinal inexistente em sede legislativa, seu conceito não se prestava apenas à grande propriedade ou a redundante expressão "latifúndio por extensão", mas também como "latifúndio por exploração", isto é, mesmo não excedendo o limite imposto pela dimensão mínima fixada pelo artigo 46, § 1º, *b* do ET. Há de se indagar se, diante da vedação constitucional ora vigente, e diante do silêncio da Lei 8.629/93 a respeito, destinada à regulamentar e disciplinar disposições relativas à reforma agrária, previstas no capítulo III do título VII do texto constitucional, se ainda sobrevive aquele dispositivo especial do ET.

E se não evidente o confronto desta norma ordinária com a vedação plasmada no texto constitucional, há de se considerar a inovação da Lei 8.629/93, com a edição da MP 1.632-8/98, que acrescentou o parágrafo 4º ao seu artigo 2º, cujo texto *desconsidera qualquer alteração de domínio ocorrida até seis meses após a data da comunicação para levantamento de dados e informações*. Importa concluir que esta vedação, no lapso temporal consignado pela lei, atinge também àquela norma especial do ET, por absoluta incompatibilidade com norma especial posterior, ou seja, *para efeito da Reforma Agrária não se aplica a divisão presumida em caso de condomínio de imóvel rural havido por sucessão após seis meses da data da comunicação para levantamento de dados e informações.*

3.5. Destinação x localização

Há muito tempo se digladiam os critérios da *destinação* e da *localização* para a caracterização do imóvel rural. O D.A., desde o surgimento do ET, optou pelo critério da *destinação*, o que foi confirmado pela Lei 8.629/93, isto é, todo aquele que, qualquer que seja sua localização, se destine ou possa se destinar à exploração agrícola, pecuária, extrativa vegetal, florestal ou agroindustrial.

Malgrada a clareza deste critério, sua aceitação tem sofrido, basicamente, duas espécies de resistências, *(1)* a de que não estaria revogado o critério adotado pelo Código Tributário Nacional (CTN), instituído que foi por lei complementar e que adota o critério da *localização* e *(2)* que o critério da *destinação* colidiria com definição do texto constitucional, filiado àquele critério, daí por que se abalaria pela terrível mácula da inconstitucionalidade. Em que pese a autoridade de seus defensores, ousa-se discordar de tais entendimentos, e aqui, uma vez mais, em nome da autonomia do D.A.

3.5.1. O critério adotado pelo CTN e a Lei 8.629/93

O ET, como vimos, quando dispôs sobre o Imposto Territorial Rural (ITR), no Capítulo I do Título III, e, principalmente, quando definiu o conceito de *imóvel rural*, em seu art. 4º, I, adotou o critério da *destinação*, para estabelecer o contraponto com o *imóvel urbano*.

O CTN, criado pela Lei 5.172, de 25.X.66, por sua vez, adotou critério distinto, da *localização*, para diferenciar o imóvel rural do urbano, revogando o critério anterior em sede tributária, ao dispor, em seu art. 29, *verbis*:

"Art. 29. O imposto, de competência da União, sobre a propriedade territorial rural tem como fato gerador a propriedade, o domínio útil, ou a posse de imóvel por natureza, como definido na lei civil, localizado fora da zona urbana do município."

Ocorre que, com a edição do Decreto 59.428, de 27.X.66, restabeleceu-se o critério da destinação preconizado pelo ET. E, também imediatamente após, sob o escopo de que tal decreto era hierarquicamente inferior à Lei, foi publicado o Decreto-Lei nº 67, de 18.XI.66, cujo artigo 15 revigorou, novamente, o critério da *destinação*. Após, adveio a Lei nº 5.868, de 12.II.72, que, em seu artigo 6º, pretendeu sepultar o imbróglio, ao dispor que, *verbis*:

"Art. 6º Para fins de incidência do Imposto sobre Propriedade Territorial Rural, a que se refere o art. 29 da Lei 5.172, de 25 de outubro de 1966, considera-se imóvel rural aquele que se destinar à exploração agrícola, pecuária, extrativa vegetal ou agro-industrial e que, independentemente de sua localização, tiver área superior a 1 (um) hectare.

Parágrafo único. Os imóveis que não se enquadrarem no disposto neste artigo, independentemente de sua localização, estão sujeitos ao Imposto sobre Propriedade Predial e Territorial Urbana, a que se refere o art. 32, da Lei nº 5.172, de 25 de outubro de 1966."

Todavia, o Supremo Tribunal Federal, em decisão proferida no Recurso Extraordinário nº 93.850-MG,[10] retomou a discussão em torno do tema, ao declarar inconstitucional o reproduzido artigo 6º, sob o argumento de que a Lei nº 5.172/66, que instituiu o CTN, é uma lei complementar, e, portanto, hierarquicamente superior à Lei 5.868/72, o que, por vias transversas, também superior ao Estatuto da Terra.

A questão, agora, é saber se esta decisão tem, também, o alcance de tornar sem efeito a Lei 8.629/93, no tocante à caracterização do imóvel rural pelo critério da *destinação*, porquanto lei ordinária, hierarquicamente inferior à lei complementar, apesar da posição isolada do mestre Alvarenga (ob. cit., p. 1) considerá-la como lei complementar, amparado na lição de Caio Mário da Silva Pereira, "pois regulamenta determinações da Carta Magna". Não obstante esta caracterização, parece remansosa sua classificação como *lei ordinária*, conclusão estribada na lição do mestre Tupinambá Miguel Castro do Nascimento ao advertir que "quando a norma constitucional normatiza 'cuja utilização será definida em lei', refere-se às normas ordinárias de leis – leis ordinárias ou leis delegadas – e não lei complementar, o que é importante em termos de *quorum* de aprovação (arts. 47 e 69 da C.F.). Na sistemática da Carta de 1988 o constituinte quando quis se referir à lei complementar, entre as leis infraconstitucionais a de maior hierarquia eficacial, o faz expressamente (arts. 146, 148, § 4º, 163, 192, etc.). O se referir a lei, sem adicionar qualquer qualificativo, é se referir às formas ordinárias de lei, obedecida, quanto às leis delegadas, a indelegabilidade indicada no § 1º, do art. 68 da Constituição" (*A Ordem Econômica e Financeira e a Nova Constituição*, AIDE, 1989, p. 109).

A toda evidência, pois, que da leitura dos artigos 184 e 185 da CF não exsurge a menção expressa da necessidade de lei comple-

---

[10] RECURSO EXTRAORDINÁRIO Nº 93.850-MG – TRIBUNAL PLENO – v.u.
Relator : Min. Moreira Alves – Imposto Predial. Critério para caracterização do imóvel como rural ou urbano.
- A fixação desse critério para fins tributários, é princípio geral de direito tributário, e, portanto, só pode ser estabelecido por lei complementar.
O CTN, segundo a jurisprudência do STF, é lei complementar – Inconstitucionalidade do artigo 6º (sexto), e seu parágrafo único da Lei Federal 5.868, de 12 de dezembro de 1972, uma vez que, não sendo lei complementar não poderia ter estabelecido critério, para fins tributários, de caracterização do imóvel como urbano ou rural diverso do fixado nos artigos 29 e 32 do CTN.
Recurso Extraordinário conhecido e provido, declarando-se a inconstitucionalidade do artigo 6º (sexto) e seu parágrafo único da Lei Federal 5.868, de 12 de dezembro de 1972."

mentar, exigida, tão-somente, nos termos do § 3º do art. 184, para a instituição de procedimento especial de rito sumário (LC 73/93 e LC 88/96).

Todavia, o reconhecimento da hierarquia eficacial superior daquela lei complementar sobre a Lei 8.629/93 não tem o condão, de *per si*, afastar o critério da *destinação*, porquanto aqui se trata de matéria que diz respeito ao D.A., cuja autonomia impõe a delimitação de sua fronteira com outro ramo do Direito. Neste sentido é a conclusão do agrarista Benedito Ferreira Marques, ao defender que "há de se concluir que a decisão da Excelsa Corte de Justiça, acima noticiada, deve ser encarada apenas como um entendimento de que a discussão só ganha realce quando estão em jogo as questões tributárias. Não se há de se considerar derrogadora daqueles preceitos legais que abrigam o critério da destinação para caracterizar o imóvel rural" (*Direito Agrário Brasileiro*, AB Editora, p. 45). O fato de o Excelso Pretório definir o critério tributário para a caracterização do imóvel rural não implica sua extensão ou absolutização a ramo autônomo do direito, sujeito aos seus princípios gerais e à sua particularidade. Assim como, *v.g.*, diferem o critério da maioridade para os Direitos Penal, Civil e Eleitoral, e assim por diante, tornando relevante o comentário inicial sobre a autonomia do D. A.

Forçoso concluir, pois, que a decisão do Excelso Pretório é restrita à definição do critério tributário,[11] vigindo plenamente o critério agrário, definido na Lei 8.629/93, isto é, pela *destinação*.

3.5.2. Há um conceito constitucional para Imóvel Rural?

Questão nebulosa é saber se a Constituição Federal definiu o conceito de imóvel rural. De início, registe-se, apenas, que a conclusão sobre tal indagação não invalida o dito anteriormente, em especial sobre a autonomia do D.A. ou sobre a exegese compartimentada do artigo 4º, I, da Lei 8.629/93, com exceção, porém, do critério *destinação* x *localização*, que parece plasmar o exame das normas constitucionais a respeito de tal instituto.

José Carlos de Moraes Salles foi, talvez, o primeiro autor a defender a tese, referindo-se especificamente à Lei 8.629/93, sobre a inconstitucionalidade do critério da *destinação*, ali definido de forma

---

[11] A Lei 9.393, de 19 de dezembro de 1996, que dispõe sobre o ITR, apesar de sua redação ambígua e defeituosa, e, também por não ser lei complementar, não altera as conclusões aqui esposadas, porquanto se filia ao critério, para fins tributários, da localização (art.1º, § 2º).

clarividente. Para o consagrado autor "com apoio na exegese sistemática da Constituição, que, em outra norma (art. 191), inserida no mesmo Capítulo (Da Política Agrícola e Fundiária e da Reforma Agrária), ainda que se referindo ao usucapião *pro labore*, alude expressamente à área de terra em *zona rural*. Daí nos parecer que o critério acolhido pela Carta Política (art. 184) teria afastado o critério da destinação a que alude o art. 4º, I, da Lei 4.504, de 30.11.64 (Estatuto da Terra)... pelas razões anteriormente expostas, entendemos que o inc. I do art. 4º da Lei 8.629/93 é inconstitucional, na parte em que possibilita a desapropriação por interesse social, para fins de reforma agrária, do imóvel urbano destinado à finalidade agrícola, pecuária ou agroindustrial ..." (*A Desapropriação à luz da doutrina e da jurisprudência*, 3ª Ed., Ed. RT, p. 780). Esta mesma orientação foi adotada pelo MM. Juiz Federal Leandro Paulsen (*Desapropriação e Reforma Agrária*, Ed. Liv. do Advogado, p. 95) que, por sua vez, arrola conclusão idêntica de Celso Ribeiro Bastos e José Bonifácio Borges de Andrada, este sob o prisma de que para se verificar se o imóvel é urbano ou rural, deve-se consultar a legislação local (plano diretor do município e artigos 30, III, IV e VIII, e 182 da CF).

Ao que parece, foi Tupinambá Miguel Castro do Nascimento, contudo, quem, pela primeira vez, pugnou pela existência de um conceito ou critério para a caracterização de imóvel rural existente na Carta Política, quando, em sua obra *A ordem econômica e financeira e a nova Constituição* (AIDE, 1989), anterior, pois à Lei 8.629/93, ao admitir a coexistência entre os conceitos tributário e agrário para a caracterização do imóvel rural, catapultava o imbróglio interpretativo com a assertiva que o artigo 191 "tratando de usucapião especial rural, indica coisa hábil a ser usucapida, *área de terra, em zona rural*, indicando, sem a menor possibilidade de dúvida, como critério identificador da ruralidade, a localização. É verdade que a norma constitucional refere-se ao usucapião especial. Porém, se encontra no mesmo capítulo ora em exame, ou seja, referente à política agrícola e fundiária e à reforma agrária. À falta de outro conceito com assento constitucional, é de se concluir que o legislador constituinte deu prevalência ao critério topográfico, sem afastar, porém, o critério da destinação econômica, para com a soma dos dois critérios definir o que seja imóvel rural. Em outras palavras, imóvel rural é o localizado em zona rural e cuja destinação econômica, efetiva ou potencial, tem agrariedade" (pp. 101-2). Há aqui uma *nuance* – não percebida pelo festejado mestre Celso Bastos – que desvela a existência de um *critério misto*, ao contrário da tese esposada pelos outros autores, notadamente filiados ao critério *topográfico*.

Os agraristas em geral silenciaram sobre o tema, daí por que se pode compulsar a divergência sobre os conceitos aqui desvicerados como referenciais para o deslinde da dúvida.

Quer me parecer o tema deva ser encarado sob o prisma da constitucionalidade e dos seus critérios, próprios, de interpretação. E, neste diapasão, em apertada síntese, algumas premissas se fazem necessárias. A primeira é a que parte da necessidade de se estabelecer uma interpretação *lógico-sistêmica*, ante a primazia da interpretação sistemática e teleológica sobre a literal e a histórica, e especialmente pela pouca densidade das normas constitucionais de uma Carta política rígida, como a nossa.

Eros Roberto Grau, com seu estilo denso de escrever, invoca lição de Santi Romano (*Fragmentos de um dicionário jurídico*, p. 211), ao insistir que:

"a interpretação da lei é sempre interpretação, não de uma lei ou de uma norma singular, mas de uma lei ou de uma norma que é considerada em relação à posição que ocupa no todo do ordenamento jurídico, o que significa que o que efetivamente se interpreta é esse ordenamento, e, como conseqüência, a norma singular. Herman Heller (*Teoria del Estado*, p. 274), por outro lado, observa que o preceito jurídico particular somente pode ser fundamentalmente concebido, de modo pleno, quando se parta da totalidade da Constituição Política. Vide em Celso Antônio Bandeira de Mello (*Criação de Secretarias Municipais*, p. 287), alusão ao Conselheiro Ribas.

Não se interpreta a Constituição em tiras, aos pedaços.

A interpretação de qualquer norma da Constituição impõe ao intérprete, sempre, em qualquer circunstância, o caminhar pelo percurso que se projeta a partir dela – da norma – até a Constituição" (ob. cit. p. 181).

A segunda questão diz respeito à prevalência dos princípios positivados na Constituição em cotejo com as chamadas norma-objetivo, e, no seu interior, o papel que joga a finalidade.

Eros Roberto Grau, uma vez mais, defende a adoção deste critério na interpretação da ordem econômica da Constituição (Título VII), do qual o capítulo III, que trata da Política Agrícola e Fundiária e da Reforma Agrária, é integrante, glosando lição de Von Ihering – a finalidade é criador de todo o Direito e não existe norma ou instituto jurídico que não deva sua origem a uma finalidade (ob. cit. p. 182).

O conceituado professor da USP faz uma importante distinção entre princípio e norma-objetivo, com escopo na conhecida doutrina dos mestres J. J. Gomes Canotilho e Dworkin para a interpretação constitucional.

Diante de tais premissas, há de indagar se (1) o fato de a Constituição Federal, em seu artigo 191, ao inserir a alocução "zona rural", tem, de *per si*, o condão de estabelecer o critério da *localização*, e, de outra banda, se há o (2) poder de espraiá-lo para todo o Capítulo que trata da política agrícola e fundiária e da reforma agrária, que parece ser este o poderoso argumento hermenêutico tendente à afirmação dum conceito constitucional para tão ingrato instituto. Malgrada a relevância do fundamento, que parece repousar no método de interpretação sistêmico ou meramente gramatical, há de se afastar tal conclusão, quiçá, ao menos, sua conclusão menor – de que dúvida alguma deve prosperar.

Todos os doutrinadores que estudaram a nossa Constituição são unânimes em afirmar que há no seu bojo, no linguajar de Luís Roberto Barroso, *vários pontos de tensão normativa*, que nada mais são do que "proposições que consagram valores e bens jurídicos que se contrapõem e que devem ser harmonizados pelo intérprete" (*Interpretação e Aplicação da Constituição*, Ed. Saraiva, p. 183), porquanto pode haver lacunas na lei, mas não no Direito. E, diante da integração pretendida, através da transcendência do critério da localização adotado para definir a usucapião *pro labore* ou constitucional em face da suposta lacuna[12] do artigo 184, há de se contrapor o *caminho inverso* na interpretação pretendida: partir dos princípios positivados até as normas programáticas ou objetivas, e daí, inexorável, a conclusão de que se não se trata de silêncio eloqüente, remetendo a definição para lei ordinária, é de se concluir que aqueles têm uma finalidade que se espraia sobre o texto constitucional, a ponto de "funcionar como critério de interpretação e integração do Texto Constitucional" (Barroso, ob. cit., p. 142). Têm as normas princípio, assim, uma *força irradiante* derivada de sua finalidade e de seu grau de abstração mais elevado; verdadeiro *efeito vinculante* em relação às normas programáticas.

---

[12] Luís Roberto Barroso (ob. cit.) invoca a diferença entre silêncio eloqüente e lacuna no texto constitucional; àquele não autorizador do emprego da analogia, ilustrando tal raciocínio com palavras do Min. MOREIRA ALVES, *verbis*: "Sucede, porém, que só se aplica a analogia quando, na lei, haja lacuna, e não o que os alemães denominam de silêncio eloqüente (*beredes Schwigen*), que é o silêncio que traduz que a hipótese contemplada é a única a que se aplica ao preceito legal, não se admitindo, portanto, aí o emprego da analogia" (RTJ 139/65).

Pois bem, dúvida alguma pode haver que se trata de um *princípio positivado* o que estabelece a função social da propriedade (art. 170, III), e aqui se está a argumentar que seu significado de condicionar o direito à propriedade ao seu bom aproveitamento tem um alcance tal que permeia e vincula os dispositivos que regulam a Reforma Agrária, ao ponto de entranhá-la o critério da *destinação* para a caracterização do imóvel rural. Não teria sentido tal condicionamento, um quase não-direito em relação à propriedade, com o intuito de assegurar o bem-estar social e a preocupação, no campo da Reforma Agrária, com o cultivo da terra e o abastecimento da população – com a transformação de seu potencial em destinação efetiva, de possibilidade em realidade – e, de outro giro, galgar para critério diametralmente oposto, o da *localização*, baseado que é em outros compromissos; o do planejamento urbano, tributário, quando não em motivos outros que desnaturam a vocação ou potencialidade intrínseca de ruralidade de determinada área. É verdade que não há palavra em vão na Constituição, mas também se apresenta verdadeira a assertiva que "deve ser visto com a devida cautela o critério interpretativo de conceder muita importância ao uso dos termos, haja vista a freqüência com que usou-se um termo por outro na Constituição" (Min. Sidney Sanches, RTJ 143/27).

A aceitação da tese da *localização* sobre a *destinação*, a par da contradição com aquelas premissas, é o privilegiamento da indução sobre a dedução na interpretação ou integração de normas constitucionais; do particular ao geral; da norma-objetivo ao princípio, quando em matéria constitucional é de bom alvitre exatamente o contrário, isto é, a afirmação de que, no dizer de Capograssi, "a interpretação não é senão a afirmação do todo, da unidade diante da particularidade e da fragmentaridade dos comandos singulares" (*Il problema della scienza del diritto*, p. 113, *in* Barroso, ob. cit., p. 128).

A adoção do critério da *destinação*, além de coadunar com o princípio da função social[13] e com a própria Reforma Agrária é, de longe, o mais científico, como já reconheceu o mestre Tupinambá, chegando, mesmo, a dizer textualmente que "é o que deveria prevalecer em todas as hipóteses". (*Usucapião*, Ed. Aide, 6ª Ed., p. 133). Aliás, o critério misto também não deve persistir, porquanto a cons-

---

[13] A expressão função social aqui é utilizada tanto em relação ao imóvel rural, cujo conteúdo já foi esmiuçado, mas também em relação ao imóvel urbano, que, segundo José Afonso da Silva (*Direito Constitucional Positivo*, p. 748), nada mais é do que propiciar habitação (moradia), condições adequadas de trabalho, recreação e de circulação humana, de sorte que adoção do critério da destinação não se apresenta contraditório diante daquele *princípio positivado* no texto constitucional.

trução interpretativa ou o esforço de integração que conduz o direciona à adoção do critério da *localização*, e não, mesmo que compartilhado, o da *destinação*. Quer me parecer que sua eleição somente se justifica se tratando de usucapião *pro labore* ou constitucional, visto que também se apresenta como seu requisito a qualificação da posse como *pro labore*, mas que, contudo, não tem a transcendência pretendida, de sorte a espraiar a todo o ordenamento jurídico, nem ao menos em se tratando da usucapião, haja vista a manutenção, na ordem positiva, da usucapião de terras rurais do Código Civil (posse sem produtividade), como reconhece o festejado mestre (ob. cit., p. 131).

    Se algum conceito possa ser exigido para a caracterização de imóvel rural para fins de reforma agrária do texto constitucional é o da *destinação* – critério científico e que coaduna com o princípio da função social da propriedade.

Segunda Parte

DIREITO AGRÁRIO E DESAPROPRIAÇÃO

— 3 —

O justo preço

MANOEL LAURO VOLKMER DE CASTILHO
Juiz do TRF/4ª Região

SUMÁRIO: 1. A previsão constitucional; 2. O Justo Preço em algumas Constituições ocidentais; 3. O regime jurídico atual do Justo Preço no Direito Brasileiro; 4. O conteúdo do conceito de Justo Preço na visão da Jurisprudência brasileira; 5. Reflexões finais.

1. A previsão constitucional

A disciplina constitucional do justo preço tem sua primeira aparição no texto da Constituição Republicana de 1934,[1] pois nela se estabeleceu pela primeira vez que o direito de propriedade ficava garantido e, em caso de desapropriação, a indenização seria justa e previamente fixada. A Constituição Imperial de 1824,[2] tal qual a primeira Constituição Republicana, a de 1891[3] (a Emenda Constitu-

---

[1] "Art. 113 - A Constituição assegura a brasileiros e a estrangeiros residentes no país a inviolabilidade dos direitos concernentes à liberdade, à subsistência, à segurança individual e à propriedade, nos seguintes termos: ...17) É garantido o direito de propriedade, que não poderá ser exercido contra o interesse social ou coletivo, na forma que a lei determinar. A desapropriação por necessidade ou utilidade pública far-se-á nos termos da lei mediante prévia e *justa* indenização.."

[2] "Art. 179. A inviolabilidade dos direitos civis e políticos dos cidadãos brasileiros, que tem por base a liberdade, a segurança individual e a propriedade, é garantida pela Constituição do Império, pela maneira seguinte: ...22) É garantido o direito de propriedade em toda a sua plenitude. Se o bem público, legalmente verificado, exigir o uso e emprego da propriedade do cidadão, será ele previamente indenizado do valor dela ..."

[3] "Art. 72. A Constituição assegura a brasileiros e a estrangeiros residentes no país a inviolabilidade dos direitos concernentes à liberdade, à segurança individual e à propriedade, nos termos seguintes:... § 17) O direito de propriedade mantém-se em toda a sua plenitude, salvo a desapropriação por necessidade ou utilidade pública, mediante indenização prévia."

cional de 1926 manteve a disciplina original), e, depois, a Constituição de 1937,[4] não dispunham sobre a justa indenização limitando a garantia à indenização prévia. Aparentemente, essa não era uma preocupação central do constituinte no começo do século, seja porque o recurso à expropriação não era uma necessidade tão emergente, seja porque os conflitos entre o interesse público e o interesse privado ficavam circunscritos aos episódios urbanos de melhoramento ou expansão do equipamento das cidades. Só com o evento da redemocratização, o final da guerra e a natural liberação de alguns valores tradicionais, mas especialmente em face da ascensão das classes menos favorecidas, resultado de todas essas concausas, viu-se o Estado a braços com difíceis problemas de ordem constitucional para equacionar a tensão que se avolumava. A Constituição de 18 de setembro de 1946 também disciplinou a perda da propriedade particular[5] como princípio geral, mas deu para a desapropriação por interesse social para fins de reforma agrária regras próprias[6] decorrentes desses fatores e da necessidade de se prevenir a convulsão no campo. Ainda que a Constituição de 1946 estivesse de algum modo sensibilizada para a incipiente abertura das fronteiras agrícolas, somente com a virada dos anos sessenta, o crescimento das contradições de classe e êxodo rural, o advento de dificuldades econômicas e políticas de toda a ordem, bem como a onda internacional de insatisfação e rebeldia liderada originalmente pelos estudantes e intelectuais ligados aos movimentos populares de todo o mundo ocidental, é que o legislador brasileiro não pôde deixar de encarar a questão da distribuição da terra, até porque a "Revolução

---

[4] "Art. 122. A Constituição assegura aos brasileiros e estrangeiros residentes no país o direito à liberdade, à segurança individual e à propriedade, nos termos seguintes: ...14) o direito de propriedade, salvo a desapropriação por necessidade ou utilidade pública, mediante indenização prévia. ..."

[5] "Art. 141. A Constituição assegura aos brasileiros e aos estrangeiros residentes no país a inviolabilidade dos direitos concernentes à vida, à liberdade, à segurança individual e à propriedade, nos termos seguintes: ... § 16 É garantido o direito de propriedade, salvo o caso de desapropriação por necessidade ou utilidade pública, ou por interesse social, mediante prévia e justa indenização em dinheiro com a exceção prevista no § 1º do art. 147." (redação dada pelo artigo 4º da Emenda Constitucional nº 10, de 9 de novembro de 1964).

[6] "Art. 147. O uso da propriedade será condicionado ao bem-estar social. A lei poderá, com observância do disposto no art. 141, § 16, promover a justa distribuição da propriedade, com igual oportunidade a todos." A esse artigo foram acrescidos parágrafos, também pela Emenda Constitucional nº 10/64, sendo o § 1º o que mais interessa: "§ 1º - Para os fins previstos neste artigo, a União poderá promover a desapropriação da propriedade territorial rural, mediante pagamento da prévia e *justa* indenização em títulos especiais da dívida pública, com cláusula de exata correção monetária, segundo índices fixados pelo Conselho Nacional de Economia, resgatáveis no prazo de vinte anos, em parcelas anuais sucessivas, assegurada a sua aceitação como meio de pagamento de até cinqüenta por cento do Imposto Territorial Rural e como pagamento do preço de terras públicas."

de 31 de março", esmagando os movimentos de esquerda que agitavam o tema com insistência antes da quartelada, teria de apresentar uma proposta substitutiva que atendesse aos reclamos da população sem terra, inclusive aquela não comprometida ideologicamente com a situação anterior, mas que sofria das mesmas vicissitudes. A imaginação do constituinte de 1964, que precisava compatibilizar a necessidade de modernidade (exigência externa dos credores internacionais) e o apoio dos conservadores internos (que lhe davam sustentação política), acomodou então a necessidade de prévia e justa indenização com o pagamento dela em títulos da dívida pública com correção monetária, de modo a poder tomar a propriedade sem ter que desembolsar imediatamente o numerário correspondente. Não há dúvida de que o expediente, ao menos formalmente, compôs uma solução doutrinariamente aceitável e politicamente bem comportada. Mas as experiências desapropriatórias em larga escala, que contudo somente vieram depois da Constituição de 1967,[7] provocaram algumas respostas interessantes da jurisprudência, determinando daí por diante iniciativas legislativas definidas. Com efeito, a segunda "redemocratização", agora traduzida na Constituição de 5 de outubro de 1988, também teve que enfrentar o tema já candente dos "sem-terra" e a desigualdade social insuportável, mas não pôde apresentar solução mais criativa que a fórmula militar de 1964, renovando-a porém com sofisticação contraditória. Ao mesmo tempo em que precisava tomar decidida posição com respeito à causa dos excluídos sociais porque o exigia a consciência nacional, o constituinte enfrentava as forças econômicas do país para quem a propriedade sempre representou o valor mais importante da mecânica produtiva, particularmente no campo.[8] Essa contradição que, de res-

---

[7] "Art. 150. A Constituição assegura aos brasileiros e aos estrangeiros residentes no País a inviolabilidade dos direitos concernentes à vida, à liberdade, à segurança e à propriedade, nos seguintes termos: § 22 – É garantido o direito de propriedade, salvo o caso de desapropriação por necessidade ou utilidade pública ou por interesse social, mediante prévia e justa indenização em dinheiro, ressalvado o disposto no artigo 157, VI, § 1º". Os parágrafos do artigo citado, além desse, disciplinaram, de modo idêntico ao da redação da antiga Constituição de 1946, o volume de emissões (§ 2º); a competência exclusiva da União e a fixação de áreas prioritárias para desapropriar imóveis rurais "cuja forma de exploração contrarie o disposto neste artigo, conforme for definido em lei" (§ 3º); o pagamento em títulos apenas para os latifúndios e para benfeitorias em dinheiro (§ 4º); e a previsão de planos de reforma agrária a serem estabelecidos por decreto e seu modo de execução.

[8] "Art. 5º. Todos são iguais perante a lei, sem distinção de qualquer natureza, garantindo-se aos brasileiros e aos estrangeiros residentes no País a inviolabilidade do direito à vida, à liberdade, à segurança e à propriedade, nos seguintes termos: ...XXII - é garantido o direito de propriedade; XXIII – a propriedade atenderá a sua função social; XXIV – a lei estabelecerá o procedimento para desapropriação por necessidade ou utilidade pública, ou por interesse social, mediante prévia e *justa* indenização em dinheiro, ressalvados os casos previstos nesta Constituição".

to, tem sido a cruz dos constitucionalistas tradicionais que buscam uma aplicação concreta dos direitos e princípios protegidos, na verdade apenas reflete outra grave contradição, a de classes, que vive a nação brasileira[9] e que desponta cada vez mais nas relações entre proprietários e sem-terra, revelando que, mais ou menos tarde, a ordem jurídica terá que enfrentar, com a dogmática tradicional disponível ou com técnicas alternativas de aplicação e uso do Direito, a necessidade de apresentar solução real para essa irreversível realidade como se vê dos números citados.

2. O justo preço em algumas Constituições ocidentais

O Direito Comparado traz algumas indicações que podem ser úteis na avaliação da importância do "justo preço" como categoria

---

Regulando a política agrícola e fundiária, estabeleceu então a Constituição de 88: "Art. 184. Compete à União desapropriar por interesse social, para fins de reforma agrária, o imóvel rural que não esteja cumprindo sua função social, mediante prévia e justa indenização em títulos da dívida agrária, com cláusula de preservação do valor real, resgatáveis no prazo de até vinte anos, a partir do segundo ano de sua emissão, e cuja utilização será definida em lei. § 1º. As benfeitorias úteis e necessárias serão indenizadas em dinheiro. § 2º. O decreto que declarar o imóvel como de interesse social, para fins de reforma agrária, autoriza a União a propor a ação de desapropriação. § 3º. Cabe 'a lei complementar estabelecer procedimento contraditório especial de rito sumário, para o processo judicial de desapropriação. § 4º. O orçamento fixará anualmente o volume de títulos da dívida agrária, assim como o montante de recursos para atender ao programa de reforma agrária no exercício. § 5º. São isentas de impostos federais, estaduais e municipais as operações de transferência de imóveis desapropriados para fins de reforma agrária. Art. 185. São insuscetíveis de desapropriação para fins de reforma agrária: I – a pequena e média propriedade rural, assim definida em lei, desde que seu proprietário não possua outra; II – a propriedade produtiva. Parágrafo único. A lei garantirá tratamento especial à propriedade produtiva e fixará normas para o cumprimento dos requisitos relativos a sua função social. Art. 186. A função social é cumprida quando a propriedade rural atende, simultaneamente, segundo critérios e graus de exigência estabelecidos em lei, aos seguintes requisitos: I – aproveitamento racional e adequado; II – utilização adequada dos recursos naturais disponíveis e preservação do meio ambiente; III – observância das disposições que regulam as relações de trabalho; IV – exploração que favoreça o bem-estar dos proprietários e dos trabalhadores".

[9] Possuindo uma sociedade altamente desequilibrada, o Brasil ostenta uma distribuição de renda muito desigual. Segundo dados do PNUD/IPEA (http://www.undp.org.br/rdhb2-1htm) "a proporção de pobres é mais elevada no Norte (43%) e Nordeste (46%), contra 23% no Sudeste, 24% no Centro-Oeste e 20% no Sul. A proporção também é mais alta entre a população rural (39%) que na urbana (29% nas regiões urbanas metropolitanas e 27% nas regiões urbanas não metropolitanas). O Estado mais pobre é o Piauí, com quase 60% da população com renda *per capita* inferior à linha da pobreza. Na área rural essa proporção é de 72%". Aliás, a distribuição da população brasileira (http://www.exc.com.br/analise/grafico4.htm) mostra que nas faixas entre 10 e 40 anos de idade se situa cerca de 53% dela, enquanto a distribuição da renda respectiva evidencia que 66% dos brasileiros ganha até dois salários-mínimos. Por outro lado, as mais recentes informações oficiais sobre renda pessoal da Receita Federal (http://www.receita.fazenda.gov.br/ir/pessoafisica/perfil/tabela2.htm), indicam que para um universo de 8.832.961 declarantes de IR pessoa física, 36,7% dos brasileiros, em média, ganha até R$10.800,00 por ano, enquanto somente 2,5% deles recebe mais de R$ 80.000,00.

constitucional, não só na perspectiva da remuneração da perda senão na própria verificação da oportunidade da previsão constitucional dele. Segundo o art. 62 da Constituição Portuguesa de 1976, a todos é garantido o direito à propriedade privada e à sua transmissão em vida ou por morte, e a requisição e a expropriação por utilidade pública só podem ser efetuadas com base na lei e, fora dos casos previstos na Constituição, mediante pagamento de justa indenização. Ou seja, nas hipóteses previstas na Constituição, o regime de pagamento pode ser outro, particularmente porque a proposta constitucional de então em Portugal buscava claramente a equação de graves problemas sociais a justificar daí exceções que a própria Constituição toleraria. Nas demais hipóteses de desapropriação, o preço deverá ser justo. A Constituição Espanhola de 1978 pouco regrou a desapropriação, limitando-se a disciplinar a propriedade e a herança num mesmo dispositivo, segundo o qual é reconhecido o direito à propriedade, sendo que é a função social destes direitos que lhe determina o conteúdo nos termos da lei. A esse propósito, ninguém poderá ser privado dos seus bens e direitos, a não ser por causa justificada de utilidade pública ou interesse social, mediante a correspondente indenização e em conformidade com o disposto nas leis[10]. A Lei Fundamental da República Federal da Alemanha, de 1949, estabelece que ficam reconhecidas a propriedade e a herança como direitos, mas deixa para a lei regular-lhes a natureza e os seus limites. A propriedade, segundo o texto alemão, já clássico, obriga, e seu uso deverá ao mesmo tempo servir o bem-estar geral. De acordo com o art. 14, item (3), "uma expropriação só é lícita quando efetuada para o bem comum. Pode ser efetuada unicamente por lei ou com base numa lei que estabeleça o modo e o montante da indenização. A indenização é fixada tendo em justa conta os interesses da comunidade e os dos interessados. Quanto ao montante da indenização, em caso de controvérsia, admite-se o recurso judiciário perante os tribunais ordinários.". Esse último tópico parece indicar que a discussão da desapropriação, em juízo, limita-se ao valor da indenização, de modo que toda e qualquer outra questão está fora da alçada dos tribunais. Em outras palavras, o sistema alemão no âmbito da desapropriação, em princípio, também não admite o questionamento da sua oportunidade ou conveniência. A Constituição Americana não tem uma disposição específica, o que é compreensível ante o sistema da *common law*, ficando a propriedade como

---

[10] Art. 33, itens 1., 2. e 3.

qualquer outro direito de porte sujeito apenas à proteção do *due process of law*.[11] A ausência de disciplina mais completa sobre o assunto, na Constituição de 1787, não aponta, porém, para um desprezo constitucional relativamente ao direito de propriedade. Ao contrário, é à administração que está afeta a atuação como expropriante, e a via judicial se restringe aos casos em que haja violação de direito ou desacerto com relação ao valor indenizável. A Constituição da República de Cuba contempla a expropriação por razões de utilidade pública e interesse social, com a devida indenização (artigo 25), mesmo que naquele país a propriedade particular seja desestimulada e não tenha o porte constitucional de outras instituições socialistas. Com se vê, não há nenhuma estipulação quanto a ser a indenização prévia ou justa, na medida aliás da importância com que a apropriação particular é tratada na Constituição cubana.

3. O regime jurídico atual do justo preço no Direito Brasileiro

Tanto o dispositivo do artigo 5º, XXIV, quanto a regra do artigo 184, *caput*, da Constituição de 5 de outubro de 1988, estabelecem a garantia da propriedade em geral e a rural em particular contra a desapropriação, exceto "mediante justa e prévia indenização" e "mediante prévia e justa indenização", respectivamente, conforme se destine ao atendimento da necessidade ou utilidade pública, ou por interesse social, ou por interesse social para fins de reforma agrária[12]. Para a primeira situação, assentou o legislador, pelo Decreto-lei nº 3.365, de 21 de junho de 1941 (a Lei 4.132, de 10 de setembro de 1962, estipulou regime geral para a desapropriação por interesse social,

---

[11] Emenda V: "Nenhuma pessoa será obrigada a responder por um crime capital ou infamante, salvo por denúncia ou pronúncia de um grande júri exceto em se tratando de casos que, em tempo de guerra ou de perigo público, ocorram nas forças terrestres ou navais, ou na milícia, quando em serviço ativo; nenhuma pessoa será, pelo mesmo crime submetida duas vezes a julgamento que possa causar-lhe perda da vida ou de algum membro; nem será obrigada a depor contra si própria em processo criminal ou ser privada da vida, da liberdade ou propriedade sem processo legal regular; a propriedade privada não será desapropriada para uso público sem justa indenização." Emenda XIV, Seção I: "Todas as pessoas nascidas ou naturalizadas nos Estados Unidos e sujeitas à sua jurisdição são cidadãs dos Estados Unidos e do Estado em que residem. Nenhum Estado fará ou executará qualquer lei restringindo os privilégios ou imunidades dos cidadãos dos Estados Unidos; nem privará qualquer pessoa da vida, liberdade ou propriedade sem o devido processo legal regular; nem negará a qualquer pessoa dentro de sua jurisdição a igual proteção das leis."

[12] A propósito, embora sem alteração do conteúdo, observa-se que a inversão da ordem dos preceitos pode indicar que o constituinte deu, entre ambas, mais importância à "indenização prévia", do que a "indenização justa", quando se cuida de desapropriação para reforma agrária.

cujas hipóteses referentes à reforma agrária estão, hoje, na Lei 8.629, de 25 de fevereiro de 1993, portanto uma espécie de desapropriação por interesse social, a qual, por sua vez, reproduz as da Constituição vigente), regime jurídico-processual próprio já longamente vivenciado pela jurisprudência de mais de cinco décadas. A segunda situação, relativa às mais recentes necessidades de desapropriação, para a pacificação das relações campesinas ou, quando nada, para a promoção da produção agro-rural se disciplina na Lei 8.629, de 25 de fevereiro de 1993, com as alterações subseqüentes, principalmente as da Medida Provisória 1.577, de 11 de junho de 1997.[13] No que diz respeito à desapropriação em geral, e normalmente a urbana, o Decreto-lei nº 3.365/41 estabeleceu que o valor da indenização será contemporâneo ao da avaliação, a dizer que o justo preço só se alcança por meio da operação técnica de procura do valor de mercado (critério aplicável à desapropriação por interesse social da Lei nº 4.132/62, por força do art. 5º desta, também reproduzido no Decreto-lei nº 1.075/70 implicitamente quando, para a imissão provisória na posse em desapropriação de imóvel residencial urbano, assentou que esta seria precedida de avaliação sumária (art. 2º). Com relação à desapropriação de imóveis rurais para fins de reforma agrária, a antiga lei de regência, o Decreto-lei nº 554, de 25.4.69 (no ponto reproduzindo de certa forma a disciplina nova que o Estatuto da Terra estabelecera no art. 18, § 2º), no rigor que a Administração do período dito revolucionário imprimiu ao tema e certamente facilitado pela liberalidade legislativa que o Poder Executivo detinha, dispusera que o valor da indenização corresponderia ao valor da declaração cadastral para efeitos de arrecadação do ITR (art. 3º e parágrafos c/c art. 11). Como era de esperar, tal disciplina, pouco ortodoxa para os padrões tradicionais e predominantemente civilistas dos tribunais, acabou por ser afastada por inconstitucionalidade[14] e com o advento

---

[13] O processo judicial de desapropriação e a regulamentação da ação de desapropriação para fins de reforma agrária está disciplinada na Lei Complementar 76/93, com as alterações da Lei Complementar 88/96.

[14] Primeiro no Tribunal Federal de Recursos (Ag. 38537-MG e EDAg.38357-MG com relação ao art. 3º, II e III, e art. 11, Pleno, j. 3.12.81) e depois no Supremo Tribunal Federal (RE100.045-7/PE, Pleno, j. 15.6.83, e RE 99849/PE, Plenário, j. 17.8.83) sendo aqui apenas com respeito ao art.11, embora muitos Juízes Federais já assim decidissem em primeiro grau, causando grandes dificuldades aos órgãos encarregados de implantar a reforma agrária a que se propunham. Vale observar, porém, que semelhante limitação não repugnava inteiramente à consciência jurídica nacional, como parecem dar a entender as decisões referidas, porque havia quem a compreendesse como explicitação decorrente da Constituição vigorante. Nessa linha, salvo engano, se pode invocar o magistério de Celso Antônio Bandeira de Mello (RDP 23/30-31) que, examinando-o, não faz nenhuma crítica de inconstitucionalidade ao artigo 11 do DL 554, mesmo quando refere que a noção de "valor justo" ali estabelecida está muito longe daquela do art. 153, § 22,

da Lei Complementar nº 76, de 6 de julho de 1993, que regulou o procedimento contraditório especial de desapropriação de imóvel rural para fins de reforma agrária e da Lei 8.629, de 25 de fevereiro de 1993, ficaram regulamentados os artigos 184 e seguintes da Constituição. Com efeito, no que interessa à fixação da justa indenização (art. 5º), o artigo 12 desta última[15] estabeleceu que é justa aquela "que permita ao desapropriado a reposição, em seu patrimônio, do valor do bem que perdeu por interesse social", para tanto também adotando como critérios "referenciais técnicos e mercadológicos". O processo de desapropriação, assim o da lei geral como o das leis especiais, cumpre finalidade, quase exclusiva, de definição do justo preço exigido pela Constituição, geralmente a mais não indo como mostra a prática forense.[16]

---

da Constituição de então. Do mesmo modo, Carlos Mário da Silva Velloso (RDP 34/11-23), então Juiz Federal em Minas Gerais, para quem se a Constituição estabelecia que o critério do justo preço seria definido pela lei, podia o DL 554 fazê-lo como o entendesse, inclusive com a tal limitação do artigo 11. As objeções, aparentemente mal explicitadas, em verdade se dirigiam não à "limitação" do justo, mas à existência de dois critérios constitucionais de "justo", o que seria inconciliável em sede constitucional. Com a superveniência da Constituição de 88, pela qual outros princípios do DL 554 foram revogados, produziu-se um vazio legislativo levando o STF a assentar que a Administração não poderia desapropriar à falta de instrumento legal adequado (v. MS 20.647-1/DF, Rel. Brossard, Pleno, DJ 11.3.94, p. 4113; MS 20.957-7/DF, Rel. Rezek, Pleno, DJ 3.2.95, p. 1022; MS 21.347-7/DF, Rel. Néri, Pleno, DJ 28.4.95, p. 11.134).

[15] A propósito, esse art.12, teve sua redação alterada pela Medida Provisória nº 1577, de 11 de junho de 1997. Agora, "Considera-se justa a indenização que reflita o preço atual de mercado do imóvel em sua totalidade, aí incluídas as terras e acessões naturais, matas e florestas e as benfeitorias indenizáveis, observados os seguintes aspectos..." e, segundo a exposição de motivos (http://www.incra.gov.br/_serv/legis/exp1577.htm), esse texto "modifica radicalmente a antiga sistemática de avaliação de imóvel rural declarado de interesse social propiciando ao Poder Público pagar um preço compatível com aquele praticado pelo mercado, que considera o imóvel como um todo (porteira fechada) e não partes, que, quando somadas, chegam a duplicar o preço de mercado. A modificação proposta para os §§ 1º e 2º do art. 12 põe fim às super-avaliações e super-indenizações diuturnamente denunciadas, que, além de inviabilizarem economicamente a reforma agrária, provocam o descrédito do governo. Além disso, a inclusão do § 3º ao art. 12 torna o avaliador responsável pela super-avaliação comprovada, funcionando como inibidor das avaliações feitas displicente e burocraticamente, sem qualquer preocupação com o valor de mercado e, em última análise, com o dinheiro público." Aliás, a redução dos juros compensatórios de 12% para 6% alcança os processos em andamento, exceto se já há coisa julgada, de modo que, daí por diante serão sempre computados à taxa de 6% aa nas liquidações. A Medida Provisória 1577/97 foi reeditada várias vezes sendo, atualmente, em virtude de algumas alterações, vigente sob o nº 1658-12 de 5/5/98.

[16] Para aprofundar o tema, convém consultar: Lauré, Victor Rolf. *Aspectos do Regime Constitucional da Desapropriação*. Rev. Inf. Leg. 110/153-173; Luchesi, Fábio de Oliveira. *Desapropriação para fins de Reforma Agrária perante a nova Constituição Federal*. RDP 90/161; Siqueira F.º, Élio Wanderlei de. *Ação estatal interventiva no domínio privado – Aspectos relevantes da desapropriação por interesse social para fins de reforma agrária*. Ciência Jurídica, 48/59. Sunfield, Carlos Ari. *Revisão da Desapropriação no Brasil*. RDA 192/38; Andrada, José Bonifácio Borges de. *A Desapropriação para fins de Reforma Agrária e a Constituição*; Nobre Júnior, Edilson Pereira, *Desapropriação para fins de Reforma Agrária*. BDA, Junho 94/325; Rocha, Carmen Lúcia Antunes. *Observações sobre a Desapropriação no Direito Brasileiro*. RDA 204/33.

4. O conteúdo do conceito de justo preço na visão da jurisprudência brasileira

Justo preço ou justa indenização é conceito que se enraíza no sistema normativo legal, mas que, não obstante, deriva e se constrói preferencialmente a partir das relações socioeconômicas de produção e comércio de riquezas ou bens. Nada mais certo, portanto, do que considerar ambas as vertentes para a construção adequada do conteúdo jurídico dessa categoria processual, imprescindível para a fixação judicial do valor a repor. Antes de tudo, a fixação do preço a indenizar pressupõe que o imóvel objeto da desapropriação seja imóvel que não cumpre a sua função social,[17] seja imóvel que não constitua pequena ou média propriedade rural cujo dono não possua outra de mesma natureza,[18] e que não seja imóvel produtivo,[19] pois,

---

[17] V. art. 186 da Constituição e art. 9º da Lei 8.629/93. Quanto a esse tópico, vale referir a observação de Gomes, Luís Roldão de Freitas. *O estatuto da propriedade perante o novo ordenamento constitucional brasileiro*, RF 309/25-32: "Sua função social, presente em todos os aspectos em que se apresenta, propriedade de bens materiais, titularidade dos direitos sobre bens de expressão imaterial, propriedade urbana e rural, empresarial, das instituições financeiras, das empresas jornalísticas e dos meios de comunicação social, no conceito de empresa brasileira, em todas as relações jurídicas que geram, exprime-se na nítida sujeição do direito reconhecido aos respectivos titulares aos interesses da coletividade em todos os níveis." E, adiante: "Cria-se, pois, para o proprietário, um dever, uma obrigação em relação ao imóvel, com o caráter de obrigação *propter rem*, o que desloca a concepção do direito de propriedade de exclusivo feixe de poderes sobre a coisa, concedidos a seu titular, para compreendê-lo também ...*omissis*...sob a ótica de uma disciplina que incide sobre o conteúdo da situação jurídica dos proprietários, que se apresenta também passiva, na medida em que se lhe impõem ônus e comandos obrigatórios visando ao interesse social da comunidade, sem compensação em seu patrimônio". Não tão abundantes quanto as mudanças que o texto constitucional de 88 provocou no instituto, alguns trabalhos específicos sobre o tema, contudo, merecem conferência, a saber: Tepedino, Gustavo. *A nova propriedade (o seu conteúdo mínimo entre o Código Civil, a legislação ordinária e a Constituição)*, RF 306/73; Santa Maria, José Serpa de. *O evolver conceitual da propriedade e sua natureza jurídica*. Rev. Dir. Civil, 58/62; Carvalho, Ivan Lira de. *O Judiciário, a Propriedade e os "sem terra" – Breve análise do pensamento do Prof. Regis Fernandes de Oliveira*. RTJE 96/9; Fachin, Luiz Edson. *O regime jurídico da propriedade no Brasil contemporâneo e o desenvolvimento econômico-social*. Revista IAP 21/189; Rios, Roger Raupp. *Função Social da propriedade*. Lex 55/17; Bulos, Uadi Lamego. *Função social da propriedade*. Ciência Jurídica 63/333; Rios, Arthur. *A função social da propriedade imóvel e a usucapião de bens públicos*. RTJE 146/83; Mattos Neto, Antonio José de. *Função social da propriedade agrária: uma revisão crítica*. Revista de Direito Civil 76/72; Benjamin, Antonio Herman V. *Reflexões sobre a hipertrofia do direito de propriedade na tutela da reserva legal e das áreas de preservação permanente*. Revista de Direito Ambiental 4/41.

[18] O propósito constitucional é o de que o titular do imóvel em questão não possua qualquer outro imóvel rural, por si ou por terceiro, a título de domínio ou de posse, direta ou indiretamente, inovando em relação à legislação anterior para a qual era irrelevante a condição de proprietário de um só imóvel rural (circunstância que considerava apenas para a distribuição das terras desapropriadas), para garantir-lhe a imunidade à desapropriação para fins de reforma agrária.

[19] A Lei nº 8.629/93 regulou nos arts. 6º e seguintes a disciplina jurídica do imóvel produtivo, em alguns pontos modificada pela MP nº 1.577/97 (hoje MP 1.658-12/98), de modo que para o processo é esse texto o referencial que o intérprete deve adotar. As questões relativas ao conteúdo da expressão "imóvel produtivo", sobre extremamente complicadas quando traduzem

atendidos tais requisitos, figura-se hipótese de imunidade à desapropriação que prejudica o exame do justo preço. A doutrina tem se referido ao tema com grande interesse mas, salvo engano, sem maior cuidado, existindo pouca precisão no que diz respeito especificamente ao conteúdo do chamado "justo preço" ou "justa indenização". A expressão indenização justa, do ponto de vista etimológico, aliás, parece constituir um pleonasmo, porque indenização já traz logicamente, no seu conteúdo, a idéia de manter indene,[20] isto é, sem prejuízo, embora ao constituinte, nas diversas épocas, tal não parecesse tão óbvio, como se viu acima, já que são vários os textos em que até se suprimiu a referência à "justa" indenização. Por isso mesmo ensina Celso Antônio, "indenização justa, prevista no artigo 153, § 22 da Carta (de então), é aquela que corresponde real e efetivamente ao valor do bem expropriado, ou seja, aquela cuja importância deixe o expropriado absolutamente indene, sem prejuízo algum em seu patrimônio. Indenização justa é a que se consubstancia em importância que habilita o proprietário a adquirir outro bem perfeitamente equivalente e o exime de qualquer detrimento".[21] A composição do conteúdo do "justo preço", nessa linha, não pode dispensar qualquer elemento que, de algum modo, possa ser quantificado como valor e aditado ao *quantum* devido pela perda da propriedade. De ordinário, tem-se que integram, analiticamente, esse conjunto: o valor do imóvel com suas benfeitorias[22] e construções; os juros compensatórios pela perda antecipada da posse quando esta ocorre; os juros moratórios para a hipótese de demora na prestação da indenização; os honorários advocatícios e periciais despendidos pelo expropriado na sua defesa; e as custas ou outras despesas processuais por ele antecipadas. Além desses elementos clássicos, a jurisprudência construiu, acompanhando a escalada da

---

disputa a respeito de controvérsias técnicas de produção e exploração, onde de fato não há verdade absoluta, são também temas inçados de dificuldades na interpretação dos dados recolhidos, aliás, tal qual penosa se mostra a definição concreta, e no local do cumprimento, da função social da propriedade.

[20] v. Lopes, Gilberto Siqueira. *A desapropriação e as limitações do Direito à Propriedade Privada*, RDP 26/32-58. A crítica ao constituinte que não ressalvou a "justa" indenização pode ser, ao menos em parte, afastada em duas hipóteses, pois que a inflação e a depreciação da moeda não eram significativos ao tempo das Constituições de 1824 e 1891 e então a definição de "indenização" dispensava o adjetivo, mas merece acolhida a reprovação à de 1937. Aliás, com o incremento da inflação, "indenização justa" tem aparecido na jurisprudência como sinônimo de indenização corrigida.

[21] v. Bandeira de Mello, Celso Antônio. *Apontamentos sobre a Desapropriação no Direito Brasileiro*. RDP 23/18-31.

[22] Como se verá em seguida, inclusive com a referência dos precedentes integram obrigatoriamente o valor da indenização o das benfeitorias úteis e necessárias, não porém, as suntuárias.

inflação e para atualização dos valores por decorrência da perda do valor intrínseco da moeda, a correção monetária como elemento de composição do justo preço,[23] adotando (quem sabe) a justificativa, alhures referida, de que o princípio constitucional de que se cuida "é de caráter econômico e não meramente ético".[24] Inobstante, para prevenir alguma eventual alegação fundada em princípio contratual, a anotação necessária é que a desapropriação não é forma de alienação da propriedade, não havendo propriamente transferência dela por qualquer negócio jurídico de direito privado,[25] o que demonstra que a indenização tem natureza diversa da do mero pagamento, e a sua aferição e controle, por isso, obedecem a padrões e critérios igualmente apropriados ao fim destinado. Não é adequado, por conseqüência, invocar padrões ou critérios que derivam de outra situação jurídica para a disciplina da formação e fixação da indenização justa.

O Supremo Tribunal Federal, de regra, não se ocupa da definição do justo preço, na medida em que tal consideração, segundo sua jurisprudência dominante, encerra juízo sobre fatos ou prova, matéria que escapa do âmbito de atuação da Corte, porque somente se pronuncia sobre questões constitucionais (pelo menos na instância extraordinária, altura em que normalmente as dúvidas sobre fatos da ação de expropriação já foram objeto de ampla discussão) e de direito portanto, o STF não apresenta muitos precedentes sobre o assunto. Nos raros casos em quem pôde se pronunciar sobre o assunto, limitou-se a dizer que deveriam ser aplicados determinados indexadores para atualização do valor buscado.[26] Ocorre que o exa-

---

[23] v. RE 106.829/SP, j.1.4.86, Segunda Turma, Rel. Rezek, em cuja resenha, no banco de dados do STF (http://www.stf.gov.br, endereço que serviu como base de seleção dos precedentes ao longo deste trabalho, no que diz com a jurisprudência do STF), consta grande número de precedentes na mesma linha, a indicar a orientação da jurisprudência.

[24] v. Tácito, Caio. *Problemas atuais da Desapropriação* (RDP 31/5-12), que, a partir dessa idéia, resenhou a história da construção da correção monetária nas desapropriações, à semelhança de outras situações da vida (reajuste de proventos de inativos, tarifas do serviço público, por exemplo) em que se exprime a garantia de *justeza*, e não apenas da *justiça* da reparação patrimonial (p. 8).

[25] Assim o decidiu o e. STF na Representação nº 1260/DF, j. 13.8.87, Plenário, rel. Néri da Silveira.

[26] V. AgRgAg. nº 144.376/SP, j.21.9.93, Primeira Turma, Rel. Galvão, determinando a aplicação do IPC de janeiro de 1989, com vistas ao justo preço, sem qualquer ofensa ao princípio da legalidade previsto no art. 5º, II, Constituição; AgRgAg. nº 155.188/SP, j.30.11.93, Primeira Turma, Rel. Celso de Mello, considerando que a aplicação do IPC, como referência da inflação real, decorrência do princípio constitucional do justo preço; AgRgAg. nº 89.976/SP, j.28.2.84, Rel. Passarinho, assentando que o pagamento do preço com a atualização pela ORTN tem suporte constitucional. A Corte, inobstante, tem dito que o valor justo é definido a final, de tal maneira que o depósito inicial não é necessariamente equivalente ao valor justo (RE 116.409, j.5.8.88, Primeira Turma, Rel. Octavio Gallotti) porque refere-se apenas à posse do imóvel (RE 164.186/SP, j.19.11.96, Primeira Turma, Rel. Galvão), afastando certa indecisão de tribunais que

me de certas circunstâncias que resultam na definição do justo preço também podem vir a ser objeto de debate no STF. A verificação da justa indenização devida ao titular do domínio do imóvel expropriado ou ao simples possuidor do mesmo, por exemplo, poderá ser trazida ao STF, porque o núcleo do "justo", conquanto dependa da regularidade do título ou do reconhecimento da aptidão da posse para gerar direito admitida nas instâncias ordinárias, evidenciará matéria constitucional. Assim, por hipótese, a ostentação de posse imemorial ou trintenária com capacidade para garantir aquisição por usucapião poderá ser oposta à desapropriação como fundamento para indenização integral em possível discussão na instância extraordinária (RE 22320, j. 8.6.53, Primeira Turma, Rel. Hungria); do mesmo modo, a posse com direito à proteção jurídica pode ser garantida com indenização correspondente, e isso pode ser discutido pelo STF em face da Constituição. Por fim, a Corte, Suprema, ainda que não examinando laudos, já teve oportunidade de assentar que a "simples e abstrata aplicação da média aritmética de laudos díspares deixa de atender ao princípio da justa indenização" (RE 92784/PR, j. 9.12.80, Primeira Turma, Rel. Rafael Mayer). De outra feita, a Corte, afirmando que a Constituição não fixa critérios para atender a exigência da justa indenização, admitiu entretanto o chamado "valor da coisa feita", como elemento de atualização da obra realizada, para obtenção do valor de mercado (RE 83.414/RJ, j. 24.9.76, Primeira Turma, Rel. Rodrigues Alckmin); recusou, de outra feita, o *frais de remploi* ao fundamento de que o nosso Direito não o reconhece (RE 92.123/RJ, j. 26.2.80, Segunda Turma, Rel. Moreira Alves). Em suma, o Supremo Tribunal Federal considera que o princípio da justa indenização revela que "o quantitativo a ela inerente há de corresponder a um certo poder aquisitivo" (AgRgAg. 163.910/RJ, j. 11.3.96, Segunda Turma, Rel. Marco Aurélio), mesmo que não possa o tribunal deter-se a defini-lo no caso concreto. Por tais razões, a controvérsia que resulta mais comum no STF, como de resto todos os demais tribunais, no campo da desapropriação, é a que diz respeito à correção monetária da indenização, por conseqüência direta da inflação crônica. A jurisprudência, a partir disso, desenvolveu mecanismos de reposição do valor dos bens objeto de desapropriação, como forma de evitar a sempre alegada ofensa à Constituição nas hipóteses em que a indenização arbitrada tivesse seu valor aviltado pelo

---

têm insistido na complementação do depósito em face do princípio do justo preço e que a oferta inicial fica sujeita à correção monetária para dedução do principal, na consideração final do justo preço (RE 185.647/SP, j.7.5.96, Segunda Turma, Rel. Maurício Corrêa).

crescimento da inflação, e os precedentes da Corte Suprema são no sentido de que a indenização merecerá integral atualização - aí compreendida a inclusão de todos os fatores de correção que digam respeito à inflação real - para que se garanta a justa indenização, inclusive nos casos de desapropriação por interesse social para fins de reforma agrária, em que a indenização da terra nua poderá ser paga em Títulos da Dívida Agrária-TDA dotados de cláusula de exata correção monetária.[27] Questão que pode apresentar-se difícil, e então igualmente ser objeto de discussão na Alta Corte, com relação ao justo preço, é a virtual redução da indenização na desapropriação urbana de parte do imóvel por valorização do remanescente em face da obra pública dela decorrente, ou a redução da indenização por desvalorização da terra nua, quando se cuida de desapropriação para reforma agrária e falta posse ou ocupação efetiva de área em litígio pela presença de posseiros, ocupantes à revelia ou invasores.[28]

Compõem também a indenização justa, em sentido lato, os juros compensatórios – no caso de antecipação da ocupação ou da posse pelo expropriante – e os juros moratórios devidos pela demora em apresentar o pagamento do justo preço. O Supremo Tribunal Federal os têm admitido sem maior restrição até porque, de longa data, a jurisprudência vem sistematicamente aplicando os juros como forma de, no primeiro caso, compensar a perda da posse e a perda da capacidade de produzir do imóvel (sendo residencial, a justificativa é a de permitir ao proprietário as providências para nova instalação), e, no segundo, de sancionar a demora do expropriante. Nos casos de

---

[27] Para aprofundamento do tema, convém consultar a recente obra *"Desapropriação e Reforma Agrária"*, organizada por Leandro Paulsen, Livraria do Advogado, Porto Alegre, 1997, especialmente págs. 103/113, onde se faz preciso retrospecto do funcionamento e da disciplina do instituto; v. também Carlos Medeiros Silva (*Aspectos constitucionais e legais da reforma agrária*, RF 204/8-12) que descreveu a evolução dos Projetos de Lei para definição do conteúdo da indenização justa nas desapropriações para reforma agrária, sobretudo antes do regime militar que o impôs por decreto-lei, traçando interessante crítica ao perfil das preocupações de então.

[28] Para a primeira hipótese, não há uniformidade na jurisprudência, vacilante entre o reconhecimento da vantagem ao expropriado e, em outros, desconhecendo a relação desta como ato expropriatório (v.ERE 24.815, Pleno STF, Rel. Victor Nunes, DJ 5.11.64; e no STJ RESp. 2,446/PR e RESp. 9.127/PR, quanto a estes v. nota 34 com relação à fonte); v. ainda Lopes, Gilberto Siqueira, *op.cit.*, p.49, com alguns exemplos interessantes. No que diz respeito à reforma agrária, também a jurisprudência dominante não tem considerado a perda da posse (já de si reveladora da improdutividade do imóvel) pelo proprietário como elemento de desvalorização da indenização, exceto alguns precedentes, oriundos particularmente do TRF/4ª Região, que têm sublinhado essa circunstância (v.g. AC 92.04040188-7/SC, Ac 90.04.040225-1/PR, AC 90.04.040355-0/PR, AC 89.04.040417-2/PR, precedentes selecionados por pesquisa na "Jurisprudência dos Tribunais Regionais Federais 14ª Edição" , atualizada até 30.9.97, editada em CD-Rom por CJF/CD-Graf Publicações Eletrônicas Ltda., em outubro de 1997, mesma fonte dos precedentes que se vão referir adiante.).

desapropriação para reforma agrária, o tema é candente, já que a posse não-produtiva acaba tendo o mesmo tratamento que outra economicamente desenvolvida (sem ser "produtiva" no sentido constitucional, por que aí seria imune à desapropriação) e ensejar indisfarçável injustiça. Os juros compensatórios dizem respeito diretamente com o "justo preço" e são usualmente fixados em 12% ao ano, calculados sobre o valor da indenização arbitrada pelos laudos com o acréscimo da correção monetária eventualmente devida.[29] A cultura inflacionária que se entranhou entre nós nas últimas décadas acabou por reforçar a idéia de que os juros compensatórios sempre seriam calculados à taxa de 12% a.a., de tal maneira que mesmo ocorrendo eventual variação da inflação para menor ainda assim a indenização incorporaria a parcela tornando mais valiosa a indenização que o próprio imóvel, infringindo aí claramente a Constituição porque a "justa" indenização, se não pode ser aquém do valor real, também não pode excedê-lo. Percebendo isso, a Corte Suprema expediu precedentes, ainda anteriores à estabilização da moeda, aceitando juros compensatórios menores de 12% a.a.[30] De outra parte, a Corte, de longa data, aceita a cumulação de juros compensatórios com juros moratórios, motivo aliás de grandes disputas como mostra o Recurso Extraordinário 130.586/PR, relatado pelo Min. Moreira Alves em 3.12.91: "A orientação mais recente do Plenário desta Corte (RE 90.656, julgado em 1.7.80) é no sentido de que, até o trânsito em julgado da sentença prolatada em ação de desapropriação, somente

---

[29] Importantíssima exceção ao princípio da "justa indenização" criou-a a própria Constituição no art. 33 do ADCT, segundo o qual os valores devidos na data da Carta seriam parcelados em oito vezes acrescidos de juros e correção. Daí por diante, não mais receberiam juros de mora ou compensatórios. O STF, chamado, várias vezes, a manifestar-se sobre o tema, assentou que : "A regra do art. 33 do Ato das Disposições Constitucionais Transitórias encerra uma exceção à garantia individual da justa indenização. Trata-se de moratória que a Constituição deu ao Poder Público, permitindo que a dívida consolidada na data da promulgação da Carta fosse dividida em oito parcelas iguais, sofrendo apenas atualização por ocasião do pagamento de cada prestação. Não há espaço para a incidência de juros sobre prestações cumpridas no prazo da Constituição." (RE 148.512/SP, j. 7.5.96, Primeira Turma, Rel. Galvão; v. no mesmo sentido, RE 163.148/SP, j. 24.6.96, Segunda Turma, Rel. Marco Aurélio; RE 149.959/SP, Segunda Turma, Rel. Maurício Correa).

[30] Com efeito, a jurisprudência padrão é pela estipulação de juros compensatórios em 12% ao ano, pois é ela "firme no sentido de admitir que a estipulação dos juros compensatórios em 12% ao ano atende adequadamente à finalidade de dar ao expropriado uma justa indenização" (RE93.636/PR, j.12.5.81, Primeira Turma, Rel. Rafael Mayer), no entanto, em certos casos, "A fixação dos juros compensatórios em bases inferiores a 12% ao ano não fere a garantia da justa indenização..." (AgRgAg nº 90.808/SP, j. 2.9.83, Segunda Turma, Rel.Passarinho); v. também "Juros compensatórios. Sua fixação em 6% ao ano não ofende o princípio constitucional que garante a justa indenização." (RE 91.285/SP, j. 8.8.90, Segunda Turma, Rel. Leitão de Abreu). Sobre o assunto, pode-se consultar com proveito trabalho de Albuquerque, Antônio Celso de Paula. Breve apontamento sobre os juros compensatórios. (Justitia,53/59).

fluem juros compensatórios, sendo que, a partir de então e até o efetivo pagamento, se acumulam juros compensatórios e moratórios." Não obstante, para coibir a aplicação indiscriminada de juros compensatórios com o efeito de super-indenização, a Administração obteve do Sr. Presidente da República a expedição de Medida Provisória[31] limitando-os nos casos de desapropriação para reforma agrária. Honorários advocatícios que os interessados tiveram de contratar, devem igualmente ser objeto de prestação ao expropriado de modo a compensar-lhe as despesas de defesa em face da ação da Administração, do mesmo modo que as custas processuais que, por qualquer motivo, tivesse o demandado antecipado ou pago, tudo pela singela razão de que a justa indenização abrange toda e qualquer despesa e ônus que por qualquer motivo se atribuísse ao expropriado.[32]

Se o Supremo Tribunal Federal não se ocupa da definição do justo preço,[33] a discussão desse tópico tem tido, entretanto, nos tribunais inferiores, intensa discussão. O Superior Tribunal de Justiça, a quem cabe o controle da legalidade infraconstitucional – e de certo modo sofrendo igualmente as mesmas limitações de admissibilidade que a Corte Suprema – tem mais precedentes acerca do tema. Há, por exemplo, pronunciamentos sobre os Títulos da Dívida Agrária-TDA, que representam o valor a entregar ao expropriado. Vale mencionar ainda alguns tópicos enfrentados pelo Tribunal, para avaliação da participação judicial desse órgão na construção do

---

[31] v. nota 15 acima.

[32] Além de considerar que a oferta e a indenização devem ser ambas corrigidas para o cálculo dos honorários (Súmula 617 STF), espancando, assim, dúvidas, em certa época, intensas nos tribunais inferiores, desde há muito a Corte vem assentando que "os honorários de advogado são devidos para que não se desintegre a indenização, o pagamento do justo preço do imóvel desapropriado" (RE 16.655/DF, j. 2.10.51, Segunda Turma, Rel. Orozimbo Nonato). Também as custas e despesas judiciais "devem ser carregadas à expropriante, sob pena de sofrer o expropriado um desfalque, deixando a indenização de ser justa e completa, como o exige a Constituição Federal..." (RE 71.561/SP, j. 11.5.71, Primeira Turma, Rel. Barros Monteiro).

[33] Cabe aqui também a crítica que alhures referi (RTRF/4ª Região 29/445), embora em outro tema mas com idêntica consistência, de que, apesar de constituir-se no mais alto tribunal do país, o STF ordinariamente se recusa a enfrentar questões capitais para a sociedade brasileira como aqui as relativas ao "justo preço" ou "justa indenização", ao argumento de que se cuida de matéria de fato, o que não lhe cabe examinar. Sem embargo da justificação técnica diante do Direito brasileiro, o que se discute é que as questões, as mais relevantes para a vida nacional (e assim o era a questão ambiental discutida no trabalho citado), ficam ao desabrigo da jurisdição suprema, relegando-se o julgamento material das causas à jurisdição de grau inferior, onde então afinal se definem os grandes temas de interesse público. Salvo engano, a inversão desses papéis não pode recomendar bem semelhante sistema jurídico-processual que está a reclamar ou mecanismos pelos quais se permita o reexame pela Corte Suprema de assuntos desse porte ou redimensionamento da sua competência para que sua jurisdição se ocupe apenas das questões efetivamente relevantes.

"justo preço". Segundo tais precedentes, por exemplo, o ato ministerial que fixa os percentuais de variação dos TDAs inferiores ao da variação do valor real da moeda incorre em violação do princípio do justo preço (Resp. 1171/SP[34]), sendo que a emissão deles constitui pagamento (enquanto a emissão de precatório não é pagamento, conforme decisão no Resp. 40.796/SP) *pro soluto* (MS 4.2468/DF), considera que o pagamento em TDAs constitui pagamento de preço justo (MS 1.341/DF), sobre o qual não pode incidir imposto[35] (MS 2.953/DF e EDMS 1.544/DF), nem sobre juros compensatórios e correção monetária que não é disponibilidade nova (Resp. 55.996/SP, Resp. 82.419/SP) porque não se altera o patrimônio (Resp. 94.877/SP, Resp. 94.224/SP e Resp. 94.874/SP). Sobre os valores dos TDAs, porém, podem incidir juros compensatórios (Resp. 71.901/PR), não se devendo cogitar da existência de previsão orçamentária porquanto o decreto de declaração de utilidade ou interesse públicos já o presume, e a emissão dos TDAs também está coberta por semelhante previsão (Resp. 33.411/SP). O STJ também tem assente que o justo é o valor integral (Resp. 814/RJ) corrigido pela ORTN (Resp. 445/SP) ou melhor índice (Resp. 83.712/SP), alcançado por via de laudo de avaliação, que a revelia não exclui (Resp. 35.520/SP), e que não dispensa a livre convicção do juiz (Resp. 2.890/MG). A jurisprudência desse Tribunal admite ainda a acumulação de juros moratórios e compensatórios para a formação do justo preço (Resp.26.093/SP). No que diz respeito ao depósito inicial, o STJ acompanha corrente doutrinária que vem exigindo, também para a expedição do mandado de imissão na posse, a entrega de importância apurada em avaliação preliminar, mesmo que não seja o considerado justo[36] (Resp. 41.986/SP) porque deverá igualmente constituir-se em valor digno, daí não prevalecendo as disposições do DL 3365/41 (EDREsp. 58.992/SP, Resp. 35.528/SP, Resp. 16.411/PR, Resp. 36.868/SP, Resp. 32.725/SP), cujo levantamento não demanda caução (Resp.76.343/SP, Resp. 95.876/SP). Por outro lado, o Tribu-

---

[34] Este e os precedentes referidos daqui por diante, relativos à jurisprudência do Superior Tribunal de Justiça, foram selecionados da "Jurisprudência do Superior Tribunal de Justiça" atualizada até 30.9.97, publicada em CD-Rom por CJF/CD-Graf Publicações Eletrônicas em outubro de 1997.

[35] Sobre o ponto, consultar: Souza, Heloísa Guarita. *A desapropriação por interesse social e a não incidência de IR e IOF nos resgates dos títulos de dívida agrária*. (Trabalho apresentado como parte da avaliação na Disciplina Direito Constitucional I, Curso de Mestrado em Direito, PUC, primeiro semestre de 1992, publicado na Revista da Faculdade de Direito da UFPR).

[36] v. Comissão de Estudo dos Juízes das Varas da Fazenda Pública de São Paulo. *Exigência de depósito do valor de mercado do bem, antes da imissão na posse nas desapropriações*. (Rev. Dir. Civil 56/135).

nal por vezes tem aceito a possibilidade de ação de indenização para reparação pela demora do pagamento da indenização na desapropriação (Resp. 81.574/GO admitindo, Resp.24.347/GO não admitindo). As questões que agora mais ocupam a Corte, já superada em parte a incerteza inflacionária, são as que dizem respeito à tutela e os efeitos da posse de terceiros na desapropriação (Resp. 538/PR, Resp.77.624/PR, Resp. 38.415/PR) e à indenização da cobertura florestal em face das regras de proteção ao meio ambiente (Resp. 5.989/PR, Resp. 8.690/PR, Resp. 40.796/SP).

Os Tribunais Regionais Federais, a quem cabe primordialmente o exame e julgamento das causa de desapropriação para fins de reforma agrária porque a iniciativa, nesses casos, pertence à União ou suas autarquias (INCRA, IBAMA), têm desenvolvido jurisprudência variada sobre o tema, e, embora o assunto do justo preço seja comum aos diversos tipos de desapropriação e a todas as ordens de jurisdição civil, é, sem dúvida, na área federal que sobre ele mais se controverte, daí por que a pesquisa e as referências ficam limitadas à perspectiva da jurisdição federal.[37] A primeira observação é a de que os precedentes surgem mais abundantes nas regiões Centro-Oeste/Norte e Sul (1ª e 4ª Regiões), sendo praticamente omissos na 2ª e na 3ª Regiões (RJ e SP), com algumas ocorrências na 5ª Região (NE). A segunda nota é: como a discussão nesse nível de jurisdição admite o exame de matéria de fato, bem como a discussão sobre os fatos, os precedentes tornam-se relativamente mais importantes, e o debate, mais crucial. Sem embargo, a linha dos precedentes dos TRFs segue a orientação geral do STJ, pois que, não obstante variadas discussões sobre método de comparação e técnicas de elaboração de laudos ou ainda a adoção desse ou daquele conforme a média ou não dos trabalhos técnicos (REO 90.01.011534-0/MA, AC 91.01.010287-3/AM, AC 91.01.011567-9/MA, AC 90.01.011584-6/MG, da 1ª Região; REO 89.04.040539-0/SC, AC 95.04.043537-2/SC, da 4ª Região, e EIAC 90.05.0050166-2/PE, AC 91.05.0050898-6/PE e AC 94.05.00506432-0, todos da 5ª Região), o grande tema é a definição de indenizabilidade das florestas nativas e da cobertura florística ou a discus-

---

[37] Aparentemente, é na área federal que a maioria da jurisprudência em matéria de desapropriação se tem desenvolvido. A explicação está em que cabe exclusivamente à União a desapropriação para fins de reforma agrária; a desapropriação rodoviária de modo geral é realizada pelo DNER; a desapropriação ambiental fica ao cargo do IBAMA, e as interdições para proteção indígena submetem-se ao controle judiciário federal pela condição de fundação federal da entidade tutora, a FUNAI. A desapropriação para fins urbanos, de outra banda, se tem sujeitado predominantemente à jurisdição estadual, mas não há dúvida de que os casos mais relevantes socialmente têm sido debatidos na Justiça Federal, daí por que a preferência pela seleção de seus precedentes.

são da potencialidade econômica das matas e da madeira nelas existentes[38] (EIAC 90.01.011347-0/DF, EIAC 90.01.011475-8/DF, AC 91.01.010293-5/AM, AC 89.01.011084-0/BA, AC 96.01.013265-5/AC, AC 89.01.010371-0/BA, AC 89.01.010594-8/AC, AC 89.01.0112301-4/BA, EIAC 92.01.011968-1/DF, AC 93.01.011847-4/MA, AC 93.01.013179-7/GO, da 1ª Região; AC 95.04.043393-8/SC, da 4ª Região, e AC 92.05.0051273-6/CE, AC 92.05.0051176-5/CE, da 5ª Região). A propósito (mesmo contra tendência geral de sua jurisprudência), o STF (AgRgAg 180.334/AM, j. 29.9.97, Segunda Turma, Rel. Marco Aurélio), num raro caso sobre esse tema, entendeu que a consideração do caráter explotável da mata não implica violência ao princípio constitucional da justa indenização, desprovendo recurso do expropriante e privilegiando a corrente que sustenta a indenizabilidade das matas nativas pela sua potencialidade comercial distinta da do solo. Em outra perspectiva, discutem as Cortes Regionais Federais os efeitos, sobre a indenização, da posse precária do proprietário ou até da perda da posse para invasores e, por conseqüência, sobre o justo preço (EIAC 90.01.011694-4/DF, AC 90.01.010572-1/MT, AC 90.01.011245-0/MT, AC 89.01.010097-6/AC, AC 96.01.014983-5/AC, da 1ª Região; AC 92.04.040188-7/SC, AC 90.04.040225-1/PR, AC 90.04.040355-0/PR, AC 90.04.041014-5/PR, AC 89.04.040417-2/PR, AC 90.04.041179-0/PR, AC 93.04.041090-1/PR, AC 89.04.040374-5/SC, AC 90.04.040346-7/PR, AC 91.04.040220-9/PR, AC 90.04.041857-9/PR, 91.04.040416-1/RS, AG 94.04.044231-9/PR, da 4ª Região, e AC 91.05.0050897-7/PE, da 5ª Região) sendo significativa a quantidade de casos em que os tribunais reduziram a indenização ou dela deduziram a falta ou a perda da posse. O Supremo Tribunal Federal, no entanto, em um dos poucos casos que decidiu sobre o assunto (MS 22.666-0/PR, DJ 5.12.97, Rel. Ilmar Galvão), entendeu que o imóvel invadido ulteriormente, tendo cumprido sua função social até então, ficaria abrangido pela situação de força maior do § 7º do art. 6º da Lei 8.629/93. Finalmente, nos TRFs da 1ª

---

[38] v. De acordo com a recente publicação do Relatório do IBAMA "Desflorestamento 1995-1997 Amazônia" (http://www.inpe.gov.br/amz-00.htm), além da queda vertiginosa do preço das terras na Amazônia decorrente do endividamento dos produtores e da ameaça de invasões das propriedades por trabalhadores rurais sem-terra, o rápido avanço da extração predatória sobre a floresta, com projetos agropecuários, em grande parte encobre outra finalidade lucrativa que se constitui na venda de madeira de valor comercial (média de 40 m³/há). Além disso, "o atual processo de invasão e ocupação de grandes propriedades rurais, consideradas improdutivas pelos movimentos de "sem terra" leva proprietários a realizar derrubadas em áreas de floresta primária remanescentes, pelo receio de serem identificados como potenciais alvos de invasões ou desapropriações". (http://www.inpe.gov.br/amz-08.htm). Tais indicações autorizam a conclusão de que virtual comerciabilidade da cobertura florestal nativa aponta para a questão difícil da sua indenizabilidade como bem distinto do solo.

e da 5ª Regiões localizou-se precedentes dando conta de que a expressão do justo não pode assumir duas feições ou, em outros termos, o justo preço deve ser igual na desapropriação por utilidade pública como na por interesse social (AC 92.01.012481-1/MG e AC 89.05.0050228-8/PB).

Do exame desse conjunto de precedentes, parece resultar pelo menos uma conclusão importante. Com efeito, tanto para o Supremo Tribunal Federal e para o Superior Tribunal de Justiça - que não os examinam porque representam matéria e assunto relativo ou envolvido na prova, o que de regra inviabiliza os recursos extraordinário e especial - como para os Tribunais Regionais ou de Justiça - que os apreciam com muita distância e normalmente com adoção do laudo do perito - a avaliação, nas ações de desapropriação, pela qual se dá suporte essencial à fixação do justo preço, constitui o ponto central de toda a discussão processual. Em outros termos, é o trabalho dos técnicos, normalmente especializados em disciplina diversa da dos operadores jurídicos que conduzem o feito e de maneira geral externos e alheios ao processo, que vai dar forma ao conteúdo principal do preceito judicial na desapropriação, embora, nos casos de reforma agrária, a avaliação judicial tenha de levar em conta necessariamente a vistoria administrativa anteriormente realizada pelo expropriante (art. 5º, IV, *a*, *b*, *c* da Lei Complementar 76, de 6 de julho de 1993). Nessa linha de compreensão, ao receber a contestação (art. 9º, § 1º), poderá o Juiz determinar a realização da prova pericial a qual, porém, ficará "adstrita a pontos impugnados do laudo de vistoria administrativa...". Por isso, ainda que a lei considere que ao Juiz se permite lançar mão de "outros meios objetivos de conhecimento, inclusive a pesquisa de mercado" (art. 12, § 1º), a experiência tem mostrado que é ao laudo, produzido no curso da prova pericial, que os Juízes de regra dão mais credibilidade, particularmente porque, adotando os técnicos, na maioria dos casos, o método comparativo, desde logo também se valem eles dos dados recolhidos no mercado para a fixação do valor de base para a avaliação. Ora, como o valor de base pode ser maior ou menor conforme se proceda a escolha dos valores de mercado, pode (o que ocorre freqüentemente) haver disparidade de paradigmas, dependendo do modo de seleção das amostras de mercado.[39] Isto posto, a observação que parece significativa,

---

[39] A Lei 8.629, de 25 de fevereiro de 1993, observou o mesmo mecanismo quando dispôs no seu artigo 12, § 1º, que a identificação do valor do bem a ser indenizado "será feita, preferencialmente, com base nos seguintes referenciais técnicos e mercadológicos, entre outros usualmente empregados : I - valor das benfeitorias úteis e necessárias, descontada a depreciação conforme o estado de conservação; II - valor da terra nua, observados os seguintes aspectos: a) localização

para os efeitos desta abordagem, é que o "justo preço", neste modelo de procedimento de desapropriação, pode acabar tendo uma raiz ontológica no "mercado", que é uma categoria jurídico-econômica de conteúdo ao mesmo tempo fluído e imprevisível, e fica sujeito quase exclusivamente à aptidão ou conhecimento técnico de profissional que não tem nem precisa ter especialização em Direito e que não está protegido por garantias constitucionais semelhantes às da magistratura. Sem embargo, segundo a jurisprudência longamente consolidada, o justo preço é aquele resultante da avaliação realizada pelos peritos, mas também é aquele havido por acordo (art. 6º e §§ 3º, 4º, 5º e 6º, com a redação dada pela Lei Complementar 88, de 23 de dezembro de 1996 e art. 10), circunstância em que basta apenas a homologação judicial para a sua definitiva caracterização.

No que diz respeito à desapropriação para fins de reforma agrária, se retomados os dois pontos anteriormente referidos, a saber, dos posseiros e da cobertura vegetal, por exemplo, isso se manifesta de maneira muito especial, merecendo a particular atenção do estudioso. De um lado, a ocupação do imóvel por terceiros, que não aqueles autorizados pelo proprietário, enseja a necessidade de valorar diversamente "o preço de mercado", porque este, logicamente, não será igual nas hipóteses em que o detenha livremente o titular e naquelas em que posseiros ou invasores estiverem instalados na área. Assim, porque, independentemente da legitimidade da ocupação de fato, a avaliação não poderá ignorar a desigualdade de conteúdo da posse, o que repercute logicamente no preço de mercado. Do mesmo modo, a cobertura florestal nativa existente sobre o imóvel, para fins de avaliação do preço justo, terá de ser considerada não como benfeitoria ou investimento. Com efeito, as leis ambientais dispõem que em certas circunstâncias a vegetação de preservação ou protegida não poderá ser tida como bem economicamente destacado do solo porque já integram o bem juridicamente avaliado. Ou seja, o valor do imóvel coberto por mata nativa tem seu preço de mercado intrinsecamente composto pelo valor das árvores, exatamente porque na obtenção do valor de mercado a vegetação já está reciprocamente considerada, e não pode ser diferente porque só há um se o outro está considerado. Aliás, mesmo quando assim não fosse, não pode a floresta natural ser objetivamente tida como inversão econô-

---

do imóvel; b) capacidade potencial da terra; c) dimensão do imóvel" e, no parágrafo 2º, que "os dados referentes ao preço das benfeitorias e do hectare da terra nua a serem indenizados serão levantados junto às Prefeituras Municipais, órgãos estaduais encarregados de avaliação imobiliária, quando houver, Tabelionatos e Cartórios de Registro de Imóveis, e através de pesquisa de mercado."

mica do proprietário para fins de indenização, pois que eventuais valores assim apurados não resultariam de atividade econômica do proprietário. A alegação de que a existência de recursos economicamente exploráveis confere ao imóvel um valor maior que o do solo capaz de produzir, não parece razoável. E isso se explica por si só, em vista do fato de que a exploração da floresta exige iniciativas de determinado porte, as quais logicamente reduziriam, uma vez realizadas, o resultado final da exploração. Ao simplesmente considerar, como tem feito o STJ na maioria dos seus precedentes sobre o tema (de que é exemplo o já citado REsp. 5.989/PR), as matas como recurso explotável autônomo, sem qualquer ressalva ou dedução, a jurisprudência, salvo erro, comete o duplo engano de, de um lado, aditar ao preço o que o mercado normalmente deduziria e, de outro, considerar juridicamente o que a mais moderna doutrina sobre a propriedade recomenda desconsiderar.[40]

5. Reflexões finais

A disciplina constitucional do justo preço sublinha, além da necessidade de regrar tema que é da mais alta preocupação social, a necessidade de uma opção de política fundiária urgente. Com efeito, o constituinte adotou como pressuposto constitucional a prevalência da propriedade privada como direito fundamental, garantido-a por cláusula pétrea, de modo que a composição das controvérsias, que a propriedade provoca ou dela resultam, precisam ser solvidas sem que se diminua a garantia da propriedade privada. No que respeita ao domínio urbano, o tema não parece apresentar maiores dificuldades, eis que a jurisprudência já tem pacificados os pontos de conflito, em especial aqueles que diziam respeito à expropriação para revenda ou implantação de pólos ou distritos industriais, como, igualmente, no que respeita às desapropriações de imóveis residenciais urbanos, onde a reclamação social sempre repercute intensamente, assentando que o próprio depósito inicial deve ser praticamente

---

[40] v. Benjamin. Antonio Herman V., *Desapropriação, Reserva Florestal Legal e Áreas de Preservação Permanente*, em Coletânea de Teses apresentadas no Primeiro Congresso de Direito Ambiental da Magistratura e do Ministério Público, realizado em São Luiz do Maranhão, de 4 a 8 de dezembro de 1997. O autor desenvolve neste estudo uma abordagem da desapropriação direta e indireta de áreas protegidas (áreas de preservação permanente e áreas de reserva florestal legal), sustentando, corretamente, que, embora o direito de propriedade tenha garantia constitucional, o seu conteúdo tem limites e fundamento na legislação infraconstitucional cuja variabilidade, por isso mesmo, não ofende a cláusula pétrea, até mesmo porque a Constituição também protege expressamente o meio-ambiente como valor de garantia individual e social.

equivalente ao justo preço, obviando assim a exposição do morador a situações de extrema dificuldade pessoal.

A complexidade, quando se estuda o assunto, está, portanto, sobremaneira aguda na definição do justo preço quando está em causa a desapropriação para fins de reforma agrária, cujo propósito, ademais de fartamente ideológico e carregado de proposições políticas, sofre inflamadas objeções porque na maioria das vezes se constitui na retirada da propriedade um cidadão, o proprietário, para dá-la a outro cidadão, não-proprietário, e não para integrar ao serviço público em proveito de todos, como usualmente vê a opinião pública. Em outros termos, aqui o caso é de retirada para distribuição, o que agudiza emocionalmente as controvérsias.

Salvo engano, entretanto, admitir a necessidade de garantir a indenização pela perda do imóvel não equivale dizer que é ela sempre inquestionável e indeclinável. Ao contrário, é suficiente mencionar que a Constituição ela mesma[41] abre ensejo à construção de soluções novas, bastando referir que o imóvel rural no qual o dono ou terceiros a seu mando ou autorização se dedicam à cultura ou à produção de substâncias entorpecentes (plantas psicotrópicas, diz o texto) pode ser confiscado, sem direito a qualquer indenização. Como não se há de dizer, que, eticamente, a vida e o interesse de trabalhadores sem terra e suas famílias ou mesmo de trabalhadores rurais que aspiram legitimamente a aquisição de parcelas ou lotes rurais, tem valor menor que a saúde e a higiene públicas - objetos juridicamente tutelados na repressão do uso e tráfico de entorpecentes - se a repressão aos entorpecentes justifica a perda da propriedade pelo titular que nela cultiva substância proibida e assim fez mau uso da propriedade, certamente o proprietário que não dá uso adequado ao seu imóvel, assim impedindo que outrem o faça, terá de ter idêntico tratamento, ou, ao menos, não poderá reclamar tratamento diverso, posto que as hipóteses devem ser reduzidas ao mesmo denominador axiológico. Em outras palavras, de acordo com esse raciocínio que a Constituição permite enunciar, não usar ou mal-usar, do ponto de vista social, é exatamente o mesmo. Assim, quando a Constituição pune com o confisco o uso criminoso da propriedade,

---

[41] "Art. 243. As glebas de qualquer região do País onde forem localizadas culturas ilegais de plantas psicotrópicas serão imediatamente expropriadas e especificamente destinadas ao assentamento de colonos, para o cultivo de produtos alimentícios e medicamentosos, *sem qualquer indenização ao proprietário* e sem prejuízo de outras sanções previstas em lei." Consultar, também, Nobre Júnior, Edilson Pereira. *Expropriação dos bens utilizados para fins de tráfico ilícito de entorpecentes.* (Rev. Inf. Leg. 126/33).

reconhece indiretamente que o uso socialmente nocivo da propriedade terá de ter repressão idêntica ou similar.

A chamada desapropriação-sanção precisa ser compreendida dentro desse espírito de conformação do uso da propriedade à sua função social; e não só para que se ponham limites à ação do Estado (como parece ser o acento dominante que se extrai da jurisprudência há pouco colecionada), mas para que efetivamente se materializem na prática os desideratos do constituinte, com todas as conseqüências lógicas deles derivadas.[42]

---

[42] Os dados mais recentes sobre a realidade fundiária brasileira, constantes do Atlas Fundiário Brasileiro, (índice na Internet:http://www.incra.gov.br/_serv/atlasfun/menu.htm), mostram, de modo eloqüente, tanto a disparidade na distribuição das terras como a enorme concentração por extrato social e por região. A Reforma Agrária, assim, à luz desse quadro, com efeito, é inadiável. Segundo o recadastramento geral de 1992, que compreende os dados atualmente praticados pela Administração e portanto são os aqui utilizados, verificou-se a existência de 3.114.898 imóveis rurais (a última atualização, em 1995, computou 3.417.106), abrangendo uma área total de 331.364.012 hectares (o que, todavia, não cobre 40% do território nacional). Desses, 1.938.441 imóveis são minifúndios ou não-identificados (62,2%) e somavam 26.184.660,6 hectares (7,9%), enquanto 75 imóveis (0,0%) com mais de 100.000 hectares alcançaram 24.047.669,1 hectares (7,3%), mas a maioria, 3.019.500 (97,9%) dos imóveis rurais, menores de 500 hectares, somam área totalizando 130.033.617,6 hectares (39,3%), enquanto a minoria, 95.398 (3,1%), com áreas maiores de 500 hectares, totalizam 201.330.394,4 hectares (60,7%). Essa rápida e singela comparação evidencia a urgência da reorganização da distribuição fundiária brasileira, e, mesmo tendo em conta que esses números podem ser exatos, como o próprio administrador reconhece pela enorme evasão cadastral, tudo leva a crer que não poderão ser menos injustos os dados verdadeiros. Este mesmo relatório destaca: "De acordo com as informações do INCRA, não se observam mudanças significativas nos diversos períodos de cadastramento. O cenário, em linhas gerais, permanece o mesmo: menos de 2% do universo dos imóveis cadastrados, representados pelo segmento dos grandes imóveis, de área igual ou superior a 1.000 hectares, continuam detendo mais de 50% da área cadastrada. A concentração da terra também pode ser aferida pelo crescimento, em números absolutos, do estrato de área onde se situam os grandes imóveis rurais. Sob esta ótica, constata-se que no cadastro de 1966 foram identificados 46 mil imóveis no estrato de área igual ou superior a 1.000 ha. No ano de 1978, 57 mil imóveis foram cadastrados neste mesmo intervalo. As áreas correspondentes totalizaram 186 e 246 milhões de hectares, respectivamente, constituindo um acréscimo de 32,3% na área dos grande imóveis. No cadastramento de 1992, no intervalo em análise, verificou-se um total de 42 mil imóveis rurais, somando uma área de 165 milhões de hectares. Aparentemente, ao contabilizarmos o segmento dos grandes imóveis e compararmos com o total das áreas cadastradas nos últimos dois momentos de levantamento geral, verifica-se uma redução no percentual de representatividade do estrato, de 58 para 50%, o que vai refletir no índice de concentração fundiária. Entretanto, de acordo com as estatísticas cadastrais dos períodos em referência, o número total de imóveis rurais sofreu uma redução de apenas 3% - 3,2 milhões em 1978, contra 3,1 milhões em 1992. A área cadastrada, porém, contabilizou uma redução de 112 milhões de hectares - 25% do total de 1978, indicando assim uma acentuada evasão cadastral". Na região Sul estão situados 35,4% dos imóveis do país, ocupando uma área de 12,8%, dos quais 17,1% são produtivos e ocupam 42,1% dessa área, enquanto 20,4% deles são improdutivos, representando 42,6%; os outros 15,3% de área são ocupados por minifúndios e não classificados (62,5% dos imóveis). De outra parte, segundo as mesmas fontes, na Região Sul, pelo índice de concentração, 94,2% dos imóveis (43,55% da área cadastrada) têm de 0 - 100 hectares; 4% dos imóveis (18,35% da área cadastrada) compõem a média propriedade e, 1,8% dos imóveis (38,1% da área cadastrada) constitui a grande propriedade.

A primeira, e aparentemente a mais intuitiva, é a de que o "justo preço" observará estritamente a relação da propriedade com o grau de produtividade. Excluídas as propriedades produtivas, no sentido da imunidade constitucional, as que não alcancem o índice de produtividade suficiente devem ficar sujeitas à desapropriação na *proporção* de sua produtividade, de tal maneira que quem mais – dentre os improdutivos – produza, tenha mais indenização a receber e vice-versa. Não parece justo e nem adequado, ao menos diante do espírito da Constituição, que ao proprietário, que tenha abandonado seu imóvel, se deva destinar indenização idêntica ou semelhante a outro, que o explore, mesmo não logrando torná-lo "produtivo" nos moldes da lei. O desvio ético que resulta em manifesta desigualdade pela atribuição de indenizações semelhantes a situações dissemelhantes, nasce, possivelmente, da incorreta adoção de pressupostos de índole civilista e meramente patrimonial (ainda quando inconscientemente) para equação de problemas que, lógica e necessariamente, excluem os padrões de referência do Direito Civil, uma vez que as questões referidas, ao contrário, se situam no âmbito do Direito Administrativo, de Direito do Estado, porque dizem respeito à correção de desigualdades sociais, produzidas pelo mesmo sistema econômico que, inobstante, o Estado ampara e protege. Salvo melhor juízo, portanto, para a solução dessa aparente antinomia, o "justo preço" deve refletir o grau de "ofensa" social praticada pelo proprietário que não deu uso adequado à sua propriedade, tanto quanto, como no caso do artigo 243 da Constituição, pelo proprietário que cultivou substância psicotrópica em vez de cultivar alimentos.

Uma segunda conseqüência relevante está em que, sendo propósito constitucional o uso socialmente adequado da propriedade (urbana ou rural), resulta daí – o que parece substancialmente importante – que o proprietário tem o dever de explorar seu imóvel de modo consentâneo com os padrões que a Constituição e as leis determinam. Não se cuida, como é certo, de discrição do titular em cultivá-lo ou não (como se fosse o dono absoluto e inquestionado do Código Civil), ou em maior ou menor grau conforme seu interesse ocasional. Ao contrário, pode-se extrair das cláusulas constitucionais específicas[43] a idéia de que ao proprietário toca uma responsabilidade excepcional na produção de bens que interessam ao conjunto dos cidadãos, particularmente os de natureza alimentícia, e por isso sua

---

[43] "Art. 5º. XXIII – a propriedade atenderá a sua função social;" e "Art. 184. Compete à União desapropriar por interesse social, para fins de reforma agrária, o imóvel rural que não esteja cumprindo sua função social, ..."

atuação tanto é essencial ao bem-estar social como o é, virtualmente, à segurança nacional no sentido mais puro e honesto da expressão. Não é por outra razão que os financiamentos rurais têm subsídio (ou até há pouco o tinham) oficial e juros menos onerosos que os do mercado livre, sendo bancado, na maioria, pelas entidades estatais de crédito porque diz respeito à política de produção de bens de interesse social e coletivo. Também não é por outra razão que mecanismos de proteção à lavoura e à produção, na área rural, como seguros e garantias, bem assim as políticas de preços mínimos e máximos, têm tido na legislação, com esse mesmo espírito, tratamento peculiar. Ora, se a responsabilidade social do produtor é encarada seriamente pelo legislador e pelo administrador, não haveria nenhuma razão para se contemplar o proprietário com critério diverso, dando-lhe uma liberdade que não só não se dá ao produtor como ainda se lhe proíbe. Estando situado o proprietário no interior privilegiado desse conjunto de práticas e responsabilidades, cabe-lhe igualmente arcar com as conseqüências do descumprimento das metas constitucionais que lhe cabem, ou ao menos só se lhe respeitará o direito subjetivo de proprietário quando satisfeitas essas exigências.

Outra conseqüência das opções do texto constitucional de 1988, e que também concorre diretamente com a função social da propriedade porque foi igualmente elevada a princípio constitucional, é a função ambiental da propriedade. Não é mais o proprietário o senhor total do imóvel, seja urbano, seja rural, pois se lhe exige, daqui por diante, rigorosa obediência aos ditames da preservação, da não-degradação, da não-poluição, da conservação, do respeito à natureza e aos outros concidadãos. Aliás, essa nova abordagem constitucional dos interesses coletivos, sob a perspectiva da tutela do meio ambiente, está a revelar apenas mais uma faceta da preocupação democrática do estatuto maior. Com efeito, é preciso passar a ler as disposições constitucionais integradamente, de modo a compreender que "propriedade privada", "proteção ambiental" e "função social" são institutos que devem operar harmônica e racionalmente, num todo sistemático em que prevaleça a igualdade de direitos e de oportunidades democraticamente repartidas, sendo que ao intérprete, por isso mesmo, é vedado isolar institutos com o propósito (deliberado ou inconsciente) de aplicá-los em descompasso com o sentido estabelecido na Constituição.[44]

---

[44] v. o estudo de Benjamin, Antonio Herman V. *"Reflexões sobre a hipertrofia do direito de propriedade na tutela da reserva legal e das áreas de preservação permanente"* (RF 340/45-62), com interessante análise da conjugação desses conceitos e particularmente da incorreção da interpretação

Da mesma maneira, ao proprietário não é dado ignorar que o uso da propriedade terá de contribuir para a prosperidade das relações entre patrões e empregados e seu recíproco bem-estar, e mais do que isso, que a propriedade lhe obriga a esse propósito, o que não é nada mais do que estabeleceu a Lei 8.629/93. Aliás, como se pode perceber facilmente dos ordenamentos jurídicos mais desenvolvidos no sentido sociopolítico, isto é, naqueles em que a preocupação democrática é mais definida e concreta, é cada vez mais inaceitável que o titular da propriedade possa desconhecer suas responsabilidades ou que o Judiciário possa tolerar tais desvios.

Nessa expectativa, o "justo preço" terá finalmente de traduzir um conjunto de condutas do proprietário, em face do próprio imóvel e em face de seus concidadãos, a cujo respeito se dirá examinando as decorrências ambientais, sociais, econômicas e políticas do uso da propriedade, cabendo ao julgador, como se fora um juiz criminal, avaliar, pela prova e pelos elementos revelados no laudo de avaliação, a indenização que corresponda exatamente ao grau de comprometimento do proprietário e seu imóvel com a sua função social e ambiental, afastados quaisquer padrões preconcebidos ou aprioristicos que decorram do título, e não da função.

---

tradicional que privilegia a propriedade sem valorizar as dimensões social e ambiental em que se deve lógica e historicamente integrar. Uma das remissões surpreendentes (para o padrão conservador e usual) é de que as obrigações ambientais do proprietário integram o conteúdo do seu direito/dever, a tal ponto que as indenizações que se pleiteiam à conta de "limitações" estabelecidas pelo Poder Público (limitações que não são senão mera derivação do sistema posto, e não novas imposições) excluem e afastam qualquer pretensão à indenização nos casos de implantação de áreas de preservação permanente ou de reserva legal, porque se cuida de interferência e não intervenção na propriedade, especialmente porque alguns tribunais, talvez sem o devido cuidado, têm deferido indenizações milionárias a proprietários (inúmeros deles, em São Paulo, com terras na Serra do Mar, de improvável exploração e difícil acesso por isso mesmo destinadas à preservação) sem qualquer preocupação ambiental ou social pelo simples fato de terem sido titulares do registro imobiliário. Fica, aí, bem claro que o justo preço não só não teria "justificação", como, ao contrário, se torna indevido pela manifesta ausência de função social ou ambiental.

— 4 —
Desapropriação por interesse social para reforma agrária, "ratificação da posse" e direito à indenização

ELIANA PIRES ROCHA

Procuradora da República

SUMÁRIO: 1. Introdução; 2. Desapropriação por Interesse Social para Reforma Agrária; 3. Propriedade privada e função social; 3.1. Cumprimento da função social da propriedade 3.2. Natureza da desapropriação; 3.3. O justo preço indenizatório; 4. Ratificação da posse na Faixa de Fronteira; 5. Análise comparativa de institutos; 5.1. Instrumentos de implementação da política fundiária; 6. A inviabilidade da ação de desapropriação; 6.1. O enriquecimento sem causa; 6.2. O instituto da retrocessão como parâmetro para o valor indenizatório.

1. Introdução

A viabilidade de ratificação da posse sobre terras devolutas integrantes do patrimônio da União Federal reporta ao sistema sesmarial de distribuição de terras. Todas as terras existentes no território brasileiro eram consideradas patrimônio da Coroa Portuguesa, excetuando-se aquelas concedidas em sesmarias, quando, uma vez satisfeitas as exigências para sua concessão, eram transferidas para o patrimônio privado. Contudo, não cumpridas as condições impostas, assegurava-se, ainda, a revalidação da sesmaria ou outras concessões do Governo, se as terras se achassem cultivadas, ou com princípios de cultura e com moradia habitual do respectivo sesmeiro ou concessionário, assim previsto no artigo 4º da Lei nº 601, de 18 de setembro de 1850 – Lei de Terras. Portanto, o binômio exploração e moradia habitual desde então era pressuposto para a legitimação da posse, transformando terra pública em domínio particular.[1]

A ratificação de títulos como recurso para a regularização da posse se estendeu para além do Brasil Imperial, surgindo, em época recente, no texto do Decreto-lei nº 1.414, de 18 de agosto de 1975, regulamentado pelo Decreto nº 76.694, de 28 de novembro de 1975, que, efetivando a autorização concedida ao Poder Executivo para validar alienações e concessões de terras feitas pelos Estados na Faixa de Fronteira à luz da Lei nº 4.947, de 06 de abril de 1966, dispôs sobre o processo de ratificação de posse em terras devolutas.

Essas normas foram criadas como alternativa à ocupação irregular de imóveis rurais que perdurou neste século, situação decorrente, sobretudo, da expedição de títulos de propriedade por parte de Estados-Membros sobre terras da União ou sem o consentimento do Conselho de Segurança Nacional.

Tal situação foi provocada pela extinção de concessões deferidas pela União a empresas desbravadoras de regiões virgens, que, mediante o não-cumprimento de cláusulas contratuais na exploração de áreas rurais do Ente Federal, rescindia os acordos, reincorporando as terras ao patrimônio da concedente. Porém, a despeito dos litígios resultantes da desconstituição dessas avenças, tendo o Ente Estadual aderido de forma indireta aos contratos administrativos firmados pela União e sido atingido pela sua rescisão, inadvertidamente expedia títulos dominiais de propriedade sobre essas glebas rurais, vindo a aliená-las a empresas colonizadoras e agricultores, agentes da expansão de fronteiras agrícolas. Com isso, desencadearam-se cadeias sucessórias controvertidas e conflitos entre pretensos proprietários e legítimos possuidores de terras da União Federal.

Essas controvérsias forçaram a intervenção estatal, valendo-se o Poder Público da desapropriação dos imóveis da União para efetuar a regularização fundiária no local, e, saliente-se, a partir de registros de imóveis eivados de nulidade, tendo o Instituto Nacional de Colonização e Reforma Agrária como agente executor.

Desse quadro emerge o objeto de nossa análise, pois, malgrada a denominação atribuída ao instrumento utilizado pelo Poder Público com vista à regularização fundiária, é de se verificar a correta

---

[1] Vale observar a alteração de conceito sobre terras devolutas exposta por Tupinambá M. Castro do Nascimento, na obra *Introdução ao Direito Fundiário*, SAF, Porto Alegre, 1985, p. 33: opinava serem as terras devolutas, necessariamente e sem exceção, terras públicas; posteriormente, em *A ordem econômica e financeira e a nova Constituição*, AIDE, Rio de Janeiro, 1989, p. 148, concluiu que as terras devolutas não são bens públicos, mas, como não são bens privados, são bens não-públicos.

aplicação do procedimento expropriatório e o direito à indenização compensatória dele resultante na hipótese de mera ratificação da posse. Para tanto, passamos a uma breve apreciação das categorias jurídicas elementares que circundam o tema.

2. Desapropriação por interesse social para reforma agrária

Reiterando as Cartas anteriores com peculiares nuances, a Constituição Federal de 1988, em seu artigo 5º, inciso XXIV, instituiu a intervenção na propriedade por meio da desapropriação, vindo a discipliná-la, em suas distintas modalidades, nos capítulos II e III, entre as denominadas políticas urbana, agrícola, fundiária e da reforma agrária - artigos 182 a 191, sem deixar de ressalvar no artigo 5º, inciso XXII, e no artigo 170, inciso II, o direito à propriedade privada.

Forma de restrição do Estado sobre o direito de propriedade, o procedimento desapropriatório é manifestação do *poder de império* estatal, que, pela destituição coativa de determinado patrimônio, priva seu proprietário da coisa, transferindo a titularidade dominial para a entidade expropriante, garantida a compensação indenizatória proporcional.

A Constituição Federal, elaborada na esteira do sistema econômico capitalista adotado entre nós, pautado por uma economia de mercado e aquisição privada de bens, tratou de apontar rigorosamente as hipóteses em que o Poder Público ou seus delegados impõem unilateralmente ao proprietário a perda de seu patrimônio, ainda que o substituindo por justa indenização. E, desse modo, o direito que o poder público se reserva de retirar algo do domínio individual ou público e integrá-lo ao patrimônio comum deve derivar de particular necessidade pública, utilidade pública ou interesse social.

A desapropriação para fins de reforma agrária, sendo subespécie da desapropriação por interesse social, foi inicialmente cogitada na Constituição Federal de 1934, quando lá se enfatizava que o direito de propriedade seria garantido caso não colidisse com o interesse social ou coletivo. Porém, o interesse social, enquanto causa expressa de restrição à propriedade privada, somente surgiu na Carta de 1946. Nos termos dos artigos 184 a 186 da Constituição de 1988, será promovida a desapropriação por interesse social para reforma agrária nos imóveis rurais que não estiverem cumprindo sua *função social*, possibilitando, assim, a *justa distribuição da propriedade*.

O interesse social, que qualifica a espécie, não é da administração, mas da coletividade administrada. Por isso os bens expropriados, na sua maioria, são traspassados a particulares que lhes possam dar maior aproveitamento ou utilização, em prol do coletivo.[2] Foi o Estatuto da Terra - Lei nº 4.504, de 30 de novembro de 1964 - que consignou expressamente o objetivo da desapropriação de imóveis rurais como política de reforma agrária, discriminando as hipóteses que autorizam essa modalidade de desapropriação, a saber: a) condicionar o uso da terra a sua função social; b) promover a justa e adequada distribuição da propriedade; c) obrigar a exploração racional da terra; d) permitir a recuperação social e econômica de regiões; e) estimular pesquisas pioneiras, experimentação, demonstração e assistência técnica; f) efetuar obras de renovação, melhoria e valorização dos recursos naturais; g) incrementar a eletrificação e a industrialização do meio rural; h) facultar a criação de áreas de proteção à fauna, à flora ou a outros recursos naturais, a fim de preservá-los de atividades predatórias (art. 18).

Quanto à política de reforma agrária, definiu-a expressamente como "o conjunto de medidas que visem a promover melhor distribuição da terra, mediante modificações no regime de posse e uso, a fim de atender aos princípios de justiça social e ao aumento de produtividade" (artigo 1º, § 1º), tendo lhe atribuído uma extensão para além do caráter fundiário do instituto, ao asseverar que "a reforma agrária visa a estabelecer um sistema de relações entre o homem, a propriedade rural e o uso da terra, capaz de promover a justiça social, o progresso e o bem-estar do trabalhador rural e o desenvolvimento econômico do País, com a gradual extinção do minifúndio e do latifúndio" (art. 16, *caput*).

Diante disso, a reforma agrária, mais do que tendente a corrigir distorções do uso, domínio e do acesso à terra, é conceito forjado em razão da funcionalidade da propriedade da terra.[3]

3. Propriedade privada e a função social

Conquanto resguardada a propriedade privada, elevada a preceito constitucional, observa-se que o Código Civil Brasileiro não lhe

---

[2] MEIRELLES, Hely Lopes. *Direito Administrativo Brasileiro*, Malheiros, São Paulo, 1993, 18ª ed. p. 519.
[3] ALMEIDA, Paulo Guilherme de. *Aspectos jurídicos da reforma agrária no Brasil*, LTR, São Paulo, 1990, p. 19.

confere uma definição precisa, optando por enunciar os poderes do proprietário, quando estatui que a lei lhe assegura o direito de gozar, usar e dispor de seus bens e de reavê-los do poder de quem quer que injustamente os possua (art. 524).

Os termos uso, fruição e disposição da coisa são entendidos como faculdades inerentes à propriedade; a propriedade é que é um direito, e este compreende o poder de agir diversamente em relação à coisa, usando, gozando ou dispondo dela.

Os atributos inerentes ao direito de propriedade concentram-se no poder de colocar a coisa a serviço de seu titular - *ius utendi*; perceber frutos da coisa - *ius fruendi*; e dela dispor, alienando-a ou instituindo gravames sobre a mesma - *ius abutendi*.

Portanto, o direito de propriedade ressurge uno, tendo como normal condição a presença de todos os seus atributos. A limitação, como toda restrição ao gozo ou exercício dos direitos, é excepcional. A propriedade, como expressão da senhoria sobre a coisa, é excludente de outra senhoria sobre a mesma coisa, sendo de sua natureza, embora não da essência, plenitude e exclusividade.

3.1. Cumprimento da função social da propriedade

Pressuposto do desapossamento compulsório para a reforma agrária, a inobservância do princípio da função social da propriedade figura também dentre os primados da ordem econômica elevados a preceptivos constitucionais. Constitui-se, portanto, em verdadeiro dogma jurídico, consagrado no artigo 160, III, da Constituição de 1967, e referendado pelo artigo 170, inciso III, da Carta vigente, o qual estatui que a ordem econômica, fundada na valorização do trabalho humano e na livre iniciativa, tem por fim assegurar a todos existência digna, conforme os ditames da justiça social, observado, dentre outros, o princípio da função social da propriedade.

O Estatuto da Terra, que estipulou os direitos e obrigações concernentes aos bens rurais para fins de execução de reforma agrária e promoção da política social, já dispusera que a propriedade desempenha integralmente sua função social quando, simultaneamente, favorece o bem-estar dos proprietários e dos trabalhadores que nela labutam, assim como de suas famílias; mantém níveis satisfatórios de produtividade; assegura a conservação dos recursos naturais; observa as disposições legais que regulam as justas relações de trabalho entre os que possuem e a cultivam (art. 2º, § 1º).

O artigo 186 da atual Constituição Federal não destoou do Estatuto, definindo a função social da propriedade no mesmo âmbito, acrescentando aos seus elementos informadores a preservação do meio ambiente.

Conclusivo, pois, que o cumprimento da função social da propriedade imobiliária rural é objetivo da reforma agrária, o que demonstra que ela está vinculada ao exercício do direito de propriedade, não sendo outro o entendimento do artigo 184 da Carta Magna. E, ao classificarmos o direito de propriedade imobiliária rural conforme sua natureza econômica, nota-se sua inserção dentre os bens de produção, ou seja, aqueles que se destinam à produção de outras riquezas, assumindo, assim, um papel dinâmico, participante, isto é, funcional. Em razão dessa funcionalidade, a propriedade privada comporta não só faculdades, mas também passa a ter atribuições, limitações e deveres. Ao proprietário incumbe uma função, um papel social positivo, quase público sobre seu direito de propriedade, no sentido de que deve praticar atos positivos de exploração econômica,[4] impondo-se, para tanto, o cumprimento das normas do artigo 186 da Lei Maior.

A função social da propriedade vincula-se propriamente ao uso da mesma, e não à propriedade como instituto, que contém outros elementos constitutivos além do uso, do gozo e da disposição. Pode-se afirmar, assim, que o caráter absoluto que ainda se pode divisar no direito de propriedade deve ser entendido paradoxalmente, dentro do âmbito em que a Lei o deixa movimentar-se e desenvolver-se. E é nesse sentido que se deve entender o artigo 527 do Código Civil, ao prescrever que o domínio presume-se exclusivo e ilimitado, até prova em contrário.[5]

A destinação produtiva dada ao imóvel é a forma, por excelência, pela qual a propriedade rural pode atingir seu fim social, produzindo de acordo com sua capacidade e seu potencial.[6]

3.2. Natureza da desapropriação

A despeito das variadas teses em torno da natureza do instituto expropriatório, ora titulando-o como figura jurídica pertencente ao

---

[4] MATTOS NETO, Antonio José de. *Revista de Direito Civil* nº 76, p. 74, "Função social da propriedade agrária: uma revisão crítica".
[5] LOPES, Miguel Maria de Serpa. *Curso de Direito Civil*, Volume VI, Freitas Bastos Editora, 4ª ed., Rio de Janeiro, p. 309.
[6] BASTOS, Celso. *Estudos e Pareceres*, "Desapropriação para fins de Reforma Agrária - Propriedade Produtiva. RT, São Paulo, 1993, p. 31.

campo do direito civil, ora emergente do direito administrativo, vindo até mesmo a ser considerado instituto misto, a desapropriação se trata de complexo procedimento administrativo, cujo escopo visa à consecução de um fim balizado por um interesse público. Traduz-se em causa não-civilista mas pública de perda de propriedade particular.[7]

Daí que a Administração Pública vale-se de inumeráveis providências limitadoras, restringindo o direito de propriedade de um ou muitos, em prol de uma coletividade. O sentido atribuído à propriedade e sua função na atualidade prioriza o social em detrimento do individual, ou, faz prevalente o interesse público sobre o particular, paradigma orientador do Direito Administrativo, o que desnatura o instituto como alvo exclusivo do direito privado. E, no cotejo entre a força do ato estatal e a livre disposição do bem de propriedade privada, a desapropriação não se assemelha de modo absoluto à compra e venda, porque compra e venda forçada não é compra e venda, já que a coação ao acordo desnatura o contrato, inquinando o consenso.[8]

Logo, eventual pretensão de imputar à desapropriação o caráter contratual ínsito ao negócio jurídico voluntário realizado no âmbito privado, o intento sucumbe perante a sua natureza singular, dado o fim colimado pelo Poder Público, a saber, a satisfação de um interesse social, valendo-se, para tanto, de regras próprias, decorrentes de seu *poder de império*, informadas notadamente pelo direito público.

3.3. O justo preço indenizatório

A Constituição Federal de 1988 reiterou mandamento constitucional que autorizava a desapropriação por interesse social para fins de reforma agrária, ressalvando o direito do proprietário à justa indenização pela destituição de seu bem imóvel (arts. 184 e seg.).

Considerando que a desapropriação por interesse social para reforma agrária pressupõe a retirada do bem de seu titular em favor da entidade pública, e, ato contínuo, a entrega do imóvel a terceiro, a indenização comutativa é conseqüência do desfazimento do imóvel. A verba indenizatória é a soma a ser paga ao proprietário como compensação pelo bem expropriado, representando o ressarcimento do dano sofrido em razão da perda da coisa.

---

[7] FREITAS, Juarez. *Estudos de Direito Administrativo*. Malheiros, São Paulo, 2ª ed., 1997, p. 78.
[8] CRETELLA JÚNIOR, José. *Comentários à Lei de Desapropriação*, Forense, Rio de Janeiro, 2ª ed., 1991, p. 302.

"O conceito de indenização contém, em si, o da reparação do dano, que significa diminuição do patrimônio, isto é, o dano é a perda de uma parte material do patrimônio ou a perda de expectativa juridicamente firmada. Se o proprietário expropriado por utilidade pública experimenta um prejuízo, tem razão de ser ressarcido, e, pois, tem direito a que seu patrimônio seja colocado nas mesmas condições em que se achava antes da desapropriação".[9]

Infere-se, pois, que o justo preço consistirá na reposição em valores pecuniários ou em títulos da dívida agrária proporcionais ao valor do bem retirado, mantendo a equivalência entre o bem perdido e o *quantum* indenizatório. Disto decorre a justiça do preço.

4. Ratificação da posse na faixa de fronteira

As terras devolutas na Faixa de Fronteira representavam uma faixa interna de sessenta e seis quilômetros. Foi a Lei nº 2.597, de 12 de setembro de 1955, que delimitou essa fração de terras em cento e cinqüenta quilômetros. Paralelamente, determinava a Constituição Federal de 1891, em seu artigo 64, que as áreas localizadas em porção de terras indispensável para a defesa das fronteiras pertenciam à União. E no decorrer das edições das Cartas posteriores foram mantidos tais limites, perdurando até então, assim disposto no § 2º do artigo 20 da Constituição atual.

Todavia, avenças importando a concessão de uso sobre terras da União findaram por facilitar o implemento de transações escusas sobre essas terras rurais, quando arvoraram-se os Estados-Membros na condição de proprietários para aliená-las ou autorizar sua ocupação por particulares, o que implicou alienação a *non domino*.

Conjugado a esses fatos concorreu o crescimento econômico significativo de determinadas áreas localizadas nessas regiões, fato que acentuou a valorização das terras, dando azo ao aparecimento de empresas colonizadoras responsáveis pela compra e venda de lotes rurais e disputas pelo seu domínio entre especuladores e legítimos possuidores. A exacerbação dos conflitos resultantes provocou a intervenção do Poder Público, que, no intento de fulminá-los, recorreu à via desapropriatória dos imóveis e, posteriormente, à aplicação de normas que validavam a posse agrária.

---

[9] CRETELLA JÚNIOR, José. *Comentários à Lei de Desapropriação*, Forense, Rio de Janeiro, 2ª ed., 1991, p. 40.

Em 18 de agosto de 1975, foi editado o Decreto-Lei nº 1.414, que, efetivando a autorização concedida ao Poder Executivo para ratificar as alienações e concessões de terras feitas pelos Estados na Faixa de Fronteira pela Lei nº 4.947, de 06 de abril de 1966, no seu artigo 5º, parágrafo 1º,[10] dispôs sobre o processo de ratificação das concessões e alienações de terras devolutas nessa área, estabelecendo o legislador que: *Art. 1º. A ratificação das alienações e concessões de terras devolutas na faixa de fronteira a que se refere o § 1º do art. 5º da Lei nº 4.947, de 6 de abril de 1966, será feita de acordo com as normas estabelecidas no presente Decreto-Lei.; § 1º O processo de ratificação alcançará as alienações e concessões das terras devolutas promovidas pelos Estados, na faixa de domínio da União. § 2º. Ficam igualmente sujeitas às disposições do presente Decreto-Lei as terras devolutas estaduais, localizadas na faixa de interesse de segurança nacional, alienadas ou concedidas sem o prévio assentimento do Conselho de Segurança Nacional. Art. 2º. Compete ao Instituto Nacional de Colonização e Reforma Agrária - INCRA, ouvido o Conselho de Segurança Nacional, através da Secretaria-Geral do Conselho de Segurança Nacional, efetivar a ratificação mediante requerimento da parte interessada". Art. 4º A ratificação será precedida de processo administrativo, através do qual o INCRA examinará: c) se o imóvel está sendo explorado, não se exigindo moradia habitual.* Mais tarde, a mesma norma foi regulamentada pelo Decreto nº 76.694, de 28 de novembro de 1975, que assim estatuiu: *Art. 3º. O processo de ratificação terá início mediante requerimento do interessado, que deverá ser apresentado à Unidade Regional ou Zonal do INCRA mais próximo do imóvel ratificando, ou em atendimento a edital de convocação dirigido aos detentores de títulos sujeitos à ratificação. Em ambas as hipótese, o processo será instruído com o título de alienação ou concessão, em original e cópia autenticada e, na sua falta, certidão passada por autoridade competente. Art. 5º. No processo administrativo de ratificação, serão observados os seguintes requisitos: I - o cumprimento das cláusulas constantes do título de alienação ou concessão; II - se, no caso do artigo 4º, as frações desmembradas não são inferiores ao módulo de exploração indefinida, ou à fração mínima de parcelamento, observado o disposto no § 1º, do artigo 22, da Lei nº 4.947, de 6 de abril de 1966; III - a utilização das terras de acordo com os princípios e objetivos do estatuto da terra. Art. 7º. Deferida a ratificação, o INCRA expedirá a favor do interessado o correspondente título ratificatório, o qual servirá de instrumento hábil para transcrição no registro de imóveis competente.*

---

[10] Art. 5º, § 1º, da Lei nº 4.947, de 6 de abril de 1966: " É o Poder Executivo autorizado a ratificar as alienações e concessões de terras já feitas pelos Estados na Faixa de Fronteiras, se entender que se coadunam com o Estatuto da Terra."

Agregue-se que o Decreto-Lei nº 1.942/82 também permitiu a regularização de legítimos possuidores sobre terras concedidas ou alienadas a *non domino* pelo Ente Estatal.

A referendar os termos dos Decretos-Leis figura o Estatuto da Terra (art. 102), no qual o pressuposto para a legitimação de posse sobre terras pertencentes à União e deferidas ilegalmente a particulares vem fundar-se basicamente na comprovação da presença de requisitos autorizadores da expedição de título translativo definitivo de propriedade sobre esses imóveis aos ocupantes, quais sejam: moradia habitual e ocupação efetiva, assim expresso no Estatuto ao tratar da ocupação de terras públicas federais. Esses critérios, aliás, sempre permitiram a promoção da legitimação da posse para fins de regularização fundiária, haja vista a sua referência expressa também nos artigos 11 e 24 do mesmo Estatuto.

Desta forma, o que à primeira vista não geraria direitos, porquanto ato destituído de eficácia jurídica pela transferência de propriedade a *non domino*, possui uma circunstância relevante a exigir tratamento diferenciado, face à acentuada e indiscutível boa-fé dos outorgados,[11] desaparecendo o ato jurídico nulo produzido pelo Ente Estatal, dando lugar a documento válido, representado pelo título de ratificação.

Ao submeter o reconhecimento do direito à ratificação da posse à demonstração de exploração da terra em conformidade com os postulados do Estatuto da Terra, valoriza-se a posse agrária ou "o exercício direto, contínuo, racional e pacífico de atividades agrárias (propriamente ditas, vinculadas ou complementares, e conexas) desempenhada em gleba de terra rural capaz de dar condições suficientes e necessárias ao seu uso econômico, gerando ao possuidor um poder jurídico de natureza real definitiva com amplas repercussões no Direito, tendo em vista o seu progresso e bem-estar econômico e social".[12]

5. Análise comparativa de institutos

Pinçadas as elementares da desapropriação por interesse social para a reforma agrária, temos que esse procedimento expropriatório é parte de uma política fundiária que compreende um conjunto de

---

[11] NASCIMENTO, Tupinambá M. Castro do. *Introdução ao Direito Fundiário*, SAF, Porto Alegre, 1985, p. 40.
[12] MATTOS NETO, Antônio José. *A posse agrária e suas implicações jurídicas no Brasil*, p. 68, CEJUP, Belém, 1988.

medidas tendentes a solucionar as questões ligadas à propriedade e ao uso de terras públicas ou particulares, em razão da indefinição do domínio, da ocupação pela simples posse, ocupação do espaço vazio e distorção fundiária.[13]

São medidas que se somam à reforma agrária para a composição da política fundiária, a ação discriminatória, regularização e legitimação de posse, colonização, tributação da terra e o usucapião constitucional rural ou *pro labore*. Tratam-se de institutos distintos, que podem atuar em terras públicas ou particulares, segundo exigências objetivas e especiais de cada um deles. Neste caso, sendo imóvel rural privado o objeto da implementação da política fundiária, é cabível a realização da reforma agrária, colonização particular, tributação da terra ou usucapião constitucional rural ou *pro labore*. Porém, cuidando-se de imóvel rural público, teremos a atuação da colonização oficial, da regularização e legitimação de posse e a ação discriminatória de terras públicas.

Dentre os imóveis não-privados, adotando o conceito e a classificação predominante, incluem-se as terras devolutas, espécie de bens não afetados a um uso comum ou especial pelo Poder Público.[14] Dada a origem pública da propriedade fundiária no Brasil, as terras devolutas pertencem ao Estado – sem estarem aplicadas a qualquer uso público – porque nem foram trespassadas do Poder Público aos particulares, ou, se o foram, caíram em comisso, nem se integraram ao domínio privado por algum título conhecido ou legítimo.[15]

Nessa ótica, as terras devolutas situadas na faixa de fronteira de 150 km de largura, sendo públicas e indispensáveis à defesa do território nacional, a teor de mandamento constitucional também contemplado em Cartas precedentes, integram o domínio da União Federal (art. 20, § 2º).

5.1. Instrumentos de implementação da política fundiária

A ação discriminatória de terras públicas, legitimação e regularização de posse são recursos de promoção da política fundiária,

---

[13] ALMEIDA, Paulo Guilherme de. *Aspectos jurídicos da reforma agrária no Brasil*, LTR, São Paulo, 1990, p. 93.
[14] A sua conceituação foi obtida por critério de exclusão, inicialmente pela Lei nº 601, de 18 de setembro de 1850, artigo 3º - Lei de Terras, posteriormente referendado pelo Decreto-Lei nº 9.760, de 05 de setembro de 1946, no seu artigo 5º, que ainda vige para a matéria, dispondo que são devolutas as terras que não se acharem aplicadas a algum uso público federal, estadual ou municipal, que não hajam legitimamente sido incorporadas ao domínio privado.
[15] MELLO, Celso A. Bandeira de. Curso de Direito Administrativo, Malheiros, São Paulo, 1994, p. 138.

estando o instituto das terras devolutas necessariamente ligado a tais procedimentos, formas de passagem do patrimônio público ao particular.

Sendo o principal foco da Lei de Terras – Lei nº 601, de 1850, que dispôs administrativamente sobre as terras devolutas, a discriminação judicial surgiu em 1946, com o Decreto–lei nº 9.760, culminando com a Lei nº 6.383, de setembro de 1976, que desde então regula a matéria.

Ao processo discriminatório coube a individualização das terras devolutas, estremando as propriedades particulares legitimamente constituídas, podendo ser promovido administrativa ou judicialmente. É procedimento específico do Poder Público para identificar, aferir contornos e limites das terras devolutas mediante a discriminação ou isolamento; tem o fim de arrecadá-las quando desocupadas, ou regularizar a posse sobre elas exercida, mediante os processos administrativos de regularização e legitimação de posse.[16]

À ação discriminatória de terras públicas sucedem, então, a legitimação de posse e a regularização de posse.

O instituto da legitimação da posse é também meio de transmissão do patrimônio público devoluto para a patrimônio particular. Surgiu pela Lei nº 601, de 1850, beneficiando aqueles que exerciam posse mansa e pacífica em terras públicas, nelas tendo moradia habitual e desenvolvendo culturas ou práticas agrícolas, a quem se deferia títulos de propriedade.[17] O Estatuto da Terra atribui ao trabalhador agrícola, ocupante por um ano de terras devolutas, o direito de preferência na aquisição de lote de propriedade rural (art. 97, II).[18] E assim foi consagrado pela Constituição Federal de 1967, com redação da Emenda de 1969, artigo 171, ao consagrar que a lei federal disporia sobre as condições de legitimação da posse e de preferência para a aquisição, até cem hectares, de terras públicas, por aqueles que as tornassem produtivas com o seu trabalho e o de sua família, incumbindo à Lei nº 6.383/76 disciplinar o procedimento adminis-

---

[16] ALMEIDA, Paulo Guilherme de. *Aspectos jurídicos da reforma agrária no Brasil*, LTR, São Paulo, 1990, p. 98.

[17] Artigo 5º da Lei nº 601, de 1850: *"Serão legitimadas as posses mansas e pacíficas, adquiridas por ocupação primária, ou havidas do primeiro ocupante, que se acharem cultivadas, ou com princípio de cultura e morada habitual do respectivo posseiro ou de quem o represente, guardadas as regras seguintes:* seguem os parágrafos 1º a 4º admitindo situações especiais em que também serão legitimadas as posses.

[18] Artigo 97, inciso II, do Estatuto da Terra: II – todo o trabalhador agrícola que, à data da presente Lei, tiver ocupado por um ano terras devolutas, terá preferência para adquirir um lote da dimensão do módulo da propriedade rural que for estabelecido para a região, obedecidas as prescrições da lei.

trativo para a legitimação da posse, que ratificou os elementos básicos para o seu implemento, ou seja, moradia permanente e cultura efetiva.

O procedimento administrativo de regularização de posse surgiu com esse mesmo propósito, divergindo, contudo, da legitimação, no que respeita à extensão da área devoluta a ser titulada em favor daquele achado na posse da terra, tempo mínimo de ocupação, e pelo caráter oneroso da legitimação.[19]

Desses conceitos deflui a distinção entre reforma agrária, legitimação e regularização de posse, embora todos esses institutos visem a promover o acesso à terra. Enquanto a reforma agrária atua, em princípio, sobre terras particulares pela via da desapropriação segundo parâmetros constitucionais com vistas à correção da distorção fundiária, a legitimação e a regularização de posse se restringem às terras devolutas, transferindo-as do patrimônio público para o particular, atendidos os requisitos da posse agrária, com vistas à correção da indefinição fundiária.[20]

6. A inviabilidade da ação de desapropriação

Reportando-nos aos conceitos abordados, é pressuposto da transferência compulsória do imóvel rural particular para o patrimônio público o não-cumprimento da sua função social.

E, com arrimo nesse postulado, ao retomarmos o fundamento do pleito expropriatório, instrumento manejado pelo Instituto Nacional de Colonização e Reforma Agrária sobre terras sujeitas a imediato procedimento administrativo de ratificação de posse dos agricultores encontrados sobre a área 'desapropriada', constatamos que a pretensão da Autarquia se inspirou em fim diverso daquele estipulado pela norma.

É que, embora, *lato sensu*, se tenha vislumbrado um interesse social para recorrer à desapropriação, o que justificaria a incidência do artigo 15 do Estatuto da Terra face à circunstância *crítica* ou de *tensão social* então verificada, o interesse não se confundiu com os fins plasmados na legislação pertinente ao pleito expropriatório.

---

[19] Ver artigo 25, V e §§ 2º e 3º; artigos 97 e 102 do Estatuto da Terra.
[20] ALMEIDA, Paulo Guilherme de. *Aspectos jurídicos da reforma agrária no Brasil*, LTR, São Paulo, 1990, p. 104.

Fundando-se em dispositivo da Lei nº 4.947/66, que levou ao aparecimento do Decreto-Lei nº 1.414/75 e do Decreto nº 76.694/75, consistiu o fim almejado pela Entidade Expropriante acoimar conflitos sociais instalados entre aqueles que reivindicavam a titularidade da área com base em posse ou título estadual inválido, ou ambos, porém dando aos possuidores o domínio em processo de reformulação de estrutura fundiária.

Todavia, foi a partir de procedimento classificado como desapropriatório que o Órgão Executor mais tarde ratificou a posse dos ocupantes detentores de títulos de propriedade nulos por que expedidos por Ente Estatal destituído de domínio, merecendo esse ato análise circunstanciada.

Prefacialmente, se compreendidas as terras devolutas rurais em Faixa de Fronteira, pois que necessárias à segurança nacional, indubitável pertencerem à União Federal, exigindo tão-somente a observância de procedimento discriminatório, a fim de estremar as áreas para posterior regularização fundiária através de peculiar ato previsto para esse fim, a ratificação de posse, análoga aos procedimentos administrativos de regularização e legitimação de posse, que seguem à ação discriminatória, transferindo patrimônio público a particulares.

Se a terra devoluta é arrecadada, nela dever-se-á promover a colonização, e não a reforma agrária, devendo, ainda, as terras devolutas ocupadas com morada habitual e cultura efetiva, ser objeto de regularização e legitimação de posse,[21] ou, sua similar, ratificação da posse.

Ademais, cumpre registrar, já consolidado a esse tempo em verbete de nº 477 do Supremo Tribunal Federal que "as concessões de terras devolutas situadas na faixa de fronteira feitas pelos Estados autorizam apenas o uso, permanecendo o domínio com a União, ainda que se mantenham inerte ou tolerante em relação aos possuidores."

Concebidos como irregulares os títulos de propriedade emitidos pelo Ente Estadual porque destituído de domínio, incidentes as regras do Decreto-Lei nº 1.414/75, em desprestígio do procedimento expropriatório, estranho ao propósito de confirmação de títulos dominiais.

Por conseguinte, dado o regime jurídico das terras atingidas pela ação da Autarquia Fundiária, a desapropriação realizada apa-

---
[21] ALMEIDA, Paulo Guilherme de. *Aspectos jurídicos da reforma agrária no Brasil*, LTR, São Paulo, 1990, p. 99.

rece imprópria à espécie, visto que, competindo exclusivamente à União destituir bem imóvel para fins de reforma agrária, injustificável recorrer à expropriação de terras rurais sobre as quais detinha o domínio. Ou, se a premissa consistia em regularizar alienações a *non domino* sobre terras devolutas da União Federal, despiciendo o desapossamento dos bens, sobretudo por que integrantes de seu patrimônio.

A respaldar a assertiva, veja-se a seguinte ementa: "Desapropriação por interesse social. A utilização de tal providência para afastar a tensão social existente em determinadas áreas, prevista no Decreto-Lei nº 562/69, não é cabível em relação a terras que devam permanecer com os proprietários, pois, para regularizar os títulos respectivos, não há por que transferir antes a propriedade ao Instituto Nacional de Colonização e Reforma Agrária – INCRA. (...)" (Mandado de Segurança nº 97.664-PR. TFR. Relator Ministro Antônio de Pádua Ribeiro. Data 30/8/1983)

Não é outra a conclusão, haja vista as disposições do artigo 24 do Estatuto da Terra, que, ao tratar da distribuição de terras, finda por distinguir as regras delineadas para as políticas fundiárias direcionadas à reforma agrária em terras desapropriadas e à ocupação de terras devolutas federais, prevendo, por exclusão, soluções distintas para ambas, em função de sua diversidade.

Noutra ótica, impõe-se investigar a efetividade do desapossamento na demanda proposta pelo INCRA em face da ratificação de posse operada.

Se a apropriação, termo formado de *próprio*, cognato de *propriedade*, encerra a idéia de tornar próprio, incorporar, agregar, adquirir, vocábulos de inequívoco sentido ativo, dinâmico, positivo, o antônimo de *apropriação* (ou *expropriação*) agasalha, mercê do prefixo mencionado, a idéia oposta, negativa, embora também dinâmica de perda, desincorporação, desagregação, afastamento, privação do que é próprio, perda da propriedade.[22]

Nessa vertente, não tratou a intervenção do Poder Público de rechaçar, destituir, despojar da posse e da propriedade seus pretensos titulares, mas, sim, consolidou uma situação fática - posse, e um direito – título de domínio, em favor daqueles que comprovaram explorar a terra, assim imposto pelo Decreto nº 76.694/75, que regulamentou o Decreto-Lei nº 1.414/75, agregando-os, incorporando-os regularmente aos imóveis "desapropriados".

---

[22] CRETELLA JÚNIOR, José. *Comentários à Lei de Desapropriação*, Ed. Forense, Rio de Janeiro, 2ª ed., 1991, p. 12.

Rememore-se que o procedimento adotado pelo Órgão Executor do processo de ratificação das concessões e alternações de terras devolutas na faixa de fronteira foi norteado pelas regras do Decreto nº 76.694/75, o qual incumbiu primeiramente ao possuidor peticionar junto ao INCRA, manifestando interesse em ser manutenido no imóvel rural. Foram considerados interessados na ratificação, entre outros, o adquirente, o concessionário, o promitente comprador ou o cessionário de título de alienação ou concessão deferido pelo Estado.

Elementar da validação do título estadual nulo consistia na prova de exploração do imóvel e sua utilização de acordo com os princípios e objetivos do Estatuto da Terra, à semelhança de permissivos legais existentes desde a Lei de Terras editada no Regime Imperial e confortados pelo Estatuto da Terra, consoante já mencionado, que, reconhecendo a posse agrária através do binômio ocupação efetiva da terra e moradia habitual, deferia a propriedade de bem público ao ocupante de boa-fé.

A necessária prova da exploração implicava o cumprimento de diligências, tais quais vistoria da área, demarcação de suas características, limites e confrontações, denunciando as condições da ocupação e de cultivo da terra, para, ao final, se ver expedir o correspondente título ratificatório em benefício do possuidor amoldado aos requisitos legais, o qual servia de instrumento hábil para transcrição no registro de imóveis.

Do exposto, reconhecia o ratificado sua condição de ocupante efetivo do imóvel no qual desempenhava atividades agrícolas, demonstrando a satisfação dos direitos das obrigações comprometidas com o cumprimento da função social da terra, conforme condicionara o Estatuto da Terra, diploma legal festejado pelo Decreto-Lei nº 1.414/75.

Tal situação torna flagrante a inviabilidade do procedimento desapropriatório promovido pelo INCRA contra os possuidores de títulos estaduais para os fins da regularização fundiária colimada, porquanto imperativo na expropriação o desapossamento da propriedade que não esteja cumprindo sua função social, para redistribuí-la a pessoas que não disponham de terra própria e que possam dar à mesma destinação adequada.[23]

O Decreto-Lei nº 554, de 25 de abril de 1969 - Lei de Desapropriação para fins de Reforma Agrária - vigente por ocasião do surgimento do Decreto-Lei nº 1.414/75 - já assegurava que, conforme requerido

---

[23] PAULSEN, Leandro e outros. "Desapropriação e Reforma Agrária", in *Desapropriação e Reforma Agrária*, Livraria do Advogado, 1997, Porto Alegre, p. 93.

na petição inicial, após observados determinados atos, o expropriante seria imitido na posse do bem em 48 horas (arts. 6º e 7º).

É evidente, pois, que a retirada do bem da órbita de posse do desapropriado é conseqüência do ajuizamento da ação expropriatória, pena de ausência de condição da ação por inadequação ou desnecessidade, que adjetivam o interesse de agir do autor.[24]

Mas a regra contraria o ato-fim do INCRA, que visava a confirmar a posse dos ocupantes legítimos de terras devolutas da União.

Note-se que na disciplina da Lei nº 4.504/64 : *"Art. 25. As terras adquiridas pelo Poder Público, nos termos desta Lei, deverão ser vendidas, atendidas as condições de maioridade, sanidade e de bons antecedentes, ou de reabilitação, de acordo com a seguinte ordem de preferência: I - ao proprietário do imóvel desapropriado, desde que venha a explorar a parcela, diretamente ou por intermédio de sua família; III - aos agricultores cujas propriedades não alcancem a dimensão da propriedade familiar da região; IV - aos agricultores cujas propriedades sejam comprovadamente insuficientes para o sustento próprio e o da sua família; ...§ 3º - Não poderá ser beneficiário da distribuição de terras a que se refere este artigo o proprietário rural, salvo nos casos dos incisos I, III, e IV, nem quem exerça função pública, autárquica ou em órgão paraestatal, ou que se ache investido de funções parafiscais. Art. 19. O título de domínio e a concessão de uso serão conferidos ao homem ou mulher, ou a ambos, independentemente de estado civil, observada a seguinte ordem preferencial: I - ao desapropriado, ficando-lhe assegurada a preferência para a parcela na qual se situe a sede do imóvel;"*

Deflui do teor dessas regras que a política fundiária permite ao proprietário desapropriado a aquisição do imóvel destituído nas condições acima apontadas, isto é, sobre parcela do bem, assegurada a preferência sobre a sede da propriedade. Atente-se, assim, que o permissivo limita substancialmente o âmbito do imóvel passível de reaquisição, sob pena de afrontar o fim primordial do procedimento, qual seja, condicionar o uso da terra a sua função social.

Dessa forma, conquanto formalmente a Autarquia Fundiária tenha sido imitida na posse do imóvel desapropriado, os atos administrativos implementados concomitantemente à demanda evidenciam que a posse e a propriedade das terras rurais objeto da desapropriação não foram redistribuídas a terceiros, senão destina-

---

[24] A propósito do interesse do autor na ação de desapropriação, veja-se a seguinte ementa: Ação de desapropriação – Se no curso do processo o órgão desapropriante verificar que o domínio do bem que pretender incorporar compulsoriamente ao seu patrimônio já lhe pertence, o que lhe cumpre fazer é desistir da ação e, pela via própria, obter reconhecimento da condição de proprietário, nunca, porém, pleitear tal reconhecimento na mesma expropriatória. (AI nº 38.461 – MT, TFR, 3ª T., 21-3-79, D.J. 24-10-79).

das aos possuidores dessas mesmas terras na condição de retitulados, isto é, favorecidos com título de domínio válido e definitivo, apto a ser transcrito nos Registros, de acordo com os preceptivos do Decreto-Lei nº 1.414/75 e regulamentação.

Considerando que o bem imóvel é uno, e sendo notória a impossibilidade de superposição simultânea de poderes de fato (posse) sobre a mesma coisa, por força do artigo 485 do Código Civil tem-se que a imissão de posse do INCRA nunca alcançou o mundo fático. O desapropriado, imitido anteriormente na posse do imóvel rural, nunca perdeu seu poder físico sobre ele.

Resguardou-se o direito do possuidor de boa-fé, que, a toda vista, comprovou atender à função social da terra, nela labutando e a tornando produtiva, sendo, por todo o tempo, manutenido na posse da área rural, vindo, por derradeiro, a investir-se na propriedade isenta de vícios.

Observe-se que, na desapropriação por interesse social, o Estado pode retirar bens de particular e vendê-los a outro, como também pode desapossar o proprietário e locar o bem a terceiros, desde que, no caso, ocorra mais do que simples troca de usuário. O mais é precisamente o *quantum* da utilidade.[25]

Entretanto, embora nominados no pleito como desapropriados, os possuidores mantidos na posse e retitulados regularmente na propriedade da área, em momento algum foram destituídos dos imóveis pelos quais figuraram como réus; tampouco houve transferência definitiva desses bens a outrem, como impõe o ordenamento legal do instituto desapropriatório.

Atingidos pela regularização fundiária implementada pelo INCRA, os "desapropriados" foram unicamente beneficiários dos atos administrativos praticados pelo Órgão Fundiário, conservando, em todo o ínterim, o uso e o gozo plenos da terra, que, por fim, foi-lhe outorgada por título definitivo, avantajada, ainda, pela valorização decorrente do apaziguamento dos conflitos promovido pela correção da indefinição fundiária.

6.1. O enriquecimento sem causa

O legislador pátrio, embora não tenha criado norma genérica para definir o instituto do enriquecimento sem causa, manifestou

---
[25] CRETELLA JÚNIOR, José. *Comentários à Lei de Desapropriação*, Forense, Rio de Janeiro, 2º ed., 1991, p. 539.

sua proibição em distintos preceptivos do Diploma Civil, sobretudo quando da abordagem do pagamento indevido. Por isso o enriquecimento sem causa surge entre nós como fonte de obrigação, impondo-se seu reconhecimento ante à ocorrência de pagamento não devido.

De sua parte, trata-se o pagamento indevido de típico caso de obrigação de restituir por força do princípio do enriquecimento sem causa, segundo o qual a ninguém é lícito lograr vantagem patrimonial à custa alheia, sem causa que o justifique. Nesse sentido, "há enriquecimento ilícito quando alguém, a expensas de outrem, obtém vantagem patrimonial sem causa, isto é, sem que tal vantagem se funde em dispositivo de lei ou em negócio jurídico anterior. São necessários os seguintes elementos: a) o enriquecimento de alguém; b) o empobrecimento de outrem; c) o nexo de causalidade entre o enriquecimento e o empobrecimento; d) a falta de causa ou causa injusta. O enriquecimento compreende todo aumento patrimonial e todo o prejuízo que se evite. O empobrecimento é toda a diminuição do patrimônio ou a frustração de vantagem legítima."[26] Ou seja, o enriquecimento sem causa será aferido a partir de injusta razão para a vantagem patrimonial.

Tamanha a relevância desse instituto, que, como salientado, embora inexistente norma explícita sobre essa categoria jurídica, tal fenômeno condiciona o nascimento da obrigação, constituindo-se em verdadeira fonte autônoma dela.

A menção ao enriquecimento injustificado tem relação direta com o mandamento constitucional que autoriza a desapropriação mediante o pagamento de justo valor, proporcional à perda sentida pelo proprietário expropriado.

Retomando os estudos doutrinários para análise do dano patrimonial na ação expropriatória, temos que "dano é a diminuição do patrimônio. Com a reparação, o que se pretende é eliminar essa diminuição, restabelecendo, na medida do possível, o patrimônio lesado, de forma a que o sujeito dessa reparação não fique mais pobre, nem mais rico do que estaria se não interviesse o fato danoso. Daí o instituto da compensação de benefícios, ao lado do da reparação do dano, para estabelecer um limite em que, preenchido o *déficit* produzido no patrimônio, as aquisições passem a constituir locupletamento a custa do indenizador".[27]

---

[26] GOMES, Orlando. *Obrigações*, Forense, 8ª ed., 1988, p. 303.
[27] CRETELLA JÚNIOR, José. *Comentários à Lei de Desapropriação*, Forense, Rio de Janeiro, 2ª ed., 1991, p. 40.

Diante disso, imperioso questionar acerca da verba devida àquele desapropriado que, assim apontado pelo INCRA em pleito expropriatório desencadeado sobre terras de propriedade da União, investe-se na plenitude e na exclusividade dominial do imóvel.

Porque a fixação da verba indenizatória para fins de recomposição patrimonial tem como medida estrita de equivalência da prestação a compensação pelo empobrecimento ocasionado ao desapropriado, é evidente que a ele nada é devido. A um, por que não lhe pertencia o imóvel, e, a dois, ainda que concebida como válida a alienação do Estado-Membro, nele foi manutenido.

Estatuiram o artigo 8º do Decreto-Lei nº 1.414/75 e o artigo 9º do Decreto nº 76.694/75 que, respectivamente: *Art. 8º. Os interessados não pagarão custas no processo administrativo, salvo pelas diligências a seu exclusivo interesse, bem como as despesas de demarcação, se for o caso. Art. 9º. Os interessados não pagam custas ou quaisquer emolumentos no processo de ratificação, salvo pelas diligências de seu exclusivo interesse, podendo o INCRA cobrar valor fixado oficialmente, proporcional à despesa estimada, para custeio das vistorias a serem realizadas nos imóveis.*

Dessa forma, o *quantum* despendido pelo possuidor no processo em comento cingiu-se às condições previstas em tais dispositivos, não se confundindo com valor outro, representativo de prejuízo proporcional ao valor do imóvel ratificando.

Repise-se que, através da ratificação da posse, o INCRA "saneou" o ato jurídico nulo praticado por Ente ilegítimo, o que desautoriza a recomposição do patrimônio pela retitulação regular do "desapropriado" no interregno dos procedimentos observados pela Autarquia.

Se o justo valor do bem despojado é composto pelo preço e pelo dano causado às faculdades que o proprietário deixou de fruir, aquelas conferidas pelo artigo 524 do Código Civil, não há nexo causal a ensejar pagamento algum.

Ante a não-ocorrência de perda do imóvel ou de sua posse, eventual pagamento de indenização desapropriatória representa enriquecimento sem causa em prejuízo do Poder Público.

É de ser relevado que, dada a sua natureza, o procedimento expropriatório não se confunde com simples negócio sinalagmático de compra e venda, no qual a obrigação consiste em mera contraprestação entre devedor-credor nos exatos termos contratuais. Ainda que se assemelhassem, cumpre destacar que o direito civil vem assumindo novos matizes, trazendo à discussão grande parte das proposições do moderno direito obrigacional, a saber, o princípio da boa-fé como reflexo do fenômeno geral de eticização jurídica – como limitador do princípio da vontade, a funcionalização dos direitos de créditos operada por meio da figura do abuso de direito, a relevância atribuída ao interesse do devedor, e, ainda, a teoria da causa como função econômico-social do contrato.

Com base em tais paradigmas, "a relação obrigacional é vista como uma ordem de cooperação recíproca entre credor e devedor, polarizada pelo adimplemento, cujo escopo é a satisfação dos interesses do credor. Assim é definida porque, em razão da incidência do princípio da boa-fé objetiva, exige-se que ambas as partes ajam segundo a boa-fé, tanto cumprindo a obrigação, como exercendo o direito de que seja titular. Sob este último prisma, aponta a necessidade de consideração também do interesse do devedor. Assim, satisfeito o interesse do credor, ainda que através de uma prestação que não corresponde exatamente àquela punctualmente prevista, o contrato atingiu seus objetivos: há que ser mantido portanto."[28]

Mister concluir que, se o direito civil, enquanto ramo do direito privado, confere novos postulados a seus institutos, vindo a priorizar a boa-fé sobre a autonomia da vontade das partes privadas, maior rigor impende no trato com as relações travadas pela administração pública, que se sujeitam a regras e princípios hauridos no direito público, orientados indubitavelmente pelo interesse coletivo.

A desfiguração do procedimento administrativo instaurado pelo Instituto Nacional de Colonização e Reforma Agrária primou pelo equilíbrio encetado entre as partes - administração pública/particular, pois, a despeito dos fundamentos da ação expropriatória, a posse e a propriedade privada foram garantidas quando da ratificação.

A atipicidade do pleito desapropriatório, não subordinado às regras do direito privado, torna imperativa a aplicação dos princípios gerais que regem o direito público e seus ditames diferenciadores, para garantir a preservação do patrimônio público, evitando pagamento de verba indenizatória imerecida, pena de locupletamento injusto às expensas do erário público.

6.2. O instituto da retrocessão como parâmetro para o valor indenizatório

Consiste a retrocessão na obrigação imposta ao Poder Público de oferecer ao proprietário expropriado o bem que, em todo ou em parte, não recebeu a destinação prevista ou com ele compatível. Ou,

---

[28] BECKER, Anelise. "A Doutrina do Adimplemento Substancial no Direito Brasileiro e em Perspectiva Comparativista", *Revista da UFRGS*, n. 9, Livraria do Advogado, Porto Alegre, 1993, p. 60.

na melhor dicção, "retrocessão é o direito do proprietário do imóvel desapropriado de reavê-lo ou de receber perdas e danos, pelos prejuízos sofridos, sempre que ocorrer inaproveitamento, cogitação de venda ou desvio de poder do bem desapropriado."[29]

Todavia, doutrina e jurisprudência têm-se mostrado controvertidas quanto à natureza da retrocessão, entendendo alguns se tratar de direito pessoal e não real, por isso assegurando ao ex-proprietário somente perdas e danos, sendo defesa a retomada do bem caso o desapropriante não lhe oferecer o imóvel pelo mesmo preço da desapropriação. Essa tese encontra seu fundamento no artigo 1.150 do Código Civil, que, ao abordar o direito de preferência, estabelece que a União, o Estado ou o Município oferecerá ao ex-proprietário o imóvel desapropriado, pelo mesmo preço pago, caso não tenha o destino para o qual se desapropriou. Daí, como o direito de preferência é obrigacional, aplicar-se-ão as regras das perdas e danos, por força do artigo 1.159 do mesmo Estatuto.

Em que pese a divergência acima referida, e a inocorrência de desvio de poder de parte da Autarquia Fundiária no procedimento expropriatório adotado, a relevância da abordagem da retrocessão se deve, a partir de uma análise comparativa, à necessidade de aferir o *quantum* indenizável ao desapropriado, com base no valor a ser devolvido por ele, se porventura exercido o direito de preferência para a reaquisição do bem que lhe fora frustrado.

Resultantes de absoluto consenso, vislumbramos as seguintes posições: "O preço a ser pago pelo expropriado, a fim de readquirir o bem que lhe seja oferecido em preferência, é, em princípio e consoante dispõe o art. 1.150, o mesmo que lhe foi pago a título de indenização na desapropriação. Pode, contudo, se alterar para mais ou para menos. Para mais, se o expropriante realizou no bem melhorias que lhe incrementaram o valor (...)"; "Retrocessão é a obrigação que se impõe ao expropriante de oferecer o bem ao expropriado, mediante a devolução no valor da indenização, quando não lhe der o destino declarado no ato expropriatório (CC, art.. 1.150) " ; "(...) pode o ex-proprietário pleitear indenização, que corresponderá ao mesmo preço da desapropriação, devidamente corrigido, com alterações para mais ou para menos, conforme as melhorias ou deteriorações incidentes sobre o imóvel."[30]

---

[29] CRETELLA JÚNIOR, José. *Comentários à Lei de Desapropriação*, Forense, Rio de Janeiro, 2ª ed., 1991, p. 418.
[30] Respectivamente: MELLO, Celso Antônio Bandeira de. *Curso de Direito Administrativo*, Ed. Malheiros, São Paulo, 1994, 5ª ed., p. 430; MEIRELLES, Helly Lopes. *Direito Administrativo Brasileiro*, Malheiros, São Paulo, 1993, 18ª ed., p. 529; DI PIETRO, Maria Sylvia Zanella. *Direito Administrativo*, 7ª ed. Atlas, São Paulo, p. 155.

A situação ora sob análise é inversa, e, assim interpretada, é parâmetro para a fixação do montante devido a título de repetição na retrocessão.

Se, mediante a figura da retrocessão, a quantia a ser repetida deve corresponder àquilo entregue pelo desapropriante como verba indenizatória, a *contrario senso* temos que o retorno do imóvel ao patrimônio do mesmo desapropriado imporia à Autarquia Agrária tão-só a devolução desse valor devidamente corrigido. No entanto, se inexistiu desvantagem patrimonial, nada existe a ser ressarcido.

Reitere-se, por oportuno, que, na eventualidade de se confirmar que o bem "desapropriado" (e ratificado em nome do demandado) era do domínio deste, é de ser anotado que não lhe foi subtraída a posse, e o registro, embora cancelado, não teve efeito concreto algum, em razão da expedição de documento dominial eficaz. Por isso, é de todo inadmissível, que, louvando-se de instrumento impróprio levado a cabo para fins de regularização fundiária, pretenda o ratificado o valor correspondente ao bem imóvel.

Nesse cenário, a indenização resultante da ação desapropriatória é indevida, consistindo eventual pagamento efetuado ao possuidor ratificado no imóvel verdadeiro enriquecimento sem causa à custa do indenizador.

— 5 —

Desapropriação da posse no Direito Brasileiro

JEFFERSON CARÚS GUEDES
Advogado no Paraná; Professor da UNIPAR-PR;
Membro do Instituto dos Advogados do RS.

SUMÁRIO: 1. Introdução; 2 Desapropriação; 3. Bens passíveis de desapropriação; 4. Domínio ou propriedade e posse; 5. Posse; 5.1. Posse como relação de fato ou relação de direito; 5.2. Posse como elemento destacável da propriedade; 6. Desapropriação da posse; 6.1. Doutrina 6.2.; Jurisprudência; 6.3 Desapropriação indireta da posse; 6.4. Desapropriação da posse e servidão administrativa; 6.5. Características da posse expropriável; 6.5.1. Interversão do título da posse; 6.6. Outros direitos do possuidor de longa data; 6.6.1. Interditos possessórios; 6.6.2. Usucapião; 6.6.3. Ação Publiciana; 7. Posse agrária; 7.1. Desapropriação da posse imobiliária agrária; 7.2. Desapropriação e titulação do possuidor atual; 7.3. Cabimento e valor da indenização; 8. Limitações processuais do procedimento desapropriatório; 8.1. Amplitude de defesa na desapropriação para reforma agrária; 9. Conclusão.

1. Introdução

Há mais de um século se debate sobre a herança deixada na estrutura fundiária brasileira pela colonização portuguesa. Enquanto isso, foram perdidas sucessivas evoluções produzidas no debate fundiário-agrário-rural de outros países, bem como sobre a preservação, a importância e a finalidade da vida no campo.

As tímidas tentativas de modificação do estrato fundiário (nominada "reforma agrária") não têm alcançado o objetivo desejado, tangenciando a irrefreável concentração da propriedade, movimento de fluxo inverso à distribuição de *fundus*; a política agrária (nominada "política agrícola") complementar da reforma fundiária, titubeia entre modelos exportadores, sem considerar peculiaridades regionais e sociais; por outro lado, países de agricultura tecnificada planejam políticas estatais de incentivo ao meio rural em oposição à política simplesmente agrária.

A diferença entre política agrária e política rural está na marca setorial-produtiva da primeira, ao passo que a segunda se ampara no componente territorial-social-ambiental.[1] Com isto não se interprete a proteção ao latifúndio, aos baixos índices produtivos, à concentração da propriedade, indicadores que, por si, não garantem preservação ambiental, função social e estabilidade territorial.

Neste passo, o debate que deveria andar às voltas com os paradigmas contemporâneos (agrário e rural, notadamente) se concentra na oportunidade ou não da modificação do sistema fundiário, na desconcentração imobiliária, desconectado dos avanços técnicos conquistados por outras nações. Tardiamente, os agraristas se degladiam na superada "questão" da reforma agrária (*rectius* fundiária) e da legitimidade do Estado intervir através da expropriação do domínio e de outros direitos reais.

Em síntese apertada, é preciso chegar ao ponto de onde alguns já estão retornando. Não bastasse o retardo, apraz ao direito, por equívoco e infelicidade, uma tendência isolacionista, marcada pela rejeição às demais disciplinas sociais como a economia e a política, conduzindo o fenômeno jurídico a um mundo onde não existe a dor, a fome, o medo, a incerteza e outros valores humanos, afastando o fato da norma.

Sem pessimismo, entretanto, incumbe debater a desapropriação e sua possibilidade de atingir a posse, enquanto elemento destacável da propriedade, os efeitos sobre os sujeitos da relação material e processual (desapropriante, desapropriado e terceiros) as conseqüências objetivas que tocam à indenização, juros e titulação imobiliária de novos sujeitos.

2. Desapropriação

Deflui da raiz etimológica o sentido de desapropriação: "Se a apropriação, termo formado de próprio, cognato de propriedade,

---
[1] SUMPSI VIÑAS, Jose Maria. "La política agraria y el futuro del mundo rural", *Revista de Estudios Agro Sociales*, n. 169, Madrid, p. 162.

encerra a idéia de tornar próprio, incorporar, agregar, adquirir, vocábulos de inequívoco sentido ativo, dinâmico, positivo, o antônimo de apropriação (ou expropriação) agasalha, mercê do prefixo mencionado, a idéia oposta, negativa, embora também dinâmica de perda, desincorporação, desagregação, afastamento, privação do que é próprio, perda da propriedade".[2]

O conceito de desapropriação tem na doutrina relativa uniformidade, como se vê das exposições que seguem: para um é "ato administrativo de desapossamento da propriedade privada, de caráter unilateral "; e "sendo ato de intervenção estatal, a desapropriação é a mais drástica das formas de manifestação do poder de império, ou seja, da Soberania interna do Estado no exercício de seu domínio eminente sobre todos os bens existentes no território nacional".[3]

Adquire, desta forma, característica coativa, natureza de ato do poder público em desfavor do particular, intervenção em bens e direitos privados, embora acorrentado à lei, preso às possibilidades criadas pelo legislador.

A posição nos ramos do direito enseja polêmica, pertencendo ora ao campo do direito civil, ora emergindo do direito administrativo, e até mesmo como instituto misto por agredir institutos nitidamente privados.

Sua natureza jurídica é motivo de debate, mas sobrepuja o entendimento que é ato administrativo onde a Administração Pública, utilizando providências limitadoras, restringe o direito de propriedade de um ou de muitos em benefício de uma coletividade.

Genericamente tem o sentido de retirada do que é próprio, sejam bens ou direitos sobre bens, de forma coativa pelo Estado que oferece, em contrapartida, compensação monetária ou em títulos públicos.

3. Bens passíveis de desapropriação

A desapropriação é conceituada contemporaneamente como a retirada coativa do patrimônio privado pela administração pública,

---

[2] CRETELLA JÚNIOR, José. *Comentários à Lei de Desapropriação*, 2º ed., Forense, Rio de Janeiro, 1991, p. 12..
[3] MAGALHÃES, Roberto Barcellos. *Teoria e Prática da Desapropriação*, Konfino, Rio de Janeiro, 1968, p. 13 e MEIRELLES, Hely Lopes. *Direito Administrativo Brasileiro*, Malheiros, 22ª ed., 1997, p. 513.

oferecendo em contrapartida indenização proporcional ao empobrecimento verificado, sentido que no passado não era idêntico.

Originalmente vinculada à propriedade rural, limitava-se à transferência desses imóveis ao patrimônio do Estado. A lei brasileira de 1941, em seu art. 2º, já previa que "todos os bens poderão ser desapropriados", tornando expresso o que pairava duvidoso. No pós-guerra, através das nacionalizações nos países europeus, dilatou-se o instituto à aquisição de direitos e valores mobiliários, vencia-se com isso o claustro imobiliário do instituto, para atingir outros bens: móveis ou imóveis, corpóreos ou incorpóreos. A reserva que se fazia aos bens móveis esteve sempre relacionada ao seu pequeno valor, razão histórica do desprezo por estes bens, acrescida à pequena importância deles à consecução das políticas estatais.

Durante as últimas décadas, têm-se consagrado no Brasil as hipóteses de desapropriação que atingem outros bens e direitos além da propriedade (plena). São exemplos disso a desapropriação de ações, privilégios, concessões, direitos, e mesmo da posse.

O reverenciado caso da desapropriação das ações do Banco Hipotecário Agrícola de Minas Gerais, ocorrida em 1944, principia a expropriação de ações, tendo usado como critério quantificador da indenização o produto da divisão do ativo líquido sobre o número de ações em circulação. Não foi pacífica a atitude da administração, reconhecida, por fim, judicialmente e servindo de paradigma. Outros casos o sucederam, tendo na década de 50 tocado às companhias de energia e estradas de ferro estrangeiras, integradas ao patrimônio estatal estadual. A maior parte das objeções à desapropriação das ações se resumiam à origem da norma legitimadora dos atos, bem como à competência legislativa dos expropriantes.[4]

Desapropriação de patentes, invenções e privilégios, reconhecido direito incorpóreo, tem sido admitida e prevista desde o antigo Código de Propriedade Industrial (Lei 5.772/71, art. 39), restrita, contudo, à necessidade de segurança e estratégia nacionais.

As desapropriações de concessões de serviços públicos são também apontadas como situações especiais, que fogem ao clássico caso de expropriação da propriedade imobiliária. Neste caso são retirados os direitos do particular a explorar o serviço público que lhe fora concedido, não unicamente os bens usados no serviço.

---

[4] FAGUNDES, M. Seabra, *Da desapropriação no Direito Brasileiro*, Freitas Bastos, Rio de Janeiro, 1942, nn. 32-35, pp. 39-41 ;TÁCITO, Caio. "Desapropriação de ações no Direito Brasileiro" *Revista de Direito Público*, n. 37, pp. 7-16; CARDOSO, Cláudia Petit, "Desapropriação do direito", *Temas de Direito Urbanístico*, n. 2, RT, São Paulo, 1991, pp. 142-143.

De tudo isto emana a conclusão categórica de que os direitos em geral são expropriáveis, incidam eles sobre bens ou outros direitos, materiais ou imateriais, móveis ou imóveis. É ainda possível inferir alguns pressupostos norteadores da "exproprialidade" dos bens e direitos, ou mais precisamente, caráter dos bens: a) possibilidade de apossamento e comercialidade, dos quais se retiram as *res extra commercium*; b) valor econômico, porquanto o que não tem valor econômico quantificável não pode ser indenizado; c) interesse à consecução da política do Estado.

4. Domínio ou propriedade e posse

Embora a doutrina tenha se conflagrado na separação dos conceitos de domínio e propriedade, para este exame é suficiente aderir ao grupo que entende serem sinônimas as expressões. Portanto, domínio ou propriedade são a reunião dos elementos constitutivos destes direitos, expostos por meio do uso, do gozo, da disposição e da possibilidade de reivindicação, conforme conceito dos arts. 524 e 525 do Código Civil.

Vale registrar, por outro lado, que a exegese do Código Civil patrocinou acirrada disputa, animada pelos comentadores que viam sentido diferentes nas expressões. Mesmo hoje, passadas oito décadas de vigência da norma civil, ainda se levantam manifestações com ímpeto de revisar a opinião estabelecida.[5]

No âmbito desta pequena revisão sobre posse e a possibilidade de sua expropriação e indenização, cabe apenas relativizar o debate, incapaz de produzir diferenças marcantes, mesmo porque admissível a expropriação de outros bens e direitos que não apenas os reais, como anotado no item 3.

Quanto à posse, inserta ou destacável do direito de propriedade, sendo ou não um direito, integra aqueles possíveis de expropriação, por atender, assim como atendem o domínio e/ou a propriedade, os pressupostos antes anunciados: a) comercialidade; b) valor econômico, c) interesse à consecução da política estatal.

---

[5] Clóvis Beviláqua, autor do projeto do Código Civil, ao comentar as manifestações originadas da introdução da palavra "domínio", feita pelo Senado, no art. 485, era enfático em negar a conotação com direitos pessoais ou ambigüidade entre as expressões *domínio* e *propriedade* (Código Civil dos EUB, observações ao art. 485). Merece destaque trabalho recente, expresso em tese de mestrado na PUC-RS, por Ricardo Aronne, que introduz novas e palpitantes proposições, demonstrando não haver paz na interpretação dos conceitos.

5. Posse

A definição da posse enseja um longo e heróico debate, capaz de consumir tempo maior que dois milênios, milhares de obras jurídicas, centenas de autores, dezenas de teorias, sem, por óbvio, alcançar consenso. Sua dificuldade é propalada e alimenta a especulação, além de fomentar a controvérsia, mantida muitas vezes no plano ideológico, o que não desacredita os contendores. Um dos reverenciados conceitos afirma que "a posse é uma relação de fato da pessoa sobre a coisa, por meio da qual se revela a intenção de exercitar um direito, cuja relação é tutelada pela lei, prescindindo mesmo da existência do direito".[6]

Pode ser definida como conjunto de atos visíveis e externos, correspondentes à apropriação física, acompanhados de intenções psicológicas, capazes de produzir efeitos jurídicos previstos e protegidos pelo ordenamento, variáveis conforme a intensidade e a natureza dos elementos apontados.

5.1. Posse como relação de fato ou relação de direito

A natureza jurídica da posse, sua classificação como relação de fato ou de direito pode projetar sobre o tema em exame (desapropriação) algumas conseqüências. Três são as posições a respeito: a primeira que considera como relação de fato; a segunda que considera como relação de direito e a terceira admitindo a simultaneidade das relações de fato e de direito.[7]

A conseqüência de considerar a posse como relação de fato e não como relação de direito, ou mesmo de direito real, pode ser a exclusão do instituto daqueles em que, processualmente,[8] é exigida a presença de ambos os cônjuges para o seu exercício, como os direitos reais. Por si, tal mudança pouco influiria na reflexão aqui

---
[6] Conceito atribuído a N. Coviello, citado por LOPES, Miguel Maria de Serpa. *Curso de Direito Civil*, vol. 6, 6ª ed., Freitas Bastos, Rio de Janeiro, 1996, p. 99.
[7] *Relação de fato*: este ponto de vista é defendido por Windscheid e, no Brasil, por Pontes de Miranda; *Relação de direito*: neste sentido, Ferrara, Laurent, e Ihering; no Brasil, Lafayette, Limongi França, Orlando Gomes, também assim entendia, considerando-a um direito real Washington de Barros Monteiro; já para Silvio Rodrigues é direito pessoal seguido por decisão do STF, RT n. 354, p. 537; *Relação de fato e de direito*: Savigny propôs a múltipla relação, vendo-a como um fato ao qual são atribuídos efeitos jurídicos.
[8] Nas demandas resultantes de relação obrigacional, como locação e comodato, não há exigência, mesmo após a Lei 8.952/94, que deu nova redação ao art. 10 do CPC.

produzida, salvo quanto à exigência processual de fazer integrar a lide, no pólo passivo, do cônjuge do desapossado.[9]

Se é simples relação de fato forçoso admitir a desapropriação de "relações de fato" no Direito Brasileiro, ou com mais acerto, talvez, desapropriação dos direitos suscitados do fato posse. Mesmo que assim não seja, óbice inexiste frente à força da desapropriação.

Seja direito real ou pessoal, relação de fato ou de direito, em se tratando de desapropriação, com a supremacia do interesse público, até as mais notáveis características dos direitos reais sucumbem, como pode ser visto, a título de exemplo, pela eficácia pessoal-condenatória do instituto da retrocessão. Na retrocessão, quando o ente público não dá ao bem expropriado o destino previsto, resolve-se a ação em perdas e danos, segundo entendimento majoritário da jurisprudência, negligenciando o direito de seqüela ou a busca da própria coisa, mote dos direitos reais.

Deste modo, sob o poder de império do ente público, fenece o valor das classificações, enviando para o plano processual alguns reflexos eventuais, como a necessidade ou não da outorga uxória.

5.2. Posse como elemento destacável da propriedade

A conceituação de posse como elemento destacado da propriedade é tão remoto quanto a matriz romana. A evolução, contudo, deu-se pelo reexame das fontes, com a construção das teorias possessórias mais importantes, surgidas a partir dos primeiros anos do século XIX.

Na doutrina brasileira, reconhece-se que posse e propriedade são dois conceitos paralelos, e mais, podendo ou não coincidir com o domínio, embora seja este o seu aspecto bizarro.[10]

Analistas contemporâneos referendam a proposição que a posse não é a propriedade, podendo se apresentar em duas situações fundamentais: integrada no direito de propriedade e como um dos modos de manifestação deste; ou como posse tão-somente, sem mais, posse em si, abstração feita de si e conseqüência ou não da propriedade ou de outro direito real.[11]

---

[9] Ovídio Baptista da Silva aponta outra alternativa, admitindo não seguir a ação a natureza do direito que veicula, raciocínio que coaduna com as modernas teorias da ação, em Ovídio A. Baptista da Silva, *Procedimentos especiais*, 2ª ed., AIDE, Rio de Janeiro, 1993, n. 95, pp. 197-198.
[10] LOPES, Miguel Maria de Serpa. *Curso de Direito Civil*, vol. 6, 6ª ed., Freitas Bastos, Rio de Janeiro, 1996, p. 98.
[11] HERNANDEZ GIL, Antonio. *La función social de la posesión*, Alianza Editorial, Madrid, 1969, p. 8.

Comprovação concreta disso é a possibilidade de alienação da posse, confirmando tanto a sua possibilidade de isolamento e o seu valor econômico, como observado a seguir: a posse pode ser objeto de venda, ou de outros contratos.[12] Aliás, trata-se de contrato corriqueiro no interior brasileiro, transação algumas vezes feita sem os rigores formais, e, em outras, por escritura particular ou mesmo pública, que não é levada à anotação no Registro de Imóveis, por falta de previsão de lei e interpretação restritiva dos arts. 167 e 172 da Lei 6.015/73, assim como do art. 674 do CC.

Já os títulos de legitimação de posse, instituto reconhecido de Direito Agrário, previstos nos arts. 164 e seguintes do Decreto-lei 9.760/41, são passíveis de registro no Registro Geral de Imóveis, com abertura de matrícula do imóvel correspondente, art. 170 do Decreto-lei.

Deve ser anotado também que a posse, enquanto patrimônio do *de cujus*, pode ser arrolada e partilhada em inventário, sem que os sucessores possam levá-la a registro, mesmo que o imóvel esteja matriculado, pela interpretação limitada do art. 674 do CC, lista taxativa dos direitos reais. Trata-se de parte do velho instituto romano, *successio possessionis*, conjunção, acessão ou soma de posses, ao qual se acrescenta a *accessio possessionis*. Nas duas situações, avulta, além da transmissibilidade, o conteúdo patrimonial ou econômico da posse, elemento sempre apartado da propriedade.

6. Desapropriação da posse

O conforto em afirmar que a posse pode ser desapropriada é retirado das fontes: doutrina, jurisprudência e mesmo da lei, mas também decorre da definição da posse como instituto revestido dos pressupostos que legitimam e motivam este tipo de intervenção estatal sobre o patrimônio privado: comercialidade, valor econômico e interesse à Administração.

Resta talvez indagar a motivação mediata desta intervenção que pode estar no objetivo estatal de reunir a "plena propriedade", dando destino diverso do anterior, no interesse comum ou transferi-la a terceiro, com intuito de pacificação social.

---

[12] LOPES, Miguel Maria de Serpa. *Curso de Direito Civil*, vol. 6, 6ª ed., Freitas Bastos, Rio de Janeiro, 1996, p. 103.

Talvez neste momento seja importante a referência à teoria que vê na posse a preservação do estado de paz,[13] distinguindo ordem jurídica e estado de paz, sendo o direito o movimento, e a paz, a tranqüilidade. O estado de paz é o respeito à pessoa, ao que se agrupa em torno dela ou tem com ela relação, pertencendo a este estado a posse, sendo portanto instituto social, afastado dos princípios individualistas.

6.1. Doutrina

Raras são as referências na doutrina à viabilidade de desapropriação da posse. Dentre as poucas deve ser frisada a que segue: "a *desapropriação da propriedade é a regra*, mas a *posse* legítima ou de boa-fé também é expropriável, por ter valor econômico para o possuidor, principalmente quando se trata de imóvel utilizado ou cultivado pelo posseiro. Certamente, a posse vale menos que a propriedade, mas nem por isso deixa de ser indenizável, como têm reconhecido e proclamado os Tribunais."[14] Escassas senão inexistentes são as referências antagônicas à proposição do administrativista.

6.2. Jurisprudência

A carência de previsão legal específica para a desapropriação da posse, aliada à penúria da doutrina, forçou a jurisprudência a julgar, preenchendo as lacunas deixadas.

Neste sentido, reconheceram-se a viabilidade da expropriação da posse e o direito de indenização do desapossado: "Expropriados sem títulos de propriedade do imóvel - Indenização apenas pela posse - Admissibilidade. Quando o expropriado não pode provar a propriedade do imóvel deve ser indenizado apenas pela posse."[15]

---

[13] Teoria exposta por Kohler, *in* BEVILAQUA, Clóvis. *Código Civil dos Estados Unidos do Brasil*, vol. III, observações ao art. 485, Editora Rio, 5ª tiragem, 1980, p. 968. O mesmo sentido de defesa da paz pode ser encontrado em Wolff (*Derecho das cosas*, vol. I, p.85) e em Carnelutti (*Teoría general de derecho*, 1955, p. 33) ambos citados por HERNANDEZ GIL, Antonio. *La función social de la posesión*, Alianza Editorial, Madrid, 1969, p. 66.
[14] MEIRELLES, Hely Lopes. *Direito Administrativo Brasileiro*, 22ª ed. Malheiros, São Paulo, p. 515.
[15] TJSP 9ªCâmara Cível. (u) Ap. n. 81.791-2. 12/11/1984. Rel.: Lair Loureiro. RT v. 593, p. 105, citado por MENDES, Vicente de Paula. *A indenização na desapropriação*, Del Rey Editora, Belo Horizonte, 1993. p. 761.

Referindo-se a imóvel particular, onde a posse longa e qualificada, que ainda não gerou propriedade, ou não foi ainda declarada por sentença de usucapião, sendo um sujeito titular da posse e outro do registro, remanesce ao eventual titular do registro (sem posse) a parcela restante da indenização, não paga ao apenas possuidor.

Em situação diferente, tratando-se de terras públicas, houve também o reconhecimento da expropriação da posse, destacadamente, com a compensação indenizatória, e sem pagamento pelo domínio, pois público e impossível de apropriação pelo particular: "Terreno de Marinha - Ocupação desde longos anos por particular - Valor indenizável. Embora o domínio do terreno de marinha seja inalienável, o direito de ocupação, por particular, é indenizável." "Terrenos de Marinha. Somente pela via da desapropriação podem os ocupantes de terrenos de marinha ser despojados de seus direitos, inclusive benfeitorias".[16]

Reconhecido, nestes casos, o direito de ocupação de terras públicas, assim como a indenizabilidade dos direitos constituídos sobre tais bens: ocupação e posse.

Em outra decisão, proferida em procedimento discriminatório de terras públicas, sob o argumento de que não foi provado o domínio privado, reconheceu-se apenas o direito de indenização pelas benfeitorias efetuadas pelo possuidor, seguindo princípio previsto no Código Civil, art. 513, primeira parte, como segue: "Procedência - Ressalva dos direitos de possuidores de boa-fé - Recurso não provido. A procedência de discriminatória contra ocupantes que não puderam provar o domínio legítimo, nem posse capaz de gerar usucapião, não exclui o direito à indenização por benfeitorias de boa-fé".[17]

Tal decisão, contudo, confronta outra, que não admite a possibilidade de retirada do particular da posse de bem público, através de ação discriminatória, reconhecendo como meio processual hábil somente a desapropriação: "Terrenos de Marinha. Somente pela via da desapropriação podem os ocupantes de terrenos de marinha ser despojados de seus direitos, inclusive benfeitorias". Acórdão citado na nota anterior.

---

[16] TASP 1ª Câmara Cível. (u) Ap. n. 178.222, 27/6/1972. Rel.: Assis Moura. RT v. 443, p. 230; e TFR Seção Plena.(u) Ac. 9.724.27/7/1963. Rel.: Câncido Lobo RDA n. 79, p. 212., citado respectivamente por MENDES, Vicente de Paula. *A indenização na desapropriação*, Del Rey Editora, Belo Horizonte, 1993. p. 612 e p. 558.

[17] TASP 2ª Câmara. Ap. 16976. 24/11/1942. Rel.: Percival de Oliveira (v) Frederico Roberto RT v. 141, p. 667.

De tudo, conclui-se preliminarmente que a posse pode ser indenizada, seja: a) posse constituída sobre bem privado, onde o particular titular do domínio se vê alijado por outro particular, perdendo o poder físico sobre o bem, cabendo ao novo possuidor qualificado a compensação correspondente ao que se lhe é retirado pela desapropriação; b) posse constituída sobre bem privado, onde o particular titular do domínio se vê alijado por outro particular, perdendo o poder físico e intenção de restituir-se, ante a constituição de novo domínio, declarado ou não por sentença, cabendo, nesta hipótese, compensação correspondente domínio não-declarado e não-registrado, ao contrário da indenização apenas pela posse qualificada; c) posse constituída sobre bem público, possível de apossamento por particular, cabendo ao possuidor qualificado a compensação correspondente ao que perde com a expropriação, ou seja, posse.

Em nenhuma das situações está incluído o direito de indenização pelas benfeitorias, também garantido pela legislação material civil e administrativa.

6.3. Desapropriação indireta da posse

Desapropriação indireta é a denominação que se tem atribuído ao apossamento executado pela administração sobre bem particular sem obediência às normas procedimentais. A administração, por meio de atos de ocupação, retira do particular o bem, deixando a este somente o caminho judicial.

No intento de retomar a posse perdida – através dos interditos ou da reivindicatória – pode o desapossado ter a sua demanda convertida em indenizatória, face ao interesse do Estado. Se o expropriado "indiretamente" se valeu da reivindicatória, com prova da propriedade, por ela será compensado, acrescidos os demais prejuízos. Se, ao contrário, interpôs um interdito, por não titular domínio do bem, mas posse, poderá ser compensado por ela, desde que acompanhada das qualidades exigidas.

Assim tem entendido parte da jurisprudência, reconhecendo que o desapossado em desapropriação indireta tem direito à indenização pela posse. Como se vê: "Não é vedado a quem tenha a posse não derivada de domínio, e pleitear, em caso de irregular desapossamento por ato ilícito da autoridade administrativa, indenização por via de ação de desapropriação indireta".[18] As limitações do

---

[18] Em outra decisão se vê "Desapropriação indireta. Posse. Direito de indenização. Verifica-se que *in casu*, que de mera posse não se cuida, e mesmo que se cuidasse, teria a autora direito à

Dec.-lei 3.365/41 não tolhem a ordinariedade da ação indenizatória, com *thema decidendum* determinado pelo desapossado-autor.

6.4. Desapropriação da posse e servidão administrativa

Não podem ser confundidos o instituto da servidão administrativa e o da desapropriação, mesmo que incida a desapropriação sobre a posse, ainda que sejam análogos os efeitos, vistos pelo ângulo do desapossado. Na servidão administrativa, embora haja perda da posse, o domínio não se incorpora ao do ente público, ao contrário da desapropriação onde isto é a regra. Admitida a desapropriação da posse, enquanto direito limitado e isolado da propriedade, um outro titular, que preservava algum direito que não posse (pois esta quem perde é o possuidor qualificado), perderá este direito, diferentemente da servidão que apenas limita.

6.5. Características da posse expropriável

Uma decisão da jurisprudência afirma que "caracterizada a posse de natureza espúria, logo seus efeitos indenizatórios são inócuos",[19] permitindo concluir, em senso contrário, que a posse não-espúria, ou legítima, produz efeitos indenizatórios. No caso, cuidava-se de pretensão ressarcitória por perda da posse sobre reserva indígena.

A solitária citação doutrinária arrolada no item 6.3 afirma que a posse legítima e de boa-fé é expropriável, e tem valor econômico, por conseguinte deve ser indenizada, como têm confirmado sucessivas manifestações judiciais: "o ressarcimento de terreno desapropriado, sem título dominial ...em favor do *legítimo possuidor*, não deve ser feito por inteiro".[20]

Definir posse legítima impõe a passagem pela legislação civil. O Código Civil aparta a posse em justa e injusta, sendo a última

---

indenização". TFR, DJ, 31.10.85; EJ, v. 5.791-01, p. 39. "O interesse do particular de se ver reintegrado na posse...cede ante o interesse público ... resolvido o desapossamento em perdas e danos." TACIV-SP 5ª Câmara Cível. (u) Ap. n. 377.357, 23/3/1983. Rel.: Carlos de Carvalho. RT v. 629, p. 144. MENDES, Vicente de Paula. *A indenização na desapropriação*, Del Rey Editora, Belo Horizonte, 1993, p. 792.
[19] TRF 4ª Região, Apel. Cível, acórdão n. 91.04.03093-1, DJ 08.02.95, p. 4.981, Rel. Ellen Gracie Northfleet.
[20] STJ, Rec. Especial, acórdão n. 9.585, 03.05.93; DJ, 30.08.93, p. 17.278; RSTJ, n. 53, p. 75.

proveniente dos atos de violência, clandestinidade ou precariedade, *vi, clan et precario*, ao passo que justa é a posse isenta das máculas indicadas (art. 489). Noutro plano classifica em posse de boa-fé e de má-fé, consoante a ignorância ou ciência pelo possuidor do vício contido na mesma (art. 490).

Expropriável será a posse justa sobre bem público possível de apossamento e ocupação, nunca a posse *cun animus domini*, porquanto esta não viceja sobre bem público. Quando se tratar de bem privado, expropriável será a posse formativa de outro direito, a posse *cun animus domini*, justa na sua origem ou intervertida. Se agrária a posse, agregam-se os requisitos qualificadores: como moradia habitual e cultura efetiva, entendida em sentido amplíssimo, ou seja, exploração.

6.5.1. Interversão do título da posse

Parte da doutrina se cega aos fatos, quando diz, amparada em larga tradição, que ninguém pode alterar unilateralmente o título da posse, como se dissesse que nenhuma posse pode ter seu título alterado. Não é cacofônica a frase, como se verá. Uma coisa é forçar o câmbio do título da posse derivada, sem a concordância do outro - forças de mesmo plano, mas antagônicas; outra é a situação do possuidor que simultaneamente ao crescimento de seu interesse e qualidades da posse vê decrescer o interesse do transmitente - forças convergentes, capazes de inverter o título - sem necessidade, como insistem alguns, de documento.

Outro autor aponta situação na qual o possuidor, ingresso na posse por um título contratual, pode, após descumprir o pactuado, associando à passividade do transmitente, inverter ou interverter o titulo possessório. Enfaticamente, noutra obra, são especificados os motivos de inversão do título da posse, podendo o fato de terceiro (novo título) ou atos de contradição (judiciais, extrajudiciais e materiais) desde que formais e positivos.[21]

Neste viés, o art. 492 do CC, admitindo prova em contrário da manutenção do título da posse, em todo o seu curso, sinalizando à viabilidade do câmbio, além da expressa possibilidade aludida pelo art. 497, reconhecendo a permissividade da mudança do caráter violento ou clandestino, quando extintos os sinais originais desses atos.

---

[21] Respectivamente:PRUNES, Lourenço Mário. *Usucapião de imóveis*, Sugestões Literárias, São Paulo, s.d., p. 151; e NEQUETE, Lenine. *Da prescrição aquisitiva (usucapião)*, 3ª ed. Ajuris, Porto Alegre, 1981, pp. 122-124.

A jurisprudência é majoritária quanto à impossibilidade da mudança do título, mas vislumbra a conversão até da posse precária, observadas condições específicas de cada caso, como decidiu a seguir: "Posse – início a título de comodato. Mesmo iniciada a posse do usucapiente a título de comodato, o transcurso de longo prazo sem efetiva reação por parte dos proprietários pode conduzir ao surgimento do requisito do *animus domini*, mais ainda levando em conta fatores socioculturais prevalentes em determinadas regiões e aspectos subjetivos do pequeno agricultor que do imóvel extrai seu sustento. Usucapião reconhecido".[22]

6.6. Outros direitos do possuidor de longa data

Atribui-se à posse uma série de efeitos ou reflexos que Savigny resumiu em apenas dois principais: direito aos interditos e ao usucapião. Pela legislação civil brasileira, conforme manifestação de seu propositor, são inúmeros os efeitos: uso dos interditos, usucapião, percepção dos frutos, retenção por benfeitorias, inversão do ônus da prova quando agredido, entre outros.

Escapando ao campo do direito público e da desapropriação, por certo se manterão os efeitos, que no âmbito da administração se reduzem aos expostos após as referências jurisprudenciais

6.6.1. Interditos possessórios

Os interditos possessórios têm origem romana e não se incluíam entre ações, já destinados à defesa da posse, através da ordem do pretor (*interdicta*); posteriormente, nas Ordenações, tiveram novo espaço, passando desta fonte ao direito brasileiro atual, Código Civil, art. 499, que assegura ao possuidor o direito de ser mantido na posse, em caso de turbação, e restituído no de esbulho. A legitimação decorre da posse *ad interdicta*, o requisito é ser ou ter sido possuidor, não apenas ter direito à posse.

Conforme a gradação da agressão: ameaça, turbação ou esbulho, corresponderá o interdito proibitório, a ação de manutenção de posse ou a ação de reintegração de posse, podendo em alguns casos ser cominada multa, ou cumuladas perdas e danos. O CPC, que regulamenta o procedimento, permite a fungibilidade entre as espécies (art. 920); cumulação de pedidos (art. 921); torna dúplices as

---

[22] TARGS, Apel. Cível 190111013, 12.12.90, 3ª Câmara Cível, Rel. Sérgio Gischkow Pereira.

ações, podendo o réu demandar a proteção possessória contra o autor (art. 922); e veda as discussões sobre domínio (art. 923).

O direito processual brasileiro, ao contrário do italiano, situa-se entre os que permitem possessórias contra atos da administração pública. No entanto, no contexto desapropriatório, embate entre poder público e o particular enfraquece-se a força interdital, como se vê: "Reintegração de posse. Afetação do imóvel ao domínio público. O proprietário esbulhado na posse de imóvel, que imediatamente é afetado ao patrimônio público para ensejar a prestação de serviços devidos pelo Estado, só tem direito à indenização pelo valor da propriedade".[23]

Quando a posse é sobre bem público, mais ainda: "Possessória - Terreno de Marinha ocupado por particular - Área transformada em bem público de uso comum do povo - Prevalência do interesse público - Reintegração inadmissível - Desnecessidade de ação de desapropriação, por não se tratar de enfiteuse - Desapossamento que se resolve em perdas e danos. O interesse do particular de se ver reintegrado na posse de área de terreno de marinha transformada em bem público de uso comum do povo cede ante o interesse público. O particular, como mero ocupante do terreno, não detém o domínio útil, não é enfiteuta, não havendo, portanto, que se falar em necessidade de desapropriação, resolvido o desapossamento em perdas e danos".[24] Vale lembrar que a Lei Complementar 76/93, dispondo sobre procedimento expropriatório de imóvel rural para reforma agrária, no art. 18, dá caráter preferencial e prejudicial à demanda do ente público, dispensado também de custas.

Mesmo quando a possessória reage à intervenção arbitrária da administração, via de fato ou desapropriação indireta (atitude vista como inconstitucional), têm os tribunais em alguns casos convertido o procedimento em ação de indenização, sem exigir o depósito, imprescindível à imissão de posse da desapropriação direta.

6.6.2. Usucapião

Situado dentre os efeitos mais destacados da posse, o usucapião também enseja dificuldades quando se defronta com a desapropria-

---

[23] TRF 4ª Região, Apel. Cível, acórdão n. 89.04.19389-3, DJ, 23.10.91, p. 26.359.
[24] TFR Seção Plena.(u) Ac. 9.724.27/7/1963. Rel.: Câncido Lobo RDA n. 79, p. 212, MENDES, Vicente de Paula. *A indenização na desapropriação*, Del Rey Editora, Belo Horizonte, 1993. p. 558; TACIV-SP 5ª Câmara Cível. (u) Ap. n. 377.357 23/3/1983. Rel.: Carlos de Carvalho. RT n. 629, p. 144. MENDES, Vicente de Paula. *A indenização na desapropriação*, Del Rey Editora, Belo Horizonte, 1993. p. 792.

ção. Durante o largo tempo de aquisição, que pode variar quando imóvel o objeto, em 5, 10, 15 ou 20 anos, o possuidor tem somente a proteção interdital. Preenchidos os requisitos do usucapião, com a completude do tempo, segundo entendimento majoritário da doutrina, "está constituído o direito", pendendo apenas a declaração, que emana da sentença de procedência; o registro, ordenado na mesma decisão, segundo a maioria, tem o condão de permitir a disposição do bem, nada mais.

A incidência da desapropriação no ínterim aquisitivo só pode gerar indenização pela posse, segundo as qualidades da mesma, observada a ancianidade desta – além de outras características peculiares ao usucapião especial agrário, como moradia, exploração da gleba e outros – fazendo ampliar ou reduzir seu valor, que completo com o usucapião, equivale ao do domínio.

Quando, porém, a desapropriação ocorre após o implemento dos requisitos do usucapião, mesmo não declarado por sentença, mesmo argüido em exceção pelo usucapiente, é de ser reconhecido o direito já constituído materialmente. Deste modo admitiu a jurisprudência.[25]

Outra coisa é o da exceção material de usucapião, oferecida pelo desapossado na ação de desapropriação, atitude vista com reservas pela jurisprudência, conseqüência da limitação do art. 20 do Dec.-lei 3.365/41.[26] Deve ser anotada a diferença entre indenizabilidade da posse e permissão processual a discutir tal direito na ação de desapropriação, procedimento visto como limitado, porque o simples reconhecimento da exceção de usucapião pode transformar o excipiente em legitimado a propor "ação direta" para indenizado pela propriedade já constituída, embora não registrada.

6.6.3. Ação Publiciana

Na doutrina brasileira, mantém-se o debate sobre a existência ou não da velha *publiciana in rem actio*, do período formulário romano:

---

[25] Acórdão n. 92.01.27344-4, TRF da 1ª Região, DJ 10.12.93, p. 41.729, Rel. Juiz Tourinho Neto: "1. O registro da sentença, que, na ação de reivindicação, reconhece o usucapião, no Cartório de Imóveis, a depender da modalidade, é possível (Lei 6.969, de 10.12.81, art. 7º). 2. O registro da sentença proferida na ação direta de usucapião outorga, apenas o *jus disponendi*, não é ato constitutivo. 3. Aquele que detém a posse, já tendo, inclusive lhe sido reconhecido por sentença, o usucapião, tem direito, na ação de desapropriação, a ser indenizado."

[26] Decisão neste sentido, TJSP, 14ª Câmara Cível, Agr. Instrumento n. 80.820-2, RT n. 594, p. 81: "Contestação oferecida por possuidor de imóvel alegando usucapião – Ilegitimidade passiva de parte. O usucapião pode ser alegado em matéria em que se disputa sobre domínio do bem, não em ação em que expropria o bem por ato de império". No mesmo sentido RT n. 481, pp.154-156. Tivemos oportunidade de examinar sucintamente o problema na monografia *Exceção de usucapião*, Livraria do Advogado Editora, Porto Alegre, 1997, p. 111, citando jurisprudência discordante.

ação fictícia, adaptada do *ius civile* pelo pretor, com intuito protetivo do adquirente com título defeituoso, que não completara o prazo do usucapião, desapossado e sem direito ainda à *reivindicatio*.[27] Tinha caráter restituitório da posse, ao molde da reivindicatória, mas intentada pelo usucapiente, contra o agressor injusto da posse.

Enquanto meio de defesa do desapossado, na atualidade, perde em parte seu vigor na medida em que coincide no objeto litigioso (pedido e causa de pedir) com o da eventual possessória, exceto se oponível a sua "quase-aquisição" pelo usucapião, inválida no limitado espaço interdital – que só averigua perda da posse. Não fosse assim, dar-se-ia ao desapossado o mesmo que conseguiria com o interdito possessório, talvez sem liminares e sem executividade da sentença.

Nesta reflexão, importa apreciar a situação do possuidor que, às vésperas de completar o prazo do usucapião, perde a posse. Perdida para outro particular, optará pelos sendeiros processuais que lhe aprouverem, mas inviável a propositura da ação publiciana contra o decreto desapropriatório do ente público, ato de império que arremete toda a contenda à indenização.

7. Posse agrária

A definição de posse agrária tem sido penosa à doutrina nacional, evoluindo através das obras gerais e monografias dos jus-agraristas especificamente dedicadas ao tema, notadamente a partir de estudos universitários produzidos na década de 80. Pode ser destacada a proposição segundo a qual a "posse agrária é o exercício direto, contínuo, racional e pacífico de atividades agrárias (propriamente ditas, vinculadas ou complementares, e conexas) desempenhada em gleba de terra rural capaz de dar condições suficientes e necessárias ao seu uso econômico, gerando ao possuidor um poder jurídico de natureza real definitiva com amplas repercussões no Direito, tendo em vista o seu progresso e bem-estar econômico e social".[28]

---

[27] Neste sentido, ARANGIO RUIZ, Vincenzo, *Las actiones en el Derecho Privado Romano*, RDP, Madrid, 1945, pp. 78-79. Sobre o debate da doutrina necessária a apreciação de acórdão publicado na RJTJRS, n. 97, p. 304, relatado pelo Des. Galeno Lacerda, confrontado por Ovídio A. Baptista da Silva, *Procedimentos especiais*, 2ª ed., AIDE, Rio de Janeiro, 1993, n. 181, pp. 362-364.
[28] MATTOS NETO, Antônio José. *A posse agrária e suas implicações jurídicas no Brasil*, p. 68, CEJUP, Belém, 1988.

Ou ainda: exercício ou o trabalho do titular da posse agrária deve ser direto; a atividade agrária, típica e acessória, deve ser exercida racional e ininterruptamente; garante o direito de se manter na terra, pois a posse agrária, por si mesma, representa direito de permanecer no imóvel; o imóvel rural onde se exerce a atividade agrária poderá ser próprio (proprietário) ou alheio (público ou privado).[29] Atividade agrária é vista como o ato humano destinado fazer o meio natural produzir animais ou vegetais, com o fito de aproveitar seus frutos e subprodutos.

Na legislação brasileira, com a diferenciação do usucapião especial agrário, inserido nas regras constitucionais, se consagra a posse agrária como instituto diverso da posse civil, porquanto na primeira se incorporam os requisitos da produção pelo trabalho direto ou da família, moradia sobre o imóvel, a não-titularidade de outro imóvel, limitação física de até 50 hectares. Posse agrária e usucapião especial agrário são instituições agrárias que se intercomunicam, mas inconfundíveis, pois o usucapião é somente uma das conseqüências que podem advir da posse agrária, um dos efeitos jurídicos por ela produzidos.

Outros efeitos jurídicos nascem da posse agrária, contribuindo à sua autonomia conceitual e caracterização, como a legitimação de posse e regularização de posse, previstas no Estatuto da Terra.

7.1. Desapropriação da posse imobiliária agrária

Admitida a desapropriação da posse civil, bem como sua indenização, não poderá haver obstáculo à possibilidade de ser expropriada a posse agrária, desde que obedecidas as limitações, características e finalidades da espécie de desapropriação utilizada. A referência doutrinária reiteradamente citada é favorável, ainda mais quando se tratar de imóvel ocupado por posseiro.

Como não se admite posse agrária sobre bens móveis, conforme pode ser apurado nas duas monografias indicadas anteriormente (o que, aliás, é uma clausura de difícil compreensão, pois inúmeros são os bens móveis utilizados no meio rural, todos suscetíveis de apossamento), a expropriabilidade da posse cinge-se aos bens imóveis.

Importa também apreciar se a expropriação da posse imobiliária agrária coaduna com o fim proposto para a reforma agrária ou

---

[29] GURSEN DE MIRANDA, Alcir. *O instituto jurídico da posse agrária*, pp. 128-129, CEJUP, Belém, 1992.

pode resultar inócua. Assim deve ser cogitada a possibilidade de desapropriação da posse e a titulação do possuidor, ou alternativamente, ainda a retirada do possuidor atual e a titulação de terceiro.

7.2. Desapropriação e titulação do possuidor atual

Tranqüila jurisprudência consagrou algumas possibilidades de desapropriação em benefício de terceiro, pessoa física ou jurídica, diversa do ente expropriante, nas modalidades necessidade e utilidade pública. Não se confundem tais modalidades com a denominada "desapropriação por interesse particular", prevista nos artigos 14 e 15 da Lei 4.591/64, Lei do condomínio e incorporações.

Muito mais provável na desapropriação por interesse social para o fim de reforma agrária, pois pouco crível senão descabido o interesse da administração em explorar diretamente as atividades da terra.

Não é a mesma situação expropriar e conceder posse somando a título dominial para terceiro não possuidor.

Quando, entretanto, refletida a finalidade da desapropriação da posse agrária, poderá se concluir que o objetivo é fazer coincidirem o domínio e a posse sob império do mesmo titular. Neste caso, quando a desapropriação visa a conceder domínio ao "posseiro", titulando-o, é de ser avaliada a possibilidade ou não da indenização da posse.

Situações são previsíveis da inutilidade da quantificação do valor da posse, pois se o destino da propriedade é o possuidor atual do imóvel, que com a concessão do título reunirá o "domínio em sua plenitude", desnecessárias a avaliação e a indenização. Não se trata então de desapropriar posse agrária, mas de indenizar a eventual titularidade dominial (se existir proprietário sem posse) pela propriedade, subtraído o valor que se atribui à posse agrária qualificada, que remanescerá com o posseiro.

7.3. Cabimento e valor da indenização

Há diferença entre a possibilidade de expropriar a posse e a sua indenizabilidade, uma é consectária da outra; o dever de indenizar só surge quando possíveis a desapropriação e a transferência do bem do patrimônio particular ao público.

Como elemento isolável da propriedade, a posse que pode integrá-la ou não, se expropriada, merece a compensação prevista para outros direitos quando amealhados pelo Estado para o cumprimento das funções que lhe são próprias. A compensação da posse decorre de seu propalado conteúdo patrimonial ou econômico, pois na desapropriação, conforme previsão legal das constituições e leis inferiores, o autor deve ressarcir o patrimônio transferido.

Não bastasse as incontáveis dificuldades para quantificar o valor de bens desapropriados, outro se acresce quando o bem é a posse e qual o seu valor. O critério inicial, por certo, deve ser a propriedade em sua plenitude, daí se concluir que "certamente, a posse vale menos que a propriedade, mas nem por isso deixa de ser indenizável".[30]

Desta premissa se pode chegar a valores percentuais que fracionam o valor integral, correspondente à propriedade com posse, assim foi decidida na espécie: "o ressarcimento de terreno desapropriado, sem título dominial (arts. 524 e 530, I, Código Civil), em favor do legítimo possuidor, não deve ser feito por inteiro. Como solução de eqüidade, é razoável que se reconheça a quem desfrute de habitual uso e gozo do imóvel expropriado indenização equivalente a 60% sobre o valor do terreno, mais aquela decorrente das benfeitorias".[31]

Claro ficou que tal valor não se confunde com as benfeitorias, indenizáveis à parte, por certo em dinheiro, como previsto em lei.

O INCRA utiliza tabela que decresce o valor ofertado a proprietários desapropriados, quando o imóvel se encontra ocupado por posseiros, donde se conclui que a posse de terceiro retira valor econômico do proprietário, agregando à posse do terceiro. Essa tabela usa como critério de desvalorização o percentual da área ocupada e a ancianidade da posse.[32]

Por fim é oportuno refletir, ante a confirmação da exproprialidade e da indenizabilidade da posse, se sua compensação deve ser paga em dinheiro, ao modo das benfeitorias, ou em títulos da dívida agrária, nas situações em que assim se admite, como no caso da terra nua. Por se tratar de posse agrária, e não de terra nua, onde o

---

[30] MEIRELLES, Hely Lopes. *Direito Administrativo Brasileiro*, 22ª ed. Malheiros, São Paulo, p. 515.
[31] STJ, Rec. Especial, acórdão n. 9.585, 03.05.93; DJ, 30.08.93, p. 17.278; RSTJ, n. 53, p. 75. No mesmo sentido RT n. 481, pp. 154-156 e RT n. 221, pp. 188-191.
[32] INCRA n. 08/93, Anexo II, Fatores de ajuste do preço da terra nua, estabelecidos em função da desvalorização do imóvel ocupado por posseiros e da ancianidade das ocupações: *Posse com mais de 1 ano e menos de 5 anos*: 4%, 6%, 10%, 15% e 20%, conforme sejam ocupados 20%, 30%, 50%, 70% ou 100% da área; *Posse com mais de 5 anos*: 6%, 10%, 15%, 20% e 30%, conforme sejam ocupados 20%, 30%, 50%, 70% ou 100% da área.

pagamento com títulos da dívida tem conotação punitiva, forma de coerção contra a improdutividade, não se pode imaginar seja indenizável da mesma maneira, ainda mais quando o posseiro, com trabalho, retirava da improdutividade o imóvel rural.

Sobre a incidência de juros, o parâmetro é o sedimentado pela jurisprudência, com os juros compensatórios desde a perda da posse, ou da imissão do ente público, e os juros moratórios a partir do trânsito em julgado da decisão. Assim foi decidido no acórdão do STJ, acima mencionado.

8. Limitações processuais do procedimento desapropriatório

A desapropriação, mais que ato do poder público sobre patrimônio particular, é procedimento, seja em sentido administrativo ou judicial. Como procedimento administrativo, é sucessão de atos administrativos. Enquanto procedimento judicial, é forma de desenvolvimento de atos processuais, rito, velocidade e amplitude de decisões. Neste ponto situa-se uma das singularidades da "ação" de desapropriação ou do procedimento para a desapropriação.

Limitada pelo art. 20 do Decreto-lei 3.365/41, que "sumariza materialmente"[33] o procedimento, estreitando o âmbito da defesa aos vícios e preço, envia para a chamada "ação direta" provável direito residual impedido de ser apresentado pelo expropriado na demanda formulada pelo ente público. Este estrangulamento procedimental, legitimado pela lei, tem precedentes em outros procedimentos, e ambiciona o deslinde do feito com mais presteza, o que nem sempre ocorre.

O art. 31 do Dec.-lei 3.365/41 ordena fiquem subrogados no preço os direitos que recaiam sobre o bem expropriado. Desde as interpretações inaugurais,[34] vê-se no preceito atenção aos terceiros indiretamente atingidos, nexo obrigacional ou relativo a direitos reais sobre coisas alheias. Por outro lado, disposição expressa do art. 26 do Dec.-lei 3.365/41 prevê a não-inclusão no *quantum* indenizatório dos direitos que terceiro tenha contra o expropriado; nisso se

---

[33] O conceito de ações sumárias, ou materialmente sumárias, não é unânime entre os processualistas; adotamos aqui no sentido atribuído pelo Prof. Ovídio A. Baptista da Silva, *Curso de Processo Civil*, 2ª ed., SAF, Porto Alegre, 1991, pp. 101-114; *Procedimentos especiais*, 2ª ed., AIDE, Rio de Janeiro, 1993, n. 181, pp. 45-47.
[34] FAGUNDES, M. Seabra. *Da desapropriação no Direito Brasileiro*, Freitas Bastos, Rio de Janeiro, 1942, cometários ao art. 31, n. 503, p. 363.

interpreta a submissão brasileira ao sistema de *indenização única*, que teria banido aquele de *indenizações múltiplas*, preferido pela doutrina internacional, por proteger interesses de difícil defesa, em geral afetados pelo procedimento desapropriatório. Ainda assim, julgados têm opinado diferentemente, reconhecendo a existência de direitos de duas naturezas.: "Se houver outra indenização que não seja a da propriedade, a parte recorrerá a outras vias, que não a da expropriatória".[35]

Imprescindível se tente bifurcar entre os nominados "terceiros" duas situações semelhantes, mas não idênticas: parâmetros entre a posição do terceiro possuidor que tem posse em nome próprio, às vezes com *animus domini*, e o terceiro possuidor, cuja posse se origina de relação obrigacional, como o locatário ou outro contratante, não têm superposição perfeita.

A construção jurisprudencial, referendada pela doutrina, que inviabiliza compensação do locatário,[36] não elide a intervenção e indenizabilidade no processo desapropriatório ao possuidor qualificado. Podem ser sublinhadas as seguintes diferenças: a) a posse é, para a boa parte dos estudiosos, considerada direito real, não se limitando à posse originada das relações locatícias ou assemelhadas, que preservam a posse indireta de outrem, art. 486 do CC, em oposição à posse subordinada (Saleilles); b) não sendo originada de direitos obrigacionais ou pessoais, não admite as soluções próprias das relações obrigacionais; c) a imprevisibilidade de citação na lei não afasta a viabilidade de participação, salvaguardada pelas intervenções de terceiros ou outros institutos; d) o interesse econômico e processual desponta da necessidade pelo contestante ou interveniente em responder, buscando a tutela jurisdicional, clamando por decisão una, que apanhe todo o âmbito de suas alegações, mesmo que tolhidas pelo citado art. 20; e) direito oponível pelo virtual proprietário lhe é comum ou análogo, sem óbice da sumarização observada no procedimento.

A indenização da posse não é outra coisa senão o pagamento de um dos "elementos" que se destacou da propriedade, quando não da propriedade constituída pelo usucapião, carente do registro imobiliário. Assim, não viceja a comparação entre posse qualificada e

---

[35] Decisão do STF, DJU 20.10.1964, p.862, citado no Julgados do TACivSP n.12, p. 41.
[36] NOWILL, Hubert Vernon Lencioni. "Desapropriação - Garantia constitucional da propriedade - Função estatal - Inviabilidade de indenização do locatário no processo judicial expropriatório - Ação direta para tutela de direito de terceiros afetados pela desapropriação", *Revista dos Tribunais*, n. 505, pp. 23-28.

posse originada de relação obrigacional. A certeza de quem é o titular do domínio é prejudicial ao pagamento, a dúvida e o pagamento a quem tivera seu domínio desconstituído obriga o segundo pagamento.

Cumpre anotar que o rigor característico das normas processuais tem sofrido abrandamento com os novos ventos que sopram nesta década, animado pelos princípios: a) devido processo legal; b) acesso à justiça; c) instrumentalidade. Tende a relativizar-se o binômio direito-processo e a sanha autonomista do processo civil.[37] Por conseguinte, deve ser trazido ao processo o direito material lesado pelo fato desapropriação; a rejeição às alegações do possuidor qualificado, ainda que amparada no direito subjetivo à futura "ação direta", possibilita um sem-número de outros danos, riscos e incertezas, entre estes o pagamento total ao titular do domínio (sem posse).

8.1. Amplitude de defesa na desapropriação para reforma agrária

Por larga tradição, tem-se entendido limitado o espectro defensivo na ação de desapropriação, forma de tornar expedito o procedimento, por conseqüência do interesse litigado. O Dec.-lei 3.365/41, art. 20, limita a contestação aos vícios do processo judicial e à impugnação do preço; o Dec.-lei 554/69, restrito à desapropriação por interesse social para reforma agrária, art. 9º, restringia a defesa ao valor depositado ou vício do processo judicial, formas diversas de dizer a mesma coisa[38].

Não parece ser esta a disposição da Lei Complementar 76/93, norma que dispõe sobre "procedimento contraditório especial" de desapropriação por interesse social para reforma agrária, revogando expressamente aquela de 1969. No art. 9º pode-se ver que: "A contestação deve ser oferecida no prazo de 15 (quinze) dias e versar matéria de interesse da defesa, excluída a apreciação quanto ao interesse social declarado." Mesmo em interpretação comedida, difícil identificar a mesma intenção do legislador na redação mais recente. Ao afirmar que a contestação pode versar sobre interesse da

---

[37] BEDAQUE, José Roberto dos Santos. *Direito e processo*, 2ª ed., Malheiros, São Paulo, 1997, pp. 12-13.

[38] Dec.-lei 3.365/41, art. 20: *A contestação só poderá versar sobre vício do processo judicial ou impugnação do preço; qualquer outra questão deverá ser decidida por ação direta*; Dec.-lei 554/69, art. 9º: *A contestação só poderá versar sobre valor depositado pelo expropriante ou vício do processo judicial*; Lei Complementar 76/93, art. 9º: *A contestação deve ser oferecida no prazo de 15 (quinze) dias e versar matéria de interesse da defesa, excluída a apreciação quanto ao interesse social declarado.*

defesa, aproximou-se do previsto no art. 300 do CPC, que impõe a apresentação de toda a matéria disponível, princípio da eventualidade, concentrador da resposta do demandado. Excluiu somente, e de maneira expressa, a apreciação do interesse social declarado.

Outro indicativo da ampliação das alegações admitidas no procedimento desapropriatório para reforma agrária é a citação dos confrontantes que tenham contestado as divisas na fase administrativa, art. 7º, § 4º. Com esta intervenção, introduz-se um misto de ação demarcatória, arts. 946 a 966 do CPC, alargando subjetivamente o procedimento e *o thema decidendum* (objetivamente). O lindeiro não virá aos autos para debater preço e vícios, assuntos que pouco ou nada lhe dizem respeito, mas para estremar seu imóvel do desapropriado, matéria notavelmente diversa das anteriores.

Dito isto, improvável o amparo legal para sonegar ao possuidor agrário o conhecimento de sua alegação dentro da ação de desapropriação, bem como a indenizabilidade dessa posse agrária exercida sobre o imóvel expropriado.

9. Conclusão

Como fecho desta revisão bibliográfica, que se informa na lei e em decisões jurisprudenciais, importa destacar alguns tópicos conclusivos: a) o estágio atual do debate sobre direito agrário reclama a incorporação de componentes territorial-social-ambiental, não somente a distribuição de terras; b) a desapropriação atinge bens e direitos, mobiliários ou imobiliários, corpóreos ou incorpóreos, desde que: sejam possíveis de apossamento e comercialidade, tenham valor econômico ou patrimonial e interessem à consecução da política do Estado; c) a posse, qualquer que seja sua classificação, mesmo destacada da propriedade, se inclui entre os bens ou direitos suscetíveis de desapropriação; d) a posse agrária, qualificada por moradia habitual e cultura efetiva, também é suscetível de desapropriação; e) a posse civil ou agrária, quando expropriada, por ter conteúdo patrimonial ou econômico, deve ser ressarcida por indenização; f) outros direitos do possuidor, sintetizados nos interditos e no usucapião, migram da coisa, dos direitos reais, e tendem a adquirir também caráter ressarcitório; g) a limitação da defesa no procedimento desapropriatório, art. 20 do Dec.-lei 3.365/41, não alcança o procedimento expropriatório para reforma agrária, após a Lei Complementar 76/93, legitimando a intervenção e indenização do possuidor qualificado ainda na desapropriação.

— 6 —

O direito de propriedade e os limites à desapropriação

LEANDRO PAULSEN
Juiz Federal em Porto Alegre
Especialista em Filosofia e Economia Política
Diretor da Escola Superior da Magistratura Federal – ESMAFE

"Faça-se justiça; porém salve-se o mundo, e o homem de bem que no mesmo se agita, labora, produz".
Carlos Maximiliano

SUMÁRIO: 1. O espírito de agralidade; 2. O direito de propriedade; 3. A garantia do devido processo legal; 4. Aspectos materiais polêmicos do devido processo legal na desapropriação para fins de reforma agrária; 4.1. Imunidades objetivas (propriedade produtiva/pequena e média propriedades); 4.2. Fixação dos índices de produtividade; 4.3. Critérios para a fixação dos índices de produtividade; 4.4. Publicidade dos índices de produtividade; 4.5. Aplicação dos novos índices de produtividade; 4.6. Produtividade e força maior; 4.7. Produtividade e esbulho; 4.8. Divisão do imóvel após o levantamento preliminar; 5. Aspectos processuais polêmicos do devido processo legal na fase administrativa da desapropriação para fins de reforma agrária; 5.1. Levantamento preliminar em imóvel invadido; 5.2. A notificação pessoal; 5.3. A notificação prévia; 5.4. O direito de defesa na esfera administrativa.

1. O espírito de agralidade

O Direito Agrário possui um universo próprio no qual se insere a questão da reforma agrária. Para que se possa penetrar nos seus meandros e bem perceber a sua expressão, é indispensável ter bem presentes as peculiaridades que envolvem o seu objeto e compreender os valores que o instruem, o que pressupõe o domínio de um instrumental todo especial constituído por princípios como o da função social da propriedade e de institutos jurídicos bem específicos.

Mas é assim com todos os ramos do Direito que gozam de certa autonomia, de forma que o profissional precisa ampliar sempre mais a sua cultura jurídica e aguçar a sua sensibilidade para conseguir migrar de um mundo para outro, compreendendo-os e a eles se adaptando, sem perder a noção do ponto central de cada questionamento nem o referencial comum a todos eles.

Essa última advertência, aliás, é muito importante, pois os diversos ramos do Direito se inter-relacionam e não é correto nem possível tomar um deles como referencial único e absoluto. Aliás, os próprios princípios constitucionais que os fundamentam muitas vezes se chocam aparentemente e precisam, sem serem afastados, ceder ou predominar perante os demais, dependendo do caso que se esteja a analisar.

Considerações deste jaez são pertinentes em se tratando de reforma agrária na medida em que é comum, em razão de toda a carga ideológica de que está revestida, que os operadores do Direito polarizem a compreensão dos problemas jurídicos que ela apresenta, dependendo do lado em que se coloquem, ora superestimando o chamado "espírito de agralidade" e daí tirando conseqüências capazes de amesquinhar o próprio direito de propriedade, ora invocando este numa concepção estritamente civilista mediante a retomada de conceitos do Direito Romano como se válidos fossem ainda hoje independentemente de qualquer reparo.

2. O direito de propriedade

O direito de propriedade é decorrência da cultura, do sistema político e do ordenamento jurídico de cada país.[1]

---

[1] Há passagens interessantíssimas da história constitucional americana, representadas em julgados da Suprema Corte, acerca do significado do direito de propriedade e da imprescindibilidade da sua proteção. Veja-se o excerto, que segue, da exposição feita pelo Justice Paterson no caso Vanhorne's Lessee v. Dorrance em 1795: "... From these passages it is evident that the right of acquiring and possessing property and having it protected, is one of the natural inherent and unalienable rights of man. Men have a sense of property: Property is necessary to their subsistence, and correspondent to their natural wants and desires; its security was one of the objects, that induced them to unite in society. No man woud become a member of a community, in which he could not enjoy the fruits of his honest labor and industry. The preservation of property then is a primary object of the social compact and, by the late constitution of Pennisylvania, was made a fundamental law. Every person ought to contribute his proportion for public purposes and public exigencies; but no one can be called upon to surrender or sacrifice his whole property, real and personal, for the good of the community, without receiving a recompence in value. This would be laying a burden upon an individual, which ought to be sustained by the society at large. The English history does not furnish an instance of the kind; the parliament with all their boasted omnipotence, never committed such an outrage on private property; and

Com a evolução – e até padronização – desses condicionantes, passou por sensíveis alterações ao longo do tempo, sendo que com grande intensidade neste último século.

---

if they had it would have served only to display the dangerous nature of unlimited authority; it would have been an exercise of power and not of right. Such an act would be a monster in legislation, and shock all mankind. The legislature, therefore, had no authority to make an act divesting one citizen of his freehold, and vesting it in another, without a just compensation. It is inconsistent with the principles of reason, justice, and moral rectitude; it is incompatible with the comfort, peace, and happiness of mankind; it is contrary to the principles of social alliance in every free government; and lastly, it is contrary both to letter and spirit of the constitution. In short, it is what every one would think unreasonable and unjust in his own case. The next step in the line of progression is, whether the legislature had authority to make an act, divesting one citizen of his freehold and vesting it in another, even with compensation. That the Legislature on certain emergencies, had authority to exercise this high power, has been urged from the nature of the social compact, and from the words of (the) constitution, which says, that the house of representatives shall have all other powers necessary for the legislature of a free state or commonwealth; but they shall have no power to add to, alter, abolish, or infringe any part os this constitution. The course of reasoning, on the part of the defendant, may be compromised in a few words. The despotic power, as it is aptly called by some writers, of taking private property, when state necessity requires, exists in every government; the existence of such power is necessary; government could not subsist without it; and if this be the case, it cannot be lodged any where with so much safety as with the legislature. The presumption is, that they will not call it into exercise except in urgent cases, or cases of the first necessity. There is force in this reasoning. It is, however, difficult to form a case, in which the necessity of a state can be of such a nature, as to authorize or excuse the seizing of landed property belonging to one citizen and giving it to another citizen. It is immaterial to the state, in which of its citizens the land is vested; but it is of primary importance, that, when vested it should be secured, and the proprietor protected in the enjoyment of it. The constitution encircles, and renders it an holy thing. We must, gentlemen, bear constantly in mind, that the present is a case of landed property; vested by law in one set of citizens, attempted to be divested, for the purpose of vesting the same property in another set os citizens. It cannot be assimilated to the case of personal property taken or used in time of war and famine, or other extreme necessity; it cannot be assimilated to the temporary possession of land itself, on a pressing public emergency, or the spur of the occasion. In the latter case there is no change of property, no divestment of right; the title remains, and the proprietor, though out of possession for a while is still proprietor and lord of the soil. The possession grew out of occasion and ceases with it. Then the right of necessity is satisfied and at an end; it does not affect the title, is temporary in its nature, and cannot exist forever. The constitution expressly declares, that the right of acquiring, possessing, and protecting property is natural, inherent, and unalienable. It is a right not *ex gratia* from the legislature, but *ex debito* from the constitution. It is sacred; for, it is further declared, that the legislature shall have no power to add to, alter, abolish, or infringe any part of the constitution. The constitution is the origin and measure of legislative authority. It says to legislators, thus far he shall go and no further. Not a particle of it should be shaken; not a pebble of it should be removed. Innovation is dangerous. One incroachment leads to another; precedent gives birth to precedent; what has been done may be done again; thus radical principles are generally broken in upon, and the constitution eventually destroyed. Where is the security, where the inviolability of property, if the legislature, by a private act, affecting particular persons only, can take land from one citizen, who acquired it legally, and vest it in another? The rights of private property are regulated, protected, and governed by general, known, and established laws; and decided upon, by general, known, and established tribunals; laws and tribunals not made and created on an instant exigency, on an urgent emergency, to serve a present turn, or the interest of a moment. Their operation and influence are equal and universal; they press alike on all. Hence security and safety, tranquillity and peace. One man is not afraid of another, and no man afraid of the legislature..." (*The Supreme Court and the Constitution: Readings in American Constitucional History*, Third Edition, edited by Stanley I. Kutler, University of Wisconsin, New York, 1984).

O despertar de certos valores, as novas realidades sociais e a necessidade de proteção do meio ambiente, principalmente, deram origem a princípios e impuseram o surgimento de normas que, contrastando e regulando o exercício do direito de propriedade, acabaram por lhe dar novos contornos, influindo no seu próprio conteúdo.

De fato, o direito de propriedade, que é direito de primeira geração, teve de ser compatibilizado com outros direitos fundamentais e sociais que vieram a ser reconhecidos e com interesses maiores que extrapolam a esfera individual.[2]

Isso tudo na crença de que a propriedade não se justifica pela simples satisfação da vontade e das necessidades do seu titular, mas pelo seu exercício edificante e útil para a sociedade como um todo.

Essa ótica, aliás, constitui desdobramento do velho ensinamento de São Tomás de Aquino, em sua *Summa Contra Gentiles* – que lançou as bases para a doutrina da função social da propriedade – no sentido de que "cada coisa alcança sua colocação ótima quando é ordenada para o seu próprio fim" (Wellington, *Curso*, p. 38), e a propriedade imóvel tem um fim social.

É bastante festejada, neste sentido, também, a Constituição de Weimar que, já em 1919, deixou claro que "a propriedade obriga", dando a entender que não serve à mera satisfação dos interesses do proprietário, o qual deve dar-lhe destinação adequada, exercendo seu direito de forma socialmente útil.

A análise dos textos das diversas Constituições brasileiras também é esclarecedora quanto a essa evolução do direito de propriedade. Enquanto a Constituição do Império, de 1824, e a primeira Constituição Republicana, de 1891, a garantiam "em tôda a sua plenitude", as posteriores foram incluindo alguns condicionamentos, sendo que a Constituição de 1988 consagrou, com detalhes, a necessidade de cumprimento da sua função social, autorizando a desa-

---

[2] "Enquanto os direitos de primeira geração (direitos civis e políticos) – que compreendem as liberdades clássicas, negativas ou formais – realçam o princípio da liberdade e os direitos de segunda geração (direitos econômicos, sociais e culturais) – que se identificam com as liberdades positivas, reais ou concretas – acentuam o princípio da igualdade, os direitos de terceira geração, que materializam poderes de titularidade coletiva atribuídos genericamente a todas as formações sociais, consagram o princípio da solidariedade e constituem um momento importante no processo de desenvolvimento, expansão e reconhecimento dos direitos humanos, caracterizados, enquanto valores fundamentais indisponíveis, pela nota de uma essencial inexauribilidade." (excerto de ementa relativa ao MS 22.164/SP, julgado pelo STF, rel. o Min. Celso de Mello, out/1995) Obs: o voto do Ministro oferece fartas considerações doutrinárias a respeito do assunto.

propriação do imóvel que não esteja sendo explorado adequadamente.³

Esssa espécie de relativização do direito de propriedade imobiliária, entretanto, ao contrário do que pode parecer, não implicou qualquer enfraquecimento da propriedade privada. Antes a reforçou, chamando atenção para a importância do seu exercício pleno e adequado, útil que é não apenas para o seu titular como para toda a sociedade.

Diga-se, ainda, que a eventual desapropriação de imóvel rural para fins de reforma agrária dá-se sempre mediante indenização e para a transferência do direito de propriedade a outra pessoa que possa dar à terra utilização consentânea com a sua função social, jamais resultando na estatização da propriedade.

3. A garantia do devido processo legal

A Constituição Federal Brasileira contempla o direito de propriedade dentre os direitos fundamentais (art. 5º, inciso XXII), elen-

---

[3] Senão vejamos: Constituição do Império, de 1824, art. 179, 22: "É garantido o direito de propriedade em tôda a sua plenitude. Se o bem público, legalmente verificado, exigir o uso e o emprêgo da propriedade do cidadão, seja êle prèviamente indenizado do valor dela. A lei marcará os casos em que terá lugar esta única exceção e dará as regras para se determinar a indenização". Constituição republicana de 1891, art. 72, § 17: "O direito de propriedade mantém-se em tôda a sua plenitude, salvo a desapropriação por necessidade, ou utilidade pública, mediante indenização prévia". Constituição de 1934, art. 113, 17: "É garantido o direito de propriedade, que não poderá ser exercido contra o intérêsse social ou coletivo, na forma que a lei determinar. A desapropriação por necessidade ou utilidade pública far-se-á nos têrmos da lei, mediante prévia e justa indenização. Em caso de perigo iminente, como guerra ou comoção intestina, poderão as autoridades competentes usar da propriedade particular até onde o bem público o exija, ressalvado o direito a indenização ulterior". Constituição de 1937, art. 122, 14: "... o direito de propriedade, salvo a desapropriação por necessidade ou utilidade pública, mediante indenização prévia. O seu conteúdo e os seus limites serão os definidos nas leis que lhe regularem o exercício". Constituição de 1946, art. 141, § 16: "É garantido o direito de propriedade, salvo o caso de desapropriação por necessidade ouutilidade pública, ou por interêsse social, mediante prévia e justa indenização em dinheiro. Em caso de perigo iminente, como guerra ou comoção intestina, as autoridades competentes poderão usar da propriedade particular, se assim o exigir o bem público, ficando, todavia, assegurado o direito a indenização ulterior". Constituição de 1967 (Emenda nº 1/69), art. 153, § 22: "É assegurado o direito de propriedade, salvo o caso de desapropriação por necessidade ou utilidade pública ou por interêsse social, mediante prévia e justa indenização em dinheiro, ressalvado o disposto no art. 161, facultando-se ao expropriado aceitar o pagamento em título da dívida pública, com cláusula de exata correção monetária. Em caso de perigo público iminente, as autoridades competentes poderão usar da propriedade particular, assegurada ao proprietário indenização ulterior". Constituição de 1988, art. 5º, incisos XXII, XXIII, XXIV e XXV: "... é garantido o direito de propriedade; ... a propriedade atenderá a sua função social; ... a lei estabelecerá o procedimento para desaproprieação por necessidade ou utilidade pública, ou por interesse social, mediante justa e prévia indenização emd inheiro, ressalvados os casos previstos nesta Constituição; ... no caso de iminente perigo público, a autoridade competente poderá usar de propriedade particular, assegurada ao proprietário indenização ulterior, se houver dano;"

cando a propriedade privada, ainda, como princípio da ordem econômica (art. 170, inciso II).

E não poderia ser diferente, pois a propriedade privada constitui, indiscutivelmente, o pilar do desenvolvimento econômico e social.

Não há de se olvidar, ainda e sobretudo, que "... *ninguém será privado da liberdade ou de seus bens sem o devido processo legal*" (CF, art. 5º, incisos LIV).

Essa garantia possui uma larga dimensão, encerrando feições processuais e materiais, conforme já anotou a Juíza Federal Vivian Caminha:

> "A garantia do devido processo legal, radicada na moderna concepção de legalidade (legitimidade), constitui-se em uma secular garantia de liberdades do indivíduo frente ao Estado... Como um dos princípios basilares do ordenamento jurídico na atualidade, foi concebida, inicialmente, como medida asseguratória da regularidade formal do processo penal, para que todos fossem julgados segundo a lei da terra. A expressão, todavia, por obra jurisprudencial, adquiriu novos contornos, sob o influxo do constitucionalismo (principalmente o norte-americano), vindo a se consagrar em matéria de tutela de direitos individuais e coletivos e garantias processuais, inclusive como pressuposto de validade da atividade jurisdicional e paradigma de justiça, além de limite à atuação estatal.
>
> ...
>
> As dimensões do conceito se estendem ao campo da interpretação e aplicação das normas jurídicas, bem como de sua própria criação e da legitimidade do legislador. Concebido em uma dimensão processual e substantiva, representa um instrumento eficaz de proteção de liberdades públicas contra o arbítrio legislativo e a discricionariedade governamental (principalmente em se tratando de poder regulamentar e de polícia), e impõe razoabilidade e racionalidade às normas jurídicas e aos atos do Poder Público.
>
> ...
>
> Como postulado genérico de 'legalidade' (legitimidade), exige que os atos do Poder Público se compatibilizem com a noção de um direito justo, isto é, consentâneo com o conjunto de valores incorporados à ordem jurídica democrática. Nesse contexto, atua como mecanismo de controle da justiça das leis e dos atos administrativos, revelando-se como a conquista mais eloqüente

no direito público moderno a consagração da limitação da soberania estatal como decorrência dos direitos fundamentais da pessoa humana e da própria organização democrática.

...

Especificamente em matéria dominial, e sobretudo em relação à legislação pátria que consagra a atividade expropriatória do Estado, por interesse social, o princípio do devido processo legal é de larga aplicabilidade, eis que vocacionado à proteção da propriedade (art. 5º, LIV da CF) contra a eventual 'expansão arbitrária do poder estatal' (STF, MS nº 22164-0-SP, Rel. Min. Celso de Mello, j. 30.10.95).

...

Não há dúvida de que à União compete a atividade expropriatória, destinada a promover e executar projetos de reforma agrária, porém não se olvide que a intervenção estatal na esfera dominial, de qualquer sorte, há de se proceder na forma da legislação específica, assegurados, em qualquer fase, o equilíbrio das partes nela envolvidas, e a oportunidade do proprietário de produzir a ampla defesa." (*Desapropriação e Reforma Agrária*, ed. Livraria do Advogado, Porto Alegre, 1997)

Amparado na garantia do devido processo legal, o proprietário tem a segurança de que não será privado do seu imóvel rural de forma arbitrária, o que tem sido reconhecido reiteradamente pelo Supremo Tribunal Federal em mandados de segurança impetrados contra desapropriações irregulares.

Veja-se as considerações estampadas pelo Min. Celso de Mello na ementa que segue:

"EMENTA: REFORMA AGRÁRIA. IMÓVEL RURAL... DESAPROPRIAÇÃO-SANÇÃO (CF, ART. 184)... OFENSA AO POSTULADO DO *DUE PROCESS OF LAW* (CF, ART. 5º, LIV). NULIDADE RADICAL DA DECLARAÇÃO EXPROPRIATÓRIA. MANDADO DE SEGURANÇA DEFERIDO.

REFORMA AGRÁRIA E DEVIDO PROCESSO LEGAL.

O postulado constitucional do *due process of law*, em sua destinação jurídica, também está vocacionado à proteção da propriedade. Ninguém será privado de seus bens sem o devido processo legal (CF, art. 5º, LIV). A União Federal, mesmo tratando-se de execução e implementação do programa de reforma agrária, não está dispensada da obrigação de respeitar, no desempenho de sua atividade de expropriação, por interesse social, os princípios constitucionais que, em tema de propriedade, protegem as pessoas contra a eventual expansão arbitrária do poder estatal. A cláusula de garantia dominial que emerge do sistema consagrado pela Constituição da República tem por objetivo impedir o injusto sacrifício do direito de propriedade. ..." (STF, Tribunal Pleno, Mandado de Segurança nº 22.164-0/SP, unânime, 30/10/95)

Desdobrando-se essa garantia com atenção às peculiaridades que envolvem a matéria em foco, tem-se que a desapropriação por interesse social para fins de reforma agrária só terá lugar nas hipóteses previstas (e não vedadas) na Constituição, quando o imóvel rural tiver sido considerado suscetível de desapropriação por ato devidamente motivado e segundo critérios fixados em lei (pressupondo-se que esta seja razoável e adequada às finalidades a que se destina o instituto em questão), observada, ainda, a regularidade formal e os princípios do contraditório e da ampla defesa tanto no processo administrativo como no judicial (estabelecido este por lei complementar), impondo-se também que a ação do Poder Público se legitime pela efetiva possibilidade de, através da desapropriação, viabilizar o cumprimento da função social da propriedade em todos os seus aspectos, isso sem falar na exigência de prévia e justa indenização.

4. Aspectos materiais polêmicos do devido processo legal na desapropriação para fins de reforma agrária

4.1. Imunidades objetivas
(propriedade produtiva/pequena e média propriedades)

A Constituição Federal estabelece *imunidades objetivas* no que diz respeito à desapropriação para fins de reforma agrária. Ou seja, prevê hipóteses relativamente às quais inexiste a competência da União para desapropriar. E o faz através do seu art. 185, assim redigido:

"Art. 185. São insuscetíveis de desapropriação para fins de reforma agrária:
I – a pequena e média propriedade rural, assim definida em lei, desde que seu proprietário não possua outra;
II – a propriedade produtiva.
Parágrafo único. A lei garantirá tratamento especial à propriedade produtiva e fixará normas para o cumprimento dos requisitos relativos a sua função social."

A possibilidade de desapropriação do imóvel rural para fins de reforma agrária depende, pois, mais do que do descumprimento de um dos requisitos relativos ao cumprimento da sua função social previstos no art. 186 da Constituição. Depende, também, de duas *condições negativas*, quais sejam, que não se esteja cuidando de propriedade produtiva nem de pequena ou média propriedade, pressupondo-se, neste caso, que seu proprietário não possua outra.

De fato, a competência da União para esse tipo de desapropriação se estabelece a partir da combinação dos artigos 184, 185 e 186 da Constituição Federal.

Assim, basta que o imóvel rural seja *produtivo* para que esteja imune à desapropriação para fins de reforma agrária, independentemente do seu tamanho e do preenchimento dos demais requisitos para o cumprimento da sua função social. Isso significa que, atingindo, o imóvel rural, os graus de utilização da terra e de eficiência na exploração fixados no art. 6º da Lei 8.629/93, segundo índices referentes à produção agrícola e à lotação animal estabelecidos pela Administração, poderá seu proprietário até vir a ser instado, através de outras sanções administrativas, a satisfazer os demais requisitos necessários ao cumprimento da sua função social, mas não será objeto de desapropriação.

Da mesma maneira, basta que o imóvel rural seja *classificado como pequena ou médida propriedade e que seu proprietário não possua outra* para que esteja imune à desapropriação para fins de reforma agrária, independentemente de ser produtivo e de preencher os demais requisitos para o cumprimento da sua função social. Assim, nenhum proprietário que possua apenas um imóvel rural (unititularidade dominial) com área de até 15 módulos fiscais (não confundir com módulos rurais) estará sujeito à desapropriação. De fato, o art. 4º da Lei 8.629/93 define a pequena propriedade como aquela de área compreendida entre 1 e 4 módulos fiscais, e a média propriedade, como aquela com área superior a 4 e até 15 módulos fiscais.

Há precedentes do Supremo Tribunal Federal que tocam diretamente nessa questão da inexpropriabilidade, afastando qualquer dúvida a respeito do alcance do texto constitucional.

Veja-se, e.g., a ementa que segue:

"MANDADO DE SEGURANÇA. IMÓVEL RURAL. DESAPROPRIAÇÃO PARA REFORMA AGRÁRIA. OFENSA A COISA JULGADA. INOCORRÊNCIA. EXISTÊNCIA DE MAIS DE UM IMÓVEL RURAL EM NOME DOS IMPETRANTES. IMPOSSIBILIDADE DE INCIDÊNCIA DA CLÁUSULA CONSTITUCIONAL DE INEXPROPRIABILIDADE (CF, ART. 185, *IN FINE*). INVOCAÇÃO DA PRODUTIVIDADE FUNDIÁRIA COMO FUNDAMENTO

AUTÔNOMO DE IMPUGNAÇÃO DO DECRETO PRESIDENCIAL (CF, ART. 185, II). CONTROVÉRSIA SOBRE A PRODUTIVIDADE DO IMÓVEL. ILIQUIDEZ DO DIREITO ALEGADO. *WRIT* DENEGADO.
...
- A propriedade produtiva, independentemente de sua extensão territorial e da circunstância de o seu titular ser, ou não, proprietário de outro imóvel rural, revela-se intangível à ação expropriatória do Poder Público em tema de reforma agrária (CF, art. 185, II), desde que comprovado, de modo inquestionável, pelo Impetrante, o grau adequado e suficiente de produtividade fundiária.
..." (STF, Mandado de Segurança nº 94.0022022, relator o Ministro Celso de Mello)

Bastante esclarecedora, também, é a ementa abaixo transcrita:

"EMENTA. REFORMA AGRÁRIA. DESAPROPRIAÇÃO-SANÇÃO (CF, ART. 184). MÉDIA PROPRIEDADE RURAL (CF, ART. 185, I). LEI Nº 8.629/93... IRRELEVÂNCIA DE SER, OU NÃO, IMPRODUTIVO O IMÓVEL RURAL...
– A pequena e a média propriedades rurais, ainda que improdutivas, não estão sujeitas ao poder expropriatório da União Federal, em tema de reforma agrária, em face da cláusula de inexpropriabilidade que deriva do art. 185, I, da Constituição da República.
A incidência dessa norma constitucional não depende, para efeito de sua aplicabilidade, da cumulativa satisfação dos pressupostos nela referidos (dimensão territorial do imóvel ou grau adequado de produtividade fundiária). Basta que qualquer desses requisitos se verifique para que a imunidade objetiva prevista no art. 185 da Constituição atue plenamente, em ordem a pré-excluir a possibilidade jurídica de a União Federal valer-se do instrumento esxtraordinário da desapropriação-sanção.
..." (STF, Tribunal Pleno, Mandado de Segurança nº 21.919/PE, relator também o Min. Celso de Mello)

Descabem interpretações demasiado amplas em defesa da função social da propriedade que acabem por desconsiderar as hipóteses de insusceptibilidade à expropriação soberana e legitimamente estabelecidas. Aliás, na maioria das vezes, tais interpretações são fruto de posturas ideológicas exacerbadas e, por maior que seja o esforço argumentativo, não logram senão deturpar os institutos, concluindo contra o texto expresso da Constituição e contra a jurisprudência da Corte à qual cabe dizer a última palavra acerca da matéria.

4.2. Fixação dos índices de produtividade

Impõe-se ressaltar, no que diz respeito à classificação dos imóveis rurais como produtivos ou improdutivos, que cabe aos Ministros de Estado Extraordinário de Política Fundiária e da Agricultura e do Abastecimento a definição dos índices de produção agrícola e de lotação animal a serem considerados na aferição do grau de eficiência na exploração, não sendo matéria reservada à lei.

Também nesse ponto, já há precedente do Supremo Tribunal Federal, Tribunal Pleno, MS 22.478/PR, rel. Min. Maurício Corrêa, jun/1997:

"EMENTA: DESAPROPRIAÇÃO POR INTERESSE SOCIAL PARA FINS DE REFORMA AGRÁRIA. INCONSTITUCIONALIDADE DO ART. 6º, § 2º, INCISOS I E II DA LEI 8.629/93. ALEGAÇÃO IMPROCEDENTE...

1. Inconstitucionalidade do art. 6º, § 2º, incisos I e II da Lei nº 8.629/93. Inexistência. Matéria já dirimida pelo Plenário desta Corte no sentido de que a elaboração dos índices fixados nesta lei, referentes à produção agrícola e à lotação de animais nas pastagens, está sujeita às características variáveis no tempo e no espaço e vinculadas a valores censitários periódicos, não condizentes com o grau de abstração e permanência que se espera de providência legislativa, mantendo-se, assim, essa atribuição, ao Poder Executivo. Precedente..."

4.3. Critérios para a fixação dos índices de produtividade

Há de se ter presente, contudo, que os índices de produção agrícola e de lotação animal não podem constituir metas dissociadas da realidade, decorrendo de fixação aleatória. Devem, sim, ater-se à potencialidade de cada microrregião homogênea, ao avanço da ciência e às condições de acesso às novas tecnologias, bem como às exigências do mercado e às médias de produção já obtidas.

Aliás, veja-se o que dispõe o art. 11 da Lei 8.629, com a redação determinada pela MP nº 1.632-8:

"Os parâmetros, índices e indicadores que informam o conceito de produtividade serão ajustados, periodicamente, de modo a levar em conta o progresso científico e tecnológico da agricultura e o desenvolvimento regional, pelos Ministros de Estado Extraordinário de Política Fundiária e da Agricultura e do Abastecimento, ouvido o Conselho Nacional de Política Agrícola".

4.4. Publicidade dos índices de produtividade

É imprescindível que os índices fixados para a aferição da produtividade dos imóveis rurais gozem de publicidade não apenas no âmbito interno do INCRA, mas numa esfera mais ampla, através da imprensa oficial, para que se tornem conhecidos por toda a sociedade. De fato, constituem verdadeira regulamentação da Lei 8.629/93, ainda que por instrumento diverso do Decreto.

Além disso, implicação direta desse índices na classificação dos imóveis rurais, com os ônus daí decorrentes, faz com que os proprietários tenham inclusive o direito subjetivo de conhecê-los.

4.5. Aplicação dos novos índices de produtividade

Os índices basilares para a aferição da produtividade dos imóveis, quando mais rígidos, só podem ser considerados a partir do ano agrícola seguinte ao da sua publicação. Isso por força das regras comuns de vigência e aplicação das leis e dos atos normativos e em homenagem ao princípio da segurança jurídica.

4.6. Produtividade e força maior

Em face da necessidade de razoabilidade e justiça na classificação dos imóveis, é preciso ressaltar, também, que, na hipótese da ocorrência de fenômenos climáticos de intensidade desproporcional ao que se verifica anualmente, com efeitos expressivos e danosos no que diz respeito à produção agropecuária, não poderão os imóveis por eles atingidos ser considerados improdutivos para fins de desapropriação.

A Lei 8.629/93 deixa expresso esse entendimento, contemplando, inclusive, outros casos em que a pecha da improdutividade resta afastada, conforme se vê do seu art. 6º, § 7º:

"Não perderá a qualificação de propriedade produtiva o imóvel que, por razões de força maior, caso fortuito ou de renovação de pastagens tecnicamente conduzida, devidamente comprovados pelo órgão competente, deixar de apresentar, no ano respectivo, os graus de eficiência na exploração, exigidos para a espécie."

4.7. Produtividade e esbulho

A invasão de terras revela um drama humano de elevadas proporções, evidenciando a miséria e a exclusão social de uma considerável camada da população, o que exige medidas imediatas de assistência social, bem como programas de reinserção no mercado de trabalho e políticas que não reproduzam tal marginalização.

Certo é, porém, que este ilícito (invasão/esbulho), em si, é de todo reprovável, pois ofende o direito de propriedade e não pode ser chancelado pelo Poder Público.

Como a invasão, que é fato alheio à vontade do proprietário e a ele não imputável, impede que o proprietário dê ao imóvel o destino adequado de forma a satisfazer os requisitos atinentes à sua função social, o Supremo Tribunal Federal tem entendido aplicável à hipótese o já referido art. 6º, § 7º, da Lei 8.629/93.

Assim, não pode o INCRA considerar improdutivo para fins de desapropriação imóvel invadido.

De fato, os precedentes acerca da matéria são uníssonos:

"Concluindo o julgamento de mandado de segurança em que se discutia sobre a legalidade da desapropriação, para fins de reforma agrária, de imóvel rural invadido pelos chamados 'sem-terra', e cuja produtividade, antes da invasão, fora atestada pelo próprio INCRA, o Tribunal decidiu, por maioria de votos, conceder o *writ*. Prevaleceu o tentendimento de que, sendo o imóvel produtivo enquanto explorado por seus proprietários, o fato de haver deixado de sê-lo após a referida invasão, não autoriza a desapropriação-sanção prevista no art. 184 da CF. Por outro lado, havendo interesse da União em manter assentadas no imóvel as famílias que lá se encontram – como ficou evidenciado pelas providências administrativas e judiciais já adotadas pelo INCRA –, esta deverá promover desapropriação por interesse social, indenizando os proprietários mediante pagamento em dinheiro, ou expor-se, do contrário, à denominada ação de desapropriação indireta. (STF, MS 22.193/SP, rel. para o acórdão o Min. Maurício Corrêa, Informativo STF nº 24)

"EMENTA: DECRETO QUE DECLAROU DE INTERESSE SOCIAL, PARA FINS DE REFORMA AGRÁRIA, O IMÓVEL RURAL DENOMINADO 'FAZENDA INGÁ', NO MUNICÍPIO DE ALVORADA DO SUL, PARANÁ. Procedência da alegação de que a ocupação do imóvel pelos chamados 'sem-terra' em 1991, ano em que os impetrantes se haviam investido na sua posse, constituindo fato suficiente para justificar o descumprimento do dever de tê-lo tornado produtivo e tendo-se revelado insuscetível de ser removido por sua própria iniciativa, configura hipótese de caso fortuito e força maior previsto no art. 6º, § 7º, da Lei nº 8.629/93, a impedir a classificação do imóvel como não produtivo, inviabilizando, por conseqüência, a desapropriação. Mandado de segurança deferido." (STF, Tribunal Pleno, MS 22.328/PR, por maioria, rel. Min. Ilmar Galvão, jun/1996)

"Julgando mandado de segurança impetrado contra ato do Presidente da República que declarara de interesse social para fins de reforma agrária imóvel rural do impetrante, o Tribunal concedeu a segurança ao argumento de que o imóvel – reconhecido pelo INCRA como produtivo – só se tornara improdutivo após sua invasão por trabalhadores 'sem-terra'. Entendeu o STF, invocando o disposto no § 7º do art. 6º da Lei 8.629/93 (...), que se trata de acontecimento alheio à vontade do impetrante, e a ele não imputável. Precedente citado: MS 22.193 (DJU de 29.11.96)." (STF, MS 22.666, rel. Min. Ilmar Galvão, jun/1997, Informativo STF nº 76)

Há de ficar demonstrado, porém, que o proprietário não tolerou o esbulho, tendo envidado esforços no sentido de recuperar a posse do imóvel por desforço pessoal, se cabível e possível, e/ou mediante o ajuizamento de ação de reintegração de posse.

Ressalto, ainda, que atualmente sequer pode o INCRA efetuar levantamento preliminar em imóvel invadido. É o que dispõe o Decreto nº 2.250/97, conforme abordado, a seguir, quando da análise dos aspectos processuais do devido processo legal.

4.8. Divisão do imóvel após o levantamento preliminar

Como visto anteriormente, o imóvel rural pequeno ou médio é insuscetível de desapropriação para fins de reforma agrária.

A divisão do imóvel, seja por venda ou doação, de modo que resultassem pequenas ou médias propriedades inexpropriáveis, vinha sendo admitida pelo Supremo Tribunal Federal como direito subjetivo do proprietário mesmo quando realizada após o levantamento preliminar (vistoria), salvo comprovação de fraude (na verdade, de simulação) através de ação própria. É o que se encontra em inúmeros precedentes daquela Corte: MS 21.010;

MS 21.919; MS nº 22.136/BA; MS 22.137/BA; MS 22.591; MS 22.645. É certo que os acórdãos não eram unânimes. Houve oportunidade em que cinco Ministros votaram vencidos, entendendo que o fato de a divisão ter ocorrido após o levantamento preliminar dava ensejo à suspeita de fraude capaz de afastar o direito líquido e certo à inexpropriabilidade (vide acórdão do MS 22.645, julgado em abr/1997).

O último acórdão neste sentido está noticiado no Informativo nº 101 do STF:

"Enquanto não for anulado judicialmente, não há como questionar a eficácia de negócio jurídico pelo qual um único imóvel classificado como grande propriedade foi transformado, mediante doação aos sucessores do proprietário, em quatro imóveis menores, classificáveis como média propriedade e, por isso, imunes à desapropriação para fins de reforma agrária (CF, art. 185, I). Com esse entendimento e afastando a aplicação da Medida Provisória nº 1.577/97 à espécie (...), pelo fato de a doação haver-se concretizado antes do início de sua vigência, o Tribunal, julgando mandado de segurança impetrado contra ato do Presidente da República que declarara de interesse social para fins de reforma agrária imóvel rural dos impetrantes, por maioria, concedeu a segurança ao argumento de que o fato de a propriedade ter sido dividida, após a vistoria do imóvel, não afastaria o direito líquido e certo dos impetrantes, uma vez que a eventual divisão fraudulenta há de ser examinada em ação ordinária. Precedente citado: MS 21.919/PE (DJU de 6.6.97); MS 22.591/PR (julgado em 20.8.97, v. Informativo 80); MS 22.645/BA (julgado em 23.4.97, v. Informativo 68)." (STF, MS 22.911/PB, rel. para o acórdão o Min. Maurício Corrêa, mar/1998, Informativo STF nº 101)

Entretanto, a Medida Provisória nº 1.577/97, atualmente reeditada sob o nº 1.658, acrescentou o § 4º ao art. 2º da Lei 8.629/93, dispondo expressamente acerca desta questão da seguinte forma:

"Não será considerada, para os fins desta Lei, qualquer modificação, quanto ao domínio, à dimensão e às condições de uso do imóvel, introduzida ou ocorrida até seis meses após a data da comunicação para levantamento de dados e informações de que tratam os §§ 2º e 3º."

Evidentemente que tal dispositivo legal não torna o bem indisponível. Entretanto, eventual divisão do imóvel ocorrida no referido período não terá como conseqüência a sua inexpropriabilidade, não podendo ser oposta para tal fim. O beneficiário da divisão (comprador, donatário etc.) será réu na ação de desapropriação, recebendo a indenização proporcional à área adquirida.

Por outro lado e implicitamente, esse parágrafo estabeleceu o prazo de seis meses, a contar da notificação, para que o INCRA providencie o levantamento preliminar, a edição do Decreto e o ajuizamento da ação de desapropriação. Após o decurso deste prazo, passam a ser oponíveis as divisões realizadas, com o efeito de tornarem o imóvel insuscetível de desapropriação, transformado-se em pequenas ou médias propriedades.

5. Aspectos processuais polêmicos do devido processo legal na fase administrativa da desapropriação para fins de reforma agrária[4]

O direito ao contraditório e à ampla defesa, com os meios e recursos a ela inerentes, previsto no inciso LV do art. 5º da Constituição Federal, constitui a principal decorrência da garantia do devido processo legal na sua feição processual. Basta desdobrá-lo para se inferir os elementos essenciais de qualquer processo, seja judicial ou administrativo.

Vejam-se alguns traços que dizem respeito ao procedimento administrativo tendente à desapropriação de imóvel rural para fins de reforma agrária.[5]

5.1. Levantamento preliminar em imóvel invadido

O levantamento preliminar é o procedimento através do qual técnicos do INCRA efetuam o levantamento de dados e informações em imóvel rural, verificando se é improdutivo e, portanto, suscetível de desapropriação para fins de reforma agrária.

De forma a desincentivar as invasões de terra, o Presidente da República editou o Decreto nº 2.250/97, em cujo art. 4º prevê que o imóvel invadido não será objeto de inspeção para fins de desapropriação, ou seja, nele não será realizado levantamento preliminar.

---

[4] Abordo detalhadamente as fases administrativa e judicial da desapropriação de imóveis rurais para fins de reforma agrária no livro *Desapropriação e Reforma Agrária*, ed. Liv. do Advogado, 1997.

[5] No livro *Desapropriação e Reforma Agrária*, ed. Liv. do Advogado, 1997 também abordo o rito da ação de desapropriação e as vias processuais adequadas à proteção judicial do direito de propriedade contra a desapropriação.

Eis o seu texto:

"O imóvel rural que venha a ser objeto de esbulho não será vistoriado, para os fins do art. 2º da Lei nº 8.629, de 25 de fevereiro de 1993, enquanto não cessada a ocupação, observados os termos e as condições estabelecidos em portaria do Presidente do Instituto Nacional de Colonização e Reforma Agrária – INCRA."

Eventual levantamento preliminar realizado em desconformidade com tal norma estará irremediavelmente viciado.

5.2. A notificação pessoal

Como não poderia deixar de ser, a lei, ao autorizar o levantamento preliminar, impõe que seja precedido de notificação.

À luz da redação original do art. 2º, § 2º, da Lei 8.629/93, entendia-se que essa notificação tinha de ser feita, necessariamente, na pessoa do proprietário, sob pena de vício radical e insuperável, "apto a projetar-se sobre todas as fases subseqüentes do procedimento de expropriação, contaminando-as, por efeito de repercussão causal, de maneira irremissível, gerando, em conseqüência, por ausência de base jurídica idônea, a própria invalidação do decreto presidencial consubstanciador de declaração expropriatória" (STF, Tribunal Pleno, MS 22.164-0).

O Supremo Tribunal Federal chegou mesmo a anular dezenas (talvez centenas) de decretos declaratórios de interesse social para fins de reforma agrária por ausência de notificação na pessoa do(s) proprietário(s). Veja-se, *e.g*, além do acima referido, os seguintes: MS 22.165; MS 22.319; MS 22.320.

Impõe-se considerar, entretanto, que a nova redação desse dispositivo legal, constante de Medida Provisória que vem sendo reeditada sob o nº 1.658, suavizou a exigência legal, permitindo que a notificação se dê mediante comunicação escrita ao proprietário, preposto ou representante.

Assim, na ausência do proprietário, poderá ser realizada na pessoa de quem esteja exercendo a posse em seu nome ou que o represente de fato ou de direito no que diz respeito às questões atinentes ao imóvel.

A notificação por edital, prevista no novo § 3º do artigo 2º da Lei 8.629/93, só terá lugar em casos excepcionais, ou seja, quando restarem infrutíferos esforços efetivos por parte do INCRA para a realização da notificação pessoal.

A dispensa da comunicação (notificação prévia), prevista no novo § 5º desse mesmo artigo, é inaplicável à espécie. Todo o levantamento que possa implicar nova classificação do imóvel exige a notificação prévia.

5.3. A notificação prévia

A notificação pessoal que precede o levantamento preliminar precisa ser prévia.

De fato, se a notificação tem por finalidade permitir que o proprietário acompanhe os trabalhos do INCRA a fim de oferecer elementos úteis à sua defesa, é imprescindível que seja realizada com antecedência, de maneira que o proprietário possa, de fato, preparar-se para tanto, *e.g.*, contratando assistente técnico.

Não há de se aceitar, pois, a notificação realizada por ocasião do início dos trabalhos ou no curso do levantamento preliminar.

O Supremo Tribunal Federal tem se manifestado também sobre este ponto. Vejamos:

"A notificação a que alude o § 2º do art. 2º da Lei 8.629/93 (...) deve ser feita em momento anterior ao da realização da vistoria do imóvel, sob pena de violação ao art. 5º, LIV, da CF (...). Com esse fundamento, o Tribunal deferiu mandado de segurança impetrado contra decreto do Presidente da República que declarara de interesse social para fins de reforma agrária imóvel rural de propriedade dos impetrantes, por considerar inválida a notificação feita aos proprietários do imóvel no mesmo dia em que a equipe do INCRA iniciou os seus trabalhos. Precedente citado: MS 22.164/SP (DJU de 17.11.95)." (STF, MS 22.385/MS, rel. Min. Ilmar Galvão, mar/1998, Informativo STF nº 104)

"EMENTA: DESAPROPRIAÇÃO POR INTERESSE SOCIAL. FALTA DE NOTIFICAÇÃO A QUE SE REFERE O § 2º, DO ART. 2º, DA LEI 8.629/93. CONTRADITÓRIO E AMPLA DEFESA. INEXISTÊNCIA. NULIDADE DO ATO. MANDADO DE SEGURANÇA DEFERIDO.

1. A propriedade selecionada pelo órgão estatal para o fim de desapropriação por interesse social visando à reforma agrária não dispensa a notificação prévia a que se refere o parágrafo 2º, do art. 2º, da Lei nº 8.629, de 25 de fevereiro de 1993, de tal modo a assegurar aos seus proprietários o direito de acompanhar os procedimentos preliminares para o levantamento dos dados físicos objeto da pretensão desapropriatória. O conhecimento

prévio que se abre ao proprietário consubstancia-se em direito fundamental do cidadão, caracterizando-se a sua ausência patente violação ao princípio do contraditório e da ampla defesa (CF, artigo 5º, inciso LV).

2. Não se considera prévia a notificação entregue ao administrador do imóvel 'quando da vistoria.'

3. Na falta da notificação prévia como preliminar do processo, o edito de expropriação por interesse social para os efeitos de reforma agrária torna-se plenamente nulo." (STF, Tribunal Pleno, MS nº 22.319/SP, rel. p/ o acórdão o Min. Maurício Corrêa, jun/1996.

Essa indispensável anterioridade deve remontar a, no mínimo, cinco dias do início dos trabalhos, até porque nem sempre será feita na pessoa do proprietário, mas na do preposto ou representante.

Superada, pois, a posição adotada pelo Supremo Tribunal Federal em agosto/1996, quando do julgamento do MS 22.302, no sentido de que a notificação feita no dia do início do levantamento preliminar atendia à finalidade visada, de permitir o acompanhamento da vistoria.

5.4. O direito de defesa na esfera administrativa

A notificação tem por finalidade colocar o proprietário a par do ingresso dos técnicos do INCRA na sua propriedade e da possibilidade de reclassificação do imóvel, de maneira que, ciente do procedimento, o proprietário possa acompanhá-lo, disponibilizando aos técnicos as informações que possua a respeito da produtividade do seu imóvel e verificando, pessoalmente ou mediante assistente técnico, os critérios adotados nas medições realizadas (medições da área do imóvel, do grau de utilização da propriedade, da intensidade da exploração etc.), de forma que possa oferecer impugnações.

Veja-se, a respeito, a manifestação do Ministro Carlos Velloso, do STF, no Mandado de Segurança nº 21.820-7/SP:

"O devido processo legal da vistoria que visa a verificar se a propriedade rural cumpre, ou não, a função social, está na Lei 8.629, de 25.2.93, art. 2º, § 2º. O critério determinador dessa função social inscreve-se no art. 9º da citada lei. Estabelece o § 2º do art. 2º que os proprietários do imóvel rural são notificados da vistoria. Essa notificação desencadeia a possibilidade de o proprietário exercitar o direito de defesa. O proprietário poderá indicar, então, o seu assistente técnico, que acompanhará a vistoria; é claro que isto seria possível, caso contrário, o acompanhamento da vistoria seria praticamente inócuo. Poderá o proprietário, ademais, requerer o que entender útil à defesa. O órgão incumbido da realização da vistoria apreciará os requerimentos, deferindo-os ou não, sujeita a decisão ao controle judicial."

Deve-se reconhecer, pois, que o proprietário pode, efetivamente, deduzir argumentos de defesa já nesta fase, sendo imperativa a sua apreciação por parte do INCRA na conclusão dos trabalhos, quando da redação do parecer conclusivo da comissão de técnicos que deve dizer, calculados e analisados o GUT – Grau de Utilização da Terra – e o GEE – Grau de Eficiência na Exploração –, se o imóvel se enquadra ou não na condição de propriedade produtiva, bem como se, de outra forma, cumpre sua função social e se é considerado viável para o assentamento de trabalhadores rurais, estimando sua capacidade (quantas famílias nele poderiam ser assentadas). Este parecer é que dá suporte a eventual reclassificação do imóvel através da expedição de Declaração de Propriedade *ex officio*.

Além disso, o art. 3º do Decreto 2.250/97 dispõe:

"Os laudos de vistoria, bem como as atualizações cadastrais resultantes, serão comunicados ao proprietário do imóvel rural, que poderá exercer, no prazo de quinze dias, direito de manifestação."

Terá o proprietário, pois, também o direito de oferecer recurso contra a reclassificação do seu imóvel como improdutivo no prazo de quinze dias a contar de quando lhe foi dada ciência do ato, cabendo ao INCRA confirmar ou não a sua conclusão.

É importante ter em conta que a não apreciação das impugnações ou do recurso oferecido pelo proprietário vicia a atualização cadastral que, dessa forma, não poderá embasar validamente nenhum decreto declaratório de interesse social para fins de reforma agrária.

— 7 —

Algumas inovações trazidas pela MP nº 1.577/97, suas sucessoras e o Decreto nº 2.250/97

MOISÉS TOMÁS STEFANI
Procurador do INCRA/RS

SUMÁRIO: 1. Introdução; 2. O levantamento de dados e informações; 2.1. Da prévia notificação à comunicação por escrito; 2.2. A comunicação por escrito ao proprietário, preposto ou representante; 2.3. A comunicação por edital; 2.4. A desconsideração das alterações no imóvel rural após a comunicação; 2.5. A fiscalização decorrente do poder de polícia; 3. Os processos de formação ou recuperação de pastagens ou de culturas permanentes; 4. Projeto técnico capaz de afastar a desapropriação; 5. A indenização no processo expropriatório por interesse social para fins de reforma agrária; 6. O Decreto nº 2.250, de 11 de junho de 1997.

1. Introdução

Em 11 de junho de 1997, a Presidência da República, em mais uma intervenção legislativa, implementou a edição de dois novos atos normativos, sendo um deles pela via do instituto da medida provisória, com especial repercussão nos procedimentos administrativos e judiciais, atinentes à desapropriação para fins de reforma agrária. Como conseqüência, operaram-se alterações em textos de leis vigentes, ou o disciplinamento de situações, até então, sem regramento específico.[1]

---

[1] Um dos mencionados atos foi a Medida Provisória nº 1.577/97, que alterou a redação dos arts. 2º, 6º, 7º, 11 e 12, da Lei 8.629/93 e acresceu dispositivo à Lei 8.437/92. Esta MP foi sucedida

Abordar as mudanças ocorridas na legislação agrária, especialmente no procedimento expropriatório, com o advento das mencionadas normas, neste momento, é tarefa das mais complexas e, por que não dizer, desafiadora. A uma, pela quase inexistência de doutrina específica sobre o tema, o que é compreensível, diante da precariedade do instituto da Medida Provisória que, em pouco tempo, pode ser alterada, reeditada com mudanças, transformada em lei, enfim, deixar de existir em sua forma original. Este fenômeno desencoraja os doutrinadores a erigirem obras sobre os efeitos das medidas provisórias, eis que no período entre a elaboração dos escritos e sua publicação, muitas das situações acima referidas poderão ter se efetivado, retirando a atualidade do estudo, situação que não ocorre, evidentemente, em se tratando de surgimento de nova lei. Apenas para ilustrar a comentada precariedade, é de se observar que no período entre a data de 11 de junho de 1997 até os dias atuais, a MP de nº 1.577, foi reeditada com alterações e, por três vezes, renumerada, de modo que, atualmente, a MP que trata das mudanças aqui comentadas é a de nº 1.703, de 30 de junho de 1998. E, a duas, pela igualmente parca quantidade de jurisprudência acerca dos novos dispositivos, o que se explica pela recentidade das inovações, muitas delas ainda não incidentes no mundo fático, outras tantas ainda não submetidas à apreciação dos Colendos Tribunais Superiores.

Contudo, mesmo presente a imensa gama de dificuldades, asseveradas pelas limitações que nos são próprias, tentaremos, no decorrer deste trabalho, propor à reflexão algumas situações pertinentes às novéis disposições legais, sem qualquer pretensão de esgotar o tema; apenas imbuídos a contribuir para o salutar debate das questões jurídicas, imprescindível para a evolução do Estado Democrático de Direito, mormente na seara da Reforma Agrária, que se constitui em aspiração da maioria da população brasileira, mas que encontra, ainda, severos entraves em sua efetivação, calcados especialmente no conservadorismo, ainda presente, por vezes, nos segmentos econômicos, políticos e jurídicos de nossa sociedade. Nesta

---

pela de nº 1.632/97 (publicada em dezembro de 1997), seguida da MP nº 1.658/98 (com edição em maio de 1998) e, atualmente, pela MP nº 1.703, de 30 de junho de 1998. As reedições, com nova numeração, se devem à alterações procedidas no texto original das Medidas revogadas. O outro ato consistiu no Decreto Presidencial nº 2.250 que, dentre outros aspectos, dispôs sobre a possibilidade de entidades representativas de trabalhadores rurais e agricultores indicarem áreas passíveis de desapropriação para fins de reforma agrária, aos órgãos governamentais incumbidos de promovê-la, bem como vetou a realização de levantamento de dados e informações em imóveis esbulhados, enquanto permanecer a indevida ocupação. Este Decreto foi regulamentado pela Portaria nº 225, emanada da Presidência do INCRA, na data de 11 de maio de 1998.

empreitada, limitar-nos-emos a abordar algumas das modificações ocorridas no texto da Lei nº 8.629/93.

Pelo fato de ter inaugurado as alterações introduzidas na Lei nº 8.629/93, e dada a sua abrangência, abordaremos, durante a maior parte do trabalho, redações estabelecidas pela Medida Provisória de nº 1.577 e mantidas pelas demais que a sucederam. Todavia, ao analisarmos as modificações que ensejaram a reedição das Medidas, com nova numeração, serão, as mesmas, devidamente ressalvadas.

2. O levantamento de dados e informações

A Lei nº 8.629/93 regulamentou os dispositivos constitucionais relativos à reforma agrária, previstos no Capítulo III, Título VII, da Constituição Federal. Em seu art. 2º, a referida Lei estabeleceu, em consonância com os cânones constitucionais, a penalização jurídica a ser imposta à propriedade que não cumprir sua função social, qual seja, a desapropriação por interesse social para fins de reforma agrária. Até aqui, tem-se mera reprodução do já estabelecido pelo art. 184 da Carta Magna, pelo que exsurge, clarividente, o caráter punitivo da aludida modalidade desapropriatória aos imóveis rurais que não observarem, de forma simultânea, os requisitos elencados pelo art. 186 da Constituição Federal.

Em seus parágrafos, estabeleceu, o referido art. 2º da Lei nº 8.629/93, no primeiro, a competência da União para a desapropriação para fins de reforma agrária, no que, outra vez, limitou-se a repisar mandamento constitucional, e em seu § 2º, a possibilidade de ingresso, no imóvel rural de propriedade particular, do órgão federal competente (atualmente o Instituto Nacional de Colonização e Reforma Agrária - INCRA, ou os órgãos colegiados estaduais, mencionados pelas MPs em apreço), para *levantamento de dados e informações*. Tal medida tem sua razão de ser exatamente no fato de que, no procedimento administrativo que precede a edição do Decreto Presidencial declaratório do interesse social do imóvel rural, destinando-o, assim, à reforma agrária, é necessário demonstrar-se o descumprimento da função social da propriedade. Para tanto, é mister que se obtenham informações relativas à quantidade de área explorada, de preservação permanente, tipo de atividade agropecuária desenvolvida no imóvel, resultado da produção no último ano agrícola ou civil, enfim, elementos que possam permitir o cálculo dos índices de Grau de Utilização da Terra - GUT e do Grau de Eficiência na Exploração - GEE, previstos e limitados, em seus patamares *mí-*

nimos, pelo art. 6º da mesma Lei nº 8.629/93, como forma a caracterizar uma propriedade como *produtiva*.

Tal classificação tem estreita ligação com o cumprimento da função social da propriedade, em nosso ordenamento jurídico, dada a previsão constitucional insculpida no art. 185, inciso II, da Constituição Federal, que determinou a insuscetibilidade de expropriação do imóvel rural classificado como produtivo. Frente a tal previsão constitucional, em termos práticos, a discussão do cumprimento da função social da propriedade ganhou maior relevância em seus aspectos econômicos, de modo que, nos atuais procedimentos expropriatórios, o grande elemento de discussão centraliza-se na produtividade alcançada pelo imóvel, perdendo espaço, infelizmente, a verificação dos demais requisitos indispensáveis para a caracterização do cumprimento da função social, como, *v. g.*, a utilização adequada dos recursos naturais disponíveis, com preservação do meio ambiente, ou a observância das disposições que regulam as relações de trabalho.

Assim, tem-se como indispensável à caracterização do cumprimento, ou não, da função social da propriedade, a coleta de dados e informações a respeito do imóvel rural, o que, no mais das vezes, implica a necessidade da entrada no mesmo, procedimento este denominado, na normatização interna do INCRA,[2] de *levantamento preliminar* ou, ainda, como preferem alguns, *vistoria preliminar*, como forma de diferenciá-la da *vistoria* propriamente dita, realizada com vistas à avaliação do imóvel, conforme estabelece o art. 2º, em seu § 2º, da Lei Complementar nº 76/93. Diversamente da desapropriação por utilidade pública, onde o ingresso no imóvel em momento anterior à expedição do decreto, via de regra, é dispensável, no caso da desapropriação por interesse social para fins de reforma agrária, a entrada de técnicos na área é *imprescindível* para a caracterização do cumprimento, ou não, da função social. Enquanto naquela desapropriação a motivação encontra-se em fatores não diretamente ligados ao imóvel selecionado, mas sim na destinação que se pretende dar ao mesmo, em atendimento ao interesse público, nos casos da desapropriação para fins de reforma agrária a motivação situa-se na própria condição de exploração da área rural visitada, traduzindo-se na sanção legal imposta em razão do descumprimento da função social exigida constitucionalmente. Daí, portanto, a necessidade de ingresso no imóvel rural, antes da expedição do decreto presidencial

---
[2] Instrução Normativa INCRA nº 08/93, item 5.

declaratório do interesse social, justificando a previsão contida no § 2º do art. 2º da Lei nº 8.629/93.

Uma leitura desavisada do aludido dispositivo poderia conduzir à errônea conclusão de que o ingresso em imóvel rural, de propriedade particular, somente estaria autorizada para os casos em que não há o cumprimento da função social, pelo fato de o mencionado § 2º encontrar-se inserido em artigo cujo *caput* alude, expressamente, a tais imóveis. Todavia, conforme visto anteriormente, a coleta de dados e informações destina-se, exatamente, à obtenção de elementos que permitam a classificação do imóvel como produtivo ou improdutivo e, por conseguinte, que denotem o atendimento, ou não, ao requisito do aproveitamento racional e adequado, estipulado pelo art. 186, inciso I, da Constituição Federal. Ora, se somente após a realização da coleta dos dados e informações, normalmente efetivados mediante ingresso de técnicos no imóvel, é que se poderá classificá-lo como cumpridor, ou não, de sua função social, impossível admitir-se a incidência do § 2º do art. 2º da Lei 8.629/93, apenas no tocante aos imóveis onde, comprovadamente, há inobservância da função social. A conclusão, pois, que se impõe é a de que o aludido dispositivo tem aplicação genérica, traduzindo-se em prerrogativa legal da União, através de seus órgãos competentes para a realização da reforma agrária, pela qual é possível o ingresso de técnicos, em imóveis rurais de propriedade particular, para a fiscalização do cumprimento da função social.

E, por se tratar de prerrogativa legal da União, que pode ser exercida, indistintamente, em todas as propriedades rurais, não pode a mesma ser obstada pelos proprietários, se intentada regularmente. A não-permissão, pelo proprietário, da realização do *levantamento preliminar*, significa descumprimento à lei, ensejando, pois, a possibilidade de requisição de força policial, como forma de permitir o acesso à área e a coleta dos elementos necessários à classificação do imóvel rural.

Muito embora demonstrada a necessidade de ingresso dos técnicos no imóvel rural em que se pretende verificar o atendimento à função social, em especial ao aproveitamento racional e adequado a que alude o inciso I do art. 186 da Constituição Federal, é por demais oportuno que se desfaça uma idéia freqüentemente difundida, no sentido de que o *levantamento de dados e informações* tenha por objeto retratar a *situação atual* de exploração do imóvel. A lei sabiamente determinou que os técnicos podem ingressar no imóvel rural para obter "dados e informações", os quais devem referir-se a período anterior. No caso do *levantamento preliminar*, os elementos buscados pelos técnicos, em atendimento ao que dispõe a IN/INCRA nº 08/93, em seu item 2.2.1, tem relação com o ano civil ou agrícola, imediatamente anterior ao semestre em que se realiza o levantamento.[3] E tal procedimento tem sua razão de ser. Revela-se extremamente lógico que, ao se proceder à verificação do cumprimento, ou não, da função social da propriedade, não assente tal juízo sobre dados hipotéticos, futuros ou prováveis, mas sim com base em resultados já conhecidos e contabilizados, como, por exemplo, a última safra colhida no imóvel que se está a analisar.

2.1. Da prévia notificação à comunicação por escrito

Para o ingresso dos técnicos em áreas particulares, visando ao *levantamento de dados e informações*, a Lei exigia, em seu texto original, a "prévia notificação" do proprietário, conforme se extrai da antiga redação do § 2º do art. 2º da Lei 8.629/93:

"Art. 2º (...)

§ 2º Para fins deste artigo, fica a União, através do órgão federal competente, autorizada a ingressar no imóvel de propriedade particular, para levantamento de dados e informações, com *prévia notificação*". (grifo nosso)

A primeira alteração introduzida pela MP de nº 1.577/97, e mantida por suas sucessoras, diz respeito à "prévia notificação". Com efeito, a nova redação ditada ao § 2º do art. 2º da Lei 8.629/93 suprimiu a aludida expressão, substituindo-a pela locução "comunicação escrita", como se vê, no texto alterado, ora em vigor:

"Art. 2º (...)

§ 2º Para os fins deste artigo, fica a União, através do órgão federal competente, autorizada a ingressar no imóvel de propriedade particular para levantamento de dados e informações, mediante comunicação escrita ao proprietário, preposto ou representante."

Muito embora de pouca repercussão, no campo prático, a referida modificação, ao que nos parece, tem sua razão de ser. A existência, na Lei, da expressão "notificação" direcionou, desde o

---

[3] "2.2.1. O levantamento preliminar ou a vistoria, realizada no 1º semestre do ano refletirá as condições de uso do imóvel no Ano Civil imediatamente anterior, e, quando realizada no 2º Semestre, refletirá as condições de uso do imóvel no Ano Agrícola imediatamente anterior." (IN/INCRA nº 08/93).

primeiro momento, o entendimento da imensa maioria dos intérpretes no sentido de que, com a referida providência, estar-se-ia, efetivamente, dando início ao procedimento expropriatório, pelo que, em atendimento ao princípio constitucional do devido processo legal, o ato notificatório assumiu contornos de medida passível de desencadear o exercício da ampla defesa, pelo proprietário, e ensejadora da instauração do contraditório. Neste enfoque, sua ausência acarretaria a nulidade do procedimento administrativo, pelo ferimento aos mandamentos constitucionais insculpidos no art. 5º, incisos LIV e LV, da Constituição Federal. Esta a posição pacífica, no Supremo Tribunal Federal, perante a antiga redação do § 2º do art. 2º da Lei 8.629/93.[4]

O referido entendimento tem seus paralelos, que muitas vezes de forma extralógica, influenciam na formação da convicção jurídica acerca do conceito e da finalidade do instituto da, então, "prévia notificação". Encontramos, por exemplo, no Direito Processual do Trabalho, a notificação da parte demandada, em Reclamatória Trabalhista, onde o referido ato cumpre a função do procedimento citatório, daí por que, no âmbito processual trabalhista, não há falar-se em citação, mas sim em notificação,[5] cujos efeitos são idênticos, gerando, inclusive, se não for atendida, a revelia e a confissão quanto à matéria de fato,[6] etc. Sem falar no âmbito tributário, onde o termo "notificação" é associado à manifestação conclusiva da autuação fiscal, travestida, via de regra, em fixação de prazo para pagamento ou oferecimento de defesa, instaurando, efetivamente, o contraditório e proporcionando o exercício da defesa, pela parte notificada, diante da exação que lhe é apresentada.

Todavia, com evidência, não é o que ocorre no âmbito do procedimento de *levantamento de dados e informações* realizados nos imóveis rurais, como forma de obter elementos que verifiquem o cumprimento da função social. No momento em que é comunicado da realização do aludido levantamento, *o proprietário não é acusado, e tampouco seu imóvel é pré-classificado, como descumpridor da função social*. Assim, não há do que se defender, simplesmente porque não há qualquer acusação e nem mesmo eventual pré-qualificação. Basta atentar-se para o fato de que o *levantamento de dados e informações*

---

[4] A propósito, ver os seguintes julgados: MS nº 22.164-0/SP, Rel. Min. Celso de Mello, j. 30.10.95, e MS nº 22.319/SP, Rel. Min. Ilmar Galvão, Rel. do Acórdão Min. Maurício Corrêa, j. 20.06.96. (www.stf.gov.br)

[5] Vide art. 841, e seus §§ 1º e 2º, da CLT.

[6] Vide art. 844 da CLT.

pode conduzir à conclusão de que a área examinada é produtiva, o que ensejará o arquivamento administrativo do aludido procedimento, sem quaisquer conseqüências para os direitos do proprietário.

Na hipótese, porém, de o referido levantamento apontar para o descumprimento da função social, será instaurado o contraditório, com a ampla defesa, previstos no inciso LV do art. 5º da Constituição Federal, proporcionando-se ao proprietário prazo para manifestação acerca do que, agora sim, lhe é imputado com relação à sua propriedade. Note-se que, neste momento, *será permitido ao proprietário deduzir administrativamente a mais ampla defesa que pretender*, assegurando-se, pois, a observância dos ditames constitucionais pertinentes. Esta providência, levando ao conhecimento do proprietário o resultado do levantamento realizado em seu imóvel, é prevista na IN/INCRA nº 08/93, em seu item 9.3,[7] e, agora, também pelo Decreto Presidencial nº 2.250, no prazo fixado em seu art. 3º

A esse respeito, merece referência a lição da Eminente Juíza Federal do Rio Grande do Sul, Drª Vivian Josete Pantaleão Caminha, que, ao discorrer sobre a garantia do devido processo legal frente aos procedimentos inerentes à reforma agrária, apresenta, de forma clarividente, a "prévia notificação" como medida inserta na amplitude conceitual do *due process of law*, porém não indicativa da instauração do contraditório ou da ampla defesa.[8] Assim, em respeito ao princípio constitucional contido no art. 5º, inciso LIV, da Carta Magna, é imprescindível a comunicação de que trata o § 2º do art. 2º da Lei nº 8.629/93, para viabilizar o ingresso de técnicos em imóvel de propriedade particular para *levantamento de dados e informações*, porém não há se falar da mesma como oportunidade para o contraditório e a ampla defesa.

No mesmo sentido, a manifestação do Ilustre Magistrado Federal do Rio Grande do Sul, Dr. Leandro Paulsen, o qual, ao comentar os efeitos da, então, "notificação", com clareza e acerto expõe, *verbis*:

---

[7] "9.3 – Promovidas as alterações cadastrais *ex officio*, em função dos dados e informações contidas no Relatório Técnico e/ou laudo de vistoria e avaliação, a SR/C deverá remeter ao proprietário a cópia da DP *ex officio*, através de AR, ou pessoalmente contra recibo." (IN/INCRA nº 08/93).

[8] "... Não se iguale aqui contraditório com devido processo legal, pois este, mais amplo, abrange aquele. A notificação pessoal do proprietário, por exemplo, constitui medida cuja exigibilidade se insere no amplo espectro do devido processo legal, mas não significa, de qualquer forma, a imposição, desde já, do exercício da ampla defesa, porque ainda não concretizada a ameaça de restrição a direito, mesmo que seja possível já pressentir a disposição da entidade governamental de ultimar os atos expropriatórios." (*Desapropriação e Reforma Agrária* – Ed. Livraria do Advogado, 1997, págs. 85/86. Obra escrita em conjunto com dois outros Magistrados Federais do Rio Grande do Sul, Drs. Leandro Paulsen e Roger Raupp Rios).

"Impõe-se ressaltar, também, que, ao proprietário, não é dado, num primeiro momento, quando o imóvel está sendo objeto de análise e de medições, exercer o contraditório e a ampla defesa. Isso porque ainda inexiste qualquer posição do INCRA quanto à produtividade do imóvel, não se podendo falar concretamente, pois, em litígio.

Aliás, permitir o contraditório, neste momento, seria o mesmo que, durante a redação de um parecer, dar à pessoa interessada a oportunidade de se colocar ao lado do Procurador responsável para impugnar a consulta a tal ou qual livro ou a adoção de determinado raciocínio".[9]

Por tudo isso, temos como acertada a nova nomenclatura emprestada pela lei ao ato que visa, tão-somente, a cientificar o proprietário de imóvel rural da intenção do órgão federal em proceder à coleta de dados e informações sobre seu imóvel rural, com vistas a apurar o cumprimento de sua função social, servindo, igualmente, para sinalizar ao proprietário para que facilite o acesso dos técnicos à área. Em verdade, trata-se de nada mais do que um "ato de gentileza" ou "pedido de licença", do órgão federal competente, dando conta da futura visita ao imóvel do proprietário comunicado e da finalidade da mesma. Frente à inviolabilidade da intimidade e da vida privada do cidadão, bem como em respeito ao próprio direito de propriedade (inatacável antes de verificar-se o descumprimento da função social do imóvel rural), garantias também elencadas constitucionalmente, não se poderia conceber a realização, pelo órgão federal competente, de atos decorrentes de uma prerrogativa legal de forma truculenta, descortês, ou mesmo clandestina. Daí por que a plausível exigência da comunicação, como forma de solicitar a "abertura da porteira" do imóvel rural.

A conclusão acima exposta poderá atrair discordância, embasada no fato de que, nos casos em que se apurar, pelo *levantamento preliminar*, o descumprimento da função social pela propriedade, a comunicação aqui tratada terá, com efeito, dado início ao procedimento expropriatório, razão pela qual há que se considerar como o momento inicial do devido processo legal e, via de conseqüência, instaurar-se o contraditório e a ampla defesa. Ora, neste ponto, vale lembrar que se pretendesse a lei, contrariando o entendimento até aqui esposado, propiciar, no momento da comunicação, o contraditório e a ampla defesa, teria estipulado prazo mínimo de antecedên-

---

[9] Ob. cit., nota anterior, p.126.

cia para a efetivação do *levantamento de dados e informações*, como forma de possibilitar a preparação do proprietário para o acompanhamento do aludido procedimento. Ademais, teria exigido - e não o fez - a presença do proprietário ou de algum representante seu, como condição de validade do levantamento procedido pelos técnicos, no imóvel rural. Vê-se, portanto, que a lei não traduz, de forma inequívoca, o entendimento de que a instauração do contraditório e da ampla defesa se dá no momento da comunicação para a realização do *levantamento de dados e informações*.

Pode tal entendimento parecer uma atitude de cerceamento de defesa do proprietário, todavia não se pode olvidar que, no âmbito da fiscalização tributária, ou mesmo da vigilância sanitária, dos quais é possível extrair relevantes ensinamentos, os procedimentos de vistoria em estabelecimentos são procedidos sem qualquer aviso prévio. E tal conduta não enseja a invalidação dos mesmos, sob o argumento da inexistência do contraditório ou da ampla defesa, os quais irão estar presentes após a eventual autuação. Aliás, nesta seara, a jurisprudência tem consagrado o entendimento de que "o contribuinte não pode se opor à fiscalização, mas tão-somente aos resultados dela, aos seus efeitos, pois estes sim podem lhe causar danos".[10] Na mesma linha, vale enaltecer que a realização do *levantamento de dados e informações* não denota qualquer restrição ao direito de propriedade, motivo pelo qual não há se falar na comunicação como momento de instauração do contraditório e da ampla defesa.

Convém trazer à baila, ainda, um exemplo oriundo do processo penal, onde as garantias do acusado, no tocante ao contraditório e à ampla defesa são inexoráveis à validade do julgamento: quando da ouvida do acusado, durante o inquérito policial, a lei não possibilita a manifestação defensiva do mesmo, sem, no entanto, afrontar o texto constitucional. Ocorre que, até aquele momento, a exemplo do que se opera na ocasião da comunicação, inexiste a acusação formalizada, tratando-se, o inquérito de mera peça informativa. A própria Constituição Federal sinaliza para a equiparação aqui aventada, ao dispor no art. 5º, LIV, que "ninguém será privado da *liberdade ou de seus bens*, sem o devido processo legal"(grifos nossos). Ainda que se tenha, numa escala de valores, *a liberdade* como preponderante *aos bens*, reforçada estará a conclusão de que não há motivo para dispensar tratamento mais rigoroso para a comunicação do levantamento de dados e informações, considerando-a como instauradora do con-

---

[10] Ob. Cit., nota anterior, p.126.

traditório e da ampla defesa. Assim, uma vez mais, reputamos como conveniente a alteração efetivada com relação à nomenclatura do ato cientificador da realização do mencionado levantamento.

No que tange à previedade, retirada do antigo texto legal, entendemos que a mesma não pode, por isso, ser tomada como despicienda. Por óbvio, ainda que a comunicação tenha por finalidade, simplesmente, antecipar ao proprietário a intenção do órgão federal em proceder ao *levantamento de dados e informações* no interior de seu imóvel não poderá ser efetuada em momento posterior ao ingresso dos técnicos no imóvel, sob pena de não cumprir seu desiderato. Todavia, dúvidas surgidas outrora como a validade, ou não, da comunicação efetuada no mesmo dia da realização do *levantamento preliminar*, diante da nova disposição normativa, devem ser afastadas. Com efeito, a comunicação poderá se dar no mesmo dia da realização do referido levantamento, desde que reste comprovada sua efetivação em momento anterior ao ingresso dos técnicos na área visitada. Poderá ocorrer, por vezes, dificuldade no tocante à comprovação da referida anterioridade, porém impossível afastar a legalidade do procedimento efetivado com a aludida comprovação.

Aliás, neste sentido, considerando legal a notificação realizada no mesmo dia em que teve início o *levantamento preliminar*, e amainando a rigidez do instituto da, então, "prévia notificação", presente no pacífico entendimento da Suprema Corte,[11] já houve a manifestação do STF, no MS 22.302-2/PR, julgado em 21.08.96, cujo Relator foi o Min. Octávio Gallotti. Cumpre noticiar, todavia, recentes decisões do Colendo STF, em sentido contrário, considerando inválida "notificação" realizada no mesmo dia em que a equipe do INCRA iniciou os seus trabalhos, fato que demonstra a ausência de qualquer repercussão, ainda, nas decisões daquela Corte, da nova redação conferida pelas MPs em comento.[12]

2.2. A comunicação por escrito ao proprietário, preposto ou representante

Forte inovação inserida no texto do § 2º do art. 2º da Lei nº 8.629/93, diz respeito à possibilidade de efetuar-se a comunicação também nas pessoas do preposto ou representante. Na redação an-

---
[11] Vide nota nº 4.
[12] Veja-se, por exemplo, MS 22.385/MS, Rel. Min. Ilmar Galvão, j. 19.3.98, e MS 22.613/PE, Rel. Min. Mauricio Corrêa, j. 08.06.98, o primeiro noticiado no Informativo STF nº 104.

terior, a lei mencionava, unicamente, o proprietário como destinatário da comunicação, induzindo ao entendimento de que a notícia da intenção da Autarquia Federal em realizar o *levantamento de dados e informações* deveria realizar-se, pessoalmente, ao detentor do domínio. Admitia-se, é claro, a notificação efetuada por intermédio de procurador, em respeito às disposições, de aplicação genérica, do mandato, contido no Código Civil. Todavia, reputava-se ineficaz aquela procedida na pessoa do capataz da fazenda, ou do administrador, situação que, atualmente, reverteu-se.

A MP modificadora estabeleceu que a comunicação se dará ao *proprietário, preposto* ou *representante*. Note-se que, ao assim dispor, a lei tornou aptos a receber o ato comunicatório, dois novos sujeitos, os quais, normalmente, encontram-se no imóvel a ser visitado, reforçando a idéia, antes abordada, de que a comunicação traveste-se de "pedido de licença", destinado, especialmente, a facilitar o ingresso dos técnicos na área.

Aparentemente, a nova redação impôs uma ordem a ser observada na realização da comunicação, preferindo o proprietário e, ante a ausência deste, tornando-a possível na pessoa do *preposto* e do *representante*, nesta seqüência. No entanto, a intenção da nova redação não nos parece tenha sido esta. Coerente com a idéia de que a comunicação não induz à instauração do contraditório, a lei agora permite ao órgão incumbido de efetuar o *levantamento preliminar*, noticiar sua intenção a quem, dentre as pessoas elencadas no texto legal, esteja no imóvel. Assim, não se pode reputar eivada de ilegalidade a comunicação efetuada na pessoa do *preposto* ou do *representante*, sem a demonstração de ausência do proprietário. A interpretação em sentido contrário, com a devida vênia, cria embaraço e dificuldade onde a lei buscou, ao contrário, propor facilidades.

A propósito, convém observar que, pelas regras da sintaxe, os vocábulos substantivos sucessivos, entremeados por vírgulas, e, ao final, associados pela conjunção "ou" denotam a alternatividade proposta pelo texto, autorizando-nos a afirmar que a comunicação pode ser efetivada na pessoa do proprietário ou do *preposto*, ou ainda, do *representante*, privilegiando-se aquele que se encontrar no imóvel, por ocasião da efetivação da comunicação a que alude o § 2º do art. 2º da Lei nº 8.629/93.

Aspecto relevante, neste tópico, diz respeito à caracterização do *preposto* e do *representante*, bem como sua comprovação jurídica. De Plácido e Silva, conceitua a figura do *preposto* como sendo "a pessoa ou o empregado que, além de ser um *locador de serviços*, está investido no poder de representação de seu chefe ou patrão".[13] Prossegue, o aludido Mestre, enaltecendo que, face ao poder de representação, o *preposto* diferencia-se do mero empregado e do mandatário. O primeiro limita-se a prestar seu trabalho, em cumprimento à respectiva obrigação contratual, e o segundo está condicionado a praticar, em nome do mandante, apenas os atos por este autorizados.

A origem etimológica da palavra sinaliza para a pessoa que assume o comando, que é colocada à frente.[14] No âmbito do Direito do Trabalho, encontramos o *preposto* como a pessoa autorizada pela lei a representar o empregador na audiência de instrução e julgamento dos dissídios individuais, nos termos do § 1º do art. 843 da Consolidação das Leis do Trabalho - CLT.

Pelo exposto, evidencia-se que a figura do *preposto* caracteriza-se pela presença do poder de representação, associada à idéia de comando, de coordenação. Nesta linha de raciocínio, pode-se apresentar, como exemplos, o capataz da fazenda, o qual representa o proprietário na condução dos trabalhos campeiros, com poder de mando sobre os demais empregados, ou o caseiro que, no campo, encontra-se à frente do imóvel rural, cuidando do mesmo, em nome do proprietário, ou, ainda, o administrador do condomínio rural, eis que a este compete dirigir os negócios desenvolvidos no imóvel.

Com relação ao *representante*, quer nos parecer que a lei, embora não tenha mencionado de forma expressa, pretendeu referir-se ao representante legal, instituído pelo proprietário, com supedâneo nas disposições do mandato civil. Tal raciocínio deriva do fato de que, sendo a intenção da norma possibilitar o recebimento da comunicação por quem não detém a expressa autorização para tanto, porém, encontra-se dotado do poder de representação do proprietário do imóvel rural, por outras circunstâncias, tal desiderato já foi alcançado na pessoa do *preposto*, previsto anteriormente, o qual, como visto, encerra o atributo da representação, eis que situado à testa da administração, na condução dos interesses econômicos do patrão. Assim, ao prever a figura do *representante*, a lei nada mais fez do que estabelecer a possibilidade de outra pessoa, que não o preposto, receber a comunicação para a realização do *levantamento preliminar*.

Além do mandatário, entendemos que a expressão "representante" contempla, também, a pessoa do inventariante, nos casos em que o imóvel rural a ser visitado integre o espólio. Isto porque, a teor do disposto no art. 991, inciso I, do C.P.C., incumbe ao inventariante a representação do espólio "em juízo e fora dele", razão pela

---

[13] De Plácido e Silva, *Vocabulário Jurídico*, Vol. III, Ed. Forense, 3ª Edição, 1993, p. 431.
[14] Idem.

qual pode recair sobre o mesmo a comunicação a que alude o art. 2º, § 2º, da Lei nº 8.629/93. E, diante da situação do espólio para o qual ainda não houve nomeação de inventariante, qual a pessoa autorizada a receber a comunicação, na inexistência de preposto, no imóvel? A solução, cremos, há que ser buscada na analogia com o texto legal insculpido no art. 7º, § 2º, da Lei Complementar nº 76/93, que trata da citação judicial em procedimento expropriatório. Aduz a referida norma que "inexistindo inventariante, a citação será feita na pessoa do cônjuge sobrevivente ou na de qualquer herdeiro ou legatário que esteja na posse do imóvel". Ora, se a lei autoriza as mencionadas pessoas a receberem citação processual, procedimento instaurador do contraditório, na esfera judicial, não há razão para obstar a conclusão de que podem as mesmas receber a comunicação para a realização do *levantamento de dados e informações*. Trata-se da aplicação do princípio hermenêutico de que "aquele que pode o mais, pode o menos". Além do que, a interpretação aqui adotada, uma vez mais, coaduna-se com a *mens legis* de realizar a comunicação na pessoa que se encontra no imóvel rural, em condições de facilitar o acesso dos técnicos à área pretendida.

Dificuldade que por certo advirá, na aplicação prática das novas disposições atinentes à comunicação, diz respeito à prova da condição de *preposto* ou *representante* do proprietário, ostentada pela pessoa a quem se pretende comunicar. Deste último, a procuração se constitui como o instrumento adequado, nos termos da Lei Substantiva, ou, na hipótese do Inventariante, o competente termo judicial que o instituiu. Porém, com relação ao primeiro, exsurgem outras formas de comprovação, dependentes da condição sustentada pelo *preposto*. Assim, em se tratando de empregado, com poderes de capatazia, poderá constar em sua Carteira de Trabalho tal situação, assim como poderá existir, igualmente, mandato específico. No caso do administrador de condomínio, haverá o contrato constitutivo, ou também um mandato especial. Em que pese os exemplos alinhavados, é de se ter presente que as formas de comprovação hão de ser abertas, flexíveis, mormente no caso do *preposto*, sob pena de, em se exigindo formas demasiadamente formalistas, torná-lo idêntico ao representante legal, incorrendo no grave equívoco de tratar igualmente figuras que a lei, de forma límpida e clara, diferençou.

2.3. A comunicação por edital

Ainda no art. 2º, a Lei 8.629/93 recebeu, por força das MPs em comento, o acréscimo do § 3º, assim enunciado:

"§ 3º Na ausência do proprietário, do preposto ou do representante, a comunicação será feita mediante edital, a ser publicado, por três vezes consecutivas, em jornal de grande circulação na capital do Estado de localização do imóvel."

Pela redação acima transcrita, verifica-se a possibilidade, uma vez ausente o proprietário, de efetivar-se a comunicação por meio de edital, a forma de cientificação ficta, prevista em nosso ordenamento jurídico para diversos fins.

A presente modificação implementada na Lei 8.629/93, com efeito, pretendeu contornar as dificuldades enfrentadas pelo INCRA na comunicação destinada a proprietários que se evadem ao recebimento, ou ainda, que residem em local distinto do imóvel, em lugar incerto ou ignorado, deixando sua propriedade rural praticamente abandonada. Diante da impossibilidade, pela redação legal anterior à modificação, de comunicar-se outras pessoas que não o proprietário, a não-localização do mesmo, muitas vezes, tornava impossível o trabalho de coleta de dados. De igual sorte, nos casos em que o proprietário, de forma premeditada, se ocultava, não recebendo o documento da, então, notificação. Agora, além do proprietário do imóvel, o preposto ou o representante também poderão ser comunicados da realização do levantamento preliminar. Não sendo as referidas pessoas encontradas, poderá o INCRA utilizar-se do edital como forma de noticiar sua intenção de ingressar em determinado imóvel rural para fins de verificação do cumprimento da função social.

O edital, como diz De Plácido e Silva, "vem justamente indicar o ato pelo qual se faz publicar pela imprensa, ou nos lugares públicos, certa *notícia*, *fato*, ou *ordenança*, que deva ser divulgada ou difundida, para conhecimento das próprias pessoas nele mencionadas, como de quantas outras possam ter interesse no assunto, que nele se contém".[15] Muito embora utilizado em diversas ocasiões, em nosso sistema legal, o edital não possui um ritual único, variando de acordo com a finalidade a que se destina. Assim, são diferentes os prazos de publicação, bem como o número de vezes em que a mesma deve ocorrer, nos casos de edital de proclamas (art 181 do C.C.B.), de falência (arts. 16 e 205 do Decreto-lei nº 7.661/45), de citação (arts. 232, III, do C.P.C.), de arrecadação de bens dos ausentes (art. 1.161 do C.P.C.), entre outros. No entanto, a característica comum a todas as modalidades de edital acima referidas é a propagação presumida dos assuntos neles contidos.

---

[15] De Plácido e Silva, ob. cit., Vol. II, p.134.

No edital para comunicação da intenção de realizar-se o *levantamento de dados e informações*, a lei estabeleceu que a publicação deve ocorrer por três vezes consecutivas, todavia não definiu o lapso de tempo no qual devem ser realizadas as publicações e, tampouco, o prazo do aludido edital.

Diante deste silêncio legal, duas interpretações, no mínimo, podem surgir. Uma, no sentido de aplicar-se, subsidiariamente, as disposições do Código de Processo Civil, no campo da citação por edital, onde há, igualmente, a previsão de publicação tríplice do édito, o que poderia denotar uma relação entre as disposições da Lei 8.629/93 e o Código de Processo Civil, e a outra, no sentido de considerar a nova modalidade de comunicação específica, singular. Adotando-se a primeira, o intervalo para a publicação das três vezes, na imprensa, seria de 15 (quinze) dias e o prazo para a realização do levantamento deveria situar-se entre 20 (vinte) e 60 (sessenta) dias, nos termos do art. 232 do C.P.C. Acreditamos que esta tese deve ganhar relevo, especialmente quando a comunicação por escrito restou frustrada e houve o ingresso, em juízo, de pedido de comunicação pela modalidade da notificação judicial (arts. 867 a 873 do C.P.C.). É que, *in casu*, considerando que já houve a provocação do Poder Judiciário, ante a insuficiência dos meios utilizados pela Entidade Administrativa, é evidente que o raciocínio se direcionará para a busca da comunicação por edital com amparo, uma vez mais, do aparato judicial, eis que o deslinde da questão já transpôs a esfera administrativa. Ainda mais se atentarmos para o fato de que o art. 870 do Código de Processo estabelece a intimação por editais (numa clara alusão ao edital citatório), dentro do próprio procedimento de notificação judicial.

Assim, a comunicação de que trata o § 2º do art. 2º da Lei 8.629/93, através de notificação judicial, a despeito de ser, normalmente, mais morosa, vai suscitar, frente à não-localização da pessoa a ser notificada, a via de comunicação editalícia em decorrência da frustração da medida judicial de intimação por Oficial de Justiça, não ensejando a incidência da modalidade prevista pelo novo texto legal, cujo âmbito de ocorrência há de ser o administrativo. Por isto, somos do parecer de que, uma vez não encontrados o proprietário, o preposto ou o representante, a Autarquia deve providenciar a comunicação mediante notificação extrajudicial, como forma de obter uma certidão dotada de fé pública e emanada de pessoa não vinculada à mesma (o Oficial do Cartório de Títulos e Documentos, evitando, com isso, futura acusação de não ter esgotado os meios disponíveis para efetivar a comunicação) e, resultando esta frustrada, ante a ausência das pessoas antes elencadas, proceder na publicação dos editais mencionados pelo § 3º do art. 2º da Lei 8.629/93, prescindindo da notificação judicial. Ora, a Lei, ao prever a comunicação por edital, não exige a utilização prévia de procedimento judicial, não se justificando, pois, a utilização da referida notificação. Além do que, tal previsão encontra-se em Sistematização interna do INCRA, infralegal, formulada em período anterior às mudanças em comento, que se tornou, por isso, neste ponto, inconveniente, diante da nova possibilidade de comunicação criada pela Lei. Desse modo, ao nosso sentir, não há qualquer ilegalidade, no tocante à comunicação, se a Autarquia, após esgotar os meios de cientificação direta do proprietário, do preposto ou do representante, além da notificação extrajudicial, não os encontrando, publicar editais anunciando a realização de *levantamento preliminar* no imóvel rural especificado.

A esta altura, para que se possa compreender melhor a situação acima exposta, convém mencionar que o INCRA, na realização da comunicação por escrito de que trata a Lei 8.629/93, utiliza, pela ordem, as seguintes modalidades, previstas na Sistematização da Procuradoria-Geral da aludida Autarquia:[16] a) a cientificação por escrito, diretamente na pessoa a ser comunicada, ou, b) remetida, via postal, ao destinatário da comunicação, mediante Aviso de Recebimento - AR; c) a notificação extrajudicial, prevista pela Lei nº 6.015/73; e, d) a notificação judicial, prevista nos arts. 867 a 873 do C.P.C. Diante disso, por diversos motivos, podem restar frustradas as primeiras três modalidades, forçando a Autarquia a ingressar em juízo, pleiteando a comunicação, via judicial, do proprietário que, *v. g.*, se furta ao recebimento da notícia de ingresso em sua propriedade, para *levantamento de dados e informações*. Note-se que, neste ponto, não obstante a possibilidade de efetivar-se a comunicação, alternativamente, nas pessoas do proprietário, preposto ou representante, prevista pela lei, o que se está a abordar é a forma de demonstrar, inequivocamente, sua realização ou o esgotamento dos meios disponíveis para tanto. Por esta razão, na hipótese de insucesso das comunicações pessoais ao proprietário, preposto ou representante, bem como na frustração daquela realizada por Oficial de Cartório de Títulos e Documentos, cremos, haverá a defesa da tese de que o edital, mencionado pelo novo texto legal, deva seguir os moldes fixados pela legislação processual civil.

---

[16] Conjunto de recomendações atinentes ao procedimento administrativo e judicial expropriatório, emanadas da Procuradoria-Geral do INCRA. Documento nominado de "Sistematização PJ, de 02/08/96".

Todavia, em que pese a aparente plausibilidade do raciocínio, temos que o verdadeiro escopo do novel disciplinamento foi o de conferir celeridade ao procedimento administrativo tendente a coletar dados e informações acerca da exploração de imóveis rurais, com vistas à verificação do cumprimento da função social da propriedade, consoante os ditames constitucionais. A celeridade procedimental da reforma agrária preocupou o legislador constituinte, fazendo surgir a previsão contida no § 3º do art. 184 da Constituição Federal, relativa à sumariedade do rito processual da ação expropriatória, que foi implementado pela Lei Complementar nº 76/93. Ora, se assim foi estabelecido, no âmbito judicial, razão não há para se defender procedimento contrário, na esfera administrativa. Destarte, não se pode considerar ideal a interpretação que equipara o edital previsto pelo § 3º do art. 2º da Lei nº 8.629/93 ao previsto nos arts. 231 e 232 do C.P.C. Mesmo porque, vale lembrar uma vez mais, não estamos diante de um procedimento instaurador do contraditório, não se justificando, pois, dar tratamento semelhante à citação processual a uma situação de mera comunicação administrativa, que não contém os atributos ou efeitos daquela.

A interpretação, anteriormente suscitada, considerando a singularidade e a especificidade da modalidade editalícia, inserida pelas MPs, parece-nos a mais consentânea com as intenções da norma inovadora, que pretendeu agilizar a realização dos levantamentos de dados e informações, vencendo as obstruções muitas vezes impostas. Nesta trilha, o edital previsto na Lei 8.629/93 traveste-se de procedimento eminentemente administrativo, que visa a substituir a comunicação por escrito, quando a mesma não logra êxito, não se efetiva, ante a ausência do proprietário, preposto ou representante, no imóvel. Destarte, ao não prever o lapso temporal em que devem ocorrer as três publicações na imprensa, bem como ao não estipular prazo para o edital, a lei não deixou lacunas. Em verdade, diante da peculiaridade do edital em comento, tornou possível a publicação, no mínimo por três dias seguidos, do aviso do ingresso dos técnicos da Autarquia, no imóvel do proprietário, na data constante do édito, por óbvio em período posterior às três publicações. Este entendimento se sustenta no fato de que, não configurando a instauração do contraditório, a comunicação editalícia não poderia estabelecer prazo para o comunicado "comparecer ao processo", ou deduzir defesa diante de um juízo previamente formado, pelo INCRA. Como já dito, trata-se de mera notícia da intenção da Autarquia em cumprir prerrogativa legal, sem qualquer acusação ou pré-classificação contra o proprietário ou sua propriedade. Por outro lado, não se pode olvidar que, no tocante à publicação do edital, ainda que se insista em utilizar a regra do inciso III do art. 232 do C.P.C., o prazo estabelecido é de, no máximo, de 15 (quinze) dias, não sendo, pois, ilegal a publicação, por três vezes, em período inferior.

Assim, temos que, uma vez frustradas as modalidades de comunicação por escrito ao proprietário, preposto ou representante, pela ausência dos mesmos, no imóvel que se pretende ingressar, torna-se possível à Autarquia publicar os editais acima mencionados, por três vezes consecutivas, após os quais estará autorizada a ingressar no imóvel para realizar a coleta dos dados e informações atinentes à exploração do imóvel rural. Impende ressaltar, todavia, que para a utilização da via editalícia, há que se esgotar os meios de cientificação direta ao proprietário, preposto ou representante, eis que ordenados em primeiro lugar, pela Lei, para a realização da comunicação.

Por fim, no tocante ao veículo das publicações, estabeleceu a norma os jornais "de grande circulação na capital do Estado de localização do imóvel". Neste ponto, entendemos, foi infeliz a redação, eis que não obrigou a publicação, também, em jornal, se existente, do município de localização do imóvel. Ora, sendo o objetivo noticiar amplamente a intenção da realização do levantamento preliminar, até mesmo para que o proprietário não encontrado possa vir a saber da mesma por terceiros, aqui inclusos os vizinhos do imóvel a ser visitado, não nos parece de bom alvitre o caminho preferido pela lei, prevendo unicamente a publicação do edital em jornal de grande circulação na capital do Estado de localização do imóvel.

2.4. A desconsideração das alterações no imóvel rural, após a comunicação

A MP de nº 1.577/97 criou, ainda, no art. 2º da Lei 8.629/93, o § 4º, mantido pelas demais MPs que a sucederam, cuja redação ora se transcreve:

> "§ 4º Não será considerada, para os fins desta Lei, qualquer modificação, quanto ao domínio, à dimensão e às condições de uso do imóvel, introduzida ou ocorrida até seis meses após a data da comunicação para levantamento de dados e informações de que tratam os §§ 2º e 3º"

O conteúdo deste preceito é dirigido ao órgão competente para aferir o cumprimento, pela propriedade em que foram colhidos os dados e as informações, de sua função social. Não se destina a regular a ação do proprietário, uma vez que não o impede de transferir o domínio, alterar a forma de utilização da propriedade, ou qualquer outra limitação ao seu direito de propriedade. Todavia, qualquer que seja a modificação efetuada, o INCRA não a considerará, se ocorrida no período de seis meses após a comunicação para o *levantamento preliminar*.

O objetivo precípuo da nova regra, igualmente inédita na Lei nº 8.629/93, é o de evitar a fraude. Muitas vezes, após a coleta dos dados, pelos técnicos da Autarquia, o proprietário fracionava o imóvel, originando diversas pequenas ou médias propriedades, com diferentes *dominus*, buscando inviabilizar a ação expropriatória, através da insuscetibilidade prevista no inciso I do art. 185 da Constituição Federal.

Note-se que, dada a inexistência, no momento da comunicação referente ao *levantamento de dados e informações*, de pré-classificação quanto à produtividade, ou não, do imóvel a ser visitado, a lei não acarretou proibições ao proprietário, quanto a modificações concernentes ao domínio, às dimensões e condições de uso de seu imóvel, eis que tal vedação representaria uma limitação punitiva a uma propriedade cujo desempenho ainda não se conhece e, por óbvio, pode encontrar-se em pleno atendimento de sua função social. Porém, se a intenção for utilizar tais alterações, após a comunicação, como forma de afastar a constatação do não-cumprimento da função social, sua manobra, frente ao disposto pelo parágrafo em comento, terá sido em vão. Isto porque a lei preferiu autorizar o não-conhecimento, pelo INCRA, das modificações perpetradas, se ocorridas no período por ela mencionado, acarretando, por conseguinte, o prosseguimento do processo administrativo instaurado com vistas à declaração do interesse social, mediante a expedição do competente Decreto Presidencial.

Questão que pode provocar polêmica diz respeito à situação de partilha do imóvel, no período aludido pela Lei, decorrente de Inventário ou Arrolamento, em andamento, ou iniciado, após a comunicação para a realização do levantamento preliminar. Deveria ser sobrestado o andamento do feito, evitando-se a expedição dos respectivos formais? A resposta que se impõe, ao nosso ver, é negativa, tendo em vista que, como já mencionado, a Lei não tem por finalidade acarretar proibição de transferência do domínio, sendo plenamente possível a expedição dos formais de partilha e o seu devido registro. Todavia, frente à especialidade do novel § 4º do art. 2º da Lei 8.629/93, o mesmo há de prevalecer diante da Lei Civil, de caráter reconhecidamente geral, desconsiderando-se, para fins de reforma agrária, o fracionamento operado. Fundamenta tal interpretação o princípio de hermenêutica *lex speciali derogat lex generali*.[17]

2.5. A fiscalização decorrente do poder de polícia

Uma das alterações no texto da MP de nº 1.577, que ensejou sua reedição sob o nº 1.632, diz respeito à inclusão do § 5º, também no art. 2º da Lei nº 8.629/93, assim enunciado:

"§ 5º No caso de fiscalização decorrente do exercício de poder de polícia, será dispensada a comunicação de que tratam os §§ 2º e 3º"

No dizer de Hely Lopes Meirelles, "*poder de polícia é a faculdade de que dispõe a Administração Pública para condicionar e restringir o uso e gozo de bens, atividades e direitos individuais, em benefício da coletividade ou do próprio Estado*".[18] Maria Sylvia Zanella Di Pietro aduz que "pelo conceito moderno, adotado no direito brasileiro, o poder de polícia *é a atividade do Estado consistente em limitar o exercício dos direitos individuais em benefício do interesse público*"(com grifos no original).[19]

Celso Antonio Bandeira de Mello, considerando a dupla face do poder de polícia, nos apresenta duas formas de conceituar tal atributo, uma em *sentido amplo*, onde corresponderia "à atividade estatal de condicionar a liberdade e a propriedade ajustando-as aos interesses coletivos", e outra, de *caráter restrito*, relativa às "intervenções, quer gerais e abstratas, como os regulamentos, quer concretas e específicas (tais como as autorizações, as licenças, as injunções) do Poder Executivo, destinadas a alcançar o mesmo fim de prevenir e obstar ao desenvolvimento de atividades particulares contrastantes com os interesses sociais".[20]

Da leitura dos conceitos acima expostos, mormente os que traduzem a concepção ampla e moderna do poder de polícia, é facilmente constatável que, na fiscalização do cumprimento da função

---

[17] Marcelo Dias Varella, *Introdução ao Direito à Reforma Agrária – O Direito face aos Novos Conflitos Sociais*, Ed. de Direito, 1998, p. 238.
[18] Hely Lopes Meirelles, *Direito Administrativo Brasileiro*, Malheiros, 21ª ed., 1996, p. 115.
[19] Maria Sylvia Zanella di Pietro, *Direito Administrativo*, Atlas, 8ª ed., 1997, p. 94.
[20] Celso Antonio Bandeira de Mello. *In* Maria Sylvia Zanella di Pietro, ob. cit., p. 95.

social da propriedade, a União, através de seus órgãos competentes, exerce poder de polícia, eis que detentora da prerrogativa legal de impor a desapropriação-sanção. Contudo, parece não ter sido este o enfoque do novel § 5º, instituído pela MP nº 1.632. Se considerarmos a fiscalização do cumprimento da função social da propriedade como exercício do poder de polícia, razão alguma haveria para a existência da nova disposição, eis que desde o primeiro momento estariam a União e seus órgãos competentes autorizados a ingressar no imóvel sem qualquer comunicação.

Assim, a interpretação que exsurge como provável, *in casu*, é a de que a Lei dispensou a comunicação para o ingresso em imóvel rural, nas hipóteses decorrentes do exercício do poder de polícia, este tomado em sua concepção mais restrita, e historicamente, mais remota, de garantia da ordem, da tranqüilidade e da salubridade públicas.[21]

Ainda que seja esta a intenção da lei, a previsão de ingresso em imóvel rural para o exercício do poder de polícia, ao nosso ver, encontra-se deslocada, impropriamente inserida em diploma legal que visa a regulamentar os procedimentos atinentes à reforma agrária, tão-somente. Desse modo, o ingresso em imóvel rural, nas hipóteses de exercício do poder de polícia (que, como dito anteriormente, pelo tratamento legal não está contido nos atos concernentes à fiscalização do cumprimento da função social da propriedade), deveria estar previsto na legislação própria, que regulamenta cada atividade fiscalizadora inerente a tal poder conferido à Administração.

3. Os processos de formação ou recuperação de pastagens ou de culturas permanentes

No claro intuito de levar em consideração os processos de recuperação de pastagens ou de culturas permanentes, que se encontram em desenvolvimento no imóvel rural, a Lei 8.629/93, em seu art. 6º, que disciplina a caracterização de produtividade do imóvel rural, estabelecendo índices mínimos de GUT e GEE, estipulou, em seu § 3º, entre as áreas tidas como efetivamente utilizadas, as que se encontram nas condições acima expostas, como se pode ver no inciso V do referido parágrafo. O efeito prático do presente dispositivo materializa-se no cálculo do GUT, cuja fórmula é prevista pelo § 1º do

---
[21] Odete Medauar, *Direito Administrativo Moderno*, Revista dos Tribunais, 2ª ed., 1998, p. 348.

mesmo art. 6º da Lei 8.629/93, *in verbis*: "O grau de utilização da terra, para efeito do *caput* deste artigo, deverá ser igual ou superior a 80 % (oitenta por cento), calculado pela relação percentual entre a área efetivamente utilizada e a área aproveitável total do imóvel."

Desse modo, frente à área aproveitável do imóvel, formada pela superfície total do mesmo, subtraídas as áreas elencadas pelo art. 10 da Lei nº 8.629/93, quanto maior a área efetivamente utilizada, maior será o índice do GUT. Neste sentido, a classificação das áreas objeto de formação ou recuperação de pastagens ou de culturas permanentes, como efetivamente utilizadas, tem o condão de premiar as iniciativas de aproveitamento do imóvel, para a exploração agrícola ou pecuária a que naturalmente se destinam os imóveis rurais, em perfeita sintonia com o princípio constitucional do atendimento à função social da propriedade. Trata-se do reconhecimento da Lei às situações de exploração rural que demandam maior tempo de consolidação do que as culturas anuais, por exemplo.

Neste particular, a MP de nº 1.577/97, bem como suas sucessoras, emendaram à redação inicial do inciso V do § 3º do art. 6º da Lei nº 8.629/93, a exigência de que os processos de formação ou renovação, acima referidos, sejam conduzidas tecnicamente e com a comprovação mediante Anotação de Responsabilidade Técnica - ART, perante o Conselho Regional da categoria profissional do técnico responsável. Eis a nova redação estipulada:

"Art. 6º (...)

§ 3º Consideram-se efetivamente utilizadas:

(...)

V - as áreas sob processos técnicos de formação ou recuperação de pastagens ou de culturas permanentes, tecnicamente conduzidas e devidamente comprovadas mediante documentação e Anotação de Responsabilidade Técnica."

A complementação de redação objetivou impedir a mera alegação de projetos, por parte do proprietário, como forma de forçar o reconhecimento, no cálculo do GUT, de áreas, em verdade, não aproveitadas, mas supostamente direcionadas a processos de renovação ou formação de pastagens ou de culturas permanentes. Diante da nova redação, a fim de que seja tomada a área alegada como destinada às finalidades referidas, há que se demonstrar documentação indicativa do processo de formação ou de renovação, bem como o registro de ART, perante o Conselho Regional de Engenharia, Arquitetura e Agronomia - CREA.

4. Projeto técnico capaz de afastar a desapropriação

O art. 7º da Lei nº 8.629/93 determina que não será passível de desapropriação, para fins de reforma agrária, o imóvel que comprove estar sendo objeto de implantação de projeto técnico que atenda aos requisitos enumerados pelos incisos I a IV do referido artigo.[22]

No inciso IV, a Lei estabelecia a necessidade de o projeto técnico ter sido "registrado, no órgão competente, no mínimo seis meses antes do decreto declaratório do interesse social.". Por força das MPs em comento, o aludido inciso, passou a ser assim enunciado:

"Art. 7º (...)

IV - haja sido aprovado pelo órgão federal competente, na forma estabelecida em regulamento, no mínimo seis meses antes da comunicação de que tratam os §§ 2º e 3º do art. 2º".

Percebe-se, de início, a definição de um órgão "federal" como o competente para aprovar o projeto técnico. Neste particular, cremos que a Lei assim se pronunciou diante da diversidade de projetos técnicos que podem ser executados em imóveis rurais, cuja natureza irá indicar o órgão federal competente para a respectiva aprovação. Desse modo, sendo o projeto técnico, *v. g.*, de manejo florestal, a competência para a aprovação deverá ser do IBAMA, órgão federal que atua na seara de proteção ambiental.

Outra alteração implementada pelo novo texto diz respeito à previsão de regulamento disciplinador da forma de aprovação dos projetos em referência. A Lei não estabeleceu, de forma expressa, a quem caberá emitir a referida regulamentação, fazendo pairar a dúvida. Até o presente momento, passados mais de quatorze meses da edição da primeira MP, que continha tal previsão, não se tem conhecimento da publicação do Regulamento mencionado pela presente disposição legal, o que acarreta a impossibilidade de aplicação prática, da mesma, em todos os seus termos. Todavia, na hipótese de existência de projeto técnico, que preencha todos os requisitos estabelecidos pelos incisos I a III do citado art. 7º, e que tenha sido aprovado por entidade federal com atuação na área técnica a que se refere o projeto, com base em seus atuais regulamentos, é forçoso concluir deva ser o mesmo considerado para os efeitos do aludido artigo, desde que sua aprovação tenha se efetivado em período

---

[22] Ao comentar as disposições do referido art. 7º, o Mestre Octávio Mello Alvarenga suscita dúvida acerca da constitucionalidade das mesmas, eis que, efetivamente, criam exceção à desapropriação, não prevista pela Carta Magna em seu art. 185. (*in Política e Direito Agroambiental*, Ed. Forense, 1995, p. 104).

anterior aos seis meses estipulados pela nova redação do inciso IV do art. 7º da Lei 8.629/93. Com efeito, não se pode desconsiderar, cremos, a iniciativa tendente a executar projeto técnico, nos limites estabelecidos pela norma em exame, pois tal comportamento acarretaria injusta punição a quem pretende explorar racional e adequadamente o imóvel rural. Eventual má-fé, ou intenção protelatória, frente à proposta de desapropriação, fica anulada, ao nosso ver, diante do fato de que a aprovação do projeto há que ser datada de período não inferior a seis meses antes da comunicação para realização do *levantamento de dados e informações*, significando que a aprovação deverá ocorrer em momento no qual o proprietário sequer tem notícia da intenção do Poder Público em verificar o atendimento à função social, em seu imóvel rural.

A derradeira inovação, no citado inciso IV, a merecer atenção, refere-se à modificação do termo *a quo*, de contagem do período semestral mínimo de aprovação para que o projeto técnico seja apto a afastar a expropriação, como já anunciado no parágrafo anterior. Antes, o termo inicial para a aferição dos seis meses era o decreto declaratório do interesse social, o que, por óbvio, acarretava severas dificuldades, uma vez que apenas depois de publicado o decreto presidencial é que se poderia saber se um projeto técnico estava, ou não, regular, para efeito de cálculo dos índices de GUT e GEE. Na hipótese de o projeto técnico ter sua aprovação efetivada em período superior aos seis meses anteriores ao decreto presidencial, este último já surgia problemático, eis que embasado em procedimento que desconsiderara um projeto legalmente válido. O critério atual, no entanto, afasta este problema, ao estabelecer como marco inicial da contagem do período de seis meses, a comunicação relativa ao *levantamento de dados e informações*. Assim, se no momento da comunicação, o proprietário não estiver com seu projeto técnico aprovado no órgão federal competente, há, pelo menos, seis meses, o mesmo não será levado em conta para fins de apuração do aproveitamento do imóvel rural.

5. A indenização no processo expropriatório por interesse social para fins de reforma agrária

A desapropriação por interesse social foi introduzida no Direito Brasileiro pela Constituição Federal de 1946, a qual, no tocante à indenização, em seu art. 141, § 16, falava em "prévia e justa indenização em dinheiro". A Emenda Constitucional de nº 10, de

09.11.1964, alterou a redação do mencionado dispositivo, inserindo, como exceção ao princípio geral indenizatório nas desapropriações, a possibilidade de pagar-se ao expropriado o valor de seu imóvel em títulos especiais da dívida pública, além de prever o pagamento das benfeitorias úteis e necessárias em dinheiro, como se vê nos §§ 1º e 4º do art. 147 da CF de 1946, acrescidos pela aludida Emenda. O Estatuto da Terra, por sua vez, promulgado em 30.11.1964, em seu art. 19, § 2º, letra *a*, estabeleceu que para a fixação da justa indenização a que se referia a Constituição Federal à época vigente, levar-se-ia em conta o valor declarado para fins de ITR, o valor constante do cadastro, acrescido das benfeitorias com a correção monetária porventura cabível e o valor venal do imóvel. A Constituição Federal de 1967, quanto à indenização expropriatória, repete no art. 157, §§ 1º e 4º, o disposto na Carta Política de 1946, mantendo, portanto, a atualidade do Estatuto da Terra, perante as normas constitucionais.

Em pleno regime de exceção, em meio a diversos Atos Institucionais, surge o de nº 9, datado de 25.04.1969, cujo preâmbulo reconhece a parca eficiência dos meios legais até então existentes para a efetivação da reforma agrária, alterando o disposto no § 1º do art. 157 da Constituição Federal. Tal modificação retirou do texto a expressão "prévia", e remeteu para a legislação infraconstitucional, a previsão dos critérios para a fixação da "justa" indenização. Ato contínuo, na mesma data supra, tem-se a emissão do Decreto-lei nº 554, o primeiro diploma legal a regulamentar o procedimento judicial da desapropriação por interesse social para fins de reforma agrária. No que pertine aos critérios de indenização, o aludido Decreto-lei estabelece, no art. 3º e seus incisos I a III, que se considera justa, a mesma, quando representar: a) o valor fixado por acordo entre o expropriante e o expropriado, b) na falta de acordo, o valor da propriedade, declarado pelo seu titular para fins de pagamento do ITR, se aceito pelo expropriante, e, c) o valor apurado em avaliação, levada a efeito pelo expropriante, quando este não aceitar o valor declarado pelo proprietário, para fins de ITR, ou quando inexistir tal declaração. A Emenda Constitucional de nº 01, de 17.10.1969, em seu art 161, *caput* e § 3º, reproduz o conteúdo dos respectivos §§ 1º e 4º do art. 157 da Carta Magna anterior, mantendo vivos, pois, os critérios estipulados pelo Decreto-lei 554/69.

Os referidos critérios, em especial os contidos nos incisos II e III do art. 3º do Decreto-lei nº 554/69, foram declarados inconstitucionais, pelo T.F.R., passando a vigorar, na fixação do *quantum* indenizatório, a avaliação procedida por perito judicial.[23]

A Constituição Federal de 1988, no art. 184, estabeleceu que a desapropriação por interesse social para fins de reforma agrária se dará mediante "prévia e justa indenização em títulos da dívida agrária", ressuscitando, pois, o termo "prévia", na indenização, e mencionando títulos de pagamento específicos para os procedimentos reformistas, a exemplo do que já existia no Estatuto da Terra, em seu art. 105. Com relação às benfeitorias úteis e necessárias, manteve a orientação pregressa, impondo a indenização em pecúnia.

A Lei nº 8.629/93, regulamentando o mencionado art. 184 da Constituição, em seu art. 12, disciplina a justa indenização, cabível ao expropriado que tem sua propriedade declarada de interesse social e destinada à reforma agrária. O aludido artigo, severamente alterado pela MP de nº 1.577/97, consagrou, em sua redação original, o critério da reposição, como forma de compensar a perda da propriedade, pela expropriação. Timidamente, sinalizava para o preço de mercado, como forma de balizar a obtenção dos valores componentes da justa indenização, como induziam seus §§ 1º e 2º

No entanto, a nova redação buscou adotar, claramente, o *preço de mercado* como parâmetro na fixação do montante indenizatório. E a intenção, deliberada, foi a de estipular, tal referencial, como teto máximo a ser observado, na retribuição da perda da propriedade expropriada. É o que se depreende da nova redação do *caput* do mencionado art. 12:

"Art. 12. Considera-se justa a indenização que reflita o preço atual de mercado do imóvel em sua totalidade, aí incluídas as terras e acessões naturais, matas e florestas e as benfeitorias indenizáveis, observados os seguintes aspectos:

I - (...)"

Ocorre que, em época anterior, a jurisprudência pátria vinha confirmando teses que preconizavam a indenização, em separado, de cobertura florística ou matas nativas, numa clara ficção, não considerada pelo mercado imobiliário rural.[24] E o pior, tal entendimento ensejava, no mais das vezes, o crescimento desproporcional

---

[23] Vide Agravo de Instrumento nº 38.537/MG – T.F.R., Plenário, DJ 18-3-82, e Apelação Cível nº 72.059/PE – T.F.R. 5ª T., DJ 19-8-82 (*in Coletânea*, 1983, publicação da Presidência da República e do Ministério Extraordinário para Assuntos Fundiários).

[24] Como exemplos, têm-se os julgados: AC nº 144019/AM – 4ª T. – T.R.F. 1ª Reg. – j. 29.10.96 – Rel. Juíza Eliana Calmon, e AC nº 509689/CE – 1ª T. – T.R.F. 5ª Reg. – j. 29.08.91 – Rel. Juiz Castro Meira (*in* JTRF – CD – 13ª Edição).

do montante indenizatório, com reflexão direta no cálculo de juros moratórios e compensatórios, elevando substancialmente as condenações ao erário público.

Confirmando o propósito de estabelecer o preço de mercado como limite máximo, para a indenização, as MPs substituíram as antigas redações dos §§ 1º e 2º do art. 12 pelas novas disposições, *in verbis*:

"§ 1º Verificado o preço atual de mercado da totalidade do imóvel, proceder-se-á à dedução do valor das benfeitorias indenizáveis a serem pagas em dinheiro, obtendo-se o preço da terra a ser indenizado em TDA.

§ 2º Integram o preço da terra as florestas naturais, matas nativas e qualquer outro tipo de vegetação natural, não podendo o preço apurado superar, em qualquer hipótese, o preço de mercado do imóvel."

O § 1º do art. 12 prevê um cálculo *dedutivo*, como forma de separar as duas formas de pagamento do total indenizatório, qual seja, a parte que deva ser paga em dinheiro, relativa às benfeitorias úteis e necessárias, e a parte a ser indenizada em TDA, referente à terra-nua. Se, antes, a existência dos incisos I e II, no referido art. 12, pudesse induzir à idéia de cumulação das duas partes acima mencionadas, para a formação do valor a ser entregue ao expropriado, o atual critério rompe com tal raciocínio, introduzindo como método de cálculo a obtenção, inicialmente, do valor de mercado atual do imóvel, em sua totalidade, daí procedendo-se, em momento posterior, à dedução dos valores relativos às benfeitorias indenizáveis em pecúnia, restando o montante a ser retribuído em Títulos.

No § 2º, em comento, temos uma adaptação da lei à realidade mercadológica imobiliária, na qual, ao buscar adquirir um imóvel rural, nem comprador, nem vendedor, calculam, isoladamente, os valores referentes à eventual mata nativa existente no imóvel, integrando esta o valor total do imóvel ofertado. Não são raros os casos de condenações judiciais, em dinheiro, da cobertura florística, na parte explorável economicamente, chegando, até, a classificá-la como benfeitoria, resultando em acréscimo na indenização calculada para o imóvel expropriado.[25]

Além de modificar as redações, nos moldes acima transcritos, houve o acréscimo do § 3º ao art. 12, assim enunciado:

---

[25] Vide AC nº 114537/AC – 4ª T. – T.R.F. 1ª Reg. – j. 21.06.93 – Rel. Juíza Eliana Calmon (*in* JTRF – CD – 13ª Edição).

"§ 3º O Laudo de Avaliação será subscrito por Engenheiro Agrônomo com registro de Anotação de Responsabilidade Técnica - ART, respondendo o subscritor, civil, penal e administrativamente, pela superavaliação comprovada ou fraude na identificação das informações".

Em meio a um clima de questionamentos, veiculados pela mídia nacional, acerca dos valores indenizatórios calculados nos processos expropriatórios em alguns Estados da Federação, o Governo Federal utilizou como pretexto para editar a MP nº 1.577, o combate às superavaliações, procurando justificar, assim, as mudanças implementadas nos critérios para se apurar a justa indenização garantida pela Carta Magna, nas expropriações por interesse social. E o § 3º, parece-nos, veio impregnado desta idéia, de combate à fraude, especialmente às superavaliações comprovadas, textualmente referidas no mencionado dispositivo. Todavia, tal previsão, entendemos, é despicienda, uma vez que eventual conduta criminosa, por parte de técnicos, na apuração da avaliação de áreas expropriandas, desde que devidamente provada, já estava tipificada em diplomas legais anteriores e específicos, sejam civis, penais ou administrativos.

Outra mudança, embora não diretamente operada no texto da Lei nº 8.629/93, mas com repercussão inequívoca na indenização dos imóveis rurais expropriados, trata-se da limitação percentual dos juros compensatórios em 6 % a. a., contrariamente aos 12 % anuais tradicionalmente fixados pela jurisprudência dominante. Tal restrição foi prevista no art. 3º das MPs nºs 1.577/97, 1.632/97 e 1.658/98. Já, na recente MP nº 1.703/98, tal alteração é prevista no art. 4º, assim enunciado:

"Art. 4º No caso de imissão prévia na posse, na desapropriação por necessidade ou utilidade pública e interesse social, inclusive para fins de reforma agrária, havendo divergência entre o preço ofertado em juízo e o valor do bem, fixado em sentença, expressos em termos reais, incidirão juros compensatórios de seis por cento ao ano sobre o valor da diferença eventualmente apurada, a contar da imissão na posse, vedado o cálculo de juros compostos.

§ 1º (...)
§ 2º (...)".

Note-se que a lei, uma vez mais imbuída da pretensão de evitar valores vultosos nas indenizações, limitou os juros compensatórios, além de restringir a incidência dos mesmos à parcela oriunda da diferença entre o valor ofertado e o montante fixado pela sentença expropriatória, vedando, também, o cálculo de juros compostos.[26] Assim, temos que a orientação jurisprudencial cederá à previsão legal inovadora, pois as decisões que, ao longo dos anos, formaram o entendimento dominante, não se baseavam em texto legal específico, mas sim em interpretações analógicas com as outras modalidades expropriatórias, por necessidade ou utilidade pública.[27] Hoje, porém, há previsão legal específica, limitando em percentual inferior os juros compensatórios e vedando o cálculo composto dos mesmos, inovação esta que, a teor da redação acima transcrita, atingiu, igualmente, as demais modalidades expropriatórias.

A incidência de juros compensatórios, como forma de indenizar os lucros cessantes do expropriado (conforme tem sedimentado a jurisprudência pátria), em procedimentos expropriatórios destinados à reforma agrária, tem contribuído para a obtenção de valores estratosféricos nas indenizações, eis que calculados à taxa, então, de 12 % ao ano, e, nos casos em que o processo judicial se arrastava por longos anos, significavam uma espécie de "remuneração" ao expropriado, punido com a desapropriação-sanção por não observar os ditames da função social da propriedade. Neste particular, parece-nos evidente a contradição, em remunerar-se, por lucros cessantes, o proprietário que não explorava condignamente seu imóvel, a ponto de ver-se desapossado do bem, em decorrência de tal comportamento. E não há objetar-se, a tal raciocínio, a previsão constitucional de justa indenização, eis que a mesma estaria representada pelo pagamento do *valor de mercado* do bem desapropriado. Os lucros cessantes, em nosso entender, não poderiam ser considerados, mormente na hipótese de desapropriação decorrente de insuficiente aproveitamento do imóvel, resultante da não-obtenção, pelo proprietário, dos índices mínimos de utilização e exploração de área rural. Poder-se-ia, quiçá, admitir a remuneração dos lucros cessantes, em níveis proporcionais à exploração encontrada no imóvel desapropriado, pelo que seria necessário a lei dispor, progressivamente, o percentual de juros compensatórios cabível para cada caso, diretamente relacionado aos níveis de exploração ou produtividade

---

[26] É oportuno observar-se que a vedação ao cálculo composto dos aludidos juros compensatórios foi introduzida a partir da MP nº 1.632, não estando na redação da MP nº 1.577, que a antecedeu.

[27] Vejam-se, a propósito, as referências legais, indicadas nas Súmulas 74 e 110 do extinto TFR: Súmula 74/TFR – Referência: CF, art. 153, § 22; Decreto-lei nº 3.365/41, art. 26, § 2º com a redação da Lei 4.656/65. Súmula 110/TFR – Referência: CF, art. 153 § 22 (*In Coletânea*, 1983, publicação da Presidência da República e do Ministério Extraordinário para Assuntos Fundiários). Na CF então vigente, tratava da expropriação por interesse social o art. 161, não citado como referência legal.

verificados. Não obstante tais entendimentos, exaustivamente debatidos no âmbito judicial, preferiu a nova legislação consagrar a incidência de juros compensatórios, ainda que em índices inferiores aos que vinham sendo implementados, frente à jurisprudência dominante. Pode-se concluir, dessarte, que o novo dispositivo praticamente sepultou qualquer discussão acerca do cabimento, ou não, dos juros compensatórios nos processos expropriatórios, apoiando a tese da sua incidência, ainda que limitada nos termos acima expostos.

Questão pertinente, a esta altura, diz respeito ao tratamento a ser dispensado para as indenizações, nos processos judiciais, ainda não liquidadas, até o advento das novas MPs. Recente decisão do Colendo TRF da 4ª Região sinalizou para o entendimento com vistas à incidência do novo percentual, somente a partir da publicação das novas disposições, vigorando, no período anterior, a taxa construída pela jurisprudência, qual seja, 12 % ao ano.[28]

6. O Decreto nº 2.250, de 11 de junho de 1997

Na mesma data da primeira das MPs em comento, veio a lume o Decreto Presidencial de nº 2.250, objetivando regulamentar procedimentos atinentes à vistoria em imóvel rural destinado à reforma agrária. Aqui, deve-se interpretar o termo *vistoria* como indicativo do *levantamento preliminar*, eis que se refere ao procedimento destinado a iniciar o processo de verificação do cumprimento da função social da propriedade e, por conseqüência, sua sujeição, ou não, à reforma agrária.

No art. 1º do referido Decreto, há a previsão da indicação de áreas, por parte de entidades estaduais representativas de trabalhadores rurais e agricultores, passíveis de desapropriação para reforma agrária. Trata-se da situação, antes não legislada, porém muito freqüente, de entidades organizadas, especialmente de trabalhadores "sem-terra", ou pequenos agricultores, indicarem ao INCRA

---

[28] "EMENTA: Desapropriação por interesse social. Imóveis de domínio da União no Oeste do Paraná. Condições da ação desapropriatória. Juros compensatórios. 1.Estão presentes as condições da ação na ação desapropriatória promovida pelo INCRA relativamente a terras no oeste paranaense, zona de fronteira, declaradas pelo Supremo Tribunal Federal e pelo Decreto-lei nº 1.942/82 de domínio da União. Voto vencido. 2. Os juros compensatórios após a edição da Medida Provisória nº 1.577-1, de 10 de julho de 1997, são de 6 % ao ano sobre o valor da diferença entre o preço ofertado e o valor da condenação, contados da vigência da norma. Até ali, os juros são de 12 % ao ano sobre o valor da indenização (Súmula nº 113 do Superior Tribunal de Justiça). Voto vencido. 3. Preliminar rejeitada. Recurso parcialmente provido. (AC nº 96.04.58585-1/PR – Turma de Férias – T.R.F. 4ª Reg. – Rel. Juiz José Germano da Silva, j. em 07.04.98).

áreas aparentemente improdutivas, a fim de que seja efetuado o *levantamento de dados e informações*, previsto no art. 2º, § 2º, da Lei nº 8.629/93. A novidade introduzida, no entanto, está no parágrafo único do mencionado artigo, que estabeleceu o prazo de 120 (cento e vinte) dias para a realização de tal levantamento, sob pena de responsabilidade administrativa. O dispositivo não menciona a pessoa que suportará, na hipótese de não-atendimento do prazo, tal responsabilidade, contudo, entendemos, deverá a mesma recair em quem, uma vez detentor da competência para ordenar a realização do aludido ato, cientifica-se da indicação e não o faz. Assim, em tal situação, pode-se cogitar da pessoa do Superintendente Regional da Autarquia, ou seu representante eventual, eis que, normalmente, é perante tais pessoas que as entidades autorizadas realizarão a indicação de áreas.[29] Ainda neste ponto, cabe salientar que o Decreto, quiçá no afã de imprimir celeridade aos procedimentos atinentes à Reforma Agrária, não previu um limite para as indicações, de forma que, na hipótese das mesmas atingirem números expressivos, incompatíveis com a capacidade do corpo técnico da Autarquia, não haverá, em princípio, como escusar-se do atendimento ao prazo estabelecido, acarretando, com isso, extrema dificuldade, a ser superada.

O art. 2º do mencionado Decreto, estabelece a obrigatoriedade de comunicar-se às entidades representativas dos trabalhadores rurais e das classes produtoras, no intuito de proporcionar a indicação de assistente técnico para acompanhar o levantamento preliminar a ser efetivado. Tal comunicação somente haverá de realizar-se nos casos em que houver indicação de áreas pelas entidades autorizadas para tanto, como se depreende da clara redação do referido art. 2º, não havendo, pois, falar-se em tal obrigação nas hipóteses de levantamentos preliminares realizados por iniciativa exclusiva da Autarquia.

Conforme já aludido, anteriormente, no item 2.1, o Decreto nº 2.250/97 estipulou, em seu art. 3º, a comunicação ao proprietário do imóvel rural onde se procedeu a coleta de dados e informações, do laudo resultante do referido levantamento, bem como de quaisquer alterações cadastrais que resultarem, oportunizando-se, no prazo de 15 (quinze) dias, o exercício do direito de manifestação. Neste mo-

---

[29] O § 1º do item 1 da Portaria nº 225 (vide nota 1) estabelece que a responsabilidade é do "dirigente" do INCRA, o qual "ao receber a indicação de áreas passíveis de desapropriação para fins de reforma agrária, nos termos do art. 1º, do Decreto nº 2.250, de 1997, fica responsável pelo cumprimento do prazo ali previsto". Por esta orientação, não deverá recair sobre os servidores incumbidos de realizar o levantamento, o ônus pelo não-atendimento do prazo decretado.

mento, tem-se efetivamente a instauração do *contraditório*, eis que será levado ao conhecimento do proprietário do imóvel visitado o resultado do *levantamento preliminar*, apontando a classificação fundiária obtida pela área, havendo, agora, uma posição contra a qual poderá insurgir-se, o *dominus*, exercendo seu direito constitucional à *ampla defesa*, diferentemente do momento em que se realiza a mera comunicação para a efetivação do dito levantamento. Embora de redação confusa, o art. 3º, entendemos, impõe sejam remetidas cópias do relatório técnico (resultado do *levantamento preliminar*), dos demonstrativos de cálculo dos índices de GUT e GEE apurados, contendo a lotação pecuária ou as quantidades de área e diversidade de lavouras consideradas para tais cálculos, a fim de que o proprietário possa compreender os elementos que conduziram à classificação fundiária apontada, e possa exercer, com total amplitude, sua defesa, impugnando os dados que entender incorretos. Trata-se, pois, da aplicação, no âmbito administrativo, do princípio insculpido no art. 5º, inciso LV, da Constituição Federal, uma vez que, à evidência, neste momento torna-se possível a existência de litígio, de discordância, por parte do proprietário, frente aos dados apurados.

Convém ressaltar que o art. 3º, em exame, configura-se no primeiro diploma normativo que estabeleceu prazo para a manifestação do proprietário, diante do Relatório Técnico, resultante do *levantamento de dados e informações*. Anteriormente, frente a essa lacuna, pairava a dúvida entre aplicar-se, por analogia, o prazo de 15 (quinze) dias, preconizado pelo C.P.C., em seu art. 297, ou o interregno de 30 (trinta) dias, aplicado no âmbito do processo administrativo fiscal (Decreto nº 70.235/72), para que o proprietário oferecesse eventual impugnação aos resultados apresentados.

Por fim, no art. 4º, o Decreto nº 2.250/97 veio impedir a realização de "vistoria", isto é, do *levantamento preliminar*, nos imóveis rurais objeto de esbulho, enquanto não cessada a ocupação, observados os termos e condições estabelecidos em portaria do Presidente do INCRA.[30] Esta previsão traduz uma reação governamental ao reconhecido crescimento dos movimentos sociais organizados. Pretendeu a Presidência da República inverter a lógica das ocupações de áreas rurais, até então utilizadas como forma de pressionar a realização dos procedimentos tendentes à desapropriação na própria área ocupada. Cumpre noticiar, neste ponto, o ingresso da ADIn nº 1.633-4, proposta pela Confederação Nacional dos Trabalhadores na

---

[30] Vide nota 1.

Agricultura – CONTAG, contra o referido art. 4º, com fundamento na tese de que, ao proibir a realização do levantamento preliminar, impossibilitando a instauração do processo de desapropriação, o Decreto criou nova hipótese de insuscetibilidade expropriatória, alargando, indevidamente, os casos previstos no art. 185 da Carta Magna. A referida Ação, cujo Relator é o Min. Octávio Gallotti, encontra-se pendente de julgamento, não havendo medida liminar.

A Portaria nº 225, em seus itens III a VII,[31] buscou regulamentar o disposto pelo art. 4º do Decreto nº 2.250/97. Note-se que a referida norma, no parágrafo único do item III, prevê que o esbulho, para impedir o *levantamento preliminar*, há de ser reconhecido pela autoridade judiciária competente, pelo que é forçoso concluir que não poderá a Autarquia escusar-se da realização de tal levantamento, sob a alegação da ocorrência de esbulho possessório, no imóvel rural, sem antes aguardar a definição de medida judicial reintegratória, normalmente de iniciativa do proprietário, que o reconheça.

Cessada a ocupação, desaparece a vedação estipulada pelo aludido art. 4º, conforme prevê o item III da Portaria nº 225. Neste ponto, porém, convém noticiar recente decisão do Colendo STF, considerando como "caso fortuito e força maior" a invasão de área ocorrida no período utilizado para o *levantamento de dados e informações*, tornando-se insuscetível de desapropriação a área objeto de esbulho, por força do § 7º do art. 6º da Lei nº 8.629/93.[32] A sedimentar-se tal entendimento na Suprema Corte, o *levantamento preliminar*,

---

[31] Reproduz-se, a seguir, os aludidos itens III a VII, da Portaria nº 225:
(...)
"III – Recomendar que a condição para que não seja realizada a vistoria é a de que se evidencie a espoliação concreta do imóvel, configurada a retirada, contra a sua vontade, da posse da pessoa que a detinha regular e legitimamente, e caracterizada a violência, nos termos da legislação civil pertinente.
Parágrafo único. O reconhecimento do esbulho dar-se-á por ato da autoridade judicial competente.
IV - Determinar que não se aplica ao disposto no art. 4º do Decreto nº 2.250, de 1997, aos casos de ocupação ocorrida anteriormente a sua vigência, inclusive com relação aos posseiros com mais de ano e dia e na hipótese do imóvel encontrar-se abandonado, na forma do art. 589, inciso III, do Código Civil.
V – Recomendar que cessado o esbulho por vontade própria dos ocupantes ou por iniciativa do proprietário ou do seu preposto, a vistoria poderá ser realizada.
VI – Manter o interesse da Autarquia nos casos de litígios referentes ao domínio, posse, uso e exploração de terras particulares, quando declaradas de interesse social, para fins de reforma agrária, tendo presente as disposições do art. 8º da Lei nº 7.595, de 08 de abril de 1987.
VII – Determinar às Superintendêncis Regionais desta Autarquia que não realizem no imóvel esbulhado a seleção e o assentamento das famílias de trabalhadores rurais, que, de qualquer modo, tenham participado do seu esbulho possessório, ficando ainda vedada a distribuição de cestas básicas, lonas e a realização de transporte daqueles que vierem a participar da invasão".
[32] MS nº 22.328/PR , Relator Min. Ilmar Galvão, j. 27.06.96 (www.stf.gov.br).

após a ocorrência de esbulho possessório na área rural, não deverá ser efetuado senão em período superior a 12 meses, depois do referido ato, a fim de afastar do ano civil, ou agrícola, que servirá de base para o levantamento, a excludente expropriatória acima referida. Resta evidenciada, dessarte, a intenção, seja no campo político, através do Decreto nº 2.250/97, seja no âmbito judiciário, pela decisão acima referida, de restrição e combate às famosas "invasões de terras", destinadas a pressionar a implementação da Reforma Agrária.

No mesmo sentido, de punição às invasões de áreas rurais, organizadas como forma de protesto, a Portaria em exame, em seu item VII, veio impedir a seleção e o assentamento de famílias de trabalhadores rurais participantes de ato de esbulho, bem como o fornecimento de cestas básicas, lonas e transporte, auxílios fornecidos, periodicamente, por entidades governamentais como forma de amenizar as precárias e desumanas condições a que se submetem as famílias de trabalhadores rurais que aguardam, em acampamentos, a efetivação da Reforma Agrária. Trata-se de medida, no entanto, desprovida de sanção específica, para a hipótese de descumprimento, por parte das Superintendências Regionais. Doutra parte, não se pode olvidar que diante da proporção alcançada pela pobreza, em nosso país, decorrente da crescente concentração de renda, do desemprego reinante no campo e na cidade, da falta de políticas agrícolas de fomento aos pequenos e médios agricultores, e da também crescente concentração fundiária, tal providência soa como um "golpe de misericórdia" para uma população marginalizada, que assiste, ainda esperançosa, ao tímido avanço da Reforma Agrária, desgraçadamente desproporcional às agruras suportadas em razão dos citados problemas nacionais. Não se quer aqui, nem de longe, apologizar protestos ou, especificamente, invasões de terras, porém, cremos, as energias devem ser direcionadas para a busca de regramentos que contribuam para a erradicação do mal, não apenas a suspensão temporária de um de seus sintomas.

Nos termos inicialmente referidos, o presente trabalho, que ora se encerra, não tem a pretensão de fundar entendimentos herméticos a respeito das questões aqui abordadas, nem tampouco a ousadia de esgotar a apreciação dos temas colocados. Em verdade, terá sido extremamente compensador e gratificante se, ao final, lograrmos êxito em cooperar para o salutar debate jurídico, em torno de tema tão candente, nos dias atuais, como a implementação da Reforma Agrária, em nosso imenso território, desgraçadamente ainda submetido à tão injusta distribuição fundiária. Com evidência, os Tribunais pátrios, paulatinamente, serão chamados a delinear conceitos e interpretações, acerca dos novos dispositivos introduzidos, o que se fará, por certo, em meio à construtiva divergência, culminando no triunfo da realização da Justiça, em um campo, de há muito, dominado pela exclusão e pela miséria, suportadas por milhares de brasileiros.

— 8 —
A Medida Provisória 1.632/98 e o Decreto 2.250/97

ALEXANDRE GONÇALVES LIPPEL
Juiz Federal

SUMÁRIO: 1. Introdução; 2. A MP 1.658-12/98; 3. O Decreto 2.250/97.

1. Introdução

O objeto deste breve estudo é o de comentar as alterações introduzidas na Lei nº 8.629, de 25 de fevereiro de 1993, que dispõe sobre a regulamentação dos dispositivos constitucionais relativos à reforma agrária, previstos no Capítulo III, Título VII, da Constituição Federal, através da MP nº 1.632/98 e do Decreto nº 2.250/97.

A rigor, o título deste artigo está parcialmente correto, pois a Medida Provisória acima citada foi substituída, no tocante aos dispositivos atinentes à reforma agrária, pela MP nº 1.658-12, de 5 de maio de 1998. A falha, no entanto é perdoável, tendo em vista o verdadeiro descalabro produzido no ordenamento jurídico por força da utilização abusiva dessa espécie normativa, gerando dúvidas acerca do significado e do alcance de diversos institutos jurídicos. Muito já foi dito a respeito, e pouco de concreto foi feito, pelo que não tecerei maiores considerações no particular.

2. A MP 1.658-12/98

A MP nº 1.658-12/98 modificou a redação dos arts. 2º, 6º, 7º, 11 e 12 da Lei nº 8.629/93. Vejamos tais alterações, uma a uma.

Eis a nova redação do art. 2º:
"Art.2º
(...)

§ 2º Para os fins deste artigo, fica a União, através do órgão federal competente, autorizada a ingressar no imóvel de propriedade particular para levantamento de dados e informações, mediante comunicação escrita ao proprietário, preposto ou representante.

§ 3º Na ausência do proprietário, do preposto ou representante, a comunicação será feita mediante edital, a ser publicado, por três vezes consecutivas, em jornal de grande circulação na capital do Estado de localização do imóvel.

§ 4º Não será considerada, para os fins desta Lei, qualquer modificação, quanto ao domínio, à dimensão e às condições de uso do imóvel, introduzida ou ocorrida até seis meses após a data da comunicação para levantamento de dados e informações de que tratam os §§ 2º e 3º.

§ 5º No caso de fiscalização decorrente do exercício de poder de polícia, será dispensada a comunicação de que tratam os §§ 2º e 3º."

A autorização ao órgão federal competente de ingresso no imóvel de propriedade particular, para levantamento de dados e informações que permitam aferir o cumprimento da função social da propriedade vistoriada, mediante prévia notificação, já era prevista na redação original da Lei nº 8.629/93. A nova redação tornou mais minudente a notificação, especificando que a mesma será feita ao proprietário, preposto ou representante, por escrito, e introduziu a possibilidade de comunicação por edital. Tal previsão foi de todo oportuna, pois obvia eventual impossibilidade de vistoria, seja porque o proprietário esquiva-se da comunicação, seja porque ele reside em local desconhecido, longe da área a ser vistoriada.

Feita a comunicação, ao proprietário assiste o direito de insurgir-se contra o intento desapropriatório, caso entenda que o imóvel cumpre com sua função social, pois cabe ao Judiciário apreciar qualquer lesão ou ameaça a direito. A via processual adequada para o exercício do direito de petição é o mandado de segurança, visto que a comunicação constitui ato concreto de autoridade. O problema para o eventual impetrante residirá em provar documentalmente que sua área é produtiva e cumpre com a função social da propriedade, pois de tais fatos exsurgirão o direito líquido e certo, bem como a ilegalidade do ato da autoridade.

Qualquer alteração havida no domínio ou na situação do imóvel até seis meses após a comunicação para levantamento de dados e informações é tida como não introduzida ou ocorrida. Trata-se de presunção legal, criada para evitar que o proprietário, sabedor do interesse da União em desapropriar o seu imóvel para fins de reforma agrária, altere as condições de seu uso, na tentativa de apresentá-lo como produtivo, ou transfira seu domínio a terceiros. Tal presunção, a meu sentir, é *juris tantum*, admitindo prova em contrário.

A dispensa de comunicação da qual tratam os já vistos §§ 2º e 3º da Lei nº 8.629/93, com a nova redação introduzida pela MP nº 1.658-12/98, apenas faz sentido se o 'poder de polícia' for compreendido em sua acepção mais restrita, de polícia 'de manutenção da ordem pública. Seria a hipótese de vistoria em imóvel invadido, em que a notificação estaria dispensada pela presunção de que o proprietário do imóvel litigioso já estaria ciente da possibilidade de desapropriação. Ressalvada tal possibilidade, o dispositivo soa-me supérfluo, pois a fiscalização em si decorre do poder de polícia, enquanto faculdade de que dispõe a administração pública para condicionar e restringir o uso e gozo de bens, atividades e direitos individuais, em benefício da coletividade ou do próprio Estado.

Aliás, a evolução dos direitos subjetivos do absolutismo individual para o relativismo social fica bem clara em matéria de propriedade privada, e no Brasil, em especial, a partir da Constituição de 1946, que condicionava o uso do direito de propriedade ao bem-estar social, e cujo princípio foi reproduzido na Carta Magna vigente no art. 170, II e III.

Com a nova redação do art. 6º, § 3º, V, as áreas sob processos técnicos de formação ou recuperação de pastagens ou de culturas permanentes consideram-se como efetivamente utilizadas se "tecnicamente conduzidas e devidamente comprovadas, mediante documentação e anotação de responsabilidade técnica".

O dispositivo institui a exigência de prova documental dos processos técnicos de formação ou recuperação de pastagens, ou de culturas permanentes, não mais sendo suficiente a mera alegação de sua existência como forma de apresentar uma pretensa produtividade.

O art. 7º, IV, da Lei nº 8.629/93, com sua nova redação, prevê que não será passível de desapropriação, para fins de reforma agrária, o imóvel que comprove estar sendo objeto de implantação de projeto técnico que haja sido aprovado pelo órgão federal competente, na forma estabelecida em regulamento, no mínimo seis meses antes da comunicação feita ao proprietário para os fins de fiscalização já aludidos.

Cotejando com a redação anterior, constata-se que o legislador alterou requisito e prazo. Com efeito, antes da mudança, o projeto técnico em questão deveria estar registrado no órgão competente no mínimo seis meses antes do decreto declaratório de interesse social.

Os proprietários rurais devem estar atentos a tal alteração, pois não basta, agora, apenas o registro do projeto técnico, mas sua aprovação, anterior a seis meses, contados retroativamente a partir da cientificação para fiscalização na propriedade, e não mais do decreto que declara a área como sendo de interesse social. A mudança é relevante, visto que a fiscalização precede ao ato declaratório.

No art. 11 da Lei nº 8.629/93, a única mudança foi a de indicar que os parâmetros, índices e indicadores que informam o conceito de produtividade serão ajustados periodicamente pelos Ministros de Estado Extraordinário de Política Fundiária e da Agricultura e do Abastecimento. Segundo a redação anterior, a tarefa cabia apenas ao Ministério de Agricultura e Reforma Agrária. Continua sendo ouvido o Conselho Nacional de Política Agrária.

O art. 12 da lei que regulamenta a reforma agrária versa a indenização ao proprietário da área desapropriada. Esta sua redação original:

"Considera-se justa a indenização que permita ao desapropriado a reposição, em seu patrimônio, do valor do bem que perdeu por interesse social.

§ 1º A identificação do valor do bem a ser indenizado será feita, preferencialmente, com base nos seguintes referenciais técnicos e mercadológicos, entre outros usualmente empregados:

I – valor das benfeitorias úteis e necessárias, descontada a depreciação conforme o estado de conservação;

II – valor da terra nua, observados os seguintes aspectos:

a) localização do imóvel;

b) capacidade potencial da terra;

c) dimensão do imóvel.

§ 2º Os dados referentes ao preço das benfeitorias e do hectare da terra nua a serem indenizadas serão levantados junto às Prefeituras Municipais, órgãos estaduais encarregados de avaliação imobiliária, quando houver, Tabelionatos e Cartórios de Registro de Imóveis, e através de pesquisa de mercado".

Eis a nova redação do mesmo dispositivo:

"Considera- se justa a indenização que reflita o preço atual de mercado do imóvel em sua totalidade, aí incluídas as terras e acessões naturais, matas e florestas e as benfeitorias indenizáveis, observados os seguintes aspectos:

I – localização do imóvel;

II – aptidão agrícola;

III – dimensão do imóvel;

IV – área ocupada e ancianidade das posses;

V – funcionalidade, tempo de uso e estado de conservação das benfeitorias

§ 1º Verificado o preço atual de mercado da totalidade do imóvel, proceder-se-á à dedução do valor das benfeitorias indenizáveis a serem pagas em dinheiro, obtendo-se o preço da terra a ser indenizado em TDA.

§ 2º Integram o preço da terra as florestas naturais, matas nativas, e qualquer outro tipo de vegetação natural, não podendo o preço apurado superar, em qualquer hipótese, o preço de mercado do imóvel.

§ 3º O Laudo de Avaliação será subscrito por Engenheiro Agrônomo com registro de Anotação de Responsabilidade Técnica-ART, respondendo o subscritor, civil, penal e administrativamente, pela superavaliação comprovada ou fraude na identificação das informações."

Com a nova redação da norma em foco, fica bem claro que a justa indenização corresponde ao preço de mercado do imóvel. Este conceito também integrava a redação antiga, porém não de forma tão enfática. O preço de mercado haverá de ser o atual, ou seja, contemporâneo à desapropriação, não se incluindo no mesmo a eventual valorização imobiliária decorrente de investimentos públicos na região em que se localiza a área.

Também ficou assente que para a determinação do justo preço o imóvel deve ser considerado em sua totalidade, incluídas as matas nativas, florestas e vegetação natural, limitando-se o seu valor até o preço de mercado do imóvel. A previsão legal da chamada "cobertura vegetal" como um dos aspectos a serem considerados na determinação do valor a ser indenizado, em consonância com o princípio do justo preço, é resultado de jurisprudência iterativa nesse sentido.

Sobre o valor da indenização incidem correção monetária e juros.

A correção monetária deve incidir sobre a totalidade do preço, abrangendo englobadamente todas as parcelas, sem discriminação. O seu termo inicial, em regra, é a data da avaliação do imóvel. Todavia, se a sentença atualizou o valor da indenização, o termo inicial passa a ser a sentença, e não mais o laudo. É possível, ainda, a correção monetária sucessiva, nos termos da Súmula 67 do STJ, que substituiu o verbete 561 do STF. Vale dizer, independentemente do decurso de prazo superior a um ano entre o cálculo e o efetivo pagamento da indenização, é sempre cabível correção monetária, ainda que por mais de uma vez.

Posto que a correção monetária incide sobre o valor total da indenização, também incidirá sobre o montante depositado judicialmente, relativo às benfeitorias úteis e necessárias (art. 5º, VI, da Lei Complementar nº 76/93). Nesse caso, se o expropriado levantar a quantia depositada, incide correção monetária em favor do expropriante; se não houver o levantamento, o depósito feito em estabelecimento bancário sujeita-se igualmente à correção monetária, que será, a final, levantada pelo expropriado.

Incluem-se na indenização, ainda, juros moratórios e compensatórios, os quais são cumuláveis.

Os juros moratórios, no índice de 6% ao ano, fluem a partir do trânsito em julgado da sentença que fixar a indenização, e justificam-se pela eventual demora no pagamento da mesma. Os juros compensatórios encontram justificativa na perda da posse direta do imóvel, são calculados a taxa de 12% ao ano, e incidem a partir da imissão do expropriante na posse, sendo fixados, até a data do laudo que avalia o imóvel, sobre o valor simples da indenização; a partir de então, sobre referido valor corrigido monetariamente.

3. O Decreto 2.250/97

A execução da política de reforma agrária tem causado conflitos no campo devido ao choque de interesses entre proprietários e trabalhadores rurais, com risco à paz social.

A preocupação do atual governo com o tema refletiu-se na edição do Decreto nº 2.250, de 11.06.97, que dispõe sobre a vistoria em imóvel rural destinado à reforma agrária, através do qual pretendeu o Poder Executivo integrar as entidades representativas de trabalhadores rurais e agricultores no processo de reforma agrária, ao abrir a possibilidade de tais entidades indicarem aos órgãos federais responsáveis pela sua implementação áreas passíveis de desapropriação. Formalizada a indicação, o órgão fundiário deverá proceder à vistoria no prazo de até cento e vinte dias, pena de responsabilidade funcional. A realização dessa vistoria será comunicada às entidades representativas de trabalhadores rurais e das classes produtoras, a fim de que cada entidade possa indicar um representante técnico para acompanhar o levantamento de dados e informações. Os laudos de vistoria, bem como as atualizações cadastrais resultantes, serão comunicados ao proprietário do imóvel rural, que poderá, em quinze dias, exercer direito de manifestação.

Somente o potencial de conflito imanente à implementação de uma política fundiária distributivista justifica a introdução de uma espécie de contraditório prévio, anterior ao próprio processo administrativo que antecede a expedição de decreto declarando o imóvel de interesse social para fins de reforma agrária, no qual, por força de mandamento constitucional, está garantido o direito de defesa do proprietário, que poderá ainda, como último recurso, insurgir-se contra a desapropriação ou o valor da indenização, em juízo.

A preocupação com o caráter político que a reforma agrária assume transparece no art. 4º do Decreto nº 2.250/97, o qual estabelece que o imóvel rural que venha a ser objeto de esbulho não será vistoriado, para fins de reforma agrária, enquanto não cessada.

Independentemente de qualquer consideração de cunho político que possa ser feita sobre o dispositivo, do ponto de vista jurídico, ele não merece reparos, pois a eleição da propriedade a ser desapropriada encontra-se no campo da discricionariedade administrativa, sujeita, por certo, ao princípio da legalidade. Condicionar a realização de vistoria da área ao término do esbulho da mesma é procedimento que se enquadra dentro da avaliação da oportunidade e conveniência na prática do ato administrativo.

Feitas essas considerações acerca do tema proposto, espero ter contribuído para o debate a respeito dessa verdadeira "questão nacional" em que se transformou a reforma agrária.

Terceira Parte

DIREITO E REFORMA AGRÁRIA

— 9 —
Princípio democrático e reforma agrária

ROGER RAUPP RIOS

Juiz Federal/RS

SUMÁRIO: 1. Introdução; 2. O princípio democrático; 2.1. Conteúdo jurídico do princípio democrático; 2.1.1. A vertente portuguesa; 2.1.2. A vertente alemã; 3. Princípio democrático e reforma agrária, ordem social e ordem econômica; 3.1. Princípio democrático, ordem social e reforma agrária; 3.2. Ordem social, ordem econômica e reforma agrária; 3.2.1. A valorização do trabalho humano; 3.2.2. A livre iniciativa; 3.2.3.Harmonização dos fundamentos ; 4. Conclusão: concretização do princípio democrático e da reforma agrária.

1. Introdução

O presente trabalho consiste num estudo acerca da relação entre o princípio democrático e a política constitucional delineada acerca da reforma agrária. Nosso país, tão carente de democracia quanto de justiça no campo, necessita desenvolver uma teoria e uma prática que contemplem, no mesmo passo, tais exigências fundamentais, sem as quais será impossível a construção de uma sociedade democrática ou a efetivação de uma reforma agrária autenticamente justa. Longe de pretender qualquer síntese conclusiva acabada, cuida-se de estimular o debate e provocar a reflexão a respeito do conteúdo jurídico do princípio democrático e suas implicações num dos temas mais candentes do ordenamento jurídico nacional.

2. O princípio democrático

O debate político e filosófico acerca da natureza e da essência da democracia é tão extenso quanto conhecido entre nós. Norberto

Bobbio, por exemplo, no verbete *Democracia*, de seu conhecido Dicionário de Política,[1] inicia sua exposição apontando as três grandes vertentes que confluem na teoria contemporânea da democracia.[2]

Com efeito, há poucos conceitos tão discutidos e equívocos no âmbito das ciências humanas e sociais. É necessário, pois, precisar seu conteúdo, mesmo que sem pretensão de tratamento exaustivo, a fim de que a reflexão ora proposta possa prosseguir.

Nos estritos limites desse trabalho, ademais, cuida-se de precisar um conceito jurídico de democracia, a partir do qual suas conseqüências serão analisadas no que pertine à idéia de reforma agrária delineada no texto constitucional pátrio.

Nessa pesquisa, constata-se de imediato a centralidade do conceito no ordenamento jurídico constitucional vigente, que desde o início, em seu Título I (*Dos Princípios Fundamentais*), afirma constituir-se a República Federativa do Brasil em Estado Democrático de Direito.

2.1. Conteúdo jurídico do princípio democrático

A eleição da democracia como princípio fundamental pela Constituição da República de 1988 encerra várias dimensões. Na pesquisa dessa gama de significações, colaciono, sinteticamente, a elaboração européia em suas vertentes portuguesa e alemã.

Tratando-se de um verdadeiro princípio jurídico normativo, sua concreção deve ser buscada diante do texto constitucional e de sua interpretação. Isso significa que não se deve admitir uma indeterminação tamanha que, na prática, implique o esvaziamento do princípio, sob pena, inclusive, de desnaturar-se uma das funções sociais precípuas do próprio ordenamento jurídico, qual seja, a de conferir um grau de estabilidade e segurança que possibilitem a vida em sociedade.

2.1.1. A vertente portuguesa

A doutrina portuguesa, aqui representada por J. J. Gomes Canotilho e Vital Moreira,[3] percebe no princípio democrático uma ca-

---

[1] BOBBIO, Norberto, MATTEUCCI, Nicola e PASQUINO, Gianfranco. Trad. de João Ferreira, Carmem C. Varriale e outros. *Dicionário de Política*. 2ª edição. Brasília: Editora Universidade de Brasília, 1986.

[2] Nessa obra, Norberto Bobbio aponta, como tradições presentes na reflexão contemporânea acerca da democracia, a teoria clássica (proveniente de Aristóteles, relativa às formas de governo), a teoria medieval (de origem romana, apoiada na idéia de soberania popular) e a teoria moderna (conhecida como teoria de Maquiavel).

[3] *Fundamentos da Constituição*. Coimbra: Coimbra Editora, 1991.

racterização constitucional peculiar somada ao elenco de diversos elementos constitutivos.

Como princípio normativo, o princípio democrático caracteriza-se como uma forma de racionalização do processo político, no qual se inserem tanto expressões de democracia direta (elencadas explicitamente pelo próprio texto constitucional) e aspectos fundamentais da democracia representativa (órgãos representativos, eleições periódicas, pluralismo, separação de poderes).

Ademais, cuida-se de um princípio informador simultaneamente do Estado e da sociedade, abarcando não só as formas e métodos de organização e arranjo dos poderes políticos estatais, como também os diversos âmbitos da vida social, econômica e cultural.

Alcança, inclusive, o espectro das organizações sociais, principalmente aquelas que revelam inegável importância política e social. Tanto que a Constituição e a legislação de seu desenvolvimento, em inúmeros momentos, versam sobre princípios de organização de certas entidades, como, por exemplo, órgãos de comunicação social, cooperativas e entidades sindicais.

Esses aspectos, fundamentais para o desenvolvimento desse trabalho, ao lado dos elementos constitutivos do princípio democrático - enumerados como sendo os princípios da soberania popular, da representação, da separação dos poderes, do sufrágio, do pluralismo e do respeito às minorias - possibilitam uma aproximação do conteúdo do princípio democrático.

2.1.2. A vertente alemã

Por sua vez, a elaboração jurídica alemã, consubstanciada no desenvolvimento do princípio por parte do Tribunal Constitucional Federal, considera como elementos essenciais da caracterização do princípio democrático o regime dos partidos políticos, a possibilidade da igual participação do cidadão na formação da vontade política, a legitimação de todas as modalidades do exercício do poder estatal no povo e a proteção da minoria parlamentar.[4]

Aos partidos políticos se reconhece um papel relevante não só política e sociologicamente, mas juridicamente, como integrantes da construção constitucional e da vida política constitucionalmente ordenada. Ocupam verdadeiro espaço de instituição constitucional,

---

[4] Nessa descrição, reporto-me à obra *O Tribunal Constitucional Federal e o Desenvolvimento dos Princípios Constitucionais - Contributo para uma compreensão da Jurisdição Constitucional Federal Alemã*, de Luís Afonso Heck (Porto Alegre, Sergio Antonio Fabris Editor, 1995).

devendo concorrer, em igualdade de oportunidades, no procedimento eleitoral.

Os cidadãos, a seu turno, são considerados como formadores da vontade política, seja pela possibilidade de igual participação na votação em eleições, seja pela influência sobre o processo de constituição da opinião política.

Nesse processo, vislumbra-se uma conexão fundamental do princípio democrático com a livre manifestação de opinião. Essa, ao lado do princípio da liberdade de informação, é aspecto essencial do princípio democrático. Tais princípios, conjuntamente, possibilitam ao cidadão as condições para proporcionar a si próprio o exercício de suas tarefas pessoais e políticas, de forma democraticamente responsável. Informar-se o mais amplamente possível, viabilizando a construção da própria personalidade e o seu situar-se social mostram-se, no contexto de uma democracia contemporânea, realidades essenciais para a concretização do princípio democrático. Avulta aqui, de modo insofismável, a necessidade de um regime efetivo de liberdade de comunicação social, sem o que a opinião pública não é capaz de se articular.

Essas notas, tomadas de empréstimo do mencionado trabalho do Prof. Dr. Luís Afonso Heck, proporcionam, a meu ver, uma concretização ainda maior do princípio democrático, no que pertine ao objeto desse trabalho. Delas se podem extrair conseqüências para a análise da relação entre o princípio democrático e a reforma agrária.

Antes disso, todavia, mister situar no quadro constitucional a posição da reforma agrária positivamente estatuída, a envolver tanto a ordem social como a ordem econômica.

3. Princípio democrático e reforma agrária, ordem social e ordem econômica

No conceito contemporâneo de Estado Democrático de Direito, em que está contemplada concomitantemente a proteção dos direitos fundamentais nas dimensões individual e social, há inegáveis vínculos entre a concretização dos objetivos constitucionais relacionados à ordem econômica e à ordem social.

A concretização das diretrizes constitucionais assinaladas para a reforma agrária bem demonstra essa realidade, como a seguir passo a analisar.

3.1. Princípio democrático, ordem social e reforma agrária

A idéia de Estado Social imanente à Constituição da República de 1988 implica numa obrigação, por parte do Estado, de compensação das desigualdades sociais, na perspectiva de uma ordem social justa.[5]

Mais que uma cláusula vazia e carente de substantividade, o conceito de Estado Social de Direito envolve, em termos jurídicos, um princípio reitor vinculante para os poderes públicos e uma prescrição apontando os fins do Estado; possui valor normativo indiscutível, no mínimo, diante do múnus constitucional da elaboração e execução de uma legislação de desenvolvimento da Constituição, sem esquecer de sua efetividade como princípio interpretativo.

Nesse contexto, o princípio do Estado Social é concebido como habilitação e mandato constitucional ao legislador para o cuidado de assuntos sociais, visando à criação de uma ordem social justa. Implica, além desse parâmetro de configuração da realidade social orientada ao estabelecimento e garantia da justiça social, a eliminação de situações de carência e miserabilidade sociais.

Tal cláusula faz acrescer às tarefas tradicionais do Estado, concebidas no horizonte do clássico Estado de Direito, uma consciência de corresponsabilidade para com as condições sociais da vida em comunidade. Revela a percepção de que as livres forças sociais, por si mesmas, não são capazes de dimensionar adequadamente as questões relativas às desigualdades e contrastes.

Na observância desse princípio, permite-se que o Estado promova uma ativa política de configuração da vida econômica e social, mediante a intervenção por meio de atividades de fomento, regulação e freio dos agentes privados em sua esfera peculiar de atuação, respeitados, sempre, os direitos fundamentais.

Nessa atuação, operada dentro das concretas condições contemporâneas da sociedade de massas, dos avanços tecnológicos e da mídia eletrônica, a aludida atuação configuradora aponta para o reconhecimento dos limites à liberdade resultantes desse perfil de organização econômica e social ora esboçado.

Nesse sentido, muito antes que um freio à liberdade de indivíduos e grupos, a concepção informadora do Estado Social de Direito

---

[5] A concepção ora exposta acerca do conteúdo jurídico do princípio do Estado Social de Direito tem como fonte o capítulo *El Estado social de Derecho*, de Ernest Benda (BENDA, MAIHOFER, VOGEL, HESSE, HEYDE, *Manual de Derecho Constitucional*. Madrid: Instituto Vasco de Administración Pública - Marcial Pons Ediciones Jurídicas y Sociales S.A., 1996).

pressupõe a existência objetiva desses gravames à liberdade e procura, diante deles, realizar uma adequada compensação de interesses, buscando criar garantias para o estabelecimento de uma esfera de liberdade concreta para cada um. Tal política compensatória de desigualdades, evidentemente, muitas vezes implica limites à liberdade dos mais fortes frente ao âmbito de ação dos demais, naquilo que for necessário para salvaguardar o exercício dos direitos fundamentais para todos.

A propósito, nessa linha, o princípio do Estado Social é diretiva inspiradora para a solução de conflitos instalados no exercício concomitante de direitos fundamentais, fornecendo diretrizes interpretativas para o estabelecimento de qual haverá de ter prioridade.

A consagração da idéia de Estado Social de Direito comporta, como tarefa básica na configuração da realidade social pelo Estado, a defesa dos interesses gerais diante dos interesses de grupos, mediante a concepção de que o bem comum não resulta automaticamente do livre jogo de forças sociais e dos indivíduos.

Essa configuração do princípio do Estado Social possui indiscutível relação com a concretização do princípio da dignidade humana, assim como com a afirmação do princípio democrático.

De fato, a existência de condições materiais básicas é elemento indispensável para que se assegure a dignidade humana; sem elas, não se pode pensar em autonomia individual diante das injunções estatais e sociais condicionantes da vida humana. Por outro lado, a redução das desigualdades sociais e a promoção dessas condições materiais básicas a partir de políticas estatais visando a possibilitar a emancipação do cidadão são providências consentâneas com a idéia da consideração do ser humano não como meio, mas como fim da comunidade política, medidas concretizadoras do princípio fundamental da dignidade humana.

A caracterização do Estado Social como opção jurídica fundamental expressa na Constituição de 1988, por sua vez, conecta-se diretamente com a concepção de democracia adotada, na qual os postulados de justiça social têm lugar essencial. De fato, a configuração da realidade social mediante a atuação estatal, ao lado da disciplina da ordem econômica e da ordem social, constituem as vigas mestras postuladas pela Constituição no que pertine ao estabelecimento de condições materiais de vida. A análise dos dispositivos constitucionais relativos à reforma agrária, nesse passo, é lugar privilegiado em que se revela o liame entre o princípio democrático, o princípio do estado social, a ordem social e a ordem econômica.

3.2. Ordem social, ordem econômica e reforma agrária[6]

A reforma agrária está prevista no Título constitucional relativo à Ordem Econômica. Pela análise dos fundamentos constitucionais que informam tal título, pode-se vislumbrar a relação entre a ordem social e a ordem econômica, bem como a natureza desse liame. Essa tarefa é de suma importância para o presente trabalho, uma vez que os postulados do Estado Social de Direito entre nós, além de presentes desde os princípios constitucionais fundamentais, encontram-se claramente explicitados e desenvolvidos no Título da Ordem Social. É frente à sua relevância para a caracterização e desenvolvimento do princípio democrático que passo a considerar tal relação.

A enumeração da valorização do trabalho humano e da livre iniciativa como fundamentos da ordem econômica pode ser compreendida, no mínimo, de duas formas: (1) como enunciação dos fenômenos sociais centrais presentes, na percepção da Assembléia Constituinte, na esfera econômica então constitucionalizada; ou (2) como eleição das idéias-chave, no Direito Econômico nacional, as quais devem presidir a elaboração, compreensão e interpretação de todas as regras jurídicas próprias desse ramo do direito.

Admitir-se o reconhecimento constitucional do trabalho e da livre iniciativa tão-somente como enumeração fática dos fenômenos verificados na realidade econômica ora judicizada, como realidades básicas da economia sobre a qual se debruçou a Constituição da República, conduz-nos, no campo normativo, a uma mera descrição de dados sociais, carente de conseqüências jurídicas.[7] Leva-nos, outrossim, no final das contas, à conclusão de que a "constituição jurídica"[8] sucumbiu perante a "constituição real"; produz, ao fim e ao cabo, a convicção de Ferdinand Lassale: a Lei Fundamental não passa de uma folha de papel, sem qualquer operatividade perante os fatores reais de poder.[9]

---

[6] Reproduzo, nesse item, considerações desenvolvidas no livro *Desapropriação e Reforma Agrária: função social da propriedade, devido processo legal, desapropriação para fins de reforma agrária, fases administrativa e judicial, proteção ao direito de propriedade*, obra de autoria conjunta com Leandro Paulsen e Vivian Josete Pantaleão Caminha (Porto Alegre: Livraria do Advogado, 1997).

[7] " A experiência jurídica" - disse Alfredo Augusto Becker, invocando Norberto Bobbio, em sua *Teoria Geral do Direito Tributário* - "é a experiência social do homem em prever e impor um determinismo artificial ao comportamento (fazer ou não fazer) dos homens, utilizando como instrumento a regra de conduta predeterminada. Esta regra de conduta é a regra jurídica."

[8] "Constituição jurídica" e " Constituição real" são termos ora utilizados na acepção de Konrad Hesse, segundo a qual esta revela unicamente as relações de poder dominantes em determinado contexto, enquanto aquela revela a ordenação jurídica conformadora da realidade política e social (*A Força Normativa da Constituição*).

[9] Ferdinand Lassale, em sua obra *A Essência da Constituição*, chega a formular a sonora advertência de que o verdadeiro fundamento do Direito Constitucional é a força dos canhões.

Tendo em mente todos esses motivos, e, principalmente, concebendo-se o direito como fenômeno social condicionante da realidade,[10] é necessário rejeitar-se a primeira compreensão do trabalho e da livre iniciativa como meros enunciados de fato da ordem econômica.

Com efeito, mesmo que não se desconheça a fundamentalidade dessas categorias como dados de realidade explicativos da história contemporânea,[11] há de se ressaltar que a Constituição Federal as considerou, em seu discurso normativo, como categorias aptas a iluminar toda a elaboração e compreensão do Direito Econômico nacional.

Qualificar, em termos de ciência jurídica, alguma noção como fundamento de certo ramo do direito positivo, significa nela vislumbrar um caráter de centralidade em relação a quaisquer outros conceitos, formulações ou idéias; trata-se de valorizar sobremaneira um dado normativo, elegendo-o como fator fundante e motivador, em larga escala, de toda a normatização atinente à esfera da vida juridicizada.

Interessante exemplo dessa pesquisa científica no direito pode ser visualizado, *ad exempla*, no Direito Administrativo, como noticia Héctor Jorge Escola.[12] Na identificação de uma noção fundante desse ramo da ciência jurídica, firmou-se, inicialmente, a noção de serviço público como idéia apta a presidir toda construção jurídica desvendadora dos problemas peculiares a essa esfera da vida. Exposta a dificuldades e críticas, essa noção cedeu lugar a do *ato administrativo*, categoria sobre a qual poder-se-ia sistematizar todo Direito Administrativo. Visando a aperfeiçoar-se - e deparando-se com novos desafios -, enxergou a doutrina administrativa no *interesse público* o conceito superador do *ato administrativo*, nele reconhecendo o sustentáculo das diversas instituições de Direito Administrativo e o princípio maior do qual se pode extrair todos os pertinentes a cada uma das aludidas instituições.

No campo do Direito Econômico, a designação do trabalho humano e da livre iniciativa como fundamentos da ordem constitu-

---

[10] Com efeito, Manfred Rehbinder, em sua *Sociologia del Derecho*, subscreve a constatação de Ross, designando o direito como " the most specialized and highly finished means of social control".

[11] Aqui, por todos, menciono Eric Hobsbawn (*A Era dos Extremos*) que, discorrendo sobre o denominado "breve século XX", põe em relevo a fundamentalidade do capitalismo e socialismo para a compreensão dessa quadra da história humana.

[12] Em sua obra *El Interés como Fundamento del Derecho Administrativo* (Buenos Aires, Depalma, 1989), fornece o jurista argentino escorço histórico dessa busca de um conceito cuja extensão pudesse fundamentar todo o Direito Administrativo enquanto ramo do conhecimento jurídico, à semelhança do que se pode vislumbrar com idéias de trabalho humano e livre iniciativa na Ordem Econômica. Especificamente, para uma crítica do "interesse público" como resposta a essa pesquisa, bem como descrevendo o mesmo fenômeno, ver Jean Rivero, *Direito Administrativo* (Coimbra, Almedina, 1981).

cional econômica implica a admissão desses dois valores como pedra de toque de todo esse ramo da ciência jurídica.

Impende, pois, uma análise dos dois fundamentos eleitos constitucionalmente: a valorização do trabalho humano e a livre iniciativa. Adequadamente salientados, pode-se enxergar a repercussão de seu conteúdo para o desvendamento da conformação constitucional diante da realidade social e a fixação dos parâmetros sociais objeto de configuração por parte do Estado, face às exigências do princípio do estado social.

3.2.1. A valorização do trabalho humano

A inteligência do trabalho humano como fundamento jurídico da ordem econômica tem como pressuposto a adoção de uma interpretação sistemática da Constituição. Com efeito, o valor social do trabalho (ao lado da livre iniciativa) é enumerado como fundamento da própria República Federativa do Brasil (artigo 1º, Título I, Dos Princípios Fundamentais), vinculado umbilicalmente à noção de Estado Democrático de Direito.

Dentre os atributos ínsitos à noção de Estado Democrático de Direito, está a noção de sociabilidade, como demonstra Jorge Reis Novaes, em seu *Contributo para uma Teoria do Estado de Direito*.[13] Esta (a sociabilidade), como nota característica do conceito de Estado Democrático de Direito, exige, ao lado do imprescindível aprofundamento de um quadro político de vida democrático, a intervenção organizada do Estado na economia, a procura do bem-estar e o reconhecimento jurídico e a consagração constitucional dos direitos sociais.

O reconhecimento dos direitos sociais, relativos tanto ao mundo do trabalho quanto a outros domínios, consagrados entre nós desde a Constituição de 1934, tem sua origem histórica e introdução no mundo jurídico em virtude da apropriação e aceitação do discurso cristão, como refere Pontes de Miranda,[14] noticiando o papel do catolicismo na pregação da justiça social.

---

[13] Sociabilidade, para o citado autor, designa "... a concepção da sociedade não já como um dado, mas como um objeto susceptível e carente de uma estruturação a prosseguir pelo Estado com vista à realização da Justiça Social" (pág. 193). A propósito, nessa linha, apontou Almiro do Couto e Silva, ao salientar a presença simultânea, no Estado de Direito Contemporâneo, de aspecto de ordem formal e material (*Princípios da Legalidade da Administração Pública e da Segurança Jurídica no Estado de Direito Contemporâneo*, RDP 84/46).

[14] Pontes de Miranda, ao comentar o artigo 160 da Carta de 1967/69, transcreve o alerta de Leão XIII: " Entre os graves e numerosos deveres dos governos que querem prover como convém ao bem público, o que domina todos os outros consiste em cuidar igualmente de todas as classes de cidadãos, observando rigorosamente as leis da justiça dita distributiva". (Tomo VI, pág. 30).

Na elaboração cristã, formulada em sua matiz católica, o trabalho humano é meio de dignificação da pessoa humana, seja pelo patrimônio espiritual dele decorrente, seja pelos frutos materiais com ele obtidos.[15] O Concílio Vaticano II, principal documento da Igreja Católica Apostólica Romana na contemporaneidade, por sua vez qualifica o trabalho humano como "... superior aos outros elementos da vida econômica, pois estes são de ordem meramente instrumental." (Constituição Pastoral *Gaudium et Spes*, § 67 da 2ª Secção - Alguns Princípios que regem o conjunto da vida econômico-social - do Título III - Vida Econômico-social).

Desse modo, a valorização do trabalho humano como elemento fundamental da ordem jurídico-econômica revela-se, simultaneamente, postulado da consciência geral no atual estágio do desenvolvimento histórico da humanidade e, particularmente, da sociedade brasileira, bem como dado normativo central para a compreensão e equacionamento dos problemas econômicos objeto do ramo do direito ora comentado.

Ao lado da dimensão metajurídica inerente à qualificação de certos direitos como fundamentais, a afirmação da centralidade da valorização do trabalho humano no direito econômico brasileiro (na esteira aliás, dos princípios fundamentais de todo o ordenamento jurídico nacional, como referido) tem o condão de repelir quaisquer providências, diretas ou indiretas, que esvaziem a força normativa dessa noção fundamental, tanto pelo seu enfraquecimento na motivação das atividades estatais (executivas, legislativas ou judiciárias), quanto pela sua pura e simples desconsideração (banimento, na formulação legislativa das políticas públicas, execução ou apreciação judicial).

Outrossim, mesmo que a constituição fosse omissa na enunciação da fundamentalidade do trabalho humano (pela simples supressão dessa referência em seu texto), ou, em sua mutação agredisse paulatinamente esse valor (através, por exemplo, de reformas constitucionais que anulem, topicamente, a importância do trabalho e só dêem espaço à livre iniciativa), restaria o recurso ao parágrafo segundo do artigo 5º da Carta de 1988. Tendo em vista a eficácia desta

---

[15] Com efeito, o Concílio Vaticano II já afirmara, após ressaltar a preponderância do trabalho sobre os demais elementos da ordem econômica social: "Compete, porém, à sociedade de sua parte, de acordo com as circunstâncias vigentes, ajudar os cidadãos, para que eles possam encontrar ocasião de trabalho suficiente. Enfim, o trabalho deve ser remunerado de tal modo que se ofereça ao homem a possibilidade de manter dignamente sua vida e a dos seus, sobre o aspecto material, social, cultural, espiritual, considerando-se a tarefa e a produção de cada um, assim como as condições da empresa e o bem comum" (GS, 67).

cláusula constitucional de integração do direito internacional ao direito brasileiro e da formulação da questão no seio da Organização das Nações Unidas, não caberiam maiores discussões em torno do tema.[16]

A designação do trabalho humano como fundamento da ordem constitucional econômica, em suma, implica a admissão desse valor social como pedra de toque[17] de todo o direito econômico nacional. A valorização do trabalho, nesse passo, consubstancia verdadeira cláusula principiológica, trazendo ínsita evidente potencialidade tranformadora, donde se inclui, no mínimo, o obrigação estatal da implementação de políticas visando ao pleno emprego.[18]

3.2.2. A livre iniciativa

À semelhança da perspectiva adotada na consideração do trabalho humano, como um dos fundamentos da ordem econômica constitucional, a livre iniciativa deve ser dimensionada à luz de todo o conjunto das normas constitucionais. Vale dizer, a livre iniciativa protegida constitucionalmente não equivale a qualquer concepção ideológica eleita pelos agentes públicos ou privados, mas deve ser entendida a partir da pauta valorativa e principiológica imanente ao texto constitucional.

A livre iniciativa, efetivamente à semelhança do que ocorre com a valorização do trabalho, é chamada a cumprir a função de fundamento jurídico no inciso IV do artigo 1º (relativamente ao Estado Democrático de Direito) e no *caput* do artigo 170 (no que concerne à ordem econômica).

---

[16] Essa circunstância, a princípio, poderia conduzir-nos, inclusive, à polêmica discussão acerca dos limites materiais de mudança da Constituição, interpretados os termos do § 2º do artigo 5º. A respeito, ver elucidador artigo do Ministro José Néri da Silveira, onde aborda, dentre outras, essa questão (*A Reforma Constitucional e o Controle de sua Constitucionalidade*, Ajuris 64/ 201, principalmente p. 206).

[17] Tal prevalência - inclusive sobre o outro fundamento (livre iniciativa), ademais, é objeto de afirmação não só da já referida doutrina social da Igreja, bem como de intérpretes da Constituição de 1988: ver, nesse diapasão, José Afonso da Silva (*Curso de Direito Constitucional Positivo*, p.660) e Eros Roberto Grau (*A Ordem Econômica na Constituição de 1988 - Interpretação e Crítica*, p. 219).

[18] O Supremo Tribunal Federal, ao julgar o Mandado de Segurança nº 20936/DF (RTJ 142/446), assentou (consoante os termos do voto condutor, da lavra do Ministro Sepúlveda Pertence) que "... o direito ao trabalho a que aludem os textos constitucionais deste século e as convenções internacionais contemporâneas sobre direitos sociais, tem por objeto primacial a implementação pelo Estado de uma política de pleno emprego (cf. Evaristo de Moraes Filho, *Direito ao Trabalho*, V Conf. Nacional da OAB, 1974, em *O Direito e a Ordem Democrática*. Ltr, 1984, p.93); e a nova Constituição brasileira efetivamente inseriu, dentre os princípios da ordem econômica, *a busca do pleno emprego* (art. 170, VII).

Esse fundamento pode ser definido como "... liberdade dos privados de dispor dos recursos materiais e humanos; é, em segundo lugar liberdade dos privados de organizar a atividade produtiva e, conseqüentemente, é liberdade dos privados de decidir o que produzir, quando produzir, como produzir, onde produzir."[19] Gomes Canotilho e Vital Moreira sublinham, por sua vez, a dualidade inerente à livre iniciativa: "consiste, por uma lado, na liberdade de iniciar uma atividade econômica (direito à empresa, liberdade de criação de empresa) e, por outro lado, na liberdade de gestão e atividade da empresa (liberdade de empresa, liberdade de empresário).[20]

A fundamentalidade ínsita à noção de livre iniciativa implica o reconhecimento de uma esfera jurídica dentro da qual os agentes econômicos gozam de autonomia no exercício de sua atividade econômica. Esse campo, onde grassa a autonomia privada, "consiste na faculdade concedida aos particulares de auto-regulamentação de seus interesses...", lecionou Mário Júlio de Almedina (1994, p. 89).

No âmbito do Direito privado, inclusive, constitui ela (a autonomia privada) um dos princípios fundamentais, o que não afasta a necessidade do temperamento da diretriz frente a outros princípios limitadores e/ou complementares dessa livre conformação dos interesses privados, como acentua o jurista acima citado. É o que se observa, *verbi gratia*, no temperamento do regime dos contratos.

A autonomia privada - que se expressa, por antonomásia, na atividade negocial e no exercício da propiedade - é, a seu turno, instrumento para a atividade econômica. Esta não é exaurida por aquela, muito menos se confundem. Conclui-se portanto, que, no exercício da atividade econômica, informada pelos fundamentos finalidade e princípios inscritos no artigo 170 da Constituição da República, há imprenscindível e inafastável espaço para a autonomia privada; no entanto, no preenchimento dessa esfera, por parte dos sujeitos privados, o ordenamento jurídico requer a observância desses temperamentos, donde exsurge a legitimidade constitucional da

---

[19] Tal é a definição de Francesco Galgano, *Il diritto privato fra le Codice e Costituzione*, p. 125, *apud* Ana Prata, *A Tutela Constitucioanl da Autonomia Privada*, p. 199).

[20] O texto citado é excerto da obra *Constituição da República Portuguesa Anotada*, p. 328; dentre nós, Tércio Sampaio Ferraz Júnior leciona que, embora inexista um sentido absoluto e ilimitado na livre iniciativa (não sendo excluída portanto, a atividade normativa e regulativa do estado)., "... há ilimitação no sentido de principiar a atividade econômica de espontaneidade na produção de algo novo, de começar algo que não estava antes. Esta espontaneidade, base da produção da riqueza, é fator estrutural que não pode ser negado pelo Estado." (*A Economia e o Controle do Estado*, parecer publicado em *O Estado de São Paulo*, edição de 04.06.1989).

legislação que afeiçoe compulsoriamente os atos privados instrumentalizadores do processo econômico a esses fins.

Essa, a propósito, a lição de Ana Prata (*A Tutela Constitucional da Autonomia Privada*, Coimbra, Almedina, s.d; pág. 199): "Muito embora, portanto, o reconhecimento constitucional da iniciativa privada comporte como corolário necessário, a autorização de realização dos negócios jurídicos inerentes à atividade econômica que no seu quadro se exerce, não pode o sujeito econômico reivindicar para cada ato negocial a tutela que a constituição estabelece para aquela atividade, unitariamente concebida. Actuando o sujeito na esfera econômica - e a decisão de fazer ou não, é livre ele tem de subordinar-se aos condicionamentos dessa actuação, que lhe sejam impostos, e que podem consistir - e muitas vezes consistirão - na obrigação de realizar dados negócios, de não os realizar, de os celebrar com dado conteúdo ou dada forma."

Na disciplina da atividade econômica privada, o ordenamento pode, ponderando os valores assentados no texto constitucional, estabelecer condições para o exercício da autonomia privada e temperamentos para a livre iniciativa, desde que não suprima, por via direta ou indireta, a possibilidade de iniciativa autodeterminada.

Evidentemente, tais temperamentos não desvalorizam ou desnaturam a livre iniciativa; ao contrário, eles atuam tão-só no sentido de salientar que a livre iniciativa - enquanto liberdade fundamental - não é ilimitada ou inatingível. Afora as hipóteses em que a própria Constituição reserva uma esfera da realidade econômica para a atuação exclusiva do Estado, bem como aqueles casos em que é limitada ou fortemente ordenada a iniciativa privada, admite-se a regulação do exercício dessa liberdade de iniciativa econômica, tendo em vista outros bens e valores especialmente resguardados pela Constituição.[21]

Nesse contexto, inclusive, legitima-se a repressão ao abuso do poder econômico (artigo 173 § 4º), motivada tanto pela necessidade de criação ou manutenção das condições para que a iniciativa seja livre (evitando a dominação dos mercados ou eliminação da concorrência), quanto pela prática anti-social da atividade econômica (aumento arbitrário dos lucros). A propósito, nesse sentido decidiu o Superior Tribunal de Justiça assentando que "o ordenamento jurídico recepcionou a legislação que reprime o abuso do poder econômicom, inclusive a Lei Delegada nº 04/62, que confere à União o poder

---

[21] Nessa esfera, inclusive, relembre-se a discussão concernente ao controle de preços. A respeito, ver Fábio Konder Comparato, *Regime Constitucional de Preços no Mercado*, RDP97/17).

de intervir no domínio econômico, e a lei Delegada nº 05/62, que atribui à SUNAB a execução das medidas pertinentes".[22]

3.2.3. Harmonização dos Fundamentos

Vigora entre a finalidade eleita pela Constituição, no domínio da ordem econômica, e a justiça social, a mesma relação existente entre fins e meios. A dignidade da pessoa humana é, pois, finalidade a ser alcançada por meio da justiça social, num mundo em que o trabalho e a livre iniciativa são fundamentais.

De fato, se é verdade que o texto constitucional emprestou inequívoco relevo à livre iniciativa (ao elegê-la como um dos fundamentos da ordem econômica), também o é que a presença da justiça social é sobremaneira ressaltada na Constituição de 1988. Essa a conclusão necessária, a partir de um exame sistemático da Carta Constitucional, principalmente à luz (1) do *valor social* da livre iniciativa, diverso da concepção estritamente liberal de livre iniciativa (elencado como um dos fundamentos da república - artigo 1º, inciso IV), (2) dos *objetivos fundamentais* de construção de uma sociedade *solidária redutora das desigualdades sociais e erradicadora da pobreza e marginalização* (artigo 3º, incisos I e III) e (3) da *defesa do consumidor* como direito fundamental (artigo 5º, inciso XXXII).

Eis, portanto, a significação capaz de harmonizar o discurso normativo - aparentemente inconciliável em seus elementos - formulado no *caput* do artigo 170 da Constituição de 1988.

Aceita essa interpretação, dissipam-se quaisquer objeções à alegada imprestabilidade - por irremediável com tradição - do dispositivo nuclear do título VII de nossa Carta Constitucional, bem como aquelas sustentações que almejam afastar do domínio econômico - em nome da livre iniciativa - qualquer atuação estatal além da expressamente prevista na Constituição.

Não fossem suficientes essas razões, há de se salientar a adoção, em nosso ordenamento jurídico por parte do intérprete máximo da Constituição, da diretriz hermenêutica ora defendida. Ao manifestar-se na Ação Direta de Inconstitucioanlidade nº 319 - DF, o Plenário do Supremo Tribunal Federal, examinando a Lei nº 8.039, de 30 de maio de 1990, decidiu que "em face da atual Constituição, para conciliar o fundamento da livre iniciativa e do princípio da livre concorrência com os da defesa do consumidor e da redução das desigualdades sociais, em conformidade com os ditames da justiça

---

[22] Decisão unânime proferida no Recurso Especial nº 83.574/PE, relator: Min. Humberto Gomes de Barros, publicada no Diário de Justiça da União - Seção I - de 06 de maio de 1996, p. 14.393.

social, pode o Estado, por via legislativa, regular a política de preços de bens e de serviços, abusivos que é o poder econômico que visa ao aumento arbitrário dos lucros".

Na oportunidade, o eminente Ministro-Relator, ao proferir o voto prevalecente na corte constitucional, endossou as ponderações doutrinárias de José Afonso da Silva, segundo o qual "...a liberdade de iniciativa econômica privada, num contexto de uma Constituição preocupada com a realização da Justiça Social (o fim condiciona os meios), não pode significar mais do que a liberdade de desenvolvimento da empresa no quadro estabelecido pelo poder público, e portanto, possibilidade de gozar das facilidades e necessidades de submeter-se às limitações postas pelo mesmo. É nesse contexto que se há de entender o texto supratranscrito do artigo 170, parágrafo único, sujeito aos ditames da lei e ainda dos condicionamentos constitucionais em busca do bem-estar coletivo. Ela constitui uma liberdade legítima, enquanto exercida no interesse da justiça social. Será ilegítima, quando exercida com objetivo de puro lucro e realização pessoal do empresário".[23]

Assim ponderados os fundamentos da ordem econômica, a consagração da dignidade humana como conteúdo finalístico desse domínio normativo exerce papel do mais alto relevo, possibilitando a adequada interpretação dos diversos direitos econômicos e a consagração da justiça social como único meio conducente ao fim eleito.

Impende, ademais, sublinhar que a noção de dignidade humana, nesse contexto, há de considerar os condicionamentos históricos *hic et nunc* presentes, pena de esvaziar-se a cláusula constitucional. "Concebida como referência constitucional unificadora de todos os direitos fundamentais, o conceito de dignidade humana obriga a uma densificação valorativa que tenha em conta o seu amplo sentido normativo-constitucional e não uma qualquer idéia apriorística do homem, não podendo reduzir-se o sentido da dignidade humana à defesa dos direitos pessoais tradicionais, esquecendo-a nos casos de direitos sociais, ou envocá-la para construir uma teoria do núcleo da personalidade individual, ignorando-a quando se trate de direitos econômicos, sociais e culturais".[24]

A menção constitucional da justiça social, por sua vez, significa a adoção da justiça distributiva no seio da ordem econômica. Basta

---

[23] Excerto do voto do ministro Moreira Alves, p. 676.
[24] Essa a pertinente advertência de Gomes Canotilho e Vital Moreira, ao comentarem a Constituição da República Portuguesa (*Constituição Portuguesa Anotada*. 2ª edição, Coimbra: Coimbra Editora, 1984, p. 70).

uma breve notícia da história do constitucionalismo brasileiro para demonstrar a constância dessa orientação. Carlos Maximiliano, comentando o artigo 145 da Constituição de 1946 (cuja redação determinava a organização da ordem econômica "conforme os princípios de justiça social"), foi explícito nesse ponto,[25] oportunidade em que também apontou o papel criativo da doutrina e jurisprudência formadas mesmo durante a vigência da Constituição de 1891 (qualificada de individualista pelo citado jurista), as quais "...afeiçoaram ao texto rígido uma inteligência relativamente acorde com as idéias contemporâneas" (*Op. Cit.*, p. 177). Pontes de Miranda, em seus *Comentários à Constituição de 1967, com a Emenda nº 1 de 1969*, foi categórico a esse respeito.[26] O Supremo Tribunal Federal, perante a Constituição de 1988, igualmente, não tergiversou nesse ponto.[27]

O caráter imperativo do fortalecimento da noção de justiça distributiva em nosso país, a seu turno, é mais que evidente. Não bastassem as experiências cotidianas de cada cidadão - onde a miséria, a violência, a ignorância e a marginalização de tantos contrasta com o elevadíssimo padrão de vida de tão poucos -, somos reconhecidos mundialmente como recordistas em concentração de renda e desigualdade social.

Assentada a relação umbilical presente entre a ordem social e a ordem econômica, bem como sublinhada a importância dessa configuração para a interpretação do princípio democrático consagrado na Constituição de 1988, é preciso contextualizar a política de reforma agrária nesse quadro maior e estabelecer suas implicações com a afirmação do princípio democrático.

4. Conclusão: concretização do princípio democrático e da reforma agrária

A diretriz fundamental presente no princípio democrático almeja a conformação da vontade política no seio da comunidade, tendo

---

[25] *Comentários à Constituição Brasileira de 1946*, p. 177.

[26] "Os princípios de justiça social, ou a Justiça Social, a que alude o art. 160, são os princípios de justiça distributiva" (p. 30).

[27] "Ora, sendo a justiça social a justiça distributiva - e por isso mesmo é que se chega à finalidade da ordem econômica (assegurar a todos existência digna) por meio dos ditames dela -, e havendo a possibilidade de incompatibilidade entre alguns dos princípios constitucionais dos incisos desse artigo 170, se tomados em sentido absoluto, mister se faz, evidentemente, que se lhes dê sentido relativo para que se possibilite a sua condição a fim de que, em conformidade com os princípios da justiça distributiva, se assegure a todos - e, portanto, aos elementos de produção e distribuição de bens e serviços e aos elementos de consumo deles - existência digna" (voto proferido pelo Ministro Moreira Alves, na ADIn nº 319 - DF, RTJ 149/674).

como pressuposto a existência de cidadãos autônomos, concebidos como seres humanos constituídos em sua dimensão individual e social.

Para tanto, a eleição do princípio do Estado Social de Direito, como tônica contemporânea qualificadora da concepção de Estado Democrático de Direito, mostra-se indispensável. Por meio desse princípio, tomam o mesmo leito os fundamentos e objetivos maiores da ordem econômica e da ordem social, aqui dimensionadas como esferas onde a atuação configuradora do Estado pode impulsionar a concretização dos direitos fundamentais.

A política de reforma agrária, constitucionalmente veiculada, insere-se nesse quadro maior de atuação de configuração da realidade social pelo Estado, no sentido da diminuição dos contrastes e desigualdades sociais, revelando-se como espaço inevitável em que se deve construir uma ordem social justa.

Nesse ponto, vislumbra-se uma inequívoca conexão entre princípio democrático e reforma agrária, na medida em que a diminuição das desigualdades diante de uma estrutura agrária injusta e concentrada, sem os respectivos benefícios coletivos, dinamiza um processo de exclusão social e econômica desintegrador da comunidade política.

Por outro lado, o princípio democrático há de informar a legislação e as políticas públicas de desenvolvimento dos princípios constitucionais relativos à reforma agrária. Isso só se pode dar pelo debate e pela participação da opinião pública na definição desses parâmetros, exigências que pressupõem liberdade de opinião, de manifestação, de associação e de informação nos temas pertinentes.

Nessa seara, o princípio democrático mostra-se fundamental para a consecução da reforma agrária constitucionalmente orientada, uma vez que o mascaramento e o debate ideológico intransigente, antíteses da convivência democrática, acabam por desnaturar os respectivos ditames constitucionais que dispõem sobre a política agrária.

Disso tudo se pode concluir que a política de reforma agrária concebida no contexto de uma Constituição inspirada sob a luz do princípio democrático não pode transigir com a mera maximização dos lucros ou com sua instrumentalização pelo debate ideológico intransigente; deve, ao contrário, ser fruto da ação configuradora do Estado deliberada num cenário em que a formação da vontade política seja resultante do paulatino e interminável processo histórico de construção da dignidade individual e da participação coletiva de cidadãos autônomos, concretizadores de uma ordem social e econômica materialmente justa.

— 10 —
MST, um novo movimento social?

MARCELO DIAS VARELLA
Advogado. Professor da UFSC. Mestre em Direito.
Doutorando em direito na Université de Paris I
Panthéon-Sorbonne, bolsista da Capes.

SUMÁRIO: 1. Noções Gerais; 2. Movimentos Sociais; 3. Movimentos Agrários; 4. Novos Movimentos Sociais; 5. Movimento dos Trabalhadores Rurais Sem Terra; Referências bibliográficas.

1. Noções Gerais

A qualificação dos grupos humanos participantes da questão agrária é de extrema importância para o próprio entendimento do tema. Pode-se notar, nas teorias emergentes, muitas discussões em torno da caracterização jurídico-sociológica do Movimento dos Trabalhadores Sem Terra (MST). Alguns teóricos o consideram como um comportamento coletivo, de caráter passageiro; outros, como grande movimento social moderno ou mesmo transmoderno. De forma semelhante, com relação aos diversos movimentos agrários ocorridos ao longo da história brasileira, parte dos pensadores sociais os considera como fatos históricos isolados, enquanto outra parte encontra certa unidade histórica, com verdadeira ligação em torno de toda a questão agrária, situando os primeiros conflitos em torno da terra, ocorridos há mais de cem anos, como raízes dos movimentos contemporâneos.

Neste artigo, pretende-se estudar as principais características dos movimentos sociais como um todo e também dos chamados novos movimentos sociais, com características próprias, formados após os anos 60. Assim, em um primeiro momento, será feita uma breve introdução em torno dos aspectos sociológicos dos movimentos sociais. Em seguida, serão estudadas as rebeliões ocorridas no Brasil, durante os períodos imperial e republicano. Por último, será analisado o movimento dos sem terra, com o intuito de situá-lo no cenário sociojurídico contemporâneo.

2. Movimentos Sociais

Ao analisar a história humana, o estudioso se depara constantemente com o surgimento de movimentos sociais que, por sua natureza, imprimem caráter de urgência na adoção de normas ou regras jurídicas que os possam regulamentar e, por conseqüência, legitimá-los.

O termo "movimentos sociais" foi introduzido na sociologia acadêmica, por volta de 1840, por Lorenz Von Stein, dedicado estudioso de movimentos como o movimento proletário francês, o comunismo e o socialismo.[1] Com o passar dos anos, os movimentos sociais ganharam importância a ponto de Alain Touraine, insigne sociólogo francês, defender a supremacia de uma Sociologia dos Movimentos Sociais.

Na lição da pesquisadora catarinense Ilse Scherer-Warren,[2] movimento social seria "uma ação grupal para transformação (a práxis) voltada para a realização dos mesmos objetivos (o projeto), sob a orientação mais ou menos consciente de princípios valorativos comuns (a ideologia) e sob uma organização diretiva mais ou menos definida (a organização e sua direção)."

Em outras palavras, existe um movimento social quando houver ação grupal, quase sempre composta por pessoas com problemas homogêneos, não satisfeitas com determinada situação, tendo objetivos e formas de alcançá-los semelhantes e, principalmente, guiadas pela mesma ideologia.

Nesse sentido, é possível observar características importantes dos movimentos sociais, quais sejam: a existência de um grupo relativamente organizado; tendo ou não uma liderança definida; interesses, planos, programas ou objetivos comuns; fundamentam-se nos mesmos princípios valorativos, doutrina ou ideologia; desenvolvem uma consciência de classe ou uma ideologia própria; e objeti-

---
[1] SCHERER-WARREN, Ilse. *Movimentos Sociais*, p.12.
[2] Idem, p. 20.

vam fim específico, uma proposta de transformação social ou uma alteração nos padrões sociais vigentes.

Para Touraine,[3] "os movimentos sociais são os mais importantes comportamentos coletivos".

A análise dos comportamentos coletivos e dos movimentos sociais tem merecido destaque na teoria sociológica, por parte dos contemporâneos e mesmo dos autores clássicos, sendo motivo de debates e controvérsias que podem ser a causa da inexistência de uma teoria abrangente a respeito desses assuntos. Conforme Gianfranco Pasquino,[4] existem elementos comuns na análise dos comportamentos coletivos e dos movimentos sociais: o fundamento na existência de tensões na sociedade, a identificação de necessidade de mudanças, a comprovação da passagem de um estágio de integração a outro através de transformações induzidas, de algum modo, pelos comportamentos coletivos. Por outro lado, comportamentos coletivos e movimentos sociais se distinguem pelo grau e pelo tipo de mudança que pretendem provocar no sistema, e pelos valores e níveis de integração que lhes são intrínsecos.

Os comportamentos coletivos são presentes em casos específicos, por curto espaço de tempo, quando vários indivíduos agem de modo semelhante, sem que se formem novas identidades, sem que os atos por eles praticados influam em suas essências. Após cessar o motivo que originou tais comportamentos coletivos, pouca ou nenhuma mudança será produzida nas pessoas que dele participaram. Seria o caso de calamidades, da moda, do *boom* ou do pânico. Não há identidade entre os participantes. Já no movimento social, há maior nível de integração entre os membros e, após seu término, formam-se novas coletividades, caracterizadas pela consciência de um objetivo comum e pela persuasão de uma mesma esperança.

Os movimentos sociais surgem a partir da insatisfação de segmentos da sociedade com a realidade vigente, o que é, via de regra, causada pela opressão dos grupos sociais detentores do poder sobre os grupos socialmente subordinados, conhecidos também por grupos desprivilegiados, dominados, subalternos, minorias, entre outras denominações. Entre as formas de opressão, destacam-se a dominação política, econômica, cultural, ideológica, psicológica, entre outras.[5]

---

[3] TOURAINE, Alain. *Em defesa da Sociologia*, p. 69.
[4] PASQUINO, Gianfranco. Movimentos sociais *in Dicionário de política*. v. 2., p. 787.
[5] SCHERER-WARREN, I. Ob. cit., p. 8.

Contudo, não existe um grupo que apenas oprima ou um grupo que apenas seja oprimido, visto que os livres vivenciam a contra-opressão dos oprimidos como forma de opressão, ocorrendo uma dialética entre a opressão e a contra-opressão. Desta forma, o grupo oprimido tenta se libertar, o que faz por meio de certas ações como as lutas, as reivindicações, as pressões, a apatia ou mesmo a alienação. O movimento social se manifesta com a existência de um agir ativo e organizado contra as formas de opressão visando a incidir na sociedade a ser modificada.[6]

Segundo Ilse Scherer-Warren,[7] em Marx pode ser identificada a seguinte seqüência de fases para a formação de um movimento social, sob o modo capitalista de produção:

"Alienação do homem produtor
↓
identidade de interesses de classe
↓
consciência da classe e ideologia autônoma
↓
organização de classe
↓
luta revolucionária
↓
revolução histórica."

Como bem indica Merlucci,[8] os primeiros a se rebelar não são os grupos mais oprimidos e desagregados, mas os que têm contato com as discrepâncias sociais e se identificam com a coletividade e as novas relações emergentes. Da mesma forma, Lukács, pensador e político húngaro, indica que o movimento social se caracterizará a partir da verdadeira consciência de classe, que é construída após a auto-avaliação dos seus membros como agentes de um processo econômico, "da percepção de sua posição no jogo de forças políticas e na construção de uma concepção de mundo".[9]

Na verdade, esta consciência bem definida da história, da posição do homem no cenário político-econômico ou mesmo sociomoral, em nível mundial, é inerente ao grupo como um todo, atendendo a

---
[6] Idem, p. 9.
[7] Idem, p.35.
[8] MERLUCCI apud PASQUINO, G. Ob. cit., p. 791.
[9] LUKÁCS apud SCHERER-WARREN, I. Ob. cit., p. 57.

uma visão orgânica e não restrita a cada componente em si. Não se pode exigir de um camponês, ou de um operário, que conheça, detalhadamente, à realidade social internacional, quanto mais sua posição em relação à mesma, sob a ótica global. Ao contrário, esta percepção deve estar presente no grupo em si, partindo dos seus líderes, dos seus pensadores e se manifestando, agora sim, em cada um dos seus membros. Logo, a presença da consciência política bem formada em apenas alguns elementos do grupo não significa uma relação de manipulação, como colocado por alguns teóricos, mas sim uma característica inerente aos movimentos sociais.

Na lição de Gramsci,[10] filósofo italiano, a ascensão política e cultural dos explorados se dá, acima de tudo, a partir do processo de autoconsciência crítica de seus dirigentes, "intelectuais orgânicos", corroborando para a construção de uma nova cultura, de uma "reforma intelectual e moral". A partir de então, o movimento se organiza e, conforme o grau de coerência entre seus membros, pode ou não obter êxito. Lênin[11] indica que o movimento social, para ser vitorioso no cumprimento de seus objetivos, deve possuir determinado grau de organização, estudando seus adversários, "aproveitando-se dos fatos políticos concretos para observar cada uma das outras classes sociais, em todas as manifestações de sua vida intelectual, moral e política". Deste modo, aprenderá a conhecer a si próprio e as relações em que está envolvido para, a partir de então, conseguir sua ascensão.

A busca da ascensão da classe pressupõe a possibilidade de seu estudo, organização e estruturação, com a difusão da ideologia, trançando métodos de ação para atingir os objetivos comuns. Para tanto, a liberdade é necessária, sem a qual torna-se impossível o surgimento do movimento social. Não a liberdade legalmente instituída, mas sim a liberdade realmente concretizada, pois grande parte dos movimentos sociais de maior repercussão foram organizados na clandestinidade, em momentos históricos e em locais onde até mesmo o direito de reunião era cerceado.

Logo, não basta a existência de uma legislação no sentido de proibir o direito de reunião ou mesmo a divulgação de ideologias contrárias para impedir o surgimento do movimento social. Para tanto, seria necessária a real aplicação dos dispositivos legalmente instituídos neste sentido, com a opressão esmagadora pela classe

---

[10] GRAMSCI, Antonio. *Concepção dialética da história*, pp. 20-1.
[11] LÊNIN *apud* SCHERER-WARREN, I. Ob. cit., p. 43.

dominante, que pode ser feita pelo uso da força ou até mesmo pela alienação da massa dominada.[12]

Em seguida, os integrantes do movimento formam partidos políticos, sindicatos e associações ou se unem com estruturas pre-existentes para viabilizar sua ascensão. Merlucci bem indica o porquê das uniões:

"Estes podem mobilizar-se mais facilmente, porque: 1) já contam com uma experiência de participação, isto é, conhecem os procedimentos e métodos de luta; 2) possuem já líderes próprios e um mínimo de recursos de organização que provém dos vínculos comunitários existentes; 3) podem utilizar redes de comunicação já existentes para fazer circular novas mensagens e novas palavras de ordem; 4) podem descobrir facilmente interesses comuns".[13]

A partir de breve retrospectiva histórica, é possível identificar diversos movimentos sociais, uns com maior repercussão, universais, outros com menor repercussão, apenas no país ou região de origem, locais. Entre os movimentos de maior repercussão, destacam-se o movimento operário, o movimento estudantil e o movimento feminista.

No Brasil, diversos movimentos humanos marcaram a história, movimentos com caráter de independência, nitidamente agrários, como a Farroupilha, a Balaiada, a Cabanagem e Canudos, além de outros movimentos também importantes como a Revolução Liberal e a Confederação do Equador. Seus representantes são considerados hoje como heróis da história nacional, mas sob a ótica então vigente, eram bandidos, delinqüentes, que queriam se insurgir contra uma estrutura vigente e que pagariam com a vida pela sua desobediência, conflitos nos quais morreram dezenas de milhares de brasileiros.

Como bem indica Manuel Andrade:

"O sistema de posse e uso da terra foi sempre, desde o período colonial, um motivo de tensões e lutas no meio rural brasileiro. A formação de classes, profundamente antagonizadas face à concentração da renda e à diferença entre os níveis de poder, provocou, durante quase cinco séculos de colonização, atritos e lutas, ora sob a forma individual, entre senhor e escravo, entre proprietário e trabalhador, ora entre grupos sociais antagôni-

---
[12] TOURAINE *apud* SCHERER-WARREN, I. Ob. cit., pp. 90-100.
[13] *In* PASQUINO. Ob. cit., p. 791.

cos, formados pelos proprietários de um lado e trabalhadores de outro".[14]

Na atualidade, presenciam-se diversos movimentos sociais em curso no Brasil, como o movimento ambientalista, o movimento feminista, o movimento operário, o movimento estudantil, entre muitos outros. Fatores como a redução do gasto público nas políticas sociais; descentralização administrativa e revalorização dos governos municipais; crescimento das demandas da população, em virtude da diminuição dos seus padrões de vida; falta de representabilidade política dos setores populares; crescimento da confiança nas ONGs e nas associações comunitárias são apontados como as principais causas do surgimento dos movimentos sociais mais recentes.[15] Dentre estes movimentos sociais, um dos mais importantes, devido à abrangência e gravidade da questão e do número de pessoas envolvidas, é o movimento social agrário, tema deste estudo.

De acordo com os movimentos sociais acima descritos, por mais distintos que sejam, observa-se que sempre têm meios de luta e de reivindicação muito semelhantes, qual seja, chamar a atenção da sociedade para seus problemas e fazer o Governo alterar a realidade vigente em benefício de determinado grupo ou da sociedade como um todo, alterando os valores em vigor. O principal ponto em comum dos movimentos citados é que todos tiveram êxito em suas reivindicações, lutando, sempre, contra os diversos focos de resistência às suas idéias. Quando surgiram, foram taxados de superficiais, sem lhes ser imputado a real importância que mereciam, o que foram conquistando ao longo dos anos, ou séculos, conforme o movimento estudado. Como conseqüência, o ordenamento jurídico teve que ser alterado, visando a se adequar às necessidades sociais, objetivando, acima de tudo, a consecução da justiça.

3. Movimentos Agrários

Na história brasileira, tanto no período colonial, como após a declaração de independência, é possível observar a ocorrência de diversas rebeliões de caráter nitidamente agrário. Os conflitos mais importantes encontram-se a partir de 1822, com o rompimento político com Portugal, e depois com a renúncia de D. Pedro I, gerando

---

[14] ANDRADE, Manuel Correa. *Latifúndio e reforma agrária no Brasil*, p. 74.
[15] BOMBAROLO apud SOARES, Fabiana de Menezes. *Fundamentos para uma administração pública participativa (cidadania, sociedade, direito, estado e município)*, p. 92.

a instabilidade do governo imperial. Entre as principais revoltas, destacam-se a cabanagem, a balaiada, a sabinada, a farroupilha e canudos, todas decorrentes das insatisfações sociais e econômicas tanto das camadas mais favorecidas, proprietários de terras e produtores, como da grande massa de escravos, base econômica da época.

Nas revoltas imperiais, a classe dominante das regiões menos favorecidas sentia-se afastada do eixo político, que, neste tempo, concentrava-se no Rio de Janeiro. Os trabalhadores reivindicavam melhores condições de vida, o fim da escravidão e do abismo social que perduraria ao longo dos anos. Nos pontos seguintes, serão estudadas sucintamente as rebeliões mais importantes, visando a identificar as raízes dos movimentos sociais existentes na atualidade.

a) Farroupilha

A colonização do Sul do Brasil deu-se tardiamente, após a estruturação da região Sudeste e Nordeste. A integração econômica, por sua vez, ocorreu no fim do século XVIII, com o comércio da carne e do couro bovino. A economia gaúcha baseava-se na produção de couro, trigo e de charqueadas, que eram comercializadas nos centros escravistas, principalmente em São Paulo, em Minas Gerais e no Rio de Janeiro. Ao contrário das demais regiões do país, onde havia o predomínio da monocultura para exportação, a economia dos pampas tinha como alvo o mercado interno, dando base para o funcionamento da manutenção destes centros exportadores. Como as demais regiões dependiam do mercado externo, e os produtores rio-grandenses dependiam do comércio destas regiões, estes acabavam por ser o pólo mais fraco da economia da época.

Não apenas não podiam impor o preço dos produtos, como estavam sujeitos às oscilações do mercado externo, e aos problemas do mercado interno. Também estavam impedidos de cobrar preços altos pelos produtos vendidos, pois isto traria problemas para a principal atividade econômica do país, a exportação agrícola, principalmente de café e cana-de-açúcar, tendo sempre o Imperador a favor dos latifundiários das regiões Sudeste e Nordeste, gerando sérios ressentimentos ao longo dos anos.

Como a atividade principal não era a lavoura, mas sim a pecuária, o número de escravos era bem inferior aos centros agroexportadores, com grande presença de trabalhadores assalariados, diminuindo as desigualdades sociais. No entanto, apesar de tudo, a sociedade rio-grandense estruturava-se também no escravismo. O verdadeiro insucesso da economia rio-grandense não estava nas políticas adotadas, mas sim na relação escravista predominante, que tinha como característica, a baixa produtividade e a baixa qualidade dos produtos vendidos. Nos países vizinhos, como Uruguai e Argentina, a produção era mais rentável, pois a existência do trabalhador assalariado garantia índices de qualidade e produtividade nitidamente superiores.

Em 1838, o deputado federalista e coronel das milícias Bento Gonçalves, o principal líder do que viria a ser a maior das maiores rebeliões internas deste país, publicou um manifesto, mostrando as insatisfações do povo rio-grandense:

"A carne, o couro, o sebo, a graxa, além de pagarem nas Alfândegas do País o duplo dízimo de que se propuseram aliviar-nos, exigiam mais quinze por cento em qualquer dos postos do Império. Imprudentes legisladores nos puseram desde este momento na linha dos povos estrangeiros, desnacionalizaram a nossa Província e de fato a separaram da Comunidade Brasileira (...) Tirou-nos o dízimo do gado muar e cavalar e o substituiu pelos direitos de introdução às outras províncias. Nós os pagávamos onerosos em Santa Vitória, escandalosos em Rio Negro, insuportáveis em Sorocaba, pontos preciosos do trânsito dos nossos tropeiros aos mercados de São Paulo, de Minas e da Corte".[16]

A insatisfação do povo dos pampas fomentou a disseminação das ideologias federalistas da América espanhola. Com a abdicação de D. Pedro I e a instabilidade política, as revoltas começaram. Os estancieiros revoltaram-se, expulsando o presidente da província, Antônio Fernandes Braga, a revolta tomou corpo e, em 21 de setembro de 1835, Porto Alegre foi tomada. O movimento se fortaleceu principalmente em torno da Lagoa dos Patos e na Campanha gaúcha. Em 11 de setembro de 1836, foi fundada a República Rio-Grandense, também conhecida por República Piratini, sob a presidência de Bento Gonçalves.

No mesmo ano, apenas um mês depois, um mercenário inglês contratado pelo imperador, Grenfell, foi enviado para combater a revolta, derrotando os farrapos na travessia do Rio Jacuí, prendendo Bento Gonçalves, que foi levado para a Bahia. No ano seguinte, ajudado pelos sabinos, Bento Gonçalves conseguiu fugir e voltou ao Rio Grande, onde encontrou-se com Giuseppe e Anita Garibaldi, líderes da unificação italiana.

---

[16] KOSHIBA, Luiz e PEREIRA, Denise Manzi Frayze. *História do Brasil*, p. 194.

A rebelião novamente tomou força, e diversas expedições foram realizadas, sob a liderança de Garibaldi e Davi Canabarro,[17] em Santa Catarina, chegando até Laguna, onde foi fundada a República Catarinense, também conhecida por República Juliana.

Em 1840, D. Pedro II foi emancipado, o que se deu justamente para pacificar as rebeliões. Nesta época, o imperador anistiou todos os revoltosos, o que não foi suficiente para pôr fim aos anseios gaúchos, que continuaram as revoltas até 1845. Para pôr fim à rebelião, o então barão de Caxias foi enviado e, utilizando de inteligentes técnicas de batalha e de negociação, pôs fim à revolta. No entanto, muitas foram as concessões oficiais, tais como: anistia geral aos revoltosos, incorporação dos soldados e oficiais ao Exército imperial em igual posto, exceto o de general, e a devolução das terras confiscadas. As negociações somente terminaram em fevereiro de 1845, com o Congresso Republicano em Poncho Verde, deixando um saldo de milhares de mortos.[18]

b) Sabinada

A rebelião dos sabinos ocorreu de 1837 a 1838, na Bahia, sob a liderança do médico Francisco Sabino Ferreira, que deu nome à rebelião. Também tinha como objetivo a separação política do Brasil, mas era fortemente marcada pela presença de diferentes classes sociais não satisfeitas com a realidade social e econômica vigente na época.

Sabino Ferreira aproveitou-se da insatisfação das classes mais baixas, revoltadas com as péssimas condições de vida e com a convocação para formar tropas no combate à Farroupilha, incitou-as e deu início à revolução. Tinha como principais características ideológicas, os ideais da revolução francesa, como o fim do centralismo imperial, fruto da marcante presença maçônica no movimento. Em 7 de novembro de 1837, os sabinos dão início à Revolta, criando a República Bahiense. Interessante é que a previsão da duração deste novo país seria apenas até a maioridade do imperador. Imediatamente, tropas foram enviadas, cercando por terra e água os revoltosos, que cederam em março de 1838.

Após o governo imperial ter dominado a capital, a revolta segue para o interior, principalmente nas cidades de Feira de Santana, perto de Salvador e Vila da Barra, no alto sertão, junto ao rio São

---

[17] FRANCO, Afonso Arinos de Melo *et alii*. *História do povo brasileiro. O império, o escravismo e o unitarismo político*, pp. 207-208.
[18] FRANCO, A. Ob. cit., p. 210.

Francisco, obrigando as tropas imperiais, agora reforçadas com soldados dos estados vizinhos, a seguir para estas localidades. Os sabinos, ou raposas, como também eram conhecidos, foram cercados, sendo muitos deles mortos com crueldade. Alguns líderes foram executados, outros deportados. O líder Sabino Ferreira foi enviado para o Mato Grosso, dando fim ao movimento.[19]

c) Balaiada

A balaiada tinha como característica a presença de camponeses, artesãos, negros, mestiços, insatisfeitos com as condições sociais e políticas vigentes no sertão do Norte e Nordeste. Os principais Estados afetados foram Maranhão, parte do Piauí e Ceará, entre 1838 e 1841.

Basicamente, a rebelião surge da insatisfação das elites locais. O principal líder era Manuel Francisco dos Anjos, o "Balaio". Os liberais, insatisfeitos com a dominação política dos grandes proprietários de terras, reúnem as classes mais baixas, motivadas com as péssimas condições de vida e com as desigualdades sociais. O conflito armado iniciou-se em 13 de dezembro de 1838, quando Raimundo Gomes Vieira Jutahy invadiu a prisão da Vila da Manga do Iguará, para libertar seu irmão, preso a mando dos conservadores. Balaio reforça o movimento, por ter tido sua filha violentada por um capitão de polícia. Mais tarde, une-se ao movimento o negro Cosme Bento das Chagas, chefe de um quilombo com 3 mil escravos fugidos das fazendas e, em seguida, a outros dois mil sertanejos desejosos de mudanças. O grupo toma Caxias, a segunda maior cidade da província, em outubro de 1839, que é transformada em sede do governo provisório.

Lutavam por melhoria das desigualdades sociais, por liberdade e democracia, ideais justos, mas distantes da realidade brasileira. Em 1840, o então coronel Luís Alves de Lima e Silva (futuro Duque de Caxias), foi enviado para conter o movimento. O líder balaio é morto em uma das batalhas, Caxias é retomada. Com a rebelião contida, começa a caça aos seus membros, quando morreram milhares de pessoas.

Algum tempo depois, D. Pedro II oferece anistia aos que se entregassem, sob a condição de reescravização dos negros rebeldes. Em janeiro de 1941, o conflito termina com a prisão de Gomes, na Vila de Miritiba, divisa com Piauí, e o enforcamento de Cosme Bento, em setembro de 1842.

---

[19] CAMPOS, Pedro Moacyr *et alii. História geral da civilização brasileira. O Brasil monárquico*, pp. 270-282.

d) Cabanagem

A Cabanagem foi uma das principais rebeliões ocorridas no Brasil, tanto pela característica de seus membros, como pelos ideais e pelas constantes lutas na conquista dos mesmos. Era composta principalmente pelos miseráveis que viviam à beira dos rios, conhecidos na época como cabanos. Uma vez excluídos dos meios de produção, lutavam por melhoria das condições sociais e econômicas. A rebelião durou nove anos, deixando milhares de mortos.

O principal foco da revolta foi no Pará, com reivindicações também no Amazonas. O Pará era um estado estreitamente ligado a Portugal e, com a independência, negou-se a reconhecer a autonomia do Brasil frente à coroa portuguesa. As forças reacionárias somente foram derrotadas após quase um ano de independência, em 1823, com o ataque das tropas imperiais, sob a liderança de Grenfell, mercenário inglês, o mesmo da guerra dos farrapos, que era conhecido pela sua crueldade no trato com os inimigos, não seus, mas de quem o contratasse. Nelson Sodré bem ilustra a questão: "prendeu Batista de Campos, fuzilou muitos nativos e meteu trezentos prisioneiros no brigue Palhaço, no porão, escotilhas fechadas, atirando cal sobre eles. Dois dias depois, aberto o portão, foram retirados os cadáveres dos bravos paraenses, sacrificados por mercenários em sua luta pela liberdade e pela independência".[20]

Durante as revoltas, o cônego Batista Campos, futuro líder dos cabanos, ganhou prestígio. Com a adesão ao governo imperial, houve um maior afastamento do Pará das decisões políticas, uma vez da forte centralização administrativa no Rio de Janeiro. Como era de se esperar, a vida dos cabanos não melhorou em nada, gerando grande insatisfação popular.

Com a abdicação de D. Pedro I e o clima de instabilidade política, a revolta se inicia. Em 1832, Batista Campos consegue êxito na sublevação da comarca do Rio Negro, no Amazonas, obtendo diversas exigências do presidente da província.

Para conter a rebelião, D. Pedro II nomeia outro regente, que não consegue assumir. Posteriormente, é nomeado presidente da província Bernardo Lobo de Souza, que impôs uma severa política de contenção das revoltas, o que gerou a completa insatisfação popular, agravando o movimento. Luiz Koshiba bem ilustra o início da rebelião:

---
[20] KOSHIBA, L. PEREIRA, D. M. F. Ob. cit., p. 192.

"As intensas movimentações populares, tanto na capital (Belém) como nas zonas rurais foram aos poucos encontrando seus líderes: Eduardo Nogueira Angelim, 'democrata ardente' e vítima das repressões de Lobo de Souza, os irmãos Vinagre, 'lavradores do Rio Itapicuru', Clemente Malcher, jornalista maranhense, Vicente Ferreira Lavor e o Cônego Batista de Campos."

Em sete de janeiro de 1835, Belém foi tomada, e o presidente da província e seus auxiliares foram executados. O fazendeiro Clemente Malcher foi nomeado presidente mas, logo em seguida, jurou fidelidade ao imperador, não mais se identificando com os revoltos. Então um dos líderes populares, Francisco Vinagre, assume a presidência da província, mas também jura fidelidade ao imperador. Assim, por inabilidade de seus líderes, os cabanos foram derrotados. Com a chegada das tropas regenciais, sob a liderança do inglês John Taylor, em julho de 1836, Belém é retomada.

Mais tarde, os cabanos se agruparam no interior e marcharam novamente sobre Belém, tomando-a mais uma vez. Proclamaram a República, organizando um governo provisório, o que gerou pronta reação do Governo Imperial, que enviou um forte exército, que deu fim à revolta. Somente nos últimos três anos da batalhas, estima-se que 30 mil cabanos foram mortos.[21]

Caio Prado Júnior bem descreve a reação imperial:

"em abril de 1836 chega ao Pará uma poderosa esquadra trazendo o novo presidente legal, o brigadeiro Francisco José de Souza Soares de Andréia. Depois de alguma luta, consegue o brigadeiro efetuar o desembarque, e ocupa a capital a 13 de maio. Os cabanos, refugiados no interior, já não podem oferecer grande resistência. Atacados por forças consideravelmente superiores, vão cedendo terreno, e, perseguidos sem quartel pelas armas legais, são completamente esmagados.

Estava assim terminada a sublevação dos cabanos. É ela um dos mais, senão o mais notável movimento popular do Brasil. É o único em que as camadas mais inferiores da população conseguem ocupar o poder de toda uma província com certa estabilidade".[22]

Neste contexto, segundo Carmela Panini, foram mortos cerca de 40% dos habitantes da província.

---

[21] PANINI, Carmela apud ALVES, Fábio. Direito agrário. Política fundiária no Brasil, p. 65.
[22] KOSHIBA, L. PEREIRA, D. M. F. Ob. cit., p. 193.

e) Canudos

A revolta de Canudos é, sem dúvida, uma das revoltas mais importantes da história brasileira. Era composta quase que exclusivamente por pessoas excluídas dos meios de produção, sob a liderança política e espiritual de Antônio Vicente Mendes Maciel, o Antônio Conselheiro. Ao todo, Canudos era formado por cinco mil e duzentas casas, com cerca de 30 mil habitantes.[23]

Ao contrário da revoltas anteriores, ocorridas entre 1820 e 1845, a guerra de Canudos se sucedeu nos últimos anos do século XIX. Antônio Conselheiro era cearense e, após traído pela mulher, que fugira com outro homem, começa a vagar pelo sertão, pregando o Evangelho. Milhares de pessoas passam a seguir o líder messiânico, que se estabelece, em 1893, em uma fazenda abandonada, junto ao rio Vaza-Baris, região conhecida como Canudos.

Antônio Conselheiro começa então a criticar a República e a Igreja, principais forças da época, atraindo as atenções para Canudos. Alguns historiadores relatam que não havia críticas contra a República, mas sim pretextos para reprimir o movimento. Paralelamente, criou-se, no vilarejo, verdadeira administração, com divisão de funções, de forma hierarquizada. A administração de Antônio Conselheiro fez Canudos prosperar, sobrepondo-se às cidades vizinhas.

Para combater o movimento considerado subversivo, enviou-se diversas expedições, em 1896 e 1897, fracassadas face à organização dos revoltos. Em 1897, outras duas expedições foram enviadas, a última, quarta, contava com seis mil homens, uma pesada artilharia e atacou Canudos até 5 de outubro desse ano.[24] Antes do término dos combates, alguns velhos, mulheres e crianças se renderam e foram degolados pelo exército. No testemunho de Euclides da Cunha:

"Chegando à primeira canhada encoberta, realizava-se uma cena vulgar. Os soldados impunham invariavelmente à vítima um viva à República, que era poucas vêzes satisfeito. Era o prólogo invariável de uma cena cruel. Agarravam-na pelos cabelos, dobrando-lhe a cabeça, esgargalhando-lhe o pescoço; e, francamente exposta a garganta, degolavam-na. O processo era, então, mais expedito: varavam-na, prestes a facão.

Um golpe único, entrando pelo baixo ventre. Um destripamento rápido.

..."

---

[23] ALVES, F. Ob. cit., p. 92.
[24] KOSHIBA, L. PEREIRA, D. M. F. Ob. cit., p. 270.

Aquilo não era uma campanha, era uma charqueada. Não era uma ação severa da lei, era a vingança".[25]

Na última batalha, Antônio Conselheiro é morto e junto com ele milhares de homens, mulheres e crianças, restando apenas 400 sobreviventes, muitos deles vendidos como escravos aos grandes fazendeiros do Estado. O jornal "O Comércio de São Paulo" protestava: "Lá ficaram espalhados, servindo como escravos a fornecedores enricados com o dinheiro do Tesouro brasileiro dezenas de pobrezinhos cujos pais foram rebentados a dinamite pelo general Artur Oscar e cujas irmãs foram desvirginadas pelos soldados bestiais".[26]

Como bem afirma Euclides da Cunha, Canudos foi um verdadeiro massacre, cometido pelo Governo contra uma massa de fanáticos, mas integrantes de um "movimento social enraizado na miséria e no abandono do sertão do Nordeste".

Durante o século XX, observa-se a presença de diversos movimentos sociais de caráter nitidamente agrário, como a formação de ligas camponesas no nordeste, revoltas de trabalhadores rurais em diversas localidades do Brasil, como o acirramento das lutas armadas entre posseiros e grileiros e as reivindicações dos imigrantes europeus, principalmente na primeira metade do século, contribuindo para a formação do contexto onde se formou um dos maiores movimentos sociais da história brasileira moderna, o movimento dos trabalhadores rurais sem terra.

4. Novos Movimentos Sociais

O movimento dos sem-terra tem características próprias, típicas dos movimentos sociais desenvolvidos principalmente a partir dos anos 70, o que a teoria sociológica dos anos 90 classifica como "novos movimentos sociais", em contraste com os "velhos movimentos sociais" ou "movimentos sociais clássicos", como o movimento operário, feminista etc.

Os "movimentos sociais clássicos" desenvolveram-se a partir da idéias comunistas, socialistas e mesmo anarco-socialistas, constituídos principalmente pela classe operária. Estes movimentos privilegiam objetivos de valor material e econômico, com objetivos imediatos, conquistados pelas formas tradicionais de atuação, clien-

---

[25] CUNHA, Euclides. *Os sertões*. Campanha de Canudos, pp. 430 e 432.
[26] O COMÉRCIO DE SÃO PAULO, 26/10/1897 *apud* ALVES, F. Ob. cit., p .93.

telísticas, assistenciais e autoritárias, sob uma ótica de subordinação aos órgãos institucionalizados, como o Estado, os partidos políticos e os sindicatos. Os "novos movimentos sociais, por sua vez, nascidos principalmente a partir das décadas de 70 e 80, possuem características distintas, não mais se baseiam nas estruturas institucionalizadas, pois não acreditam nelas como forma de resolução de seus problemas, têm outros valores culturais, sociais e políticos, próprios, onde instituem novos paradigmas, buscando outros modos de luta, mais eficazes na conquista de seus objetivos.[27]

De modo distinto dos movimentos sociais tradicionais, os chamados novos movimentos sociais dos países subdesenvolvidos, periféricos não têm os mesmos valores dos movimentos sociais dos países em desenvolvimento, centrais. Enquanto que os primeiros buscam a melhoria da condição de vida das classes mais pobres, e reinserção dos excluídos na vida social, o acesso ao mercado de consumo e mesmo a possibilidade de sobrevivência em países com graves crises sociais, nos países centrais se caracterizam pela composição de pessoas oriundas de diferentes classes, transclassistas, e buscam a solução de problemas não necessariamente econômicos, como o meio ambiente, a melhoria da divisão do espaço urbano.

Enquanto os antigos movimentos sociais baseavam-se em "orientações instrumentais, orientações para como Estado e organização vertical", com ideologias baseadas na dicotomia "esquerda" *versus* "direita", "liberais" contra "conservadores" os novos têm como características "critérios de afetividade, relações de expressividade, orientações comunitárias e organização horizontal",[28] com códigos não convencionais, fora da luta tradicional de "operário" *versus* "burguesia".[29]

Não significa que os valores e formas de atuação antiga foram esquecidos, abandonados, mas que evoluíram, com o rompimento dos valores politicos e culturais vigentes desde a revolução marxista, no início do século. Ao contrário das décadas anteriores, onde o Estado centralizava todos os conflitos, na atualidade, progressivamente procura-se novas formas, mesmo extra-estatais, de resolver as demandas, as lides, fora do Estado, além dos mecanismos instituídos no Direito positivo, pois estes mecanismos já não são suficientes para justa solução da lide e sequer promovem o acesso à justiça aos mais

---

[27] WOLKMER, Antonio Carlos. *Pluralismo jurídico*, pp. 109-111.
[28] LACLAU, Ernesto. *Os novos movimentos sociais e a pluralidade social*, p. 47.
[29] CASAGRANDE, Silvana Terezinha Winckler. *O Poder Judiciário frente aos conflitos agrários na região oeste de Santa Catarina*, p. 41.

necessitados. Há, portanto, identificação de novos sujeitos coletivos, que representam interesses sociais, políticos, econômicos e culturais, de um conjunto de pessoas, às vezes, sequer identificáveis, interesses coletivos ou mesmo difusos, o que se conhece como pluralismo jurídico.

Assim, surgem novas formas de solucionar conflitos, fora do Judiciário, nem sempre fora do Estado, com a criação de organismos de mediação, como o Ministério Público, as defensorias públicas, os órgãos de defesa do consumidor, os conselhos e juizados de conciliação, os juizados de pequenas causas ou ainda a própria negociação entre as partes conflitantes sob a tutela de representantes do Estado, com a intensa participação de Secretários de governo, Ministros de Estado e mesmo de Governadores e do próprio Presidente da República, com mecanismos ainda não materializados no direito positivo, mas mais eficazes que estes.

Este novo momento, em fase de identificação pela teoria jurídica crítica, é contextualizado com o nome de transmodernidade jurídica, onde a racionalidade global de vida social transforma-se em muitas minirracionalidades,[30] com muitas visões diferentes sobre as diferentes classes sociais, escapando da clássica divisão de classes, proposta por Marx e Engels, com proletários de um lado, explorados e burgueses do outro, exploradores, para desembarcar em um cenário de múltiplas faces, com inúmeros sujeitos, com mecanismos e formas de lutas variados, distintos dos concebidos até então, que extrapolam os mecanismos previstos pelo direito positivo, com instrumentos de solução de conflitos mais complexos que os compreendidos na teoria tradicional.

Assim "os novos movimentos sociais devem ser entendidos como sujeitos coletivos transformadores, advindos de diversos estratos sociais, e integrantes da prática política cotidiana, com reduzido grau de 'institucionalização', imbuídos de princípios valorativos comuns, e objetivando a realização das necessidades humanas fundamentais".[31]

5. Movimento dos Trabalhadores Rurais Sem Terra

O movimento agrário, representado principalmente pelo Movimento dos Trabalhadores Rurais Sem Terra, popularmente conheci-

---
[30] SOUZA SANTOS, Boaventura. Pela mão de alice. *O social e o político na pós-modernidade*, p. 102.
[31] WOLKMER, A. Ob. cit., p. 125.

do pela sigla MST[32] é um dos mais significativos movimentos sociais do contexto atual, não a entidade em si, mas o movimento social como um todo. Pode ser considerado como movimento social, pois preenche os requisitos necessários para tanto, possui uma ideologia norteante, é de certa forma organizado, e não só há a consciência de classe inserida em um contexto maior, mas também porta objetivo comum.

Sem-Terra é a denominação de um sujeito coletivo, criado durante o processo de estruturação do movimento social. A qualificação como "sem-terra" pressupõe a "consciência da comum situação de carência e de exclusão social", o que deriva do não-acesso à terra e mesmo a condições dignas de existência, excluídos dos meios de produção, o que confere identidade ao grupo.[33]

Importante ressaltar que o Movimento dos Sem-Terra deu continuidade às lutas dos movimentos camponeses não podendo ser encarado como um fruto dos acontecimentos socioeconômicos da última década, mas sim resultado de fatos históricos cumulados desde o descobrimento do Brasil. Ordenando cronologicamente o processo histórico estudado, chega-se à seguinte tabela[34]:

Tabela I
Revoltas e movimentos sociais de caráter agrário ao longo da história brasileira

Brasil Colônia até 1800	Final do séc. XIX até início do séc. XX	Décadas de 30 e 40	Ano de 1950 até 1964
índios lutavam pelas terras contra os colonizadores e os bandeirantes; os negros lutavam pelas suas próprias terras e pela liberdade, organizando os Quilombos.	movimentos camponeses "messiânicos". Tinham esta denominação porque seguiam um "Messias": Canudos - Antônio Conselheiro; Contestado - Monge Maria; Cangaço - Lampião, etc.	posseiros defenderam suas terras com armas em punho, em lutas violentas, em diversas áreas do país.	nesta fase, os movimentos camponeses ganharam organicidade, criando as Ligas Camponesas, as ULTABs e o MASTER, todos massacrados pela ditadura militar, com seus líderes presos, mortos ou exilados.

Fonte: Elementos Fundamentais da História do MST. São Paulo.

---

[32] Neste estudo, será tratado como Movimento dos Sem-Terra.
[33] GRZYBOWSKI, Cândido. *Caminhos e descaminhos dos movimentos sociais no campo*, pp. 56-57.
[34] A referência principal para as considerações seguintes sobre o histórico do Movimento dos Sem-Terra é encontrada em MST. Elementos fundamentais da história do MST, p. 1.

Após o golpe militar de 1964, percebe-se que os movimentos sociais agrários quase desaparecem. Em 1978, após digerirem o sucesso dos latifúndios em detrimento da reforma agrária, os trabalhadores retomaram as lutas com um movimento que objetivava mais do que a reforma das estruturas fundiárias, almejava derrubar a ditadura e participar do processo para a democratização do país, forma esta de garantir os direitos de todos. Enquanto os operários realizaram greves na região do ABC paulista (que eram proibidas), no campo eram feitas ocupações de terra, por muitas famílias juntas, no mesmo dia e local, iniciando o chamado Movimento dos Trabalhadores Rurais Sem Terra.

As principais razões para a retomada do movimento e sua estruturação foram:

a) com o desenvolvimento do capitalismo, os militares, entre 1960 e 1970, apoiados pelo capital estrangeiro, forneceram crédito rural subsidiado para as grandes propriedades, entregaram terras públicas para grandes empresas e, como conseqüência, vários trabalhadores rurais, meeiros e arrendatários, foram excluídos da oportunidade de trabalhar a terra para dela tirar o sustento de suas famílias. Devido a isto, muitos trabalhadores ficaram sem terra e resolveram ocupar terras improdutivas da região; e

b) com as tentativas de se democratizar o país, a pastoral das igrejas católica e luterana trabalharam no sentido de conscientizar os camponeses da necessidade de que eles se organizassem e defendessem seus direitos.

No final dos anos 70 e início dos anos 80, as ocupações ganharam força e foram feitas no Rio Grande do Sul, nas fazendas Macali e Brilhante, em Santa Catarina (1979), na fazenda Burro Branco, em Campo Erê, com a participação de mais de 300 famílias (1980), e na fazenda Primavera, em Andradina, São Paulo, com 400 famílias, sempre com o apoio da Comissão Pastoral da Terra (criada em 1975 com o objetivo de apoiar os trabalhadores que lutavam no campo). Em 1982, ocorreram encontros nacionais dos trabalhadores rurais sem terra, primeiro em Medianeira, Paraná e depois em Goiânia, porém, somente em 1984, realizou-se o primeiro encontro de onde originou-se o Movimento dos Trabalhadores Rurais Sem Terra, com este nome e com articulação, projetos e diretrizes próprias[35]. A entidade congrega milhares de membros, em todo o país, com estrutura própria. Logicamente, não atinge todos os trabalhadores

---

[35] Comissão Pastoral da Terra, SC. Subsídios sobre CPT-MST-reforma agrária. Dados gerais: uso e posse da terra, pp. 22-23.

rurais não-proprietários de terra do país, que se contam aos milhões, até porque nem todos os que não têm terra se identificam com os integrantes do movimento[36].

No início de 1985, foi realizado o primeiro congresso dos Sem-Terras, com a participação de mil e quinhentos delegados e cuja palavra de ordem era: "sem reforma agrária não há democracia". Vale salientar que o Brasil caminhava para a abertura política que resultou na eleição, através do colégio eleitoral, de Tancredo Neves para Presidente da República. Foi criada a Confederação Nacional do Movimento Sem Terra com representantes de 13 estados do Brasil; ao mesmo tempo, formou-se uma estrutura hierárquica, visando a dar organicidade ao movimento social. Decidiu-se no congresso iniciar ocupações no campo, como forma de pressionar pela redemocratização da terra, iniciativa válida, visto que os sem-terra continuavam sem o apoio do governo. Muitas ocupações foram feitas, cerca de 35 em todo o país, envolvendo mais de 10.500 famílias. Em contrapartida, houve reação por parte dos fazendeiros, organizados na União Democrática Ruralista (UDR), cuja filosofia era combater com violência a organização dos trabalhadores, exemplo disso foram os homicídios dos Padres Ezequiel Ramim e Josimo Tavares, no Maranhão, e de Chico Mendes, no Acre, sem falar de outros religiosos, advogados e sindicalistas que também pagaram com a própria vida por estarem na luta pela reforma agrária.

Em maio de 1986, organizou-se o I Encontro Nacional dos Assentados, com representantes de 76 assentamentos de 11 Estados e, em 1987, o III Encontro Nacional, com mais de 150 lideranças de todo o país, definindo-se as prioridades do movimento, com a organização dos trabalhadores de base, formação de quadros para novas lideranças, enfim, profissionalizando o movimento, visando a torná-lo mais apto para o sucesso de seus objetivos.[37]

Durante os anos seguintes, o Movimento dos Sem-Terra continuou trabalhando ativamente com ocupações e mobilizações (como a lista com 1.200.000 assinaturas de eleitores adeptos à reforma agrária popular, proposta que foi derrotada pelas forças conservadoras durante a Constituinte). Com a derrota de Luís Inácio Lula da Silva e a vitória de Fernando Collor de Mello, o Movimento dos Sem-Terra adotou a trilogia "Ocupar, Resistir e Produzir", que significava a intenção de continuar ocupando terras improdutivas, resistir à violência da UDR e do Governo Collor e organizar a

---
[36] GRZYBOWSKI, C. Ob. cit., p. 22.
[37] Comissão Pastoral da Terra. Ob. cit., p. 24.

produção deixando clara a viabilidade de uma reforma agrária. Neste período, há a organização de invasões massivas, com a presença de 2.400 famílias no Rio Grande do Sul,[38] seguida de muitas outras, em diversos Estados do país.

Apesar de tantas oposições, o Movimento dos Sem-Terra continuou se organizando e, em 1990, pôde realizar, em Brasília, o II Congresso Nacional, com a participação de quatro mil delegados. Entre os anos de 1990 e 1993, o Movimento dos Sem-Terra priorizou não apenas as lutas, mas também dar maior organicidade a sua estrutura interna, criando, por exemplo, o Setor Cooperativista dos Assentamentos, responsável por fomentar a criação de órgãos de cooperação agrícola, o que fez surgir associações, grupos coletivos e cooperativas de comercialização e de produção agropecuária, culminando na fundação da Confederação das Cooperativas de Reforma Agrária do Brasil Ltda. - CONCRAB.[39]

Em 1995, um novo congresso, com 5.226 delegados inscritos, com o lema "reforma agrária é uma luta de todos". Com a conscientização e organicidade do movimento, levaram a luta para os centros urbanos com o objetivo de evitar o isolamento e promover a integração com outras categorias, já que a realização da reforma agrária é efetivamente um problema de toda a sociedade, e não apenas dos camponeses.

Além de melhorar e desenvolver outros setores de atividades, o Movimento dos Sem-Terra preocupou-se em organizar cursos de formação de professores, desenvolvendo metodologia de ensino e publicando materiais relativos à questão agrária, promovendo cursos, palestras, encontros, sempre fortalecendo os ideais de persistência, luta e solidariedade, fundamentais no processo em que vivem; preocupou-se também com a educação das crianças e dos adultos engajados no movimento. Eles educam ao ar livre, em beiras de estradas, onde for possível, sempre tendo em mente que a educação, a formação e a informação os possibilitarão conquistar cada vez mais seus espaços. José Gomes da Silva fornece alguns números a respeito dessas realizações:

---

[38] Comissão Pastoral da Terra. Ob. cit., p. 25.
[39] "O boletim da CONCRAB relativo a 1996 menciona 10 Cooperativas Regionais em seis estados e mais 45 Cooperativas de Produção Agropecuária (CPAs) em assentamentos já reunindo 3.685 associados. A CONCRAB já conta com 14 unidades de agroindustrialização em assentamentos, beneficiando produtos como milho, arroz, erva-mate, suínos, bovinos, leite, mandioca e até cana-de-açúcar e café, produtos, cujo processamento sempre se imaginou exclusividade da agricultura patronal." *in* SILVA, José Gomes da. *A Reforma Agrária Brasileira na Virada do Milênio*, p. 180.

"O MST atua com um universo de cerca de 600 escolas do primeiro ciclo, 20 escolas de 5ª a 8ª série, totalizando 35 mil crianças e adolescentes, e cerca de 1.400 professores, em 17 Estados. Em alguns deles, desenvolvem-se experiências de alfabetização de adultos e de educação infantil. O ensino de segundo grau e em nível superior também preocupa o MST, que começa a viabilizar cursos alternativos, em parcerias com Universidades e outras entidades educacionais. Para fazer frente aos desafios da organização e consolidação das áreas de Reforma Agrária, crescem em importância os cursos não formais de capacitação técnica diretamente nos locais de trabalho, além dos cursos e encontros de formação política.

Cerca de três mil pessoas fazem algum tipo de curso ou atividade de capacitação, promovidos pelo MST todo ano. Aproximadamente 250 assentados cursam Magistério e o Técnico em Administração de Cooperativas, em nível de segundo grau. Há cerca de 30 deles freqüentando cursos superiores".[40]

O grupo a cada dia se organiza mais. Seus membros possuem homogeneidade de interesses, ou pelo menos de objetivos, o suficiente para lhe promover organicidade.[41] Também tem caráter nacional. Deste modo, distingue-se de todos os movimentos sociais antes desenvolvidos, não como um movimento novo, mas talvez como um aperfeiçoamento dos anteriores,[42] no sentido de atingir mais facilmente seus fins. Também deve-se notar que possuem razoável estrutura e grande assessoria de profissionais de destaque, sendo que muitos trabalham como voluntários, tanto em assuntos econômicos, como religiosos, jurídicos etc. No caso da rede de advogados do MST, há inclusive ligação virtual, com acesso remoto via internet, onde são realizadas discussões em torno de problemas jurídicos.

Internacionalmente, o Movimento dos Sem-Terra tem sido reconhecido, haja vista o prêmio nobel alternativo que lhe foi conferido pelo Parlamento Sueco, em 1991. Outros reconhecimentos ocorre-

---

[40] SILVA, J. G. da. Ob. cit., pp. 180-1.
[41] Diz homogeneidade de forma genérica, uma vez que existem diferentes ideologias dentro do Movimento dos Sem-Terra, com métodos distintos para se alcançar os objetivos.
[42] É certo que há uma seqüência cronológica entre estes movimentos e a absorção de grande parte de conhecimentos apreendidos pelos anteriores, o suficiente para não classificá-los como novos, originais, mas os movimentos sociais agrários da atualidade apresentam novas características, que não derivam dos anteriores, de tal forma que também não têm neles a sua origem direta. Na verdade, não se pode apresentar uma ordem evolutiva, progressista para os movimentos sociais agrários brasileiros. Neste sentido, ver SCHERER-WARREN, Ilse. *Redes de movimentos sociais*, 141p.

ram, como em 1995, com as comemorações decorrentes do Dia Internacional da Criança, quando o UNICEF condecorou o Movimento dos Sem-Terra com o prêmio pela eficiência do modelo educacional implementado nos assentamentos de Reforma Agrária. Num concurso nacional de projetos sociais, o programa "Por uma Escola Pública de Qualidade nas Áreas de Assentamento" ganhou o prêmio Itaú-UNICEF-Educação e Participação, ficando com a segunda colocação.

Paralelamente, destaca-se a atuação da Comissão Pastoral da Terra (CPT), dirigida pela Igreja Católica, que tem como objetivo principal o fomento ao processo de igualdade social no campo, também colabora de forma estreita com a Igreja Evangélica de Confissão Luterana no Brasil, com a ajuda da Confederação Nacional dos Bispos do Brasil (CNBB), que na maioria das localidades lhe dá apoio logístico. É uma entidade jurídica, sem fins lucrativos, com registro de pessoa jurídica de direito privado, tendo sua sede na cidade de Goiânia e diversas regionais em todo o país. Foi criada em junho de 1975, por iniciativa de Dom Moacyr Grecchi, que convidou todos os bispos do Brasil para fundar uma entidade, sob a égide da CNBB, visando a ajudar os mais necessitados nos graves conflitos pela posse da terra, existentes entre os grandes latifundiários e os posseiros.[43]

Segundo a própria CPT,[44] tem como meta animar "outras entidades a assumir a caminhada do campo, prestando-lhes assessoria pastoral, teológica, metodológica, jurídica, política, sindical e sociológica".[45] Da mesma forma que o MST, a CPT possui uma estrutura hierárquica, dividida em unidades regionais, cujo maior órgão deliberativo são as assembléias, realizadas periodicamente. Embora a grande maioria dos bispos concordem e apóiem sua atuação, deve-se ressaltar que há opositores quanto aos métodos adotados e mesmo quanto à ideologia dominante.

Nos últimos anos, é possível notar que a questão agrária vem sendo tratada com maior seriedade, haja vista o grande número de leis com o objetivo de promover a melhor distribuição da terra, como o rito sumário nos processos de desapropriação para fins de reforma agrária (Leis Complementares nº 76 e 88), as alterações no Imposto

---

[43] Comissão Pastoral da Terra. Ob. cit., p. 4.
[44] Comissão Pastoral da Terra. Ob. cit., p. 2.
[45] Os objetivos da Comissão Pastoral da Terra são:
I - viver na solidariedade e com criatividade o serviço pastoral ecumênico das igrejas cristãs aos pobres da terra, para que a possuam em paz e a façam produzir para o bem de todos e todas;
II - promover e valorizar o direito à plena capacidade dos excluídos da terra e o respeito de seu direito à diferença;
III - celebrar em comunidade a fé no Deus da terra e da vida e animar a esperança dos pobres da terra.

Territorial Rural, a regulamentação dos requisitos ao cumprimento da função social da propriedade, previstos na Constituição Federal de 1988, além do maior número de assentamentos realizados, embora ainda se esbarre em algumas forças conservadoras detentoras de capital.

Por mérito próprio, o Movimento dos Sem-Terra conseguiu colocar-se no centro da vida política do país, e muitos assentamentos já foram realizados. Apesar de todos os governos terem sempre um discurso favorável à reforma agrária, da existência de tantas leis agrárias, do comprometimento de algumas autoridades, da criação de órgãos incumbidos de realizá-la, na verdade sempre faltou sustentação política para a efetiva realização de qualquer alteração significativa.

Questão interessante é que o Movimento dos Sem-Terra possui as características de movimentos de vanguarda, como a organização, conforme as definições apontadas por Lênin; o de consciência de classe, considerado por Lukács, e de amplitude, no sentido de uma parte do povo contra o bloco de poder, como exigia Laclau.

Assim, pode-se concluir que se trata de um verdadeiro movimento social, de grande amplitude e que certamente trará conseqüências sobre a organização e compreensão da sociedade brasileira como um todo. Ao analisar juridicamente o tema, o operador jurídico não pode jamais esquecer da importância social do seu objeto de estudo, para não se perder face a uma realidade tão aparente.

Além disso, o movimento social agrário pode ser caracterizado como um dos mais importantes de todos os tempos pois, por mais conquistas que tenham as feministas e os operários, por exemplo, de nada irá adiantar se não atentarem para o bem comum maior que é a qualidade de vida de toda a população, o que se ganha ao se resolver a questão fundiária. É o interesse difuso que ainda não foi percebido e continua sendo tratado apenas como interesse coletivo. É necessário despertar e perceber que não se está tratando do problema comum, de uma simples questão de limites de terras, de proteção ao direito de propriedade de alguns poucos indivíduos, mas sim de interesses de grupos menos determinados de pessoas, entre as quais inexiste vínculo jurídico ou fático muito preciso.[46] Quanto mais célere for a resolução da questão agrária brasileira, mais facilmente se conseguirão solucionar os problemas da miséria, da fome e do êxodo rural, por exemplo. Não se deve pensar que a

---

[46] MAZZILLI, Hugo Nigro. *A defesa dos interesses difusos em juízo. Meio ambiente, consumidor e outros interesses difusos e coletivos*, p. 21.

reforma agrária é necessária e urgente para terminar com o problema de "pobres miseráveis" sem-terra, e sim para melhorar a condição de vida de todos os brasileiros, para democratizar a terra e o país, para minorar as diferenças socioeconômicas e para promover a justiça social. Nunca houve reforma agrária no Brasil, houve momentos em que se pensou na possibilidade de que isso acontecesse, e a conclusão a que se chega é que faltou mobilização nacional, o que ocorre agora. É preciso esclarecer que o problema agrário não é dos "sem-terra", ou do Ministério da Agricultura, ou dos agricultores, ou do INCRA em particular, é um problema de todos os brasileiros.

Neste contexto, o ordenamento jurídico positivo ainda precisa evoluir bastante, pois apresenta-se obsoleto face à nova mudança paradigmática. Neste contexto transmoderno, emergem novos sujeitos sociais, distintos dos reconhecidos pelas normas vigentes, como sujeitos coletivos de direito, identificados nos novos movimentos sociais. Nas lições de Antonio Carlos Wolkmer: "Os modelos culturais, normativos e instrumentais, que justificam o mundo da vida, a organização social e os critérios de cientificidade tornam-se insatisfatórios e limitados, abrindo espaço para se repensar os padrões alternativos de referência e legitimação".[47]

Estes novos sujeitos sociais têm organicidade, autodeterminação e participam ativamente do processo fomentador das relações jurídicas, direta e indiretamente, tanto ou mais que os demais sujeitos reconhecidos juridicamente, mas de uma nova forma, própria dos movimentos sociais modernos, pois sua capacidade de autodeterminação e de atuação no processo histórico mundial foge aos modelos de sujeitos privados da tradição liberal-nacionalista.[48] Consiste na retomada da indignação dos movimentos sociais do passado, expressos nos conceitos do "proletariado" de K. Marx, dos "marginalizados" da sociedade industrial de H. Marcuse, dos "condenados da terra" de F. Fanon, até o "povo oprimido" dos filósofos modernos como E. Dussel, J.C. Scannone, Gustavo Gutiérrez e Leonardo Boff.[49]

---

[47] WOLKMER, Antonio Carlos. *Direito alternativo e movimentos sociais: novos paradigmas de juridicidade*, p. 522.

[48] Neste sentido, Antônio Calos Wolkmer bem indica que com o obsoletismo do ordenamento jurídico positivo, os novos movimentos sociais tornam-se fontes extrajudiciais de produção jurídica, não-estatais. Deste modo, o reconhecimento pelo Estado do fim do monopólio estatal da produção jurídica, e o posicionamento deste como uma "instância democratizada mandatária da Comunidade, habilitado a prestar serviços a uma ordem pública plenamente organizada pelo exercício e pela participação da cidadania individual e coletiva" *in* WOLKMER, A. C. *Direito alternativo e movimentos sociais: novos paradigmas de juridicidade*, p. 525.

[49] WOLKMER, A. C. Op. Cit., p. 523.

A partir destes movimentos sociais, que têm autodeterminação, desejos e frustrações próprios, é possível concluir pela existência de uma nova figura jurídica, de personalidade coletiva, uma concepção mais elástica, mutável e plural, inexistente no direito objetivo, direitos que ligam às garantias individuais do homem, como qualidade de vida, bem-estar social, meio ambiente, saúde, moradia, emprego e alimentação, reconhecidos pela teoria jurídica como tendo "sua eficácia na legitimidade assentada nos critérios das necessidades, participação e aceitação",[50] impondo uma nova concepção paradigmática ao direito.

Referências bibliográficas

ALVES, Fábio dos Santos. *Direito agrário. Política fundiária no Brasil.* Belo Horizonte: Del Rey, 1995. 271p.

ANDRADE, Manuel Correa. *Latifúndio e reforma agrária no Brasil.* São Paulo: Duas Cidades, 1980.

CAMPOS, Pedro Moacyr et alii. *História geral da civilização brasileira.* Tomo II. O Brasil monárquico, v. 2. São Paulo: Difusão Européia do Livro, 1972.

CASAGRANDE, Silvana Terezinha Winckler. *O poder judiciário frente aos conflitos agrários na região oeste de Santa Catarina.* Dissertação apresentada do Curso de Pós-Graduação em Direito da Universidade Federal de Santa Catarina como requisito à obtenção do título de mestre em ciências humanas - especialidade direito. Florianópolis: UFSC, 1995.

COMISSÃO Pastoral da Terra, SC. *Subsídios sobre CPT-MST-reforma agrária.* Dados gerais: uso e posse da terra. Florianópolis, 1996. 45p.

CUNHA, Euclides. *Os sertões.* Campanha de Canudos. 27.ed. Brasília: Universidade de Brasília, 1963

FRANCO, Afonso Arinos de Melo et alii. *História do povo brasileiro.* v. IV. O império, o escravismo e o unitarismo político. São Paulo: J. Quadros, 1967.

GRZYBOWSKI, Cândido. *Caminhos e descaminhos dos movimentos sociais no campo.* Petrópolis: Vozes, 1990.

KOSHIBA, Luiz; PEREIRA, Denise Manzi Frayze. *História do Brasil.* São Paulo: Atual, 1993.

LACLAU, Ernesto. Os novos movimentos sociais e a pluralidade do social *in Revista Brasileira de ciências sociais.* São Paulo, n.2, out./1986.

MAZZILLI, Hugo Nigro. *A defesa dos interesses difusos em juízo. Meio ambiente, consumidor e outros interesses difusos e coletivos.* 5.ed. São Paulo: Revista dos Tribunais, 1993.

PASQUINO, Gianfranco; BOBBIO, Norberto e MATTEUCCI, Nicola. *Dicionário de Política*, v.1 e 2. Brasília: Unb.

SCHERER-WARREN, Ilse. *Movimentos Sociais.* Florianópolis: UFSC, 1987.

---

[50] WOLKMER, A. C. Op. Cit., p. 526.

——. *Redes de movimentos sociais*.São Paulo: Loyola, 1993.
SOARES, Fabiana de Menezes. *Fundamentos para uma administração pública participativa* (cidadania, sociedade, direito, estado e município). Belo Horizonte: Del Rey, 1996.
SOUZA SANTOS, Boaventura. *Pela mão de alice*. O social e o político na pós-modernidade. 2 ed. São Paulo: Cortez, 1996.
TOURAINE, Alain. *Em defesa da Sociologia*. Trad. de Luiz Fernando Dias Duarte. Rio de Janeiro: Zahar, 1976.
WOLKMER, Antônio Carlos. Direito alternativo e movimentos sociais: novos paradigmas de juridicidade *in* TUBENCHLAK, James. *Doutrina*. v.1. Rio de Janeiro: Instituto de Direito, 1996. p.522-526.
——. *Pluralismo jurídico*. Fundamentos de uma nova cultura no direito. São Paulo: Alfa-omega, 1994, 350p.

— 11 —
Reforma agrária: opção pelo modelo familiar de desenvolvimento

IVALDO GEHLEN

Sociólogo, professor no Departamento de Sociologia e no Programa de Pós-Graduação em Sociologia e membro do núcleo TEMAS (*Tecnologia, Meio Ambiente e Sociedade*) da UFRGS.

SUMÁRIO: 1. Reforma agrária, qual modelo?; 2. Concepções sobre terra e trabalho *x* tempo (re)definem a agricultura familiar; 3. Os olhares sobre o rural e a emergência de novos atores sociais; 4. Tendências Recentes; 5. Novos desafios para os assentados; Bibliografia consultada.

1. Reforma agrária, qual modelo?

Os modelos socioeconômicos de reformas agrárias são diversos, e sua escolha depende das opções estratégicas de desenvolvimento das diferentes sociedades. Assim, por exemplo, no Chile, a opção foi pelo modelo empresarial capitalista; em Portugal, pelo de cooperativas com assalariamento dos beneficiários; em Cuba, pela estatização; na França, pela agricultura familiar, etc. No caso brasileiro, aos poucos construiu-se a idéia, hoje quase consensual, de que a reforma agrária deverá reproduzir o modelo familiar. Resta em debate o tipo de agricultura familiar, pois internamente esta forma social pode desenvolver-se diferenciadamente. Neste artigo, propomo-nos analisar, ainda que sinteticamente, aspectos do referencial das ciências sociais e particularmente da sociologia, sobre o rural e a agricultura a partir do recorte do modelo familiar e do significado social, político e cultural da reforma agrária. As transformações recentes no meio rural aumentam a diferenciação e os riscos de exclusão por processos seletivos, sugerindo novas análises que construam referenciais capazes de abarcar os impactos dessas transformações nas relações cidadãs e profissionais e nas afirmações identitárias socioculturais.

O conceito *terra* é definido politicamente, ou seja, é parte do campo das relações sociais e por isso é também definidor de estruturas sociais, de poder e de classes sociais. Em conseqüência, no mesmo universo ou *campo* social convivem diferentes concepções sobre terra e diferentes combinações segundo as ideologias e os interesses de quem é dono, proprietário ou detentor de sua posse.

A apropriação da terra no Brasil atendeu mais a demandas e interesses políticos do que a necessidades ou estratégias de desenvolvimento. Ao longo do tempo, este processo conformou uma estrutura fundiária e, por extensão, de poder, concentrada, apresentando contrastes exacerbados e desigualdades chocantes. A maior parte foi apropriada especulativamente e patrimonialisticamente por "amigos do rei" que dela necessitavam para prestígio e *status* de dominação, sem nenhuma preocupação com sua finalidade social e econômica. Tornaram-se uma classe de carcereiros de terras. A menor parte foi partilhada em inúmeras unidades (Cf. artigos neste mesmo livro) com área muitas vezes inferior à necessária para garantir a reprodução social e econômica das famílias beneficiárias e para atender os objetivos econômicos das mesmas. No entanto, a estratégia de colonização do século XIX e início deste possibilitou a implantação no Sul do Brasil de um modelo alternativo, o familiar, o qual tem se mostrado eficiente, dinâmico e socialmente adequado às aspirações de construir uma sociedade diversa, democrática e moderna. Por isso a opção de reproduzir este modelo pela reforma agrária resulta desta bem-sucedida experiência histórica, e não de especulação ideológica.

2. Concepções sobre terra e trabalho
x
tempo (re)definem a agricultura familiar

No Sul, a implantação da agricultura familiar, a partir da primeira metade do século XIX, ocorre já sob o referencial moderno. Por isso consagra os colonos imigrantes que trazem incorporada a centralidade ética do trabalho, sem, contudo, ainda estarem coagidos pelo tempo e pela competitividade produtivista, pois não tinham acesso às tecnologias do *progresso*. Isto os diferencia dos nacionais ou caboclos e dos indígenas. As condições e racionalidades diferentes desde a origem explicam parcialmente os contrastes atuais do meio rural e apontam seus limites e potencialidades. Tais diferenças complexificam o debate e as decisões sobre a reforma agrária. Enfim, constata-se que sob as categorias *terra* e *trabalho*, elaboram-se significações éticas, políticas e econômicas diferentes segundo a matriz sociocultural dos atores sociais concernidos, como se mostrará abaixo.

Ao longo da implantação da sociedade industrial ou moderna, reverteu-se uma tradição milenar que renegava o trabalho para as elites e o impunha como atributo aos "não" cidadãos ou aos cidadãos de segunda classe. Superou-se também a idéia religiosa de trabalho regenerador da condição original do ser humano e meio de salvação. A nova racionalidade impôs o *trabalho* produtivo como centralidade e como referência valorativa de moderno. A lógica da *produtividade* (relação ideal entre trabalho-tecnologia-produção mensurada pelo tempo) desestruturou tais saberes experimentais acumulados. Seus efeitos foram profundos, indeléveis e diferenciados sobre as diversas classes e/ou grupos sociais específicos. Redefiniu identidades profissionais e socioculturais. Produziu consenso de que exclusão e pobreza resultam do *não* ou do *pouco* trabalho e que inclusão e riqueza resultam do *muito* trabalho.

Os conceitos *terra*, *trabalho* e *tempo* se articulam intimamente, vinculados ao de pertença a uma identidade sociocultural e/ou a uma classe social. A tentativa de construir uma tipologia social (Cf *Gehlen*, 1994) resultou em sete diferentes combinações entre esses três conceitos.

1) Para o *Latifundiário*, o trabalho é prestação de serviço. Os que trabalham em seus domínios lhe prestam serviço e submissão absoluta em troca de sobrevivência, proteção e segurança. O senhor é dono do tempo e do espaço. A terra é patrimônio personalizado e *fonte de seu poder* absolutizado, meio *especulativo* (historicamente beneficiou-se de subsídios, investiu em capital especulativo e atualmente muitos estão falidos pelo endividamento junto ao Banco do Brasil). A condição de *dono* atribui legitimidade para exercer o poder absoluto sobre o patrimônio terra, pessoas e bens (benfeitorias, produção, infra-estrutura), concede *status* e garantia de penhora. Expande a noção patrimonialista de poder para a política, subordinando o Estado e os serviços públicos a seus interesses.

2) Para o *Burguês capitalista*, o trabalho é concebido como gerador de riqueza, e seu valor está ligado ao tempo. Diminuição do tempo de trabalho pela intensificação de: tecnologia, energia de fora e capacitação do trabalhador obtendo maior produtividade e maior capacidade de acumulação capitalista. Esta concepção burguesa,

como enunciado acima, rompeu com uma espécie de "civilização do ócio" que se construiu no mundo greco-romano e com uma concepção negativa (castigo) medieval sobre o trabalho. A ruptura desta tradição deu-se em meio a conflitos com os senhores e a Igreja e com a imposição aos servos. Tal ruptura foi necessária para impor a racionalidade produtivista industrial, fundada na noção de que o ser humano se realiza pelo trabalho produtivo. A terra é *fonte ou meio de geração de riqueza* pelo trabalho, gerando *acumulação*. Para isto subordina o *trabalho* ao *tempo* e o trabalhador (força de trabalho) ao assalariamento. Combina intensidade tecnológica, apropriação de trabalho alheio e especulação sobre preços dos produto-mercadorias e da terra-mercadoria.

3) Para o *Agricultor familiar moderno* (no sul denominado de *colono*), o trabalho é *meio* e de certa forma *fim* da reprodução da vida familiar e social. Na sua trajetória histórica, apreendeu a noção de que o trabalho comanda e dá sentido ao *tempo*. Mais tempo trabalhando ou maior quantidade de trabalho (filhos) resulta em mais produção, melhorando as condições de reprodução familiar e social ou a qualidade de vida. O uso de técnicas tradicionais e de energia interna (sistema sustentável) impede um salto de competitividade e de acumulação, mas não impede que seja produtor para o mercado. Nesta perspectiva, o trabalho "dignifica" o ser humano por si só. Logo, quanto mais (tempo) trabalhar mais digno e honrado. Somente o trabalho, a religião e o descanso (como recomposição de energias para o trabalho) tem legitimação social. A terra é um *espaço e lugar de trabalho*, é patrimônio familiar, condição de afirmação da identidade sociocultural e de realização da identidade profissional e de exercício da cidadania plena. Esse patrimônio significa mais do que a terra física, são as redes construídas, a inserção local, o prestígio ético e moral do nome, a religião, etc. Patrimônio necessário para através do *tempo de trabalho* produzir e reproduzir a família e a *vida* (sentido biológico, cultural, social, religioso, político), enfim o social.

A sua recriação como agricultor familiar moderno implica desestruturar esta lógica milenar, romper com um modo de vida herdado dos ancestrais. No que se refere ao lugar de centralidade do trabalho na vida, nada altera, mas no que se refere à relação entre este e o *tempo* (de trabalho), as mudanças são estruturais, radicais. Para ser eficiente na agricultura moderna, é necessário que os produtores abandonem parte do saber tradicional e apropriem-se de um novo saber. Isto os leva a se reprofissionalizar. Ora, este processo é violento e rápido e impede que este novo saber seja reelaborado com adequação e controle. Isto leva à perda do controle, inclusive sobre o saber técnico herdado. Mas este saber técnico tradicional é expropriado apenas em parte. Outra parte dele, da tradição, é preservado pelos agricultores. Evidentemente produzem inseguranças e resistências que aparentam conservadorismo ou tradicionalismo. Na realidade, significa antes de tudo uma certa prudência de salvaguarda do patrimônio familiar (Cf. *Miranda*, 1995).

Porém, o tempo ocupado no trabalho e a perícia ou qualificação necessárias para produzir, contém especificidades na agricultura familiar. Enquanto no trabalho operário quanto mais moderno, a qualificação exigida é mais específica, restrita (as mudanças recentes são ainda pouco estudadas), no trabalho rural autônomo ou familiar, quanto mais moderno, mais abrangente e complexa a qualificação exigida, pois se "há alguma coisa que distancia a agricultura do imaginário industrial, é bem esta; à desqualificação do trabalho do operário pode-se opor o aumento das exigências de qualificação do trabalho agrícola, cada vez mais complexo" (*Jean, B.* 1994). Resulta daí o chamado produtor agrícola familiar moderno, que para o mesmo autor apresenta-se como:

"um personagem híbrido acumulando nele mesmo uma tríplice identidade: proprietário fundiário, empresário privado e trabalhador. O agricultor também aparece como um homem de negócios, como um empresário privado; possui seus meios de produção, isto é, as terras, as máquinas, as benfeitorias, os animais, etc. (...) De fato, aí está um empresário que continua produzindo mesmo não tirando vantagem, pior ainda, que aumenta o volume de sua produção quando os preços baixam (...), ou ainda, que continua exercendo sua atividade apesar de deficitária no plano contábil. Finalmente, o agricultor moderno é também, e talvez antes de qualquer coisa, um trabalhador; e um dos últimos trabalhadores autônomos." (Jean, B. 1994: 53).

A adoção da referência de produtor moderno o aproxima do tipo ideal de empresário, sem abandonar sua condição identitária fundamental, pois ao definir-se pela conduta tipo empresarial estabelece "não somente outras relações com o trabalho, com a família, com a produção, com o mercado, mas também, outras relações com a terra, com o espaço e com o tempo. De fato, ele forja uma outra concepção dele mesmo e de sua profissão" (*Lamarche*, 1993, p. 4). Nesta perspectiva, a prioridade à geração de mercadorias sem realizar a acumulação capitalista visa em primeiro lugar, reproduzir a família e o patrimônio (material, social e cultural), melhorando a qualidade de vida e, complementarmente, produzindo a sua subsistência.

4) Para o *agricultor familiar tradicional* (que podemos idealizar na figura do caboclo), o trabalho é necessário, porém parte relativa da vida. É o fluxo da vida que comanda o *uso do tempo* o qual subordina o trabalho. Por isso, as técnicas de produtividade pouco significam. Estabelece uma relação com o natural que o torna parte de si mesmo, e sua preservação é essencial para o *espaço*-tempo da vida. O trabalho, para esta concepção, não pode destruir a natureza, substituindo-a por uma cultura estranha, como o fizeram os colonos imigrantes. O excedente é produzido para garantir a reprodução familiar e a qualidade de vida. A terra é *espaço e lugar de vida*, necessária para a reprodução biológica, social e religiosa (acredita nos espíritos da natureza) da família em sua acepção ampla que inclui o compadrio. Juntamente com a natureza, a terra é condição da identidade. O *trabalho* se orienta pela lógica da *subsistência* familiar, assemelhando-o ao que a literatura tradicional chama de *camponês*, por nós denominado de "modelo *caboclo*". A matriz socioeconômica-cultural desse segundo tipo assenta-se na *aldeia indígena* e na *fazenda latifundiária*.[1] Do indígena, herdou a idéia da terra *fonte geradora* da vida, num sentido cosmológico, cuja possessão sempre é "provisória" e serve para atender necessidades imediatas. Do latifundiário, a idéia de patrimônio, porém expandiu para a família "ampliada" (matriz aldeã) e de uso produtivo tradicional. Na falta da terra, não somente se exclui como se aniquila, pois sua reprodução social é quase inviável através de outras alternativas.

O *espaço e o tempo* são plenos de significações, pois ao mesmo tempo que são de trabalho, o são também de lazer e ócio, de construção das redes de parentesco, de convívio com a natureza, enfim de transcurso da vida, quase por inteiro. É possível imaginar o impacto que gera na estrutura de vida e de representação para esse tipo de agricultor, a modernização, que pressupõe a centralidade ética do trabalho e impõe as relações capitalistas, de métodos e técnicas de trabalho que busquem aumentar a produtividade do *tempo* de trabalho. É uma dupla "conversão" ou reversão do *modus vivendi* da cultura cabocla. A centralidade ética do trabalho na vida

---

[1] Parte dos caboclos do Rio Grande do Sul e das regiões de campos nativos de Santa Catarina e do Paraná originou nas fazendas de gado, entre a segunda metade do século XVIII e o final do século passado, com o deslocamento de indígenas subjugados, principalmente das *Missões* e que em contato com outras populações que passaram a conviver no mesmo espaço, se miscigenaram biológica e culturalmente. Nestas propriedades serviram como *moradores*, responsáveis pelas culturas de subsistência, até quase o final do século XIX, quando o abastecimento passou a ser feito pela *colônia*, e a introdução de melhorias tecnológicas na pecuária dispensou o uso dessa força de trabalho. Foram "expulsos" para as áreas de matas - "terras devolutas" - e passaram a competir, em condições desiguais, com a colonização oficial.

moderna implica condição de inserção ou de exclusão, e o tempo passa a ser o "senhor da vida", ambos se impõem como medida de cidadania e de direitos.

Os contatos entre identidades culturalmente diferentes são sempre tensos e geradores de conflitos no campo das idéias, dos valores, entre os quais o do trabalho e o das formas e significados da apropriação e uso do espaço. O conflito foi, historicamente, a única linguagem entre o caboclo e os demais atores coletivos: índios, fazendeiros, colonos, aventureiros e militares. Isto o torna um *anti-herói* da história oficial, mas, ao mesmo tempo também um *herói* que encarna valores que o identitário *gaúcho*, por exemplo, se apropria: lealdade, valoroso, bondoso, místico, religioso, respeitador do meio ambiente. Já o *Bugre*, seria o "Gaúcho" rebelado (Cf. *Martini*, 1993), capaz de enfrentar o pai que o renegou (fazendeiro, instituições oficiais). Por isso o mesmo estigma[2] que o fazendeiro transfere ao colono, este transfere ao caboclo e este ao bugre.

Nos assentamentos, ocorrem conflitos e fortes divergências, muitas vezes com práticas de violência por não-compreensão dessas diferenças entre agricultores que na fase de conquista da terra estão aliados, pois o objetivo de acesso à terra é comum, porém as formas de uso desta terra e as relações e organização social são diferentes, pois dizem respeito às raízes culturais identitárias.

5) Para a concepção *indígena*, a terra é um espaço integrado à vida da comunidade (aldeia) e não pode ser subjugada, dividida ou apropriada privadamente. A terra comunitária é essencial para a reprodução da tribo ou da nação indígena. Os indígenas acantonados em suas *reservas* são obrigados a desenvolver a agricultura comercial moderna, em geral na forma coletiva e sob o controle rígido da FUNAI, para garantir o abastecimento e como imposição para sua adaptação à "civilização" dominante. A tutela do índio ou o mantém subjugado ou desestrutura sua identidade, aniquilando-o.

6) *Para os assalariados*, o trabalho é associado à sociedade moderno-industrial, e concebem a terra como um "lugar" de *subjugação* pelo *trabalho* mercantilizado e pelo proletário. Engendra um processo de expropriação do trabalho, do saber empírico e técnico sobre o uso da terra, e também do sonho de possuí-la como *lugar* de realização de um projeto de vida.

---

[2] O estigma visa a tornar o processo social excludente e aparentar as diferenças sociais como naturais, invertendo a percepção do real. Responsabiliza os estigmatizados pela sua exclusão, como resultado da incapacidade de adaptação ao meio ou ao trabalho (no caso dos caboclos). Visa, enfim, a evitar a negação do modelo social que lhes é estruturalmente excludente.

7) Para os *biscateiros / tarefeiros e andarilhos*, excluídos do modelo institucional vigente e vivendo à margem dos processos sociais e econômicos, no limite entre a vida humana e a animal, a terra tem significado de espaço natural, não politizado. Os biscateiros executam tarefas esporádicas, sem estabelecer relações formais, sendo remunerados por sistemas de trocas. Seu engajamento social é pontual e em função de vantagens imediatas. Os andarilhos e outros em exclusão absoluta, vivem próximos ao parasitismo, dependentes mais da bondade e da filantropia social do que de suas iniciativas e atividades. As aspirações deste dois tipos sociais raramente ultrapassam as da sobrevivência biológica. Analfabetos e sem nenhuma formação profissional, sua participação política ocorre por coerção social ou cooptação negociada. Constituem um peso econômico e social, e as alternativas, a curto prazo, são de tipo filantrópico e assistencialista. As experiências em assentamentos com este tipo social têm sido, no geral, malsucedidas.

3. Os olhares sobre o rural e a emergência de novos atores sociais

As ciências sociais, ao longo do tempo, construíram diversas abordagens sobre o rural. Reconstruiremos de forma sintética este processo, fazendo um recorte particular que possibilita constatar a emergência dos atores sociais deste meio, particularmente daqueles que nunca fizeram parte das elites rurais ou oligarcas, os quais interagem afirmando-se no cenário das sociedades regional e nacional, através das lutas, da participação e da visibilidade social, cultural, política e econômica. Paradoxalmente, esta afirmação do "particular", da construção e da articulação solidária de interesses e de grupos socioculturais e profissionais coincide e resulta do mesmo processo de imposição da hegemonia da "globalização" de padrões. Globalização que na realidade se assenta na desestruturação das redes de solidariedade e na individualização das competências. Por razões didáticas, dividiremos em cinco pontos.

1. O Urbano como referência (comparada/oposição) predominante no período entre 1920 a 1950 (Cf. Sorokim; Zimmermann, 1929), tinha como preocupação, diferenciar as "duas" sociedades pela ocupação do espaço (estudos sobre as condições de colonização), pelo meio natural, pela profissão, pela dispersão de população, pelo acesso aos serviços, especialmente a escola, pelo tipo de relação primária ou secundária, etc. O trabalho era critério de discriminação,

como por exemplo a idéia difundida de que os "loiros de origem européia" trabalham, e os "nacionais" não (são vagabundos), criando-se, assim, o esteriótipo do *caipira*, do *Jeca Tatu*, do *Pelo Duro*, etc.

Durante o período da revolução burguesa no Brasil (a grosso modo 1920-60), alimentou-se um grande debate, centrado no parlamento, sobre a integração do elemento *nacional*, no processo de desenvolvimento, especialmente entre 1930 a 1945. Integração entendida como sendo através do *trabalho produtivo agrícola*, no sentido de produzir para o mercado. No debate, comparava-se a *força de trabalho* imigrante com o chamado "elemento nacional" ou caboclo. *Vainer & Azevedo* mostram como o preconceito sobre os *nacionais* interfere na decisão favorável aos imigrantes sob o argumento central da pretensa incapacidade daqueles para o trabalho. Seria necessário, segundo esta visão, grandes investimentos para disciplinar e formar o *nacional* para o trabalho produtivo, pois ele *"não estava preparado para o trabalho extenuante de nossos cultivos. Seus hábitos um pouco indígenas de viver e seus métodos de trabalho incertos* (*Vainer & Azevedo*, p. 14, grifo no original). Esta ausência de disciplina e regularidade no trabalho são argumentos constantemente repetidos até hoje.

Os anos 1930/40 são favorecidos pela conjuntura internacional de forte demanda de produtos primários e pela revolução burguesa em pleno curso no Brasil. Assim, a crise do capitalismo simbolizada pelo Crash de 1929, levou os países mais capitalizados a priorizar conjunturalmente a industrialização, em detrimento da agricultura favorecendo quem exportava produtos primários, como era o caso do Brasil, com café, açúcar, borracha e cacau. Durante a II ͣ guerra (1939/45), reforçou-se esta tendência. Porém, terminado o conflito, a rearticulação do capitalismo levou a uma nova estratégia que incluía modernização (no sentido de aplicar a racionalidade e tecnologia industrial) da agricultura para superar a escassez de alimentos e diminuir a dependência externa neste setor, por parte dos países industrializados. De 1938 a 1970, a participação dos países "em desenvolvimento" nas exportações mundiais cai de 56% para 17% para os cereais, de 98 % a 20 % para os oleaginosos e de 73 % a 36% para a carne bovina (*Daviron*, B. e *Leclercq*, V. 1989, p. 28). No Rio Grande do Sul, esta nova conjuntura tem repercussões pelo início da crise da agricultura familiar, resultante do esgotamento das terras com fertilidade natural e da "nova" composição para formação de preços baseada na produtividade. O êxodo rural, neste período, é caracterizado como o "abandono" de um modo de vida para uma condição de incerteza e de pauperização, visto como contribuinte para a deterioração da vida urbana.

2. O impacto do capitalismo e da modernização a partir do referencial marxista marca os estudos que fundamentam a sociologia rural, no Brasil, nos anos 1940/50. Entre outros, exemplificamos com dois autores paradigmáticos: Caio Prado Júnior, para quem o capitalismo não é necessariamente uma etapa necessária, como afirmavam os estudos sobre o processo europeu, contrapondo-se portanto às teorias "evolucionistas", e Alberto Passos Guimarães, para quem a aniquilação do latifúndio seria condição necessária para o socialismo, aceitando implicitamente a modernização capitalista como etapa intermediária para este "salto" revolucionário. Os estudos centram-se em dados macroestruturais de classe, no dualismo fundiário (Latifúndio x Minifúndio) e no dualismo agropecuário, monocultura de exportação x policultura (diversidade), para o mercado interno. Esses dois autores apontam a reforma agrária como necessária e como alternativa para eliminar o atraso do latifúndio, para promover a modernização e para criar bases para o desenvolvimento da sociedade nacional. A reforma agrária adquire, a partir desse período, lugar central nos debates. Acirram-se os conflitos ideológicos de embate por hegemonia sobre o mundo rural, intervindo, entre outros, a Igreja e o Partido Comunista Brasileiro, este, caudatário da "esquerda". Para a Igreja, a reforma agrária preserva a família (vista por ela como base da sociedade e reforma agrária recriadora da comunidade). Para o Partido Comunista, a reforma agrária revolucionaria o Brasil e criaria as condições para o socialismo.

Os agricultores, porém, continuam sendo vistos como "eles", que precisam ser tirados do atraso, ser organizados. Ainda não têm voz, pois "não têm projeto histórico", são vistos como conservadores, mas merecedores de ajuda e orientação para participar, contribuir, se expresssar, enfim ser aliados.

3. A delimitação de um "campo específico ou particular" (abandonando os determinismos teórico-metodológicos) de abordagem social sobre o rural, resultou de estudos sobre as especificidades desse meio, admitido como *complexo*. Basicamente duas correntes teóricas se sobressaem nestas décadas de 1960/70. Uma objetivava conhecer o rural, sua interioridade, suas formas de ser e de viver, seus tipos sociais, suas formas de expressão. Como vivem, lutam e se organizam. É uma visita de descoberta. A outra analisava sob a perspectiva de capacidade de dar respostas ao problema da fome, garantir segurança alimentar como condição de desenvolvimento e de paz. Inspira-se na chamada Revolução Verde, cujas bases teóricas e práticas na Europa e nos Estados Unidos remontam ao final da década de 1940 (com intuito de superar os traumas da guerra e

resolver o problema da fome). Nesta ótica, era necessário "modernizar" o processo de trabalho pela mecanização, implantar a racionalidade urbano-industrial produtivista. Era preciso "ajudar a natureza" através de insumos e melhorias genéticas, barateando pelo crescimento geométrico da produção de alimentos. Mantém-se, porém, neste período, a dualidade: agricultura familiar para o mercado interno e a capitalista para exportação e para financiar a industrialização.

4. A estrutura social e fundiária e do processo produtivo "estruturalmente deformada" (Cf *Furtado*, C. 1966), no Brasil, é vista como causa da insuficiente produtividade do capital na agricultura e determinante da desigual distribuição da terra, de seu resultado e da renda nacional. Esta perspectiva de análise a partir do paradigma da acumulação capitalista e da distribuição desigual direciona a maior parte dos estudos até meados da década de 1980. A sociologia rural crítica (Cf *Martins*, J. S. 1981) se debruça sobre problemas não resolvidos pelo desenvolvimento no chamado terceiro mundo. A pesquisa passa a privilegiar os "estudos de campo" que (re)visitam os atores ou sujeitos sociais desse meio, agora incorporados como objeto a ser conhecido. O enfoque central é sobre a funcionalidade (produtividade, valor de produção) e a concepção da então chamada pequena produção e/ou campesinato. Esta forma social de agricultura não é mais vista como marginal, como se considerava a "teoria da dependência" então prestigiada pela ALALC (Associação Latinoamericana de Livre Comércio). O agricultor intervém na construção do social, é diversificado. O debate sobre agricultura e agricultores sai do campo institucional (órgãos estatais, academia) e passa a interessar as organizações de classe e os meios de comunicação de massa. Porém, permanece quase consensual a idéia de que o capitalismo *subordina* a agricultura e por extensão os agricultores familiares. A Reforma Agrária continua em debate, vista como oportunidade para superar o atraso, matar a fome e incluir social e economicamente os sem-terra.

Nesta fase, privilegiam-se as análises dos processos sociais reais, das lutas e reivindicações dos atores sociais desse meio. Os agricultores são reconhecidos como inclusos (cidadania formal, do "direito") capazes de interferir, participar, construir espaço próprio através das lutas coletivas (descoberta do ator coletivo, pois organizado) e, portanto, capaz de contribuir com o "fazer social". A vinculação dessas análises com o "modelo" de sociedade faz com que a formação social como um todo passe a ser questionada através da análise do particular.

A partir da década de 1950 e sobretudo na década de 1970, o chamado *progresso* técnico (ou modernização) na agricultura brasileira através dos *Pacotes Tecnológicos*, impôs-se o padrão de desenvolvimento projetado pela produtividade e pelo lucro privado. Os custos de seus impactos negativos, tais como doenças, acidentes, envenenamentos, poluição foram socializados; seus benefícios, porém, foram privatizados. Tais transformações, de caráter estrutural e seletivo, ameaçam a reprodutibilidade do sistema produtivo e social pela não-incorporação dos que não respondem positivamente, ampliando a base social dos excluídos.

5. Nesta década, as análises assumem a perspectiva globalizante, possibilitando integrar o específico com o geral, valorizando os processos sociais históricos (construção do social, formação dos atores sociais, sistemas de produção desenvolvidos, etc.) com objetivo de integrar o passado com o futuro na crítica do presente. A análise da identidade e da cidadania, do poder e da democracia dos atores sociais, está crescentemente vinculada à análise dos movimentos sociais, através da qual percebe-se o dinamismo desse meio e sua crescente participação nas questões nacionais. A questão da reforma agrária que retorna ciclicamente ao debate, retoma atualidade e centralidade. O meio ambiente ("ecologia") passa a ser considerado, criando-se perspectivas de estudos e análises interdisciplinares que apontam alternativas de modelos ou sistemas produtivos, que desabsolutizam a propriedade privada da terra, resgatando seu uso sob controle social, valorizando, assim, novas formas de cooperação e solidariedade.

Essas análises, ancoradas nos processos sociais reais, constroem um *novo estatuto de inclusão cidadã* com duas faces: a formal do direito e a da lutas sociais. Ambas objetivando interferir nos processos sociais, abrindo espaço próprio. As lutas e os movimentos sociais, dinamizam e revelam os contrastes dos excluídos do meio rural, imerge-nos na raiz das contradições e das aberrações da brasilidade em formação.

"O reconhecimento das identidades e diferenças culturais é o único meio de evitar a ação violenta daqueles que se sentem despojados de sua identidade cultural ao ingressarem na sociedade de massas - uma sociedade que os atrai pelo consumo, mas lhes nega o trabalho imprescindível a uma verdadeira inserção comunitária".[3]

---

[3] *Touraine*, Alain. In Folha de São Paulo, 12.11.95, pp. 5-13.

Neste contexto, paradoxalmente a reforma agrária reassume atualidade e centralidade e junto com outras demandas dos demais agricultores familiares revitalizam as lutas sociais, as quais apresentam, além dos acampamentos e ocupações de propriedade privadas, outras formas novas e criativas (acampamentos em praças públicas, ocupações de agências bancárias e de prédios da administração pública, pressão sobre os parlamentos, caminhadas com chegadas apoteóticas às capitais, greves de fome, etc.). Tais iniciativas causam impactos junto à opinião pública, cativando apoios e solidariedades, pois afirmam a presença de novos atores coletivos, historicamente marginalizados, no processo do fazer social.

Esta presença ativa dos atores sociais, associada aos impactos gerados pelas abordagens interdisciplinares e pela postura agressiva em *fazer política* por parte destes *novos* atores sociais, revitaliza a noção de *desenvolvimento rural*.

"A idéia de desenvolvimento rural 'recriado' considera que o agricultor e demais atores deste meio não são apenas produtores de mercadorias ou de alimentos, mas são cidadãos de uma sociedade complexa e aberta, com 'n' possibilidades de empreendimentos, de iniciativas e com direitos de qualidade de vida e de participação social e política na sociedade local, como sempre o fizeram, mas também na sociedade regional e nacional" (Gehlen, I. Mélo, J. L. B. 1997, p. 107).

Os assentamentos, único espaço para a *inclusão* dos sem-terra na sociedade global, oferecem uma oportunidade ímpar de desenvolver novas estratégias tecnológicas e novas formas de organização e de reprodução sociais. As associações, os condomínios de produtores rurais e as pequenas cooperativas especializadas, são garantia de eficiência, racionalização, e poder de barganhar. São condições de competitividade e de afirmação de autonomias, de cidadania e de identidades. A escolha legítima de viabilizar a auto-inclusão na sociedade geral através da ocupação de terras aprisionadas por proprietários irresponsáveis e especuladores revela, como contraponto, a omissão deliberada dos governantes na gestão das demandas sociais e na escolha de estratégias e modelos de desenvolvimento.

4. Tendências recentes

Historicamente, o "modo de vida e de trabalho" familiar mostrou-se capaz de conviver e adaptar-se às transformações políticas e tecnológicas revolucionárias. No Brasil, após um período de um século de afirmação e legitimação da agricultura familiar (que acolheu cerca de 1.500.000 imigrantes entre 1825 e 1925) foi relegada à sua própria crise a partir dos anos 1930. Somente nesta década de final de século, recupera prestígio e força política, vislumbrando alternativas sociais e tecnológicas para sua reprodutibilidade e expansão.

O processo atual de fortes mudanças atinge o social rural e particularmente os assentados, gerando efeitos sobre os perfis de cidadania e de identidades profissionais e socioculturais ainda pouco conhecidos. Isto porque os mecanismos de imposição/dominação e os mecanismos de reação e de reelaboração desses impactos pelos agricultores são pouco estudados. Algumas tendências contribuem para analisar estes perfis futuros (na próxima década) na agricultura familiar. Podem ser detectadas, a partir de um olhar global e pelo seu impacto nas proposições e planejamento dos assentamentos, identificando-se resumidamente.[4]

As mudanças decorrentes do processo acima descrito em relação ao conceito e relação do trabalho e da terra pela modernização desestruturam a tradição dos agricultores familiares fundada na racionalidade não produtivista do trabalho e da terra. Para os colonos que têm introjetado a centralidade ética do trabalho, esse processo impõe a *produtividade* como objetivo e o tempo como controlador do trabalho. Para os caboclos, além dessa mudança, impõe-se também a necessidade de conversão valorativa do trabalho produtivo, como condição de inclusão, de cidadania. Tais desestruturações alteram não somente as identidades profissionais, mas também as socioculturais. Neste novo contexto, a referência idealizada é a do *empresário*, para quem o "tempo vale ouro". A conseqüência desse processo, porém, significa a perda da autonomia da unidade produtiva, pela dependência crescente de dependência externa em: tecnologia, técnicas, energia, recursos, equipamentos, insumos, mercado, sementes, semens e trabalho.

A tendência no campo do referencial ideológico é construir um consenso em torno da idéia de competitividade baseada em mudanças tecnológicas, uso de equipamentos e insumos, padronização de produtos e de critérios de qualidade. Isto quer dizer que, segundo tal consenso, permanecerão na agricultura aqueles que se adequem a esta racionalidade, os demais serão excluídos. Tal processo, ao

---
[4] Com base *in* Gehlen, 1997b.

mesmo tempo, desqualifica o tradicional e possibilita paradoxalmente a renovação das possibilidades de afirmação do local, enquanto campo social e de desenvolvimento.

A crescente importância da *genética*, da *química* e da *informação* para a agropecuária possibilitam elaborar o discurso da "agricultura industrial". O objeto de disputas e de tensões entre empresas e até mesmo países determinam as pesquisas de ponta e relativizam a importância da terra enquanto território (isto explica em parte a queda irreversível do preço das terras). O modelo de desenvolvimento convencional ou moderno convencional ou *produtivista* está em crise, gerada pelos seus impactos ecológicos e sociais e pelo seu fracasso como solução global para a fome. O modelo sustentável ou durável é apresentado como alternativa e, por enquanto, se adequa melhor às condições da agricultura familiar, mas encontra resistências em governos e em empresas "globais".

O progressivo atrelamento da produção agropecuária às Cadeias Agroindustriais se faz acompanhar de processos seletivos de inclusão/exclusão dos agricultores, principalmente os de tipo familiar. No Rio Grande do Sul, tende à monopolização tecnológica e de mercado, especialmente para alguns produtos como leite, fumo e suínos. No caso do leite, a monopolização paira como espada sobre cerca de um terço dos agricultores familiares e dois terços dos produtores regulares de leite. O monopólio *privado* de transformação de 85% do leite comercializado e fiscalizado, ameaça os produtores, impondo critérios tecnológicos seletivos para os produtores e de qualidade para os produtores e os consumidores. Não seria o caso de intervenção do Estado neste processo, visando a garantir a tradicional função social do leite para a reprodutibilidade dos agricultores familiares e garantir qualidade alimentar para os consumidores?

Um novo campo de preocupação incorpora-se às demandas dos agricultores familiares nesse processo, relacionado a duas tendências simultâneas e distintas das transformações tecnológicas. Uma, constituída pela crescente circunscrição da produção primária como segmento especializado, altamente tecnificado e dependente, atualmente vinculada a produtos e que exigem redefinição profissional para competências específicas. A outra, constituída pela pressão crescente para um modelo tecnológico alternativo que responda ao seu caráter durável, reprodutível e à qualidade do produto alimentar. Esta tendência demanda competência profissional quase inversa à anterior, no sentido do conhecimento abrangente, relativo à autonomia energética e do sistema produtivo.

A incorporação dessas demandas às lutas e mobilizações sociais criam a consciência e a prática de planejar o desenvolvimento como processo assumido pelas sociedades locais com maior autonomia face ao Estado. Este, tradicionalmente, tem agido de forma dúbia: por vezes paternalista, outras em benefício exclusivo das elites com poder de barganha. Evidentemente, a presença do Estado para garantir o caráter social do desenvolvimento ainda é fundamental e decisivo para evitar que se consolide irreversivelmente a monopolização privada do setor, gerando desigualdades que não somente aumentam os excluídos como ameaçam toda a sociedade.

A crescente valorização do *consumidor*, como parte interessada e interveniente na definição de conceitos de *qualidade* do alimento, do ar, da água, do uso do espaço e de *estética* determinam mudanças no modo de ser e de fazer dos agricultores. A relação primária, direta, entre ambos é substituída por formas organizadas e por cadeias vinculantes. Constrói-se um "novo olhar" sobre o rural, o qual passa a ser visto como espaço *pluri* e *multi*, diferente e não oposto ao citadino. Por isso, esse consumidor se posiciona favorável a políticas de alcance social e econômico para os agricultores, como é o caso do apoio massivo à reforma agrária. Neste caso, por ter entendido seu alcance social e econômico, a nosso juízo, graças ao acima referido *consenso* de que ela deva recriar uma sociedade agrícola *familiar*. No contraponto, esses agricultores se engajam em lutas e causas que dizem respeito aos consumidores, ao mesmo tempo que reconceituam sua cidadania também, reafirmam suas identidades específicas.

5. Novos desafios para os assentados

As reflexões acima permitem concluir que a luta pela terra gera duplo efeito afirmatório nos engajados: a) A afirmação de sua condição profissional, de cidadão, daí a percepção de que a "terra deve pertencer aos colonos; ela não é para o explorador, ela não é para o latifundiário, ela não é para o comerciante, nem para o usineiro, nem para o açougueiro".[5] Esta identificação entre terra e colono dá-lhe o sentido de pertencer a uma classe porque não dá para acreditar que "possa haver colono sem que ele tenha terra. Ele não sabe onde ela se encontra - isto eu estou de acordo - mas ele tem sua terra. Se ele

---
[5] Depoimento de um *assentado* do assentamento Macali (Ronda Alta), março de 1988.

é colono ele tem que ter uma terra. Então ele deve se organizar para encontrar sua terra".[6] Segundo este depoimento, o engajamento nas lutas é para cumprir esta determinação ou direito; b) A afirmação de sua identidade sociocultural, construindo seu campo de interação e de participação no poder.

Os espaços reformados (reassentamentos) oferecem excelente oportunidade de introduzir novos produtos ou realizados com novas tecnologias que priorizem a qualidade do produto e de vida (saúde) dos consumidores e dos produtores, estabelecendo nova relação eticamente sustentável com o meio natural. As associações, os condomínios, as cooperativas rurais possibilitam inovar as bases técnicas de produção, ganhar escala, barganhar, etc.

Porém, outras razões de cunho mais abrangente se somam para demonstrar a fundamental importância e necessidade da reforma agrária no Brasil. A desestruturação da fonte do poder patrimonialista/latifundiário, construindo uma alternativa socialmente negociada e aceita, interagindo no campo do poder e dificultando alianças espúrias e fundadas nos interesses oportunistas. As transformações estruturais que necessariamente acompanham a reforma geram novas referências valorativas, éticas e de convívio social, recriando a capacidade de sonhar e de idealizar o futuro.

A reforma cria postos e condições de trabalho, de inclusão, de cidadania e de qualidade de vida, com baixo custo. Oferece a oportunidade ímpar de acrescer novos produtos para os consumidores, dinamizando diferenciadamente as relações comerciais e, portanto, dinamizando as economias locais e regionais, como já revelaram estudos sobre os municípios e as regiões beneficiadas por esse processo.

Como já afirmado acima, estabelece as condições de afirmação de identidades profissionais e socioculturais que estão ameaçadas. Como conseqüência, questiona o modelo de desenvolvimento dominante. Com isso, possibilita a interconexão de duas tendências simultâneas e distintas. Uma, constituída pela crescente circunscrição da produção primária como segmento especializado, altamente tecnificado e dependente das cadeias agroindustriais e de interesses exteriores ao rural, demandante de profissionalização crescente pelo seu caráter competitivo. A outra, constituída pela necessidade de alternativas tecnológicas de sustentabilidade e de qualidade dos produtos alimentares.

---

[6] Depoimento de Aldo Lazarini, do assentamento Brilhante (Ronda Alta), junho 1982.

"A incorporação dessas demandas às lutas e mobilizações sociais criam a consciência e a prática de planejar o desenvolvimento como processo assumido pelas sociedades locais com maior autonomia face ao Estado. Este, tradicionalmente tem agido de forma dúbia. Por vezes paternalista, outras em benefício exclusivo das elites com poder de barganha. Evidentemente, a presença do Estado para garantir o caráter social do desenvolvimento ainda é fundamental e decisiva" (Gehlen, 1997b p. 306).

Para viabilizar qualquer alternativa, o agricultor familiar necessita capacitar-se sobre tecnologia, gestão e mercado, além da recriação de redes de solidariedade, não mais baseadas somente em laços de compadrio ou parentesco e religiosos, mas em vizinhança, em afinidade profissional, em interesses produtivos ou comerciais, ou seja, em critérios racionais. Isto exigirá, por vezes, redefinição dos conceitos de propriedade - a terra precisa ser compartilhada, respeitados critérios ecológicos, geográficos, culturais e tecnológicos - e de *comunidade*, este no sentido de valorizar a diversidade e a interação com o global.

Nos espaços reformados é possível imaginar e planejar alternativas inovadoras para a realidade complexa do mundo rural. Poderão constituir-se em excelente oportunidade de resgate de experiências históricas dos beneficários, especialmente do caboclo, para construir alternativa de inclusão na sociedade, garantindo preservação e/ou resgate de sua identidade. Um modelo que contemple a melhoria da produção de subsistência e a comercial, tendo como objetivo principal garantir qualidade de vida e sua reprodutibilidade socioeconômica-cultural. Resgatar formas de agricultura de subsistência, não tem apenas uma dimensão social, mas também econômica e cultural, pois possibilita a reprodução com qualidade de vida de populações excluídas ou em via de o serem. Ao invés de confronto, é preciso construir posturas e mecanismos de cooperação e de compreensão das diferenças. Não somente haverá diminuição das tensões e dos conflitos nas áreas reformadas, como também estes mesmos fatores se transformarão em trampolins para novas oportunidades e realizações.

As transformações estruturais que necessariamente acompanham a reforma geram novas referências valorativas e de sociabilização, afirmam identidades e tradições culturais ameaçadas. Para os agricultores, ela é condição de trabalho, de inclusão, de cidadania e de qualidade de vida. Por isso ela é um caudal de sonhos e idéias de futuro, ultrapassando as fronteiras dos assentados.

A análise dos desafios, das potencialidades, dos fracassos, dos sonhos (por vezes utópicos) e das esperanças dos engajados na luta pela terra leva-nos a concluir que um novo social está em gestação. Social este que se manifesta pela complexificação da organização, pelas novas formas de solidariedade, pela politização das lutas. A reforma agrária vista nesta perspectiva não é uma medida pontual e nem concerne somente os interesses exclusivos dos sem-terra, mas, ao contrário, se insere na concepção de um projeto de sociedade.

Bibliografia consultada

DAVIRON, Benoit e LECLERCQ, Vincent. "Brésil et Malaise: Exporter de la Valeur Ajoutée". In *Alternatives Economiques*, Dijon, suplemento nº 8, Out. 1989, p. 28.

FERES, João Bosco. *Propriedade da terra: opressão e miséria - o meio rural na história social do Brasil*. Amsterdam: CEDLA, 1988.

FURTADO, Celso. *Subdesenvolvimento e estagnação na América Latina*. Rio de Janeiro: Civilização Brasileira, 1966.

GEHLEN, Ivaldo. Identidade estigmatizada e cidadania excluída: a trajetória cabocla. In Zarth, P. A. et al. *Os caminhos da exclusão social*. Ijuí: UNIJUÍ, 1998, pp.121-141.

GEHLEN, Ivaldo. Ambivalências da Globalização na Agricultura. In . Carrion, R. e Vizentini, P.G.F. (orgs). *Globalização, neoliberalismo, privatizações. Quem decide este jogo ?* Porto Alegre, UFRGS/CEDESP/PMPA, 1997b, pp. 297-309.

——. Estrutura, Dinâmica social e Concepção Sobre a Terra no Meio Rural do Sul. In *Cadernos de Sociologia* N.º 6. Porto Alegre: PPGS-UFRGS, 1994, pp. 154-176.

—— e MÉLO, José Luiz Bica de. A dinâmica da agricultura no Sul do Brasil: realidade e perspectivas nos anos noventa. São Paulo: SEADE, São Paulo em Perspectiva, vol 11 no, 2, 1997a, pp. 99-108.

GOFFMAN, Ervin. *Estigma: notas sobre a Manipulação da Identidade Deteriorada*. Rio de Janeiro: Zahar, 1976 (4ª ed.).

JEAN, Bruno. A forma social da agricultura familiar contemporânea: sobrevivência ou criação da economia moderna. In *Cadernos de sociologia / Programa de Pós-Graduação em sociologia*. V. 6. Porto Alegre: PPGS/UFRGS, 1994: 51-75.

KLIEMANN, Luiza H. Schmitz. *RS: terra & poder: história da questão agrária*. Porto Alegre: Mercado Aberto, 1986.

LAMARCHE, Hugues. *Agricultura familiar: comparação internacional*. Campinas: UNICAMP 1993.

MARTINI, Maria Luíza F. *Sobre o Caboclo-camponês: um gaúcho a pé*. Porto Alegre: UFRGS/PPGS, 1993 (dissertação).

MARTINS, José de Souza. *Introdução crítica à sociologia rural*. São Paulo: Hucitec, 1981.

MIRANDA, Cláudio Rocha de. *A tecnologia agropecuária e os produtores familiares de suínos do Oeste catarinense*. Porto alegre: UFRGS/PPGS, 1995 (Dissertação Mestrado).

NAVARRO, Zander. Democracia, cidadania e representação: os movimentos sociais rurais no estado do Rio Grande do Sul, Brasil, 1978-1990. *In:* NAVARRO, Z. (org.). *Política, protesto e cidadania no campo*; as lutas sociais dos colonos e dos trabalhadores rurais no Rio Grande do Sul. Porto Alegre: Editora da Universidade/UFRGS, 1996, p. 62-105.

SOROKIM, P. e ZIMMERMANN, C. *Princípios de sociologia rural e urbana*, 1929.

TOURAINE, Alain. *Crítica da Modernidade*. Petrópolis: Vozes, 1994.

VAINER,Carlos Bernardo *et* AZEVEDO,Vânia Ramos de. *Classificar, selecionar, localizar;* notas sobre a questão racial e a migração. Rio de Janeiro, PUR/UFRJ, s/d.

WILKINSON, John. Agroindústria e perspectivas para a produção familiar no Brasil. *Políticas Agrícolas*, México, ano 2, vol. 2, n. 1, 1996, pp. 101-135.

ZAMBERLAM, Jurandir *et* FLORÃO, Santo Reni S. *Assentamentos: resposta econômica da pequena propriedade na região de Cruz Alta*. Cruz Alta: FUCA/FCPE, 1989.

Quarta Parte

JUSTIÇA E CONFLITOS AGRÁRIOS

— 12 —

Justiça agrária especializada: um ideal postergado

OCTAVIO MELLO ALVARENGA

Diretor-Executivo da Associação Latino-Americana de
Direito Agrário, Membro da Académie d'Agriculture de France,
Presidente da Sociedade Nacional de Agricultura

SUMÁRIO: 1. Introdução; 2. Quem brigou pela Justiça Agrária Especializada?; 3. O desserviço prestado pelos constituintes e uma proposta engavetada; Referências principais.

1. Introdução

Atravessamos um tempo de apressados aplausos e equivocados endossos no que tange à adoção de uma justiça agrária para o Brasil.

A infelicidade do art. 126 da Constituição Federal tem levado os governos estaduais à adoção de paliativos, como se estivessem atendendo a um reclamo do ideário agrarista. Na realidade, porém, o que vem acontecendo, de certa forma, cada vez mais distancia a concretização de medidas predicadas juntamente com a promulgação da Lei nº 4.504/64, o "Estatuto da Terra".

Os "juizados agrários", por exemplo, dos quais nos dá conta o ilustre professor Vitor Barboza Lenza, da Escola Superior de Magistratura do Estado de Goiás (Ed. A-B edit 1995), foram criados para a "solução das questões agrárias com limite de alçada de 40 salários mínimos". Sem colocar em dúvida os inestimáveis serviços que tais juizados estão prestando, a seara limitada de seu alcance, de alguma maneira, neutraliza a premência mais ampla e mais aguda, para questões que estão a exigir a adoção dos princípios de oralidade e interveniência do juiz, em processos cujo valor vai a vários milhões de reais, como a grande maioria dos crimes decorrentes de desobediências a disposições de ordem fundiária, ou agroambiental. Devo admitir, entre perplexo e desalentado - repetindo o professor Ramón Vicente Casanova, ilustre criador do Instituto Iberoamericano de Derecho Agrario y Reforma Agraria, da Universidad de Los Andes, em Mérida, na Venezuela - que as conquistas do legislador brasileiro na edição do "Estatuto da Terra" e primeiras leis complementares ou decorrentes vão sendo corroídas. Seja por desvios de interesse doutrinário, como o "direito alimentário", por exemplo, seja por prevalências posteriores como o "direito ambiental".

Duvido que o Movimento dos Sem-Terra, iniciado há 19 anos, chegasse ao ponto que chegou, caso tivessem sido implantadas as metas do "Estatuto da Terra", que já completou seu 33º aniversário.

Jamais insistiu-se, por exemplo, em garantir valor científico universal ao "módulo rural", que Fernando Pereira Sodero escolheu como título de seu livro mais bem cuidado. A equação "módulo rural" = "área familiar" concede ao capítulo definitório dos imóveis rurais brasileiros uma invejável segurança. Uma segurança que falta aos eminentes colaboradores do Conselho Pontifício "Justiça e Paz", do Vaticano, que logo no pórtico de um trabalho de 52 páginas editado como pregação planetária" - *"Por uma Melhor Repartição da Terra - O desafio da reforma agrária"* (1997) claudica ao definir "latifúndio". Qualquer leigo no assunto verá que tanto "minifúndio", quanto "latifúndio" ou "empresa rural" estão claramente definidos na legislação brasileira.

O ilustre professor uruguaio Adolfo Gelsi Bidart, mestre da processualística e o mais bem credenciado dos sintetizadores de conclaves com que me defrontei, levou às *Primeiras Jornadas de Direito Agrário do Cone Sul* algumas considerações conceituais que indo além dos "limites" visados chegaram à denúncia de uma *"disgregación que pueda llevar a nuevas coordinaciones, sustituciones y aún desaparición del propio Derecho Agrario"*.

Creio que aí está a verdade, nua e crua. Para continuar existindo, o Direito Agrário deve manter íntegros seus alicerces. Questões interdisciplinares, como as comerciais e ambientais, não podem intervir de modo tangencial ou secante na sua essência científica. Caso contrário - e ainda seguindo o raciocínio de Bidart, tantas alterações podem "llevar, también, a una eventual disgregación e incluso a una *desaparición del Derecho Agrario* que - o vuelve a suas fuentes (Derecho Civil) - o se intera en otro setor (Derecho Ambiental? Derecho Alimentario? Derecho Agro-industrial?)"

Propomos algumas reflexões sobretudo aos advogados e procuradores que peticionam perante a Justiça Federal. Sem entrar no capítulo dos prazos, no decorrer dos quais muitas vezes as partes se exaurem e os escritórios de advocacia sempre engordam, caberia indagar-lhes quanto à formação intelectual dos magistrados e seus auxiliares imediatos, bem assim à possível colaboração que o juiz possa prestar na condução do processo. Não digo no seguimento, na tarefa de dar curso ao mesmo, mas de intervir de acordo com sua convicção. Minha experiência, reconhecidamente pouco freqüente, é pessimista. Tanto no caso da formação dos magistrados quanto na busca da razão, envolta nos meandros da fantasia processual: prazos, perícias, testemunhas, provas. Aquelas "idéias-força" mencionadas por mestre Bidart (justiça social, função social da propriedade, medidas ambientais) vão se mantendo distantes do poder do magistrado e portanto distantes dos ideais originais do agrarismo.

Recordo-me da Fundação Getúlio Vargas, em 1968, quando ali se reunia a Comissão Especial de Direito Agrário, decorrente do Congresso de Agropecuária realizado em Brasília. Representando o IBRA, tive o ensejo de firmar em primeiro lugar a proposta, levada ao então Ministro Ivo Arzua, com vistas a que o Brasil passasse a dispor de juízes especializados para decidir pendências típicas de um novo ramo da ciência jurídica, oficializada na Emenda Constitucional nº 10, de 10.10.64, a mesma que possibilitou ao Congresso Nacional promulgar o "Estatuto da Terra", como a Lei nº 4.504, de 30 de novembro de 1964.

Hoje assistimos à multiplicação ou ao fortalecimento de órgãos judicantes especializados como a Justiça Trabalhista e a Justiça Federal, além de uma verdadeira avalancha economicista, com o transbordamento de suas águas para o leito honesto e transparente da agrariedade. Muito mais do que as "idéias forças" sintetizadas acima, à beira da nossa estrada estão cravados os *out doors* do "direito alimentário", junto dos imensos e bem coloridos painéis anunciando o "desenvolvimento sustentável".

Os temas básicos do Direito Agrário, "terra", "floresta" e "água" são levados à cena por atores provindos de diferentes escolas, a mais evidente das quais se orienta pela leitura de Adam Smith em edição simplificada.

Juizados especiais, como a Justiça Federal, são ocupados por titulares diplomados em faculdades de direito das quais os bacharéis saem total e alegremente jejunos em Direito Agrário.

É possível que tais reflexões biliosas sejam inócuas, repetindo o dito de Simón Bolivar - "estarei arando o mar?" Afinal, poderiam indagar-me, por quê e para quê contrapor-se a uma tendência que simplesmente é o reflexo daquilo que, no Brasil pelo menos, vem sendo vitoriosa, desde a redação da Constituição Federal por uma assembléia que julgou ter sido útero atualizadíssimo de uma "constituição cidadã" - agora qualificada de "constituição tampão" ou "constituição anã"?

    Façamos um breve retrospecto histórico. Sabemos que as legislações agro-reformistas de todos os países latino-americanos resultaram de uma imposição norte-americana, feita em 1962, em Punta del Este, em seguida à tentativa de ocupação de Cuba através da fracassada operação da Baía dos Porcos, ao tempo em que John Kennedy era presidente. Falhou a tentativa belicosa, mas persistiu o receio do comunismo. Foi então desencadeada uma operação cirúrgica de implante nos países americanos, para anestesiar o crescente "perigo vermelho". Em lugar de uma revolução rubra, uma revolução (oficial) verde. Tudo igual no substantivo, com adjetivos diferentes. Cumprindo o pacto firmado no Uruguai, todos os países da América do Sul promulgaram leis de reforma agrária, para "combater o latifúndio improdutivo e contra os injustos regimes de propriedade da terra." No Brasil, oitavo país a cumprir o pacto, essa lei foi denominada "Estatuto da Terra". O fato, porém, de o Estatuto ter sido concretizado como ato de um governo decorrente do golpe de 31 de março de 1964, substancial parte da *inteligentzia* brasileira, de tendência marxista, passou a combater um diploma legal de bases socialistas. Esse equívoco de comportamento político explica a facilidade com que um movimento anti-reforma agrária, nascido dentro do próprio governo de Castelo Branco, pode crescer a ponto de lenta, tenaz e seguramente acabar com os órgãos administrativos encarregados da aplicação dos novos princípios jurídicos.

    Quando o presidente Collor de Mello liquidou praticamente com a vida do INCRA, esvaziando sua competência, provocando gigantesco movimento de aposentadorias e possibilitando que seus cargos mais importantes fossem transferidos a mentalidades menos qualificadas, o ideal de uma judicatura agrária especializada também se afastou das preocupações dos senadores, dos deputados, dos governadores, do prefeitos e dos ministros de estado.

2. Quem brigou pela Justiça Agrária especializada?

    A partir de 1968, a ALADA (Associação Latino-Americana de Direito Agrário) instituição criada em abril daquele ano nos páteos de Escuela de Administración Pública, em Alcalá de Henares, na Espanha, passou a difundir elementos favoráveis à pretendida judicatura. O professor Caio Mario da Silva Pereira, ilustre civilista brasileiro, em comentário inserido no seu *Condomínio e Incorporações*, de 1967, já observara: "não basta lançar as bases de uma nova política agrária, nem formular conceitos novos de relações humanas. Entregue à justiça ordinária o desate de controvérsias, faltará o dinamismo indispensável a que se lhe imprima rapidez e objetividade" (...) "Cumpre dar nascimento a órgãos jurisdicionais especializados para que haja eficiência na aplicação do Estatuto, e particularmente, para que este se imponha sob a inspiração de sua própria filosofia". Muito antes, aliás, em janeiro de 1910, durante sua campanha civilista, Rui Barbosa ao tratar de uma reforma judicial em vista, explicitava: "Praticamente, porém, essas reformas, bem assim quantos do mesmo gênero se queiram multiplicar, ainda não acertam no ponto vital. Consiste ele na efetividade vigorosa dessas garantias, isto é, na criação de uma justiça chã e quase gratuita, à mão de cada colono, com um regime imburlável, improtelável, inchicanável". Apliquem-se tais palavras aos objetivos do Estatuto da Terra. Caberão como uma luva. Uma luva deixada à margem, por ignorância, má-fé, ou simplesmente pelos que possuem armas capazes de atingir o "ponto vital", ou sejam, os deputados constituintes em primeiro lugar.

Ideologicamente apoiada na farta argumentação apresentada pelo jurista italiano Alberto Germanò no seu *I Processo Agrário*, Associação Latino-Americana de Direito Agrário passou a predicar além da criação da Justiça Agrária a adoção do Direito Agrário como cátedra obrigatória nos currículos das faculdades de direito. Inicialmente derrotada no Conselho Federal da Educação, quanto a essa última reivindicação, viu sua recomendação endossada, embora não cumprida de maneira integral. O direito agrário persiste como cadeira opcional, existindo por todo o Brasil, da Amazônia ao Rio Grande do Sul, excelentes professores.

Relativamente à justiça agrária, é de se recordar que o assunto foi ventilado ao tempo da Assembléia Nacional Constituinte, com lances curiosos que vão desde sua adoção no anteprojeto elaborado pela Comissão Afonso Arinos, até o completo naufrágio da idéia, entre julho e setembro de 1987, nas águas turvas do plenário, após "detida meditação sobre as Emendas Populares".

Situo-me entre os autores para os quais sempre vale a pena retornar às preocupações inseridas num artigo-síntese da lavra do prof. Marcos Afonso Borges, no qual são feitos alertas sobre algumas insistências doutrinárias que deixam de considerar o aspecto processual na aplicação do Direito Agrário. Diz ele "os estudos até agora apresentados, têm se detido mais na análise do problema sob a ótica do direito constitucional, com enfoque acerca das características de que deva se repetir, sem incursão específica no campo do direito processual, que deve ser o suporte doutrinário e legal dessa Justiça Especial". Nesse sentido existe excelente trabalho do agrarista venezuelano Roman Duque Corredor, destinado a um curso de Direito Agrário e Legislação Agrária, realizado no Colégio de Advogados do Estado de Aragua, intitulado "Justiça Agrária e Processo Agrário", no qual são feitos vários comentários sobre a Lei Orgânica de Tribunais e Procedimentos Agrários da Venezuela.

Ricardo Zeledon, no estudo que faz sobre a institucionalização do processo agrário na Ibero-América, observa, com apoio em Calamandrei e Cappelletti, que "o momento processual mais importante do contencioso agrário se encontra constituído pela audiência de provas". J. Paulo Bittencourt já resumira: "não basta uma Justiça Agrária, mas também um Processo Agrário. Um processo mais ágil, mais simples e o menos formal possível, com sistemas de provas e critérios de apreciação que dêem ao Juiz um papel mais ativo, dinâmico e sensível".

Otávio Mendonça, professor em Belém do Pará, na monografia - *Justiça Agrária, Paz Social e Desenvolvimento Econômico*, ressalta, com justeza: "No Brasil foi J. Paulo Bittencourt quem traçou com precisão o roteiro da Justiça Agrária: mínimo de formalidade; oralidade e concentração; maiores poderes instrutórios atribuídos ao órgão julgador; maior uso do princípio de eqüidade; assistência técnica de agrônomo, veterinário, agrimensor e economista rural; dupla jurisdição, com alçada para apelação, fase prévia conciliatória; processo de execução simplificado e gratuidade para o trabalhador, o pequeno empreiteiro e o pequeno proprietário rural" (Revista da OAB, nº 22, maio/agosto, 1977).

Na contribuição que levei ao *Primer Congresso Bolivariano e Internacional de Derecho Agrario Comparado*, em 1983, intitulada "Justiça Agrária e Processo Agrário", recordava perfeita consonância de idéias com Ramón Duque Corredor, quando enumera as sete finalidades concretas da Justiça Agrária: 1) estabelecer procedimentos judiciais rápidos e seguros; 2) criar um corpo de doutrina e jurisprudência; 3) promover o interesse pelo estudo e desenvolvimento da matéria jurídica agrária; 4) ampliar a capacitação dos magistrados em assuntos agrários; 5) salientar o conteúdo jurídico da Reforma Agrária; 6) facilitar o Estado na realização das tarefas de transformação das estruturas agrárias; 7) proteger os recursos naturais renováveis.

3. O desserviço prestado pelos constituintes e uma proposta engavetada

Nenhum desserviço maior poderiam os constituintes de 1988 prestar ao agrarismo brasileiro do que inserirem no corpo preliminarmente desengonçado daquilo que se ia compondo como Carta Magna do que o artigo 126. Este artigo pretende referir-se à justiça agrária. Seu texto, porém, demonstrando descaso com o léxico e evidente desejo de sabotar as fontes dos que almejavam uma justiça de verdade, confunde "fundiário" (referência a ramo) com "agrário" (alusivo à espécie). Como diz o poeta chileno Vicente Huidobro, "el adjetivo cuando no dá vida, mata." Dois adjetivos claudicantes, era morte certa. A justiça agrária brasileira, parida pela Constituição de 1988, estava natimorta.

Morta em termos nacionais, porém com batimentos cardíacos indicativos de alguma utilidade pelos estados da federação. Foi portanto na condição de manipuladores de uma hipótese jurídica que três agraristas colaboraram com o ministro Oscar Dias Corrêa, elaborando um projeto de lei no qual o referido art. 126 é regulamentado, a partir dos seguintes pressupostos:

a) a competência privativa da União para legislar sobre Direito Processual, sobre Direito Agrário e sobre Registros Públicos (art. 22, XVI e XXV da Constituição Federal);

b) a competência concorrente da União e Estados para legislarem sobre a produção e consumo, florestas, caça e pesca, conservação de natureza, defesa do solo e dos recursos naturais, proteção ao meio ambiente, bem como sobre assistência jurídica e defensoria pública, além dos procedimentos em matéria processual (art. 24, V, VI, VIII, XIII e XI da Constituição Federal).

Desde o dia 26.09.89, quando o então ministro da justiça determinou a publicação do anteprojeto e fixou prazo de 15 dias para o recebimento de sugestões, há nove anos portanto, não sabemos de qualquer sugestão a esse trabalho que se deve, sobretudo, ao esforço e à competência do Dr. Raymundo Laranjeira.

Referências principais

ALVARENGA, Octavio Mello. *Política e Direito Agroambiental. Comentários à Nova Lei de Reforma Agrária*. 2ª ed. 1997.

BIDART, Adolfo Gelsi. "Una Perspectiva Conceptual y Temporal Sobre Objeto y Limites del Derecho Agrario", *in Direito Agrário no Cone Sul*. Pelotas: Educat, 1995.

GERMANÒ, Alberto. *Il Processo Agrario*. Giuffrè. Milano.
LENZA, Vitor Barboza. *Juizados Agrários*. Goiânia: A&B Editora, 1995.
Conseil Pontificial. "Justice et Pax". *Pour une meilleure repartition de la Terre - Le défi de la réforme agraire*. Libreria Editrice Vaticana, 1997.
PEREIRA, Caio Mario da Silva. *Condomínio e Incorporações*. Rio de Janeiro: Forense, 1967.

Os conflitos possessórios e o Judiciário. Três reducionismos processuais de solução

JACQUES TÁVORA ALFONSIN
Advogado e Secretário da ONG ACESSO - Cidadania e Direitos Humanos

SUMÁRIO: 1. O que e o quem das ações possessórias com multidão de réus. Implicações próprias do seu objeto; 2. Exercício e gozo do direito de propriedade sobre grande extensão de terra. Implicações próprias dos seus efeitos na qualificação da posse disputada; 3. Conflito entre direitos. Os direitos humanos fundamentais, reconhecidos pela Constituição Federal e a dignidade da pessoa humana sob processo civil; 4. Conclusão.

O que o juiz deve e o que não deve levar em consideração, quando em lide a posse de um determinado bem imóvel, é questão que permanece exigindo novas aproximações, especialmente se aquele é do tipo latifúndio rural ou urbano.

Com o número crescente de "ocupações" ou de "invasões" dos latifúndios rurais e urbanos que vêm ocorrendo no país, patrocinadas por multidão de pessoas sem terra ou sem teto, estamos abrindo aqui, ao lado de outros estudos que integram esta coletânea, um debate sobre a adequação das decisões e sentenças judiciais que têm sido prolatadas em tais casos, para a justa solução deles.

Nossa proposta se desenvolve em três questionamentos principais, dedicados muito mais ao que não se tem levado em conta, nessa matéria, respeitadas algumas exceções já conhecidas por aquelas ou aqueles leitores que já tiveram oportunidade de atuar nesse tipo de ação possessória massiva.

1. O que e o quem das ações possessórias com multidão de réus. Implicações próprias do seu objeto

As raízes romanas de solução processual de um conflito dessa espécie, como é sabido, tiveram origem "em terras comuns, do *ager publicus*", e as ações possessórias, sobre tais imóveis travadas, serviam à liberdade, "serviam à vida, à vida tal como exsurgia, sem as peias das combinações conceptuais".[1] "As ações possessórias de que vamos tratar têm aquela fonte insigne. Mas são apenas sombras do que foram, sombras úteis, que ainda amparam o colono pobre das distantes terras do Brasil, se o juiz conserva dentro do seu caráter a visão política do pretor".[2]

Pontes de Miranda não deve ter empregado a expressão "visão política do pretor" sem cuidado com as palavras e respeito pela história. A conotação pejorativa que se atribuiu, com o tempo, à "política" parece ter sido assimilada pela tradição judiciária, e uma influência desse tipo, hoje, em qualquer julgamento, custa ao juiz a acusação de infidelidade para com a lei.

Por trás dessa pretendida autonomia, como quase sempre ocorre quando em jogo o exercício do poder, se imiscuiu a ideologia cuja força de adulteração dos fatos é bem conhecida. É muito provável ter sido ela quem presidiu, mesmo sem a mudança dos textos do direito romano, a pura transposição histórica das originais formas de defesa da posse para os dias de hoje, sem respeito a algumas peculiaridades da época.

Arturo Valencia Zea[3] chama a atenção para a grande diferença, por exemplo, completamente desprezada hoje, entre o direito de propriedade do tempo estudado por Ihering e Savigny, e aquele que existe hoje: "...os romanos trataram de interpretar a realidade econômica do seu tempo, a qual é bem distinta da atual. A sociedade romana se organizou sobre a base da *propriedade pessoal* e não sobre a base da *propriedade capitalista*. (...) Em outros termos: a propriedade personalista do cidadão romano tinha por fim exclusivo a satisfação das suas necessidades materiais; eram indispensáveis somente as propriedades capazes de satisfazer essas necessidades. A propriedade moderna é capitalista; superou-se a satisfação das necessidades pessoais e agora emprega-se-a como capital, isto é, como fonte de rendas, de novos capitais".

---

[1] PONTES DE MIRANDA, *Tratado das ações*, S. Paulo, RT, 1976,VI, pp. 80 e segs.
[2] Ob. cit. p. 102.
[3] *La posesión*, Bogotá, Temis, 1983, pp. 169 e segs. (Grifos do autor)

Como se observa, ainda que se admitisse o referencial comum de explicação da posse, sob dependência do direito de propriedade, vê-se que essa mesma posse era defendida antes como defesa de uma sujeição de coisa ligada a "necessidades materiais" - o que equivale à vida - direito muito diferente do que se entende deva ela defender hoje, quando em questão o latifúndio seja ele rural, seja urbano.

Mesmo nesses últimos casos, contudo, é notável o fato de que os próprios fins do direito puramente patrimonial sobre grande extensão de terra, segundo os quais ele não pode ser considerado de maneira autônoma (sem o seu exercício efetivo) pouca atenção têm merecido das liminares deferidas em possessórias com grande número de réus pobres.

É do mesmo Zea[4] a advertência de que:

"o destino natural dos direitos patrimoniais que recaem sobre as coisas, é o de que sejam exercidos. A exploração dos direitos patrimoniais é o que lhes dá sua razão de ser. Que fim ou objeto teria um direito que não se explora? São precisamente as normas jurídicas garantes de tais direitos que tem buscado a que os homens de uma coletividade possam satisfazer suas necessidades materiais ordenadamente; daí surgiram os direitos subjetivos. De maneira que, primeiro, foram as relações materiais com as coisas, e somente mais tarde a regulação jurídica delas, isto é, os poderes jurídicos ou direitos (titularidade). O direito patrimonial, porém, jamais adquiriu autonomia frente ao seu exercício, nem podia adquiri-la. São, pois, dois processos ou etapas que é necessário distinguir cuidadosamente e dar a cada um o legítimo valor: em primeiro lugar, a titularidade ou direito subjetivo em seu aspecto estático; em segundo, o exercício do direito (poder de fato) e que representa o aspecto dinâmico."

Se ontem se discutia a proteção da posse, assim, sob a dúvida de ela se justificar por si própria (teorias absolutas) ou em respeito a direitos para o exercício dos quais ela era indispensável (teorias relativas), a conjuntura atual dos conflitos possessórios massivos que angustia o país indica o fato de que uma tal distinção está sendo nitidamente ultrapassada pelas urgências com que as disputas pelo espaço terra denunciam não só os danosos efeitos anti-sociais de sua distribuição, como o atraso com que isso está se fazendo a custa do desenvolvimento econômico de todo o povo.

---

[4] Ob. cit. p. 178.

Por isso, a própria compreensão de "parte", em tais ações possessórias, precisa ser reexaminada com cuidado, tal a abrangência delas e os efeitos que as sentenças prolatadas aí podem ter. Parte, como ensina Mirabelli, lembrado por Agathe Elsa Schmitt da Silva[5] "não se confunde com pessoa; parte é um centro de interesses, indicando a posição dos sujeitos em face da situação na qual incide o ato".

Quando o autor dessas ações possessórias, como se sabe, identifica os "invasores" ou "ocupantes", apenas com a indicação de um dos integrantes do grupo, acrescentando a expressão "e outros", embora esteja violando os arts. 930 e 282, inc. II do Cód. de Processo Civil, não deixa de reconhecer, explicitamente, que aquelas regras jurídicas não têm capacidade para compreender toda a legitimação passiva lá pretendida pelo referido autor.

Isso dá o que pensar. À violência muitas vezes não identificável, à primeira vista, da propriedade privada sobre terra - por um uso inadequado dos poderes contidos dentro desse direito, por exemplo, caudatário de todo um sistema econômico que o suporta e que dele faz parte como um "centro de interesses" na expressão de Mirabelli - sempre vai corresponder uma violência identificável da posse, no atendimento de uma necessidade social que, por mais que seja reconhecida como afetando uma classe inteira, somente se singulariza pessoa a pessoa, réu a réu, depois que o conflito em torno do espaço já se manifestou.

À liberdade insindicável do proprietário, *antes* da alegada ofensa à sua posse, proprietário que não exerça, exerça abusivamente, ou até viole o direito alheio, como ocorre quando ele não cumpre a função social do seu direito, corresponde uma necessidade "difusa" (!), abrangente de toda uma classe, mas que, *depois* do ajuizamento da ação contra ela proposta, somente passa a ter interesse processual, na medida em que a "ofensa" à posse do proprietário tenha cessado.

Por mais que se afirme, pois, que a lide possessória pouco ou nada tem a ver com domínio, isso tem tido pouco peso, especialmente nos casos de "ocupações" ou "invasões" de latifúndios, sejam eles urbanos ou rurais, pela simples razão de que a "plausibilidade" própria das liminares não leva em consideração a diferença acima apontada. Tal diferença é irrelevante, em sede possessória?

Não. Pelo tipo de objeto e de posse que está em disputa, independentemente do que está dito em 2 e 3 infra, pode-se encontrar na

---
[5] *Compromisso de Compra e Venda no Direito Brasileiro*, S.Paulo, Saraiva, 1983, p. 20.

postura de quantos entendem desconsiderar essa diferença, reducionismo não autorizado pela lei e pelo direito.

Dá testemunho disso a recente alteração introduzida no art. 82, inc. III, do CPC, que atribui competência ao Ministério Público para intervir "nas ações que envolvam litígios coletivos pela terra rural"...

Em decisão relacionada com essa disposição do CPC, o Dr. Perciano de Castilhos Bertoluci, na época ainda juiz do Tribunal de Alçada do Rio Grande do Sul, reconheceu efeito suspensivo da execução de uma liminar já deferida contra multidão de réus sem terra, em ação de reintegração de posse movida pelo proprietário da Fazenda Capão do Leão, na comarca de Santo Antonio das Missões, por força de um agravo interposto pelos mesmos réus (proc. TARGS, 197144462).

Dita suspensão se deveu, exatamente, ao fato de o MM. prolator da liminar possessória ter deferido a mesma, no primeiro grau de jurisdição, sem audiência do MP:

> "Nesse contexto, a presença e a participação do Ministério Público em demandas dessa natureza são imperiosas, na medida em que a visão dimanada desse órgão oportunizará no feito a defesa de direitos e interesses outros, *não apenas aqueles contidos na estrita relação processual que vincula possuidores e proprietários*. A Constituição Federal, aliás, dotou o Ministério Público de funções maiores e de alta relevância na proteção do interesse público. Esse interesse está, como em poucos casos, eloqüentemente presente na espécie. Tão imperiosa e valiosa é a presença do Ministério Público que deve ela ser convocada desde o início da demanda, para que, desde logo, esteja ela lide impregnada da visão publicista e eqüidistante das paixões que envolvem o caso, assim fornecendo ao magistrado melhores e mais amplos elementos de convicção para decidir." (grifos nossos).

Essa visão publicista a que faz referência, com toda a razão, o despacho judicial de recebimento do agravo, compreende também o próprio objeto da ação, como as razões do mesmo recurso tinham sustentado, baseadas em antiga e autorizada lição de doutrina sobre a terra e o título que a sujeita:[6]

> "O proprietário de imóveis rurais é detentor de um título jurídico *sui generis*, porquanto *é um título publicístico, e não se separa do caráter social que o legitima*." (...) "O titular de um domínio agrário é obrigado a coordená-lo para consecução de gerar ou-

---

[6] STEFANINI, Luis de Lima, *A propriedade no direito agrário*, S.Paulo, RT, 1978, p. 101.

tros bens, que o grupo societário quer ter à sua disposição, de acordo com a potencialidade do solo de gerá-los. Não basta que se concretize a produção, mas faz-se necessário que o cultivo da terra produtiva se realize racionalmente e de forma harmônica com os padrões aceitos, justos na produção e convenientes na economia dos mercados." (grifos nossos).

Parece hora de se introduzir aqui, pela janela aberta por essas considerações, o exame de um outro reducionismo processual que desconsidera a função social da propriedade e da posse, como matéria pertinente ao exame das liminares e ao mérito das possessórias.

2. Exercício e gozo do direito de propriedade sobre grande extensão de terra. Implicações próprias dos seus efeitos na qualificação da posse disputada

Conforme já tivemos oportunidade de denunciar, em tese apresentada ao Congresso Mundial de Direito Agrário, levado a efeito em maio do corrente ano, em P.Alegre, a quase nenhuma eficácia da função social da propriedade em favor dos não-proprietários, não se deve, apenas, às excusas correntes contra a investigação do seu cumprimento por tratar-se de um conceito jurídico em branco, ou pelo fato de as tentativas infraconstitucionais da sua disciplina estarem enredadas sempre em limitações burocráticas do tipo fiscalização pública dos graus de utilização da terra (G.U.T.) e dos graus de eficiência na exploração (G.E.E.), no que toca aos latifúndios rurais.

É no mínimo ingênuo aquele diagnóstico da realidade sobre a forma pela qual o espaço físico terra está distribuído, em nosso país, que desconsidere o fato de que a sua imunidade contra qualquer suspeita, no que toca ao seu exercício, nem necessita de apoio legal.

Tanto pelo poder econômico-político, quanto pelo ideológico-cultural, a sua defesa está disposta por fortes fundamentos históricos construídos em cima de interesses e privilégios que se traduziram em políticas expansionistas, mercantilistas, regras jurídicas, doutrina, julgados, em sustentação dos quais raramente se perquire o custo da "conquista" mesmo que esse tenha multidões de pobres no seu passivo.

A modernidade globalizada acentuou essa violência, agora, porém, atribuindo-lhe foros de uma certa "fatalidade legítima".

Entre os quatro axiomas que Boaventura de Souza Santos[7] aponta, como características desse final de milênio está "o da legitimidade da propriedade privada independentemente da legitimidade do uso da propriedade. Este axioma gera ou promove uma postura psicológica ou ética - o individualismo possessivo - que, articulada com a cultura consumista, induz o desvio das energias sociais da interacção com pessoas humanas para a interacção com objetos porque mais facilmente apropriáveis que as pessoas humanas."

Adiante ver-se-á que Jean Paul Sartre já tinha previsto coisa idêntica ainda na década de quarenta.

Francisco J. Contreras Peláez,[8] estudando o que ele chama de "a força normativa das necessidades", critica o pensamento de Friedrich Hayek, reconhecidamente um dos principais defensores das modernas ideologias de defesa do livre mercado, independentemente dos seus efeitos sociais, em chave de leitura muito oportuna para o que nos interessa neste ponto.

Para Hayek, sempre que o fenômeno coação é estudado, está-se pressupondo um agente humano que ameaça infligir um dano e que tem a intenção de, com isso, impor determinada conduta a outra pessoa.

Assim, raciocina Peláez, "o corolário é previsível: a pobreza não é uma forma de coação. Só existe coação ali onde existe um agente (um 'coator' pessoal); o mercado não é um agente pessoal; o veredito do mercado (que, certamente, será cruel para alguns) deve ser atacado acriticamente: não tem sentido avaliá-lo em termos de justiça ou injustiça. Definir como 'injusto' o fato de que o mercado condene à indigência a certas pessoas seria tão absurdo como dizer que o fato de que os meteoritos se desintegrem supõe uma injustiça cósmica."

Contra esse tipo de reducionismo lógico pretensamente convincente, Peláez reage com alguns argumentos de dificílima refutação, exatamente pelo fato de estarem calcados no direito à liberdade, sempre tão valorizado pelos defensores do "livre" mercado:

"As discriminações entre coação deliberada e não deliberada, pessoal e impessoal, etc., carecem de relevância em sede estimativa. Se cremos que a liberdade é valiosa, qualquer negação da liberdade aparece automaticamente como um desvalor, tenha sua origem em agentes pessoais ou impessoais, em condutas

---
[7] *Pela mão de Alice*, S. Paulo, Cortez Editora, 1995, p. 321.
[8] *Derechos sociales: teoria e ideologia*, Madri, Tecnos S.A., 1994, pp. 98/99.

deliberadas ou no azar. O relevante valorativamente é o fato mesmo da não-liberdade, e não a natureza das causas, nem sequer o fato de que essas sejam, ou não, evitáveis."

Sob a aparência dessa abstração chamada mercado, portanto, "se esconde simplesmente uma pluralidade de vontades humanas", cuja inflexão, como todas as vontades, pode se dar tanto para um lado como para outro, tanto para a concentração da propriedade privada, quanto para a melhor distribuição do espaço, do emprego e da renda. O problema todo está em que, até agora, a história não demonstrou nenhuma boa vontade do chamado livre mercado para dar prioridade a esse último lado..., circunstância essa que, aí sim, dá respaldo à opinião de Hayek sobre a injustiça que está implicada nesse tropismo.

Não parece ser, portanto, pelo fato de um determinado sistema de distribuição das coisas indispensáveis à vida e à liberdade das pessoas se cobrir de anonimato, que a vida e a liberdade dessas pessoas deva ser condenada a uma alegada fatalidade impeditiva de toda a modificação do já estabelecido.

Para acentuar a contestação que faz ao pensamento de Hayek, Peláez lembra as lições de Perez Luño, quando o último refuta a tese de Adam Smith, sobre a chamada concorrência perfeita, segundo a qual, quem há de se beneficiar do livre mercado, realmente, há de ser a sociedade toda, de maioria sabidamente consumidora:

> "Não existe, nesta sociedade, uma repartição equitativa dos papéis (oportunidades ou situações socioeconômicas de partida), o que, por força de um elementar cálculo de probabilidades, predetermina, ou ao menos condiciona de antemão, o resultado do jogo".

O que é que os titulares do direito adquirido sobre propriedade de latifúndios rurais ou urbanos têm a ver com isso? – Se o princípio constitucional da igualdade, refletido em termos da disciplina processual, seja ela administrativa, seja judicial, tiver sua eficácia respeitada, realmente, por tratamento isonômico entre as partes, particularmente naqueles casos em que a posse de grande extensão de terra é o objeto da lide, tais proprietários têm tanto a ver com isso, quanto no outro pólo do direito de exclusão do qual eles gozam, multidão de outros sujeitos de direito estão privados do mesmo exercício e gozo, e privados por uma "predeterminação das regras do jogo" que a história tem-se encarregado de mostrar, mais não faz do que acentuar o resultado final de vitória contra essa mesma maioria excluída, colocada como ré.

Beneficiários de um sistema de distribuição do espaço terra, segundo as regras do mercado, para as quais, sabidamente, o que vale é a capacidade econômica (e o poder político...), a liberdade de que gozam no exercício e gozo dos seus direitos de propriedade, está gravada por responsabilidade que pesa sobre o mesmo direito, traduzida ineficazmente, até agora, por função social.

Essa não garante qualquer poder sancionatório eficaz contra o proprietário, seja em favor das suas vítimas mais próximas, que podem ser os réus da possessória, seja em favor da sociedade como um todo, enquanto seus pré-requisitos objetivos não sejam comprovados empiricamente, coisa que ainda será melhor detalhada adiante.

Esse nível de compreensão do direito de propriedade talvez seja o único que harmonize seu exercício, gozo *e defesa*, com as disposições constitucionais que o reconhecem, embora também essas muito raramente sejam lembradas no julgamento das possessórias que, aqui, nos ocupam:

"Voltamos a afirmar, portanto, a relatividade da garantia do direito de propriedade, em todos os seus aspectos, nos termos em que disciplinado pela Constituição, anulando-se, quase, ou perdendo sentido a distinção entre direito (poder) e função (dever), na medida em que é o dever (função) que passa a estabelecer o conteúdo, a garantia e a extensão do direito (poder)".[9]

Se é o dever que passa a estabelecer o conteúdo, e a petição inicial das possessórias propostas pelos proprietários procuram arrimo, tão-só, na exibição da certidão de matrícula do imóvel e em alguma notícia de jornal (!), parece inafastável a conclusão de que a liminar dessas ações aqui em exame, tem de ser antecedida, no mínimo, de justificação prévia capaz de sustentar o cumprimento desse dever.

Isso ainda mais se justifica pelo relevante fato de que a função social põe em confronto a liberdade dos necessitados com a liberdade do proprietário. É coisa muito mais séria e relevante do que a facilidade de obtenção das liminares, em tais feitos, dá a entender.

Assim, a medida da liberdade do proprietário sobre os seus bens de produção não é indiferente à medida da liberdade dos não-proprietários que disputam a posse do espaço em conflito. Sem a satisfação das necessidades vitais das pessoas, como se sabe, nem

---

[9] VAZ, Isabel. *Direito Econômico das Propriedades*, Rio de Janeiro, Forense, 1992, p. 332.

liberdade existe. Aliás, o espaço em questão é objeto de tal conflito, exatamente, porque existe outro objeto de obrigatória consideração jurídica, nesses casos, que é o da desigualdade passada, presente e crescente entre as liberdades dos proprietários de terra e as "liberdades" dos não-proprietários.

Não há exagero em detectar-se até, em muitos casos, uma relação de causa e efeito entre uma coisa e outra, por mais que isso escandalize os latifundiários, não sendo tão difícil, porém, comprovar-se o fato, como se demonstra a seguir.

Como todos sabem, o Brasil aderiu, embora isso tenha ocorrido apenas em 1992, à Resolução 2.200-A, da Assembléia Geral das Nações Unidas, realizada em 16 de dezembro de 1966, que selou o pacto internacional dos direitos econômicos, sociais e culturais, para todos os países que têm assento na dita assembléia.

No art. 11, 2., letra *a*, dessa Resolução, lembrada pelos réus agravantes na possessória da Fazenda Capão do Leão referida acima, comprometem-se os países signatários e os aderentes a promover o "aperfeiçoamento ou reforma dos regimes agrários" respectivos, "de maneira que se assegurem a exploração e a utilização mais eficazes dos recursos naturais."

Deve-se deduzir, então, que os territórios agrários dos países signatários da tal Resolução foram todos eles colocados sob suspeita, reconhecidos internacionalmente como mal-explorados e mal-utilizados, pois se o contrário valesse, ninguém teria se comprometido a "aperfeiçoamento ou reforma".

Ora, tanto pelo Estatuto da Terra, lei de 1964, quanto pela Constituição Federal de 88, é possível medirem-se a exploração e a utilização mais eficazes da terra, através de dois índices, o G.U.T. (grau de utilização da terra) e o G.E.E. (grau de eficiência na exploração).

Pois está em curso, aqui no Rio Grande do Sul, cerrada campanha, desenvolvida pelos proprietários de latifúndios rurais, com o apoio de conhecidos formadores da opinião pública, no sentido de se impedir - *ainda que pela força privada* - a continuidade das vistorias do INCRA, sobre tais espaços, sob o pretexto de que os índices de averiguação de produtividade dos mesmos, para conhecimento da sua adequação, ou não, aos padrões mínimos capazes de enquadrá-los como latifúndios por exploração ou por extensão, não correspondem ao que seria razoável impor.

Trata-se de convencer a autarquia federal de que, para a pobreza (?) de grande parte dos campos do Rio Grande do Sul, cada bezerro deve ocupar espaço bem maior do que aquele que a autarquia federal está exigindo.

Mesmo se desconsiderando o fato de que a tecnologia moderna pode corrigir solos tidos como adequados apenas para uma exploração extensiva, aqui há um notável exemplo da denúncia formulada por Sartre, ainda em pleno andamento da segunda guerra, de que, no mundo moderno, os objetos é que iriam se transformar nos verdadeiros sujeitos.[10]

Prefere-se barrar o caminho de uma melhor distribuição do espaço, para nele ocupar quem esteja realmente disposto a dar-lhe sentido mais condizente com a produção moderna, a transformarem-se os métodos atrasados e tradicionais que presidem uma agricultura que se decreta a si própria como produtiva.

Quando se afirma, então, que o direito de propriedade, particularmente o adquirido sobre o espaço terra, se constitui, por si só, numa ameaça a direitos alheios, pede-se atenção para uma diferença jurídica relevante nem sempre levada em conta por aqueles que, diante do título de propriedade matriculado no Registro de Imóveis, encerram a discussão.

Trata-se de um outro reducionismo, relacionado com a interpretação do art. 185, II, da Constituição Federal, que deixa imune de desapropriação a chamada propriedade produtiva. Parece ter havido precipitação em confundi-la, sem mais, com a propriedade que cumpre sua função social, de acordo com o art. 186 da mesma Carta.

Marcelo Dias Varella[11] faz minucioso trabalho hermenêutico em torno dessas duas disposições da Constituição e da Lei 8.629/93, baixada em obediência ao parágrafo único do art. 185, justamente para demonstrar, sob método aconselhado por Norberto Bobbio e outros, que não existe sinonímia entre propriedade produtiva e propriedade que cumpre a sua função social, no Direito positivo brasileiro, podendo a primeira, inclusive, conforme o caso, ser ela também desapropriada.

Apanhando as diversas disposições legais acima referidas, em rigorosa interpretação sistemática, conclui Varella:

"A única interpretação inadmissível, segundo todas as teorias expostas seria no sentido de que o inciso II do artigo 185 anula todo o artigo 186, que basta a produtividade da terra para que não seja possível a desapropriação, um absurdo jurídico. No

---
[10] *O Ser e o Nada*, trad. de Paulo Perdigão, Petrópolis, Vozes, 1997, p. 521.
[11] *Introdução ao direito à reforma agrária*, S. Paulo, LED, 1998, pp. 231 e seguintes, pp. 250/256.

entanto é justamente esta a interpretação da maioria dos magistrados e do próprio INCRA nos casos concretos, contra a Constituição Federal, contra o meio ambiente, contra o bem-estar social da sociedade brasileira e contra o direito de igualdade ao acesso do progresso humano. Infelizmente".

Numa expressão limite: à função social da propriedade, enquanto dever do proprietário, corresponde direito de todos os não-proprietários, especialmente dos mais necessitados, cujo acesso ao mesmo espaço titulado nunca deixa de estar potencialmente previsto como possível, na exata medida em que a dita função deixe de ser cumprida.

Esse é um direito coletivo, à equivalência dos interesses difusos, como bem sublinhou Lucia Valle de Figueiredo,[12] em chave de leitura da função social da propriedade urbana. Nada obsta que sua lição possa ser aproveitada, igualmente, para a propriedade rural: "O direito de propriedade, por exemplo, continua assegurado. Entretanto, também o está, o direito coletivo e/ou difuso, que é atendido pela função social da propriedade (art. 5º, XXII e XXIII)."

O que pode integrar esse direito coletivo e/ou difuso, ameaçado ou violado pelo descumprimento da função social da propriedade, merece análise mais detalhada a seguir.

3. Conflito entre direitos. Os direitos humanos fundamentais, reconhecidos pela Constituição Federal e a dignidade da pessoa humana sob processo civil

O que causa sempre maior estranheza no contexto sob o qual esses conflitos possessórios têm sido enfrentados é a sua secular repetição, sem nenhuma reação preventiva consistente, seja de iniciativa pública, seja de iniciativa privada, pelo menos no nosso país.

Com exceção das ocupações massivas de terra, que têm ocorrido aqui, de maneira mais acentuada a partir da década de oitenta, pode-se dizer que aquelas iniciativas, além de não terem ultrapassado o plano do planejamento formal, fizeram bem menos pelo cumprimento do Estatuto da Terra e da Constituição Federal.

As consciências proprietárias, seguramente refletidas nos Poderes Públicos, têm-se considerado aplacadas sobre as reais violações do direito alheio que praticam, quando descumprem com a função

---
[12] *Temas de direito urbanístico*, 2, S. Paulo, RT, 1991, p. 19.

social dos seus direitos, atribuindo a esses um alcance jurídico igual ao de poderem violar o direito alheio, coisa que pode ser corrigida depois, com a posterior e insuficiente "indenização" das suas vítimas.

Carl Schmitt, que ninguém acusará de socialista..., conta que Hernán Cortés deixou um testamento ao seu filho, em 1537, dando "instruções detalhadas para indenização da injustiça" sob seu comando perpetrada contra os índios durante a conquista espanhola em nosso continente. "Ainda assim, porém, é certo que ele não teria consentido que o bom direito da sua conquista fosse posto em dúvida juridicamente e muito menos entregue aos advogados de um inimigo político".[13]

Se a conquista da terra, no passado, foi feita sob tal violência, isso não impediu que, pela força das armas, o que na origem, significou pilhagem e morte, hoje se constitua fonte de cadeia dominial legalmente admitida como existente, válida e eficaz.

Às gerações das vítimas que se sucederam desde então, negros, índios, peões, camponeses, colonos e outros, que se atreveram a defender suas vidas "ocupando", "invadindo", "se apossando", "esbulhando" (segundo o ângulo sob o qual se coloquem os interesses que as analisam), com essas o direito não tem tido a mesma "compreensão", embora a inspiração delas seja muito mais jurídica e muito mais ética do que aquela que sustentou a invasão européia e o extermínio dos primitivos possuidores deste continente.

Tanto mais jurídica e ética que hoje não faltam louvores a Zumbi, Sepé Tiaraju e outros líderes populares, defensores do direito à terra, como base de liberdade e vida. Mortos, eles já não constituem ameaça.

Os sem-terra e os sem-teto de hoje, entretanto, mais não fazem do que repetir, em contexto histórico bem diferente mas sob poder não menos opressivo, a cruenta defesa da vida e da liberdade vivida e impulsionada por aqueles antepassados.

Lembrando Maurice Hauriou, o mesmo Carl Schmitt adverte para essa contraposição permanentemente presente em qualquer ordenamento entre "atos constitutivos e instituições constituídas", entre *ordo ordinans* e *ordo ordinatus*, em cujo contexto pode ser surpreendida a existência de um direito "pre, extra e interestatal", por força do qual "não se deve confundir leis institucionais de Estados modernos e do seu poder constituinte com esses atos constitutivos do direito de uma *liberdade primitiva*."[14].

---

[13] *El nomos de la tierra*, Madri, Maribel Artes Gráficas, 1979, p. 110.
[14] Ob. cit., pp. 68 e segs.

Salvo melhor juízo, parece urgente, diante desses testemunhos, que as lides possessórias se exorcizem de um certo maniqueísmo e enfrentem a possibilidade de, em vez da apuração de ilícitos contra posses, terem de decidir sobre conflitos entre direitos.

A dignidade da pessoa humana, como é sabido, não pode ser objeto de disposição *nem mesmo pelo seu próprio titular*. (!) Se a função social da propriedade podia ser exigida do proprietário, como limite do seu próprio direito, apenas como limite do referido direito, antes da Constituição Federal brasileira de 1988, a dignidade da pessoa humana dos sujeitos de direito não-proprietários pode ser exigida do primeiro como respeito devido ao direito alheio.

Se a coisa objeto do direito de propriedade pode responder pelas dívidas do proprietário (direito real de garantia), com mais razão, especialmente quando tal coisa é terra, ela interessa à sociedade como um todo, e a todos os agentes do desenvolvimento mais especificamente, aí incluídos os agricultores sem terra e os pobres sem teto, *tanto pela natureza dos direitos que sobre tal tipo de objeto convergem, freqüentemente em conflito, quanto pela natureza física do mesmo objeto, fonte universal de alimento, radicação e, conseqüentemente, de vida*.

Precisa-se insistir nesse ponto. O direito adquirido sobre terra, por menos absoluto que o ordenamento jurídico o reconheça, hoje, continua absoluto econômica e ideologicamente.

Ainda que a velha planta tenha sido cortada ao pé do caule, por sucessivas promulgações de leis, suas raízes históricas tem-lhe garantido viço cultural de resistência sociológica com força suficiente para neutralizar qualquer esforço de renovação.

Outros direitos subjetivos, quando confrontados com direitos alheios, já obtiveram renovação histórica até mesmo antes de entrarem em vigor as leis que modificaram sua disciplina, pressionados pela simples evolução da jurisprudência. O direito de família, em matéria de sociedade de fato entre companheiros, a responsabilidade civil objetiva, os direitos do consumidor antes da promulgação do Código respectivo, são exemplos mais à mão.

Enquanto essas modificações vieram facilitar a vida desses direitos em comunidade humana, o direito adquirido sobre a propriedade privada da terra - que o proclamem os conflitos sangrentos nos quais tem estado envolvido - continua servindo de freio, e não de acelerador para o direito ao desenvolvimento sustentável, mais do que um direito coletivo, um direito comunitário.

Poder-se-ia objetar que tudo isso pode fornecer base ético-política mais do que suficiente para o espaço sempre juridicamente vago das aspirações populares dos agricultores sem terra do campo e para os pobres sem teto da cidade, mas nada disso gera poder sancionatório contra quem quer que seja, especialmente contra quem já tem "direito adquirido" e adquirido em sentido oposto ao das tais aspirações.

Será? A freqüência com que os conflitos entre direitos, especialmente entre direitos fundamentais, têm ocorrido, está desafiando a procura de solução na descoberta de princípios capazes de compatibilizá-los, até mesmo no contexto das urgências próprias de antecipação das tutelas judiciais, como o demonstra Teori Albino Zavascki.[15].

São os princípios de *necessidade*, segundo o qual somente se limita um dos direitos fundamentais sob conflito "quando efetivamente não for possível estabelecer um modo de convivência simultânea" entre um e outro; o da menor restrição possível, também conhecido como princípio da *proporcionalidade*, de acordo com o qual a limitação do direito fundamental "não poderá ir além do limite mínimo indispensável à harmonização pretendida", e o princípio da *salvaguarda do núcleo essencial*, aquele que, para a solução pretendida, não "opera a eliminação de um deles, ou lhe retira a substância elementar".

Em todos os conflitos possessórios massivos que nos ocupam aqui, talvez seja impossível tomar-se o princípio da necessidade, do ponto de vista procedimental, sem referi-lo obrigatoriamente ao da necessidade social que marca aqueles, para cuja satisfação, sabidamente, nenhum papel, nenhum título jurídico é suficiente. Pão para quem está com fome e casa para quem não tem teto são meios de vida que não podem ser garantidos pela só previsão desse direito em lei, ou até por uma sentença que os reconheça como devidos.

A simples constatação desse fato parece suficiente para provar que "ocupação" ou "invasão" de terra, hoje, não suportam mais reducionismo igual ao de serem julgadas como esbulho possessório, conforme o demonstrou de maneira contundente o voto do Dr. Cernicchiaro no famoso acórdão que deferiu *habeas corpus* a favor de José Rainha Junior, contra prisão preventiva que lhe tinha sido imposta, por força de sua liderança sobre os sem-terra, na região do Pontal de Paranapanema, no Estado de São Paulo. (STJ, HC 4399-SP, 96/0008845-4).

---

[15] *Antecipação da tutela e colisão de direitos fundamentais*, P. Alegre, Ajuris, 64, julho 1995, pp. 395/417.

Em outra oportunidade, com o socorro de Antonio Hernández Gil,[16] já tivemos oportunidade de demonstrar em que extensão um posicionamento desse tipo retira a posse e seus efeitos da chave de leitura exclusivamente patrimonialista e privatista que tem marcado a sua disciplina, colocando-a, emancipada da propriedade, no patamar que realmente lhe compete, ou seja, no de condição indispensável à vida.

O que mais interessa sublinhar aqui, então, é o fato de que, para a maior parte das ações possessórias com grande número de réus pobres, em torno do espaço terra, que estão explodindo hoje no país, mutila o ordenamento jurídico pertinente a tais espécies, a instrução e o julgamento delas, tão-só, sob a disciplina do Cód. Civil e do CPC.

Sustenta um tal posicionamento o fato notório de que à "exclusividade", como simples característica do direito de propriedade, a modernidade globalizada fez corresponder uma "exclusão" não só *erga omnes*, o que já era muito, mas também *urbi et orbi*...

Para esse desequilíbrio original, muito mais amplo do que o compreendido pelo objeto da lide e das partes que pleiteiam, parece indispensável o reconhecimento de que as últimas e o juiz, como representante do Estado, somente encaminharão adequadamente o julgamento do conflito recuperando o sentido também original de "processo", não só como forma que investiga o passado, mas também com a visão prospectiva dos efeitos decorrentes dos atos que compõem cada feito.

Relembra-se a cada novo litígio possessório, até mesmo pelo seu inegável vínculo com o que há de mais rente à vida das pessoas e pelo escândalo que ele sempre provoca, que "a obra da justiça é a paz", traduzindo-se antigo princípio latino.

Em verdade, urge reconhecer que as sentenças possessórias, especialmente aquelas que desconhecem os direitos fundamentais dos réus, mais não têm obtido do que trégua, em vez de paz, e trégua bem precária. Expulsos pela execução das liminares ou das sentenças, os réus, sem terem para onde ir, acampam do outro lado da cerca, em áreas públicas, de regra, esperando o primeiro descuido para entrar de novo na mesma área ou em área vizinha.

À globalidade social da exclusão, vai-se contestando com a globalidade da pretensão de mudança...

Os limites do processo judicial não comportam um tal tipo de cogitação? Há quem diga que comportam.

---

[16] *O sistema de propriedade urbana: proposta à Constituinte*, P.Alegre, Ajuris, 38, novembro 1986, pp. 79/89.

Carlos Alberto Alvaro de Oliveira[17] está entre os que não fazem das formas processuais obstáculo, e sim meio para que as sentenças não se deixem facilitar pelo respeito fetichista dos ritos:

"Na realidade, de uma ou de outra maneira as diversas espécies de procedimento refletem sempre, numa escala especialmente clara, em que medida o Estado realmente respeita a personalidade e a liberdade de seus cidadãos e como são considerados o direito e a justiça. O direito processual vincula, portanto, a relação entre o Estado e o cidadão a um especial e rico pólo de interesse, do mais alto valor substancial, e não a uma simples técnica alterável conforme o gosto e o humor do eventual detentor do poder. Ademais, entra em jogo neste cenário o relacionamento entre os diversos órgãos exercentes do poder do Estado e a disposição política de cada sistema em atribuir maior ou menor autoridade ao Poder Judiciário nas suas relações com a Administração e o próprio Poder Legislativo."

Não é sem razão, portanto, que lamentam todos quantos trabalham nessa área dos conflitos pela terra, algumas resistências judiciais ainda vigorantes, contra a intervenção do Poder Público, em ações possessórias massivas, do tipo ciência ao Incra, quando o conflito possessório é rural, ou ciência dos Departamentos Municipais de Habitação quando o conflito é urbano.

No primeiro caso, ressalvada a hipótese de a nossa interpretação estar equivocada, o art. 109, inc. I, da própria Constituição Federal impõe deslocamento até da competência para o julgamento dessas ações, se elas forem ajuizadas perante o Judiciário estadual.

Sem uma certa flexibilização das formas processuais, e sem que integrem a lide todos quantos, direta ou indiretamente, possam contribuir para uma solução justa e legal, os efeitos das liminares e das sentenças possessórias, em vez de resolver, estarão apenas postergando e até acentuando as conhecidas causas de nascimento dos conflitos possessórios.

4. Conclusão

Quando o direito processual brasileiro ainda não dispunha de outros instrumentos capazes de proteger os direitos humanos fundamentais, como o mandado de segurança por exemplo, Rui Barbosa

---

[17] *Do formalismo no processo civil*, S. Paulo, Saraiva, 1997, p. 74.

defendeu, com alentado exame histórico do direito romano, do direito canônico e da doutrina brasileira de então, a posse dos direitos pessoais.[18]

Apesar da ácida crítica que lhe dedicou depois Pontes de Miranda,[19] não deixa de ser emblemático o fato de que o tão lembrado jurista baiano tinha em mente, mesmo, não deixar à míngua de proteção os mesmos direitos que, hoje, ainda se confrontam com o de propriedade, nessas ações possessórias:

"Ora, há nada mais incorpóreo, mais pessoal, mais alheio às relações de domínio sobre as coisas materiais do que o título humano à *higiene, à vida, à honra, à liberdade*? Se alguns desses direitos encontrarem depois escudo em novas instituições, havemos de considerar abolidos, para os outros, o antigo instrumento de proteção, a égide preciosa, cuja necessidade se lhes reconhecia em tempos aliás menos zelosos da personalidade individual?" (grifos do autor).

O "escudo" desses direitos humanos fundamentais, que Rui Barbosa previa, com acerto, apareceria mais tarde através de novos instrumentos processuais de defesa, é claro que não pode ser descartado, também, dentro das ações possessórias geradas, de regra, pela urgente defesa de proteção deles, o que constitui mais um sinal do quanto todos eles dependem de *posse*, como o referido advogado pregava.

O fato de a posse, hoje, estar reconhecida, apenas, em relação aos direitos reais - polêmica à parte sobre se a ação que a protege também é real - não significa que, *naquilo em que nela se implicam direitos humanos fundamentais*, esteja impedido o juiz de dizer sobre eles.

Sem essa profunda e sensível percepção, sem essa "consciência de necessidade", é impossível a qualquer poder, o público entre eles, garantir respeito aos espaços mínimos de liberdade e posse indispensáveis à dignidade das pessoas.

Norberto Bobbio[20], com a acuidade que lhe caracteriza, ao examinar o pensamento de Gramsci sobre a sociedade civil e o Estado, teve oportunidade de analisar tal impossibilidade, a partir da ousadia com que o último reviu os conceitos de estrutura e superestrutura, negando o fatal determinismo daquela sobre essa.

---

[18] *Posse de direitos pessoais*, Rio de Janeiro, Simões, 1950, pp. 28/29.
[19] *Tratado de Direito Privado*, Rio de Janeiro, Borsoi, 1971, 10, p. 81.
[20] *Estudios de historia de la filosofia*, Madri, Editorial Debate S.A., 1991, pp. 352/353.

Em torno das possíveis passagens que a sociedade civil procure, do "momento-econômico" (ou egoísta-passional) para o "momento ético-político", do objetivo ao subjetivo, da necessidade à liberdade, Bobbio deduz que Gramsci teria surpreendido a superestrutura como "o momento da catarse, o momento em que a necessidade se converte em liberdade, hegelianamente entendida como consciência de necessidade. E essa transformação se produz por obra do momento ético-político."

Assim, "a estrutura se transforma de força exterior que esmaga o homem, assimila-o e o faz passivo, em meio de liberdade, instrumento para criar uma nova forma ético-política e origem de novas iniciativas. A relação estrutura-superestrutura que, considerada desde o ponto de vista naturalista, se interpreta como relação de causa e efeito, conduzindo ao fatalismo histórico, considerada desde o ponto de vista do sujeito ativo da vontade coletiva, se transforma em uma relação meio-fim. O reconhecimento e a perseguição do fim se produz por obra do sujeito histórico que atua na fase superestrutural servindo-se da estrutura, que de momento subordinante da história se transforma em momento subordinado."

Não estará aí desenhada a subordinação lógica e merecida da economia para com o direito? Será que não são, justamente, a norma jurídica e o juiz os principais garantes do direito como expressão do "sujeito ativo da vontade coletiva" (art. 1º, parágrafo único, da Const. Federal)? acaso lhes estão vetados todos os acessos ao "momento ético-político", exatamente aquele que interpreta a estrutura e as leis que governam o seu desenvolvimento?

Carlos Alberto Alvaro de Oliveira, aqui já referido, dá resposta a essas questões, baseado em Luigi Ferrajoli:[21]

"... a formação do próprio procedimento está impregnada de valores e até o rito pode ser estruturado injustamente, se não obedecidas as garantias fundamentais do processo, os princípios que lhe são ínsitos e o nível de desenvolvimento de cada povo. *O fato é que a perda de um ponto de vista ético-político externo, independente do jurídico ou interno, implica negação da própria legitimidade* ou, pelo menos, da relevância de todo o ponto de vista autônomo do indivíduo e dos sujeitos sociais e contém, por conseqüência, uma doutrina da ausência de limites ao poder do Estado." (grifos nossos).

---

[21] Ob. cit. p. 187.

Por isso, no ano em que se celebra o cinqüentenário da Declaração Universal dos Direitos Humanos, é de se renovar a esperança de que a interpretação do seu art. 17 preste um pouco mais de atenção à primeira crase:

"Todo homem tem direito à propriedade, só ou em sociedade com outros. Ninguém será arbitrariamente privado de sua propriedade."

A primeira parte desse artigo, a primeira parte insiste-se, demonstra que é o *acesso à propriedade a que ele visa garantir. Talvez a lembrança de que possibilidade tem a mesma raiz de posse ajude um pouco a hermenêutica adequada dessa parte do artigo.*

Enquanto a segunda parte da mesma disposição, assim, não for interpretada em harmonia com a primeira, os conflitos possessórios gerados a partir de posturas como a dos latifundiários gaúchos, como se denunciou em 2 supra, no que concerne à fiscalização dos índices de produtividade das suas terras, o espaço por eles considerado mínimo, para a vida de cada bezerro, continuará reservando sete palmos para a morte de cada sem-terra.

Quinta Parte

DIREITO AGRÁRIO E MEIO AMBIENTE

— 14 —

Função ambiental da propriedade e reforma agrária

ROXANA CARDOSO BRASILEIRO BORGES
Mestranda em Direito na Universidade Federal de Santa Catarina, membro da Comissão de Meio Ambiente da OAB/BA.

SUMÁRIO: 1. Introdução; 2. A função ambiental da propriedade; 3. A dupla função protetora; 4. Os espaços territoriais especialmente protegidos e os incentivos do Imposto Territorial Rural – ITR; 5. Reforma agrária e proteção ambiental; 6. A desapropriação, por interesse social, para fins de reforma agrária, devida ao descumprimento da função ambiental. 7. Conclusão; referências bibliográficas.

1. Introdução

As políticas públicas agrárias devem ter como um dos seus princípios informadores a proteção ambiental, pelo fato de as atividades agrárias terem impacto direto sobre o meio ambiente natural. Aí se incluem os planos de reforma agrária, que devem ser elaborados e executados em consonância com as políticas públicas ambientais.

Contudo, na prática, não é isso o que costuma ocorrer.

O órgão federal encarregado de promover a reforma agrária, o INCRA (Instituto Nacional de Colonização e Reforma Agrária) e o órgão federal encarregado de promover a proteção do meio ambiente, o IBAMA (Instituto Brasileiro do Meio Ambiente e dos Recursos Naturais Renováveis) comumente se encontram em posições antagônicas.[1]

---

[1] Exemplo dessa confusão nas políticas públicas ambiental e agrária é a reportagem "Trapalhada agrária" (Revista Veja, 15 de abril de 1998, p. 34), que denuncia o desentendimento entre INCRA e IBAMA sobre o destino de uma fazenda, no Espírito Santo, que abriga uma reserva de Mata Atlântica, invadida por trabalhadores rurais sem-terra. Segundo a reportagem, a reserva de

Isso é o que tem ocorrido, embora a Lei nº 9.393, de 19 dezembro de 1996 preveja convênios de cooperação que a Secretaria da Receita Federal poderá celebrar com o Instituto Nacional de Colonização e Reforma Agrária – INCRA, com a finalidade de delegar as atividades de fiscalização das informações sobre os imóveis rurais.

Além disso, o parágrafo 1º deste art. 15 dispõe que no exercício da delegação a que se refere este artigo, o INCRA poderá celebrar convênios de cooperação com o Instituto Brasileiro do Meio Ambiente e dos Recursos Naturais Renováveis – IBAMA, Fundação Nacional do Índio – FUNAI e Secretarias Estaduais de Agricultura.

Através da análise de uma das principais leis de Direito Agrário, a Lei nº 8.629/93, que dispõe sobre a regulamentação dos dispositivos constitucionais relativos à reforma agrária e de outros diplomas legais atinentes ao mesmo tema, e ao confrontar tais dispositivos com as normas ambientais, procura-se verificar a adequação da legislação agrária, no que se refere ao direito de propriedade, às normas de proteção ao meio ambiente.

Com a interpretação cuidadosa das normas constitucionais e das que se encontram dispersas na legislação agrária e ambiental, é possível a compatibilização entre estes dois importantes ramos jurídicos, o Direito Agrário e o Direito Ambiental, compatibilização esta que se faz premente quando as normas se referem ao exercício do direito de propriedade, para que se cumpra a sua função ambiental.

2. A função ambiental da propriedade

A função ambiental da propriedade, constitucionalmente considerada, encontra-se no inciso II do artigo 186 do Capítulo III, Da

---

mata nativa equivale a um terço da fazenda e "é uma das maiores do Estado situadas em propriedade particular", onde vivem "animais em via de extinção, como o macaco barbado, o papagaio da cabeça vermelha e o jacaré-de-papo-amarelo". Eraldo de Oliveira Nascimento, o dono desta fazenda – Fazenda Cafundó – foi indicado para receber o Prêmio Muriqui, concedido pelo Conselho Nacional da Reserva da Biosfera, pela manutenção daquele ecossitema, e requereu o reconhecimento daquela área como Reserva Particular do Patrimônio Natural. Ao mesmo tempo, "ironicamente, a conservação da Mata Atlântica também valeu à família Nascimento um processo de desapropriação movido pelo Incra, que declarou a Fazenda Cafundó improdutiva e em condições de assentar 96 famílias de trabalhadores rurais". A reportagem denuncia que "o Incra fez isso sem consultar o Ibama para saber se a área era adequada para a reforma agrária" e que "o Incra age sem nenhuma preocupação ambiental nos processos de desapropriação... fazendo assentamentos em áreas de florestas nativas na Amazônia ou na Mata Atlântica, desde que possa defraldar perante a opinião pública um número cada vez maior de famílias atendidas pelo programa de reforma agrária". Segundo o artigo, 300 sem-terra invadiram a fazenda e armaram sua barracas nas bordas da floresta.

Política Agrícola e Fundiária e da Reforma Agrária, que está inserido no Titulo VIII, Da Ordem Econômica e Financeira.

A função ambiental da propriedade é um dos quatro elementos que compõem o conceito constitucional de função social da propriedade rural, que é compreendido através do artigo 186 da Constituição Federal. Este artigo estabelece:

"Art. 186. A função social é cumprida quando a propriedade rural atende, simultaneamente, segundo critérios e graus de exigência estabelecidos em lei, aos seguintes requisitos:
I – aproveitamento racional e adequado;
II – utilização adequada dos recursos naturais disponíveis e preservação do meio ambiente;
III – observância das disposições que regulam as relações de trabalho;
IV – exploração que favoreça o bem-estar dos proprietários e dos trabalhadores."

Consiste, assim, a função ambiental da propriedade, em sentido amplo, nos deveres, atribuídos ao proprietário, de utilização adequada dos recursos naturais disponíveis e preservação do meio ambiente.

Sendo o conteúdo da função ambiental da propriedade um conjunto de deveres inerentes ao direito de propriedade, ela não é dirigida à coisa, mas ao sujeito. É o proprietário que deve cumprir a função ambiental da propriedade, uma vez que apenas ao sujeito e não às coisas são atribuídos direitos e deveres. Desta forma, não é a propriedade que cumpre a função ambiental, mas o proprietário.

A função ambiental da propriedade atua sobre um determinado objeto que, em última instância, é o meio ambiente amplamente considerado. Incide, de perto, sobre seus elementos isoladamente considerados, como a água, as florestas, o solo, a diversidade de espécies.

Uma vez que sobre vários bens diferentes incide função ambiental, esta também será diferente de acordo com a natureza dos objetos sobre os quais incidir. A função ambiental da propriedade vai variar de acordo com o bem ambiental objeto de propriedade, que, sob proteção legal especial, identificar-se-á com o próprio objeto da função social ou ambiental.

O cumprimento da função ambiental da propriedade é condição para o cumprimento da função social da propriedade. Porque a função social da propriedade é definida pelos deveres jurídicos inerentes ao direito de propriedade e variam conforme a natureza do objeto sobre o qual recai este direito, pode-se dizer que a função social da propriedade não é a mesma sempre, não havendo uma única função social da propriedade, mas várias funções de acordo com a natureza das coisas objeto desse direito.

O mesmo deve se dizer a respeito do conteúdo da função ambiental da propriedade: os deveres que a compõem variam de acordo com os elementos ambientais presentes em cada propriedade.

Esses deveres jurídicos do proprietário vão variar conforme a natureza do objeto sobre o qual recaia o direito de propriedade. Desta forma, os deveres jurídicos estabelecidos para o proprietário de um imóvel rural que abrigue espécies endêmicas serão diferentes dos deveres do proprietário em cujo imóvel se encontrem nascentes de rios. Desta forma, também não há apenas uma função ambiental da propriedade, mas várias funções ambientais, a depender da propriedade.

O conteúdo da função ambiental da propriedade é estabelecido legalmente, pois não há função ambiental presumida ou natural. O caráter da função ambiental da propriedade é legal. Logo, os deveres jurídicos do proprietário, no exercício do seu direito de propriedade, devem estar estabelecidos em lei, para a segurança jurídica do proprietário e da ordem jurídica como um todo.

Não se admitindo função ambiental de caráter natural, é preciso que haja manifestação legal acerca da função, mesmo que indiretamente ou através de princípios do Direito Positivo. Com isso, da mesma forma que o cumprimento da função ambiental é devido ao ordenamento jurídico positivo, seu conteúdo ou os requisitos para seu cumprimento são determinados legalmente e na medida estritamente necessária para a salvaguarda do equilíbrio ecológico. A função ambiental da propriedade não pode ser usada como justificativa para qualquer intervenção do Poder Público no direito do proprietário.

Na Constituição Federal tem-se o conteúdo amplo da função ambiental da propriedade, ou seja, dos deveres que a compõem. Este conteúdo amplo da função ambiental é compreendido a partir do inciso II do art. 186, consistindo nos deveres de utilização adequada dos recursos naturais disponíveis e preservação do meio ambiente. Os critérios pelos quais se avalia a observância desses requisitos do art. 186 se encontram em legislação esparsa.

O conteúdo específico da função ambiental da propriedade será dado pela legislação ambiental infraconstitucional, de acordo com a natureza dos elementos ambientais protegidos legalmente que cada propriedade abriga, estabelecendo ao proprietário deveres mais específicos que os constantes daquele dispositivo constitucional. Assim, são exemplos de documentos legais que dão conteúdo específico ao direito de propriedade a Lei nº 4.771/65, que institui o Código Florestal, a Lei nº 6.902/81, que dispõe sobre Estações Ecológicas e Áreas de Proteção Ambiental, o Decreto nº 89.336/84, que dispõe sobre as Reservas Ecológicas e as Áreas de Relevante Interesse Ecológico, dentre outros.

Necessário notar-se que a função ambiental a atuar sobre uma determinada propriedade pode ser formada a partir da incidência de vários documentos legais que disponham sobre os diversos bens ambientais que tal propriedade possa conter. Assim, a função ambiental de uma propriedade pode, por exemplo, ser tida através da soma da incidência do Código Florestal, cujos dispositivos visam à proteção principalmente da água e do solo, com a incidência da Lei nº 6.902/81, que pode incidir sobre a propriedade criando uma área de proteção ambiental.

O grau de especificidade do conteúdo da função ambiental da propriedade aumenta com a proximidade da lei (em sentido amplo) da base da pirâmide do ordenamento jurídico. Assim, o conteúdo da função ambiental da propriedade é mais específico num decreto do que na Constituição, ocorrendo o mesmo com a legislação ordinária em relação a esta. Mais específico ainda será o conteúdo da função ambiental quando esta for determinada pela incidência de diversos dispositivos protetores de diversos documentos legais ao mesmo tempo.

No que tange especificamente ao inciso II deste artigo, a Lei nº 8.629, de 25 de fevereiro de 1993, que é a lei complementar que traz a regulamentação dos dispositivos relativos à reforma agrária previstos na Constituição, traz os conceitos de utilização adequada dos recursos naturais e preservação do meio ambiente.

Assim, sobre a primeira parte do inciso II do art. 186, a Lei nº 8.629/93 dispõe, no art. 9º:

"§ 2º Considera-se adequada a utilização dos recursos naturais disponíveis quando a exploração se faz respeitando a vocação natural da terra, de modo a manter o potencial produtivo da propriedade."

E sobre a segunda parte do inciso II do art. 186:

"§ 3º Considera-se preservação do meio ambiente a manutenção das características próprias do meio natural e da qualidade dos recursos ambientais, na medida adequada à manutenção do equilíbrio ecológico da propriedade e da saúde e qualidade de vida das comunidades vizinhas."

O art. 9º desta lei, que dispõe sobre a função social, é a origem do art. 186 da Constituição Federal. Os requisitos para o cumprimento da função social da propriedade rural são os mesmos em ambos os documentos legais.

3. A dupla função protetora

A função consiste numa atividade exercida no interesse não apenas do sujeito que a executa, mas, principalmente, no interesse da sociedade. A função ambiental se volta para a manutenção do equilíbrio ecológico enquanto interesse de todos, beneficiando a sociedade e aquele que a cumpre.

Há uma dupla proteção no conceito de função ambiental da propriedade: a proteção do meio ambiente e a proteção da própria propriedade. Assim como, em outro sentido, há a proteção do interesse difuso e a proteção do interesse individual do proprietário, na medida em que, enquanto se protege o interesse da sociedade, também o proprietário, titular da função, é protegido.

A função ambiental da propriedade, na medida em que visa à utilização adequada dos recursos naturais disponíveis e à preservação do meio ambiente, protege, sobretudo, a propriedade em si contra a perda de seu potencial produtivo devido a danos ambientais irreversíveis como perda da qualidade do solo e perda do próprio solo, através da erosão.

Dessa forma, a proteção ambiental deve ser entendida não como uma limitação do direito de propriedade, mas como uma proteção à própria propriedade imóvel, para que a utilidade desta não seja ameaçada por lesões ambientais que possam advir de sua utilização inadequada e em desacordo com as regras de manutenção do equilíbrio ecológico. Este visão de dupla função protetora é facilmente obtida a partir da leitura dos parágrafos 2º e 3º do art. 9º da Lei nº 8.629/93: ao mesmo tempo em que se protege o meio ambiente, protege-se também a propriedade.

É preciso atentar para o fato de que *"a terra arruinada, com certeza, não se prestará mais à finalidade a que se destina"*.[2] Giselda Maria Fernandes Novaes Hironaka adverte que:

"não se apresenta, por conseqüência, assim, a terra e o seu uso como meros e iminentes meios de produção de alimentos, mas

---
[2] HIRONAKA, Giselda Maria Fernandes Novaes. *Atividade agrária e proteção ambiental: simbiose necessária*. São Paulo: Cultural Paulista, 1997. p. 101.

senão também, como bens essenciais da humanidade, cujo uso adequado, cuja correta administração, cujo resguardo, devem estar sendo sempre e sem cessar observados e cumpridos, tudo para que não se os exaura e os torne inúteis para os fins aos quais se destinam".[3]

Esta dupla função protetora vem sendo muitas vezes desprezada pelos operadores jurídicos e pelos proprietários, que consideram as normas de proteção ao meio ambiente uma afronta ao direito de propriedade. Ao contrário, se não forem observados os cuidados com a proteção ambiental, em breve o direito de propriedade transformar-se-á em um direito vazio, devido à destruição de seu objeto ou devido à perda completa de utilidade do objeto do direito de propriedade.

Ora, a propriedade é uma pequena casa inserida numa casa maior, o Planeta Terra. Ambas estão suscetíveis a danos causados pela degradação ambiental. O planeta sofre com o efeito estufa, o buraco na camada de ozônio, a perda de biodiversidade, a chuva ácida, a poluição do ar, a diminuição da quantidade de água doce e a perda dos solos férteis. A propriedade, por sua vez, está sujeita, principalmente, aos danos causados ao solo, como erosão, desertificação e assoreamento de rios.

Se antes as lesões ao meio ambiente tinham suas causas subestimadas e geralmente atribuídas a forças naturais, a principal característica das lesões atuais ao meio ambiente é a contribuição humana nas suas causas. Ora, desastres ecológicos não são um fato original da civilização moderna.

Segundo Carlos André Sousa Birnfeld, as gerações anteriores à sociedade da crise ecológica "associariam as eventuais degradações ambientais a circunstancialidades efêmeras, particulares, sem maiores conseqüências coletivas, facilmente superáveis nas trilhas de uma melhor distribuição da riqueza, do progresso tecnológico e de um planeta inesgotavelmente apto a servir ao homem".[4]

Tal associação não é mais possível. Sabe-se que as maiores degradações ambientais da segunda metade do século XX se devem à superexploração ou à má-exploração do meio ambiente pelo ser humano. Além de tais degradações implicarem fortes conseqüências de abrangência coletiva, muitos dos danos que o meio ambiente têm

---

[3] HIRONAKA, G. M. F. N. Ob. cit., p. 100.
[4] BIRNFELD, Carlos André Sousa. *A emergência de uma dimensão ecológica para a cidadania* – alguns subsídios aos operadores jurídicos. Florianópolis, 1997. Dissertação (Mestrado em Direito) – Curso de Pós-Graduação em Direito, Universidade Federal de Santa Catarina. p. 115.

sofrido são irreversíveis, como a extinção de espécies, o assoreamento de rios e a desertificação.

Esses efeitos são, em sua maioria, devidos à proliferação de métodos modernos de exploração dos recursos naturais. "A sobreprodução, a dedicação exclusiva e a degradação do meio ambiente que caracterizam a agricultura moderna têm vindo ultimamente a ser questionados, e a tal ponto que já se fala de uma crise final deste modelo de agricultura".[5] Boaventura de Sousa Santos, ao analisar a agricultura familiar portuguesa, considerada pré-moderna, acredita que *"é bem possível que este modelo seja transcodificado e, de pré-moderno, passe a ser pós-moderno pelas combinações práticas e simbólicas que proporciona entre o econômico e o social, entre o produtivo e o ecológico, entre ritmos mecânicos e cíclicos".*[6] A exclusão do futuro é possível e pode vir como conseqüência da exploração irracional dos recursos naturais.

Desta forma, na medida em que se atende ao interesse da sociedade de manter o meio ambiente ecologicamente equilibrado, o sujeito titular do dever de cooperar com esta manutenção também é protegido, pois os danos ao meio ambiente acabam por lesionar, mais cedo ou mais tarde, toda a sociedade, inclusive aquele sujeito que deixou de cumprir o seu dever de defendê-lo e preservá-lo.

4. Os espaços territoriais especialmente protegidos e os incentivos do Imposto Territorial Rural – ITR

A Lei nº 9.393, de 19 de dezembro de 1996, dispõe sobre o Imposto sobre a Propriedade Territorial Rural – ITR.

Esta Lei introduziu várias inovações na legislação do ITR, para serem aplicadas a partir de 1997, dentre as quais, vários incentivos aos proprietários de imóveis rurais para a proteção do meio ambiente, ratificando normas ambientais anteriores.

Assim, para os efeitos de apuração do Imposto Territorial Rural, é necessária a medida da área tributável do imóvel rural.

Esta Lei considera área tributável a área total do imóvel, retiradas as áreas: a) de preservação permanente e de reserva legal, previstas na Lei nº 4.771, de 15 de setembro de 1965 (Código Florestal), com a redação dada pela Lei nº 7.803, de 18 de julho de 1989; b) de

---

[5] SOUSA SANTOS, Boaventura de. *Pela Mão de Alice*: o social e o político na pós-modernidade. São Paulo: Cortez, 1996. p. 66.
[6] SOUSA SANTOS, B. de . Ob. cit., p. 67.

interesse ecológico para a proteção dos ecossistemas, assim declaradas mediante ato do órgão competente, federal ou estadual, e que ampliem as restrições de uso previstas na alínea anterior; c) comprovadamente imprestáveis para qualquer exploração agrícola, pecuária, granjeira, aqüícola ou florestal, declaradas de interesse ecológico mediante ato do órgão competente, federal ou estadual, dentre outras.

Com isso, beneficia-se o proprietário no momento do lançamento do Imposto Territorial Rural, pois exclui-se da área sobre a qual incidirá o tributo as áreas de preservação permanente e de reserva legal, que são obrigatórias pelo Código Florestal.

Além disso, excluem-se áreas de interesse ecológico, desde que assim declaradas pela autoridade competente, que são imprestáveis para o tipo de exploração econômica a que comumente as propriedades rurais se destinam.

Da mesma forma, a Instrução Normativa nº 43, de 7 de maio de 1997, especifica que a área tributável é a área total do imóvel excluídas as áreas de preservação permanente, de reserva legal, declarada de interesse ecológico para a proteção dos ecossistemas e as comprovadamente imprestáveis, declaradas de interesse ecológico.

A Lei 9.393/96 reitera disposição do Código Florestal no sentido de que para fins de exclusão do ITR, a área de reserva legal deverá estar averbada à margem da matrícula do imóvel no Registro de Imóveis competente, ficando vedada a alteração de sua destinação nos casos de transmissão a qualquer título ou de desmembramento da área conforme artigo 16, § 2º, da Lei nº 4.771, de 1965, com a redação da Lei nº 7.803, de 1989.

A Lei considera áreas declaradas de interesse ecológico para a proteção dos ecossistemas e áreas comprovadamente imprestáveis, declaradas de interesse ecológico, as áreas do imóvel particular, assim declaradas por ato do órgão competente, federal ou estadual, que ampliem as restrições de uso em relação às áreas de reserva legal e de preservação permanente.

Nas áreas declaradas de interesse ecológico, é vedada a exploração agrícola, pecuária, granjeira, aqüícola e florestal.

Além disso, para efeito de exclusão do ITR, não são aceitas como de interesse ecológico as áreas declaradas, em caráter geral, por região local ou nacional, mas, sim, apenas as declaradas, em caráter específico, para determinadas áreas da propriedade particular.

Para se calcular a área tributável, necessário fazer-se o cálculo da área aproveitável.

A Lei considera área aproveitável – aquela passível de exploração agrícola, pecuária, granjeira, aqüícola e florestal – como sendo a área total do imóvel rural excluídas as áreas de preservação permanente, de reserva legal e de interesse ecológico, comprovadamente imprestáveis para qualquer exploração agrícola, pecuária, granjeira, aqüícola ou florestal, dentre outras.

Do mesmo modo, a área utilizada é a porção da área do imóvel que, no ano anterior ao da entrega do DIAT,[7] tenha, dentre outras exigências, sido objeto de exploração extrativa, observados os índices de rendimento por produto e a legislação ambiental.

Segundo o art. 16, a área utilizada será obtida pela soma das áreas mencionadas nos incisos I a VII do art. 12, observado o seguinte: a área objeto de exploração extrativa será o somatório das áreas aceitas utilizadas com extrativismo vegetal ou florestal.

A área utilizada aceita será: a) calculada por produto, inclusive para extração madeireira, e será, sempre, a menor entre a declarada pelo contribuinte e a área obtida pelo quociente entre a quantidade extraída do produto e o respectivo índice de rendimento mínimo por hectare, b) a prevista no plano de manejo, no caso de exploração extrativa com plano de manejo sustentado, aprovado pelo IBAMA, desde que o cronograma esteja sendo cumprido.

O art. 15, § 1º, dispõe que se aplicam, até ulterior ato em contrário, os índices constantes das Tabelas nº 3 (Índices de Rendimento Mínimos para Produtos Vegetais e Florestais) e nº 5 (Índices de Rendimentos Mínimos para Pecuária), aprovados pela Instrução Especial do INCRA nº 19, de 28 de maio de 1980, e pela Portaria nº 145, de 28 de maio de 1980, do Ministro de Estado da Agricultura (anexos III e IV, respectivamente).

E o § 4º determina que estão, também, dispensadas da aplicação dos índices de rendimento mínimo para produtos vegetais e florestais as áreas do imóvel exploradas com produtos vegetais extrativos, mediante plano de manejo sustentado, desde que aprovado pelo Instituto Brasileiro de Meio Ambiente – IBAMA e cujo cronograma esteja sendo cumprido pelo contribuinte.

Com tudo isso, o legislador beneficia o proprietário que tem em seu imóvel espaços territoriais especialmente protegidos. Este benefício se dá através da compensação do uso restrito da propriedade pela diminuição do tributo que o proprietário deve pagar.

---

[7] DIAC - Documento de Informação e Atualização Cadastral e DIAT – Documento de Informação e Apuração do ITR, conforme Instrução Normativa nº 68, de 1º de setembro de 1997, do Secretário da Receita Federal.

Pode parecer absurdo que se dê incentivos legais para que a lei seja cumprida. Ocorre que este é o quadro.

Uma vez que a legislação ambiental tem tido uma implementação muito insatisfatória perante a urgência da problemática ambiental, procurou-se incrementar e acelerar esta implementação através de incentivos fiscais, como os do Imposto Territorial Rural.

De qualquer forma, a coletividade sai perdendo, pois o Estado deixa de arrecadar quando, na verdade, deveria ser dever de todos cuidar do meio ambiente.

5. Reforma agrária e proteção ambiental

Necessário se faz lembrar que só é legítimo o direito de propriedade que atende à sua função social, sob pena de tal direito não ser garantido. A função social da propriedade rural é cumprida quando se atende, simultaneamente, aos requisitos do art. 186 da Constituição. Desta forma, submete-se à desapropriação por interesse social a propriedade que não estiver cumprindo sua função ambiental.

Contudo, tanto na legislação quanto na prática, tais requisitos podem entrar em conflito. É o que parece ocorrer com os incisos I e II desse artigo, que se referem, respectivamente, ao aproveitamento racional e adequado e à utilização adequada dos recursos naturais disponíveis e à preservação do meio ambiente.

A Lei nº 8.629/93, que dispõe sobre a regulamentação dos dispositivos constitucionais relativos à reforma agrária, no parágrafo 1º do art. 9º, considera racional e adequado[8] o aproveitamento que atinja os graus de utilização da terra e de eficiência na exploração especificados nos parágrafos 1º a 7º do art. 6º desta lei, ou seja, considera-se uso racional e adequado o cumprimento dos requisitos de produtividade.

---

[8] O Estatuto da Terra, Lei nº 4.504, de 30 de novembro de 1964, no art. 2º, § 1º, dispunha que: "A propriedade da terra desempenha integralmente a sua função social quando, simultaneamente: a)favorece o bem-estar dos proprietários e dos trabalhadores que nela labutam, assim como de suas famílias; b) mantém níveis satisfatórios de produtividade; c) assegura a conservação dos recursos naturais; d)observa as disposições legais que regulam as justas relações de trabalho entre os que a possuem e a cultivam." Convém destacar que o art. 186 da Constituição Federal de 1988 e a Lei 8.629/93, ao adotarem praticamente esta mesma conceituação da função social da propriedade, transformou, entretanto, a alínea *b* deste artigo do Estauto da Terra. Substitui-se, assim, a determinação sobre a manutenção de níveis satisfatórios de produtividade pela determinação de que o aproveitamento da terra se dê de forma racional e adequada. Esta evolução demonstra que a lei não permite que a produtividade esteja acima do uso racional e adequado da terra que, em última análise, refere-se à utilização adequada dos recursos naturais disponíveis e preservação do meio ambiente. É racional e adequado o aproveitamento assim conformado.

O grau de utilização da terra é obtido através da relação percentual entre a área efetivamente utilizada e a área aproveitável total do imóvel e deverá ser igual ou superior a 80%. O grau de eficiência na exploração da terra deverá ser igual ou superior a 100%, mas seu cálculo obedece a critérios mais específicos que fogem do centro desta discussão.

Assim, sabendo-se que para se obter um aproveitamento racional e adequado é preciso que, além de GEE (grau de eficiência) igual ou superior a 100%, o GUT (grau de utilização da terra) seja igual ou superior a 80%, parte-se para a análise deste último elemento, essencial para a compreensão do conflito entre os incisos I e II do art. 186 da Constituição.

No conceito de grau de utilização da terra, aparecem duas expressões que necessitam de definição, dada pela mesma lei: área efetivamente utilizada e área aproveitável total do imóvel. O § 3º deste art. 6º dispõe:

"§ 3º Consideram-se efetivamente utilizadas:
I – as áreas plantadas com produtos vegetais;
II – as áreas de pastagens nativas e plantadas, observado o índice de lotação por zona de pecuária, fixado pelo Executivo;
III – as áreas de exploração extrativa vegetal ou florestal, observados os índices de rendimento estabelecidos pelo órgão competente do Poder Executivo, para cada Microrregião Homogênea, e a legislação ambiental;
IV – as áreas de exploração de florestas nativas, de acordo com plano de exploração e nas condições estabelecidas pelo órgão federal competente;
V – as áreas sob processos técnicos de formação ou recuperação de pastagens ou de culturas permanentes."

Da leitura destes incisos depreende-se que nesta lei não se entende como aproveitamento racional e adequado a preservação ambiental, a manutenção do equilíbrio ecológico, o conservacionismo.

Contrariando todo o ordenamento jurídico ambiental, a conclusão a que se pode chegar é que apenas se considera aproveitamento racional e adequado, em termos de florestas nativas e meio ambiente em geral, a sua exploração econômica, mas não a sua conservação. É a mesma interpretação que faz Octavio Mello Alvarenga:

"Caracteriza-se portanto que, por omissão no texto legal, não são consideradas efetivamente utilizadas terras cobertas por florestas nativas não-submetidas à exploração direta, em que pese toda a preciosa diversidade ecológica que possam conter e os seus efeitos benéficos nos microclimas, na prevenção de pragas e no controle da erosão."[9]

Mas a lei deve ser analisada sistematicamente, não devendo seus dispositivos ser considerados isoladamente. Agindo assim, parte-se para a análise do art. 10 e, em seguida, do art. 13, para se alcançar uma interpretação da Lei 8.629/93 que seja adequada aos fins da legislação ambiental e de acordo com os princípios que regem o ordenamento jurídico ambiental.

Assim, no art. 10 relaciona-se o que é considerado, para efeito da Lei 8.629/93, áreas não aproveitáveis e, por exclusão, tem-se o que se pode considerar áreas aproveitáveis:

"Art. 10. Para efeito desta lei, consideram-se não aproveitáveis:
IV – as áreas de efetiva preservação permanente e demais áreas protegidas por legislação relativa à conservação dos recursos naturais e à preservação do meio ambiente."

Assim, embora as áreas destinadas à preservação ambiental não sejam consideradas efetivamente utilizadas, são, ao menos, consideradas não-aproveitáveis, o que acaba por balancear a fórmula do GUT, levando em conta a importância da preservação ambiental na consideração da produtividade de uma propriedade rural. Contudo, para Octavio Mello Alvarenga, baseando-se em parecer de Ibsen Câmara Gusmão:

"Tal dispositivo é, no entanto, excessivamente limitativo e não constitui incentivo para que os proprietários rurais preservem, por iniciativa própria, porções de ecossistemas naturais, inclusive florestas, a não ser que as enquadrem na categoria de Reserva Particular de Patrimônio Natural".[10]

Por isso aquele autor acredita a Lei nº 8.629/93 acaba incentivando os proprietários rurais em direção à degradação ambiental. Ele entende que os proprietários partem para a eliminação das florestas, com o intuito de as terras subjacentes serem consideradas efetivamente utilizadas e suas propriedades serem consideradas produtivas, tirando-lhes, pois, do alvo da desapropriação por interesse social para fins de reforma agrária.

Embora se admita que essa atitude dos proprietários realmente ocorra, principalmente porque as políticas públicas e o próprio

---

[9] ALVARENGA, Octavio Mello. *Política e direito agroambiental: comentários à nova lei de reforma agrária (Lei nº 8.629, de 25 de fevereiro de 1993)*. Rio de Janeiro: Forense, 1995. p. 97.
[10] ALVARENGA. O . M. Ob. cit., p. 97.

INCRA costumam desprezar a necessidade de se proteger o meio ambiente, classificando propriedades rurais que adotam o conservacionismo como improdutivas e, portanto, sujeitas à desapropriação para reforma agrária, acredita-se que a limitação da parte inicial do inciso IV deste art. 10, pelo qual não são consideradas aproveitáveis as áreas de efetiva preservação permanente, pode ser amenizada pela parte final do dispositivo, que faz referência às demais áreas protegidas por legislação relativa à conservação dos recursos naturais e à preservação do meio ambiente.

A parte final deste dispositivo, assim, amplia o que pode ser considerado áreas não-aproveitáveis, incluindo nas "demais áreas protegidas por legislação relativa à conservação dos recursos naturais e à preservação do meio ambiente" todas as demais unidades de conservação e espaços territoriais especialmente protegidos, além das áreas de preservação permanente.

Entende-se que aí a lei cita as áreas de preservação permanente como um mero exemplo, abrindo espaço, em seguida, para a inserção no conceito de áreas não-aproveitáveis de um rol implícito e aberto de espaços especialmente protegidos com finalidades de manutenção do equilíbrio ecológico, identificados na legislação ambiental esparsa.

Do mesmo modo, a redação do art. 13 também é feita em dois momentos: num primeiro momento, há uma restrição e, num segundo momento, o artigo amplia o sentido da norma:

"Art. 13. As terras rurais de domínio da União, dos Estados e dos Municípios ficam destinadas, preferencialmente, à execução de planos de reforma agrária.
Parágrafo único. Excetuando-se as reservas indígenas e os parques, somente se admitirá a existência de imóveis rurais de propriedade pública, com objetivos diversos dos previstos neste artigo, se o poder público os explorar direta ou indiretamente para pesquisa, experimentação, demonstração e fomento de atividades relativas ao desenvolvimento da agricultura, pecuária, preservação ecológica, áreas de segurança, treinamento militar, educação de todo tipo, readequação social e defesa nacional."

Enquanto a primeira parte do parágrafo único limita a exceção da preferência a reservas indígenas e parques, entende-se que, conforme a segunda parte do dispositivo legal, a existência de imóveis rurais de propriedade pública em que se desenvolvem quaisquer atividades relativas à preservação ecológica têm preferência sobre os planos de reforma agrária.

Assim, não apenas os parques, mas todas as demais unidades de conservação de titularidade da União, Estado ou Município não podem se submeter àquele tipo de planos. Ora, não faz sentido que, sendo o Poder Público titular de um parque ou de uma estação ecológica numa área de Mata Atlântica, por exemplo, que é um ecossistema de rica diversidade ecológica quase extinto, destine justamente esta área para a reforma agrária.

Desta forma, feita uma interpretação sistemática e teleológica da lei, elimina-se o aparente conflito entre os incisos I e II do art. 186 da Constituição Federal, cuja leitura deve levar à conciliação entre aproveitamento racional e adequado da propriedade territorial rural e a utilização adequada dos recursos naturais disponíveis e preservação do meio ambiente.

6. A desapropriação, por interesse social, para fins de reforma agrária, devida ao descumprimento da função ambiental

Resta ainda a análise de um outro conflito que parece ocorrer dentro da Constituição: entre a norma do art. 185, II, e a do art. 186.[11] O art. 185, II, dispõe:

"Art. 185. São insuscetíveis de desapropriação para fins de reforma agrária:
II – a propriedade produtiva."

O confronto entre esta norma e a que estabelece os requisitos para o cumprimento da função social da propriedade rural consistem numa antinomia real, que não pode ser solucionada através dos critérios de hierarquia, cronologia e especificidade, usualmente utilizados para resolver antinomias aparentes.

Quando duas normas do mesmo ordenamento jurídico parecem entrar em contradição, pode-se verificar a que prevalece para aplicação ao caso observando-se qual é hierarquicamente superior. A lei superior revoga a lei inferior hierarquicamente. Outro critério possível de ser utilizado para dirimir uma contradição é o critério cronológico: lei posterior revoga lei anterior. Assim, se duas normas

---

[11] Giselda Fernandes Hironaka, ao analisar o processo legislativo que levou à produção da Lei nº 8.629/93, denuncia: "Embora a tentativa pré-legislativa de tantos quantos clamaram em oposição, a verdade é que, o que veio a lume regulamentador, foi a Lei nº 8.629, de 25 de fevereiro de 1993. Irmanada com o espírito e a intenção descortinados do artigo que regulamentava, a Lei cristalizou o absurdo da inexpropriação de *produtividade produtiva*, que, por merecer *tratamento especial*, remanesceu descompromissada com relação ao atendimento de sua função social..." (grifos no original). Ob. cit., p. 136.

têm a mesma hierarquia, pode-se lançar mão deste critério. Ou ainda pode-se utilizar o critério da especificidade, através do qual a lei mais específica em relação ao caso apresentado revoga a lei mais genérica.

Mas no caso do art. 185, II, nenhum desses critérios parece ser adequado para solucionar o conflito sugerido, pois as normas são da mesma hierarquia, mesma data e mesma especificidade. É preciso se recorrer à interpretação sistemática,[12] lembrando que o ordenamento jurídico deve ser considerado como um todo informado por princípios explícitos e implícitos, e que a interpretação isolada de uma norma pode deturpar seu verdadeiro significado, inclusive dando-lhe um sentido que possa ir contra os fins da ordem jurídica.

O art. 184 da Constituição Federal autoriza a desapropriação por interesse social para fins de reforma agrária, do imóvel rural que não esteja cumprindo sua função social. Ou seja, o imóvel que se submete à desapropriação para reforma agrária é aquele que, ao mesmo tempo, não tem aproveitamento racional e adequado, não apresenta utilização adequada dos recursos naturais disponíveis nem preserva o meio ambiente, não observa as regulamentações trabalhistas e cuja exploração não favorece o bem-estar dos proprietários e dos trabalhadores, de acordo com o art. 186 da própria Constituição.

Então, como pode o art. 185 ignorar estas disposições e autorizar a proteção de uma propriedade territorial rural que, sendo produtiva, desconsidere a legislação ambiental, a legislação trabalhista e exista em desacordo com o bem-estar dos proprietários e dos trabalhadores?

A Lei nº 8.629/93 define o que é propriedade produtiva:

---

[12] Adota-se a lição de Norberto Bobbio segundo a qual é pressuposto da atividade interpretativa considerar ordenamento jurídico como um sistema, entendendo-se sistema como uma totalidade ordenada, ou seja, um conjunto de entes entre os quais existe uma certa ordem, ou seja, o relacionamento destes entes com o todo e a coerência entre si. Segundo Bobbio, a jurisprudência costuma entender como "interpretação sistemática" "aquela forma de interpretação que tira os seus argumentos do pressuposto de que as normas de um ordenamento, ou, mais exatamente, de uma parte do ordenamento (como o Direito privado, o Direito penal) constituam uma totalidade ordenada (mesmo que depois se deixe um pouco no vazio o que se deva entender com essa expressão), e, portanto, seja lícito esclarecer uma norma obscura ou diretamente integrar uma norma deficiente recorrendo ao chamado 'espírito do sistema', mesmo indo contra aquilo que resultaria de uma interpretação meramente literal". Duas normas são incompatíveis quando não podem ser ambas verdadeiras. Em ocorrendo isso (antinomia), uma delas deve ser eliminada, ou ambas devem ser eliminadas, ou ambas devem ser conservadas. Neste último caso, demonstra-se a compatibilidade entre elas, eliminando-se a incompatibilidade. BOBBIO, Norberto. *Teoria do ordenamento jurídico*. Brasília: Universidade de Brasília, 1996. pp. 71-114.

"Art. 6º. Considera-se propriedade produtiva aquela que, explorada econômica e racionalmente, atinge, simultaneamente, graus de utilização da terra e de eficiência na exploração, segundo índices fixados pelo órgão federal competente."

Os cálculos para obtenção do grau de utilização da terra (GUT) e grau de eficiência na exploração (GEE) foram analisados acima, quando avaliada a compatibilidade entre as disposições desta lei e a preservação ambiental.

Ora, a propriedade produtiva, assim considerada, atende a apenas um dos requisitos do art. 186 da Constituição Federal, assim como apenas um dos requisitos do art. 9º da Lei nº 8.629/93. A função social só é cumprida quando atendidos os quatros requisitos, simultaneamente. Desta forma, é possível que uma propriedade considerada produtiva não atenda sua função social. Concluir-se-ia que o art. 185, II, abriria uma exceção na autorização da desapropriação de imóveis que não cumpram sua função social, desautorizando a desapropriação da propriedade produtiva para fins de reforma agrária.

Se isso fosse possível, Marcelo Dias Varella entende que "não seria importante a análise dos outros quesitos, pois se a propriedade for improdutiva, poderia ser desapropriada, se produtiva não e, na prática, esta seria a única regra a ser observada".[13] A única exceção que realmente pode existir é a do inciso I deste artigo 185, que desautoriza, para fins de reforma agrária, a desapropriação da pequena e da média propriedade rural, desde que o proprietário não possua outra propriedade rural, conseqüência do estímulo que se dá à manutenção destes tipos de propriedade, que contribuem para fixar o homem no campo e distribuir a riqueza.

E a análise do confronto do art. 185, II, com o 184, *caput*, e o 186 continua com o alerta:

> "Logo, ao se considerar como princípio a suficiência apenas do primeiro requisito para o cumprimento da função social como excludente dos demais, conclui-se que os outros três incisos (art. 186, II, III e IV) não teriam qualquer utilidade, embora presentes no texto constitucional, não poderiam servir de critério para averiguação do cumprimento da função social da propriedade e por conseqüência da realização de desapropriações com fins de reforma agrária."

---

[13] VARELLA, Marcelo Dias. *Introdução ao direito à reforma agrária: o direito face aos novos conflitos sociais*. São Paulo: LED, 1998. p. 251.

Verificada a antinomia, parte-se para a aplicação dos critérios para solucioná-la. Se se optar pela prevalência do art. 185, II, são anulados todo o art. 186, a cabeça do 184 e o inciso XXIII do art. 5º, todos da Constituição, conforme os critérios para solução de antinomias reais propostos por Bobbio. Marcelo D. Varella vai mais longe na crítica à interpretação que faz com que prevaleça o art. 185, II:

"[...] seria necessário afirmar que o art. 185, II, tem preferência sobre o art. 7º, com todos os seus 34 incisos, que tratam dos direitos dos trabalhadores rurais, pois o proprietário que não cumpre com suas obrigações trabalhistas e, portanto, não efetiva a função social da propriedade (art. 186, III), não poderia ser punido com a desapropriação. Ainda sob a mesma ótica, teria o inciso II do artigo 185 preferência sobre o Capítulo VI, que trata do meio ambiente (art. 186, II). Um absurdo!".[14]

Contudo, "é justamente esta a interpretação da maioria dos magistrados e do próprio INCRA nos casos concretos, contra a Constituição Federal, contra o meio ambiente, contra o bem-estar da sociedade brasileira e contra o direito de igualdade ao acesso ao progresso humano".[15]

Outro critério proposto por Bobbio a se utilizar para dirimir tal antinomia seria a eliminação das normas do art. 185, II, e do art. 186. Assim, operando com as normas restantes na Constituição, verifica-se que prevalece a proteção ao meio ambiente, às relações de trabalho e ao bem-estar social, em vários momentos e não apenas no art. 186, devido à importância que o constituinte atribuiu a estes direitos. Não prevalece, pela interpretação através deste critério, a norma segundo a qual a propriedade produtiva estaria livre de cumprir sua função social.

Através do último critério, ambas as normas são mantidas, mas resolve-se a incompatibilidade entre elas, admitindo-se que a propriedade produtiva de que fala o art. 185, II, obedece aos outros requisitos do art. 186, não apenas ao primeiro.

Portanto, a propriedade cuja exploração não respeita a vocação natural da terra, degradando o seu potencial produtivo, que não mantém as características próprias do meio natural, que agride a qualidade dos recursos ambientais, não contribuindo para a manutenção do equilíbrio ecológico da propriedade, nem é adequada à saúde e à qualidade de vida das comunidades vizinhas está sujeita a sofrer desapropriação.

---

[14] VARELLA, M. D. Ob. cit., p. 253.
[15] VARELLA, M. D. Ob. cit., p. 256.

Por isso Paulo Roberto Lyrio Pimenta afirma que "a exploração da propriedade agrária, causando danos ao meio ambiente, implicará no descumprimento da sua função social, dando ensejo à desapropriação por interesse social".[16] E mais adiante: "o meio ambiente é um ataque muito sério à destinação econômica da terra, que tem sua capacidade produtiva diminuída, e, o mais grave, é a lesão ao próprio direito à saúde, que todo ser humano tem".[17]

Vincula-se a produtividade à manutenção do equilíbrio ecológico, pois "a produtividade não pode ser compreendida e absorvida sem a atenção que merece a proteção ao meio ambiente".[18] A propriedade produtiva não deve degradar o meio ambiente, "em nome da produção estará desautorizada a degradação dos componentes naturais".

O simples fato de ser a propriedade produtiva não garante sua proteção contra a desapropriação por interesse público para fins de reforma agrária. Se tal propriedade se mantém produtiva em discordância com as normas ambientais que sobre ela incidem, não se verifica, aí, o cumprimento de sua função social, conforme preceitua o art. 186 da Constituição. A exploração econômica não é intocável quando proporciona degradação ambiental.

7. Conclusão

Conforme exposto, a propriedade produtiva deve atender aos ditames da preservação ambiental, pois o não-cumprimento da função ambiental da propriedade, que é requisito para o cumprimento da função social da propriedade, autoriza a desapropriação da propriedade rural por interesse social para fins de reforma agrária.

Necessário salientar que não se está recomendando que a propriedade produtiva seja desapropriada, sem que se verifiquem critérios para a escolha das terras mais adequadas aos fins da desapropriação.

Para fins de reforma agrária, a princípio, não há por que, entre uma propriedade produtiva e outra improdutiva, eleger-se a primeira para submetê-la à desapropriação.[19] No entanto, esta conveniência

---

[16] PIMENTA, Paulo Roberto Lyrio. "A função social da propriedade agrária e os interesses difusos". In: PIMENTA, Paulo Roberto Lyrio e DIAS, Sérgio Novaes. *Revista dos Mestrandos em Direito Econômico da UFBA*. Salvador: UFBA, 1995. p. 174.
[17] PIMENTA, P. R. L. Ob. cit., p. 169.
[18] HIRONAKA, G. M. F. N. Ob. cit., p. 118.
[19] Paulo Torminn Borges diz que seu posicionamento é *"de acordo com a constituição Federal, art.*

pode ser observada, tendo em vista fatores externos à propriedade, como a alta incidência de conflitos entre trabalhadores rurais sem-terra e proprietários numa determinada região em que tal situação passa a ser crônica. Além disso, outro fator que se deve observar é a realidade da Política Agrícola brasileira, que destina para assentamentos terras predominantemente constituídas de solos arenosos e pedregosos, o que, além da ausência de um crédito agroflorestal adequado à atividade dos assentados, inviabiliza a concreção de qualquer reforma agrária que se queira (ou talvez não se queira) fazer. Mas este não é o centro desta análise.

Acontece que quando uma propriedade, mesmo produtiva, desrespeita profundamente as normas de Direito Ambiental e mesmo de Direito Agrário, de forma a ameaçar gravemente o meio ambiente, impõe-se que se faça a desapropriação desta terra, para que se assegure a preservação dos recursos naturais, o equilíbrio ecológico e a possibilidade de manutenção da vida humana, que se apóia sobre o meio ambiente que está sendo destruído.

Desta forma, o interesse difuso de assegurar a qualidade do meio ambiente e a qualidade de vida de todos justifica a desapropriação da propriedade produtiva.

Referências bibliográficas

ALVARENGA, Octavio Mello. *Política e direito agroambiental: comentários à nova lei de reforma agrária (Lei nº 8.629, de 25 de fevereiro de 1993)*. Rio de Janeiro: Forense, 1995.

BIRNFELD, Carlos André Sousa. *A emergência de uma dimensão ecológica para a cidadania – alguns subsídios aos operadores jurídicos*. Florianópolis, 1997. Dissertação (Mestrado em Direito) – Curso de Pós-Graduação em Direito, Universidade Federal de Santa Catarina. BOBBIO, Norberto. *Teoria do ordenamento jurídico*. Brasília: Universidade de Brasília, 1996.

BORGES, Paulo Torminn. *Institutos básicos do Direito Agrário*. São Paulo: Saraiva, 1996.

HIRONAKA, Giselda Maria Fernandes Novaes. *Atividade agrária e proteção ambiental: simbiose necessária*. São Paulo: Cultural Paulista, 1997.

185, II, quando subtrai à desapropriação para fins de Reforma Agrária a propriedade rural produtiva. *Principalmente em um país onde há tanta terra improdutiva no domínio privado*". BORGES, Paulo Torminn. *Institutos básicos do Direito Agrário*. São Paulo: Saraiva, 1996, p. 148. Embora o autor não admita que a propriedade privada deva ser desapropriada para fins de reforma agrária, justifica seu entendimento pela grande presença de latifúndios (latifúndio não por extensão, mas por inexploração ou mal exploração da terra) no território brasileiro que deveriam ser submetidos com prioridade à reforma agrária. Concorda-se com esta prioridade, mas admite-se também que há fatores na realidade brasileira que impõem a desapropriação de propriedades produtivas, para fins de reforma agrária ou não.

PIMENTA, Paulo Roberto Lyrio e DIAS, Sérgio Novaes. "A função social da propriedade agrária e os interesses difusos". *In: Revista dos Mestrandos em Direito Econômico da UFBA*. Salvador: UFBA, 1995.

SOUSA SANTOS, Boaventura de. *Pela Mão de Alice: o social e o político na pós-modernidade*. São Paulo: Cortez, 1996.

VARELLA, Marcelo Dias. *Introdução ao direito à reforma agrária*: o direito face aos novos conflitos sociais. São Paulo: LED, 1998.

— 15 —
O Direito Agroambiental na Amazônia e o desenvolvimento sustentável

ANTONIO JOSÉ DE MATTOS NETO
Doutor em Direito pela USP. Especialista em Direito Privado e Professor de Direito Agrário no Mestrado da UFPA. Membro da União Mundial de Agraristas Universitários - UMAU e membro Fundador da Academia Paraense de Letras Jurídicas. Advogado e Procurador da Fazenda Nacional.

SUMÁRIO: 1. A situação da problemática; 2. Definição de Amazônia; 3. Definição de desenvolvimento sustentável; 4. O Direito Agrário e a proteção do meio ambiente; 5. Os recursos naturais e o imóvel rural; 6. O desenvolvimento sustentável e a Amazônia; 6.1. Reserva extrativista; 6.2. florestas nacionais (flonas); 6.3. Atividades agroambientais incentivadas pelos Poderes Públicos; 6.3.1. A SUDAM; 6.3.2. O BASA; 6.3.3. O Poder Público do Estado do Pará; 7. Conclusão; Bibliografia.

1. A situação da problemática

A Amazônia é um grande laboratório de Direito Agrário. Nestas plagas, as questões de Direito Agrário surgem das mais diversas formas e de versões as mais inusitadas possíveis. Em muitos momentos, o lado patológico e perverso do problema revela-se como a situação quotidiana na região.

As riquezas vegetais, animais e minerais de seu solo e subsolo despertam interesse da humanidade.

Por isso, discute-se a inserção da Amazônia no planeta. Para o mundo, a Amazônia surgiu, sob o aspecto econômico, a partir da exploração das chamadas drogas do sertão (pimenta, amendoim, batata-doce, açaí, bacuri, cupuaçu). Depois foi a fase das matérias-primas industriais de origem vegetal: látex, cascas. Recentemente, sua manifestação para o mundo aparece com o extrativismo da madeira e com as matérias-primas minerais: ouro, ferro, manganês, alumínio, bauxita.[1]

E toda essa riqueza natural trouxe, para sua exploração extrativista, levas de brasileiros de outras regiões bem como estrangeiros, com e sem capital. Os capitalizados vieram para explorar as riquezas e se tornar proprietários; os descapitalizados, para aventurar.

Tal situação criou uma desordem socioeconômica regional, vindo alterar o equilíbrio ecológico e o ecossistema. Conseqüentemente, movimentos ecologistas nacionais e estrangeiros passaram a defender a bandeira amazônica. Nesse sentido, a Amazônia passou a ser vista pelo mundo não apenas devido ao caráter econômico de sua vocação natural, mas também, e principalmente, sob o aspecto ideológico, enquanto espaço vital para o equilíbrio do meio ambiente do planeta, já tendo sido rotulada, inclusive, de o "pulmão do mundo".[2]

Este despertar ideológico fez com que teses, muitas vezes absurdas, fossem defendidas, como a de considerá-la "patrimônio comum da humanidade", tal como o são a Antártida, o espaço exterior, em franco e explícito atentado à soberania nacional, cujo cume de desrespeito ao princípio da soberania ocorreu dias atrás quando um general norte-americano pregou a invasão e tomada da Amazônia.

Somada à cobiça internacional, a região vive traumatizada com a tragédia da violência de luta pela posse da terra entre latifundiários e sem-terras. As causas desta situação caótica são as mais diversas possíveis. Uma de suas causas, deveu-se ao fato, a partir da década de 60 e mormente a de 70, da chegada de novos tipos de cultura agrícola e a expansão da cultura da pecuária, com novas tecnologias, implementadas por um novo proprietário, o que gerou, conseqüentemente, estabelecimento de novas relações entre os homens, trazendo desestabilização para a situação harmoniosa vivida pelo caboclo na Amazônia.

Atônito, o jurista constata: nos albores do terceiro milênio, o quadro das relações jurídicas, sociais e econômicas na Amazônia é de total desequilíbrio.

Diante da situação fática, interessa saber se a noção tecnológica que se tem de agricultura desenvolvida, a chamada *revolução verde* - conceito externo à realidade amazônica - é adequada para a região.

---

[1] MENDES, Armando D. & SACHS, Ignacy. "A Inserção da Amazônia no Mundo". In: *Faces do Trópico Úmido: conceitos e novas questões sobre desenvolvimento e meio ambiente*. Coord. Edna Castro & Florense Pinton. Belém, Cejup-UFPA-NAEA, 1997, pp.133/134.
[2] Idem,ibidem, p.135.

Ou seja, questiona-se se o modelo de desenvolvimento para a agricultura dos países industrializados é conveniente à Amazônia.

Nesse sentido, nosso objeto de estudo será, dentro de uma perspectiva jurídica, analisar a validade e em que medida é viável a inserção do chamado desenvolvimento sustentável dentro da região amazônica, porque vias jurídicas pode-se advogar o desenvolvimento sustentável nesta área espacial tão peculiar e típica no Brasil.

Eis nossa tarefa!

2. Definição de Amazônia

O termo Amazônia é plurívoco. Três são os conceitos empregados, a saber: Amazônia Clássica, designativa da região Norte, formada pelos Estados do Pará, Amapá, Amazonas, Acre, Rondônia, Roraima e Tocantins, correspondente a 45,25% do território brasileiro; Amazônia Legal, decorrente da Lei 1.806/1853, quando foi criada a Superintendência de Valorização Econômica da Amazônia (SPEVEA, depois transformada na Superintendência de Desenvolvimento da Amazônia – SUDAM) e incluídos, além dos Estado da Amazônia Clássica, o do Maranhão, parte ocidental à esquerda do meridiano 44 e ao norte dos Estados de Goiás e Mato Grosso, acima dos paralelos 13 e 16 de latitudes sul; e, a Pan-Amazônia ou Amazônia Internacional, originada do Pacto de Cooperação assinado em 1978 por oito países sul-americanos: Brasil, Colômbia, Equador, Guiana, Peru, Suriname, Venezuela e Bolívia.

Em nosso trabalho, em princípio interessa-nos abordar a problemática no espaço geográfico da Amazônia Clássica.

3. Definição de desenvolvimento sustentável

A Declaração de Estocolmo, de 1972, extraída da Conferência das Nações Unidas sobre Meio Ambiente, recomendou às nações que se preocupassem com a proteção ao meio ambiente, recomendando, inclusive, a planificação e a ordenação ambiental. Neste documento internacional ficou definido que a proteção e a melhoria do meio ambiente era uma questão fundamental ligada à própria sobrevivência da espécie humana.

Preocupada com a matéria, a ONU, através da FAO, proclamou o seu conceito de desenvolvimento sustentável, a saber: " É o manejo e conservação da base dos recursos naturais e a orientação da alteração tecnológica e institucional, de tal maneira que se assegure a contínua satisfação das necessidades humanas para as gerações presentes e futuras. Este desenvolvimento viável (nos setores agrícola, florestal e pesqueiro) conserva a terra, a água e os recursos genéticos vegetais e animais, não degrada o meio ambiente e é tecnicamente apropriado, economicamente viável e socialmente aceitável".[3]

A avaliação de sustentabilidade da agricultura é feita segundo a análise dos seguintes critérios e objetivos: atendimento das necessidades nutricionais básicas das gerações atuais e futuras; oferta de mão-de-obra e qualidade de vida a todos os envolvidos no processo de produção agrícola; fomento das capacidades produtiva e regenerativa dos recursos naturais, sem depredar o meio ambiente e sem desnaturar as características socioculturais das comunidades locais; e, promoção da redução da vulnerabilidade do setor agrícola ante os riscos da natureza e socioeconômicos, ou outros de qualquer ordem.[4]

Vê-se, desse modo, que o conceito "desenvolvimento sustentável" trouxe novo elemento semântico da linguagem internacional, tentando conciliar crescimento econômico e proteção ao meio ambiente do planeta.

Não se devendo esquecer, por outro lado, de que a noção de desenvolvimento (econômico) é conceito etnocêntrico, na medida em que ser desenvolvido é ser o mais parecido possível com o modelo econômico americano: ser desenvolvido é ser como nós somos, proclama o Prof. norte-americano Richard L. Clinton.[5]

Face a tal contingência, em junho de 1992, os países integrantes da ONU reuniram-se no Rio de Janeiro, em conferência que se chamou ECO-92, para discutir tais assuntos, tendo por ponto fundamental o meio ambiente e desenvolvimento, de onde resultou o documento *Declaração do Rio de Janeiro*.

Hodiernamente, segundo diretrizes da ONU, o meio ambiente sadio e ecologicamente equilibrado é direito fundamental de terceira geração.[6]

Em sede de direito positivo brasileiro, o conceito de desenvolvimento sustentável está plasmado constitucionalmente no art. 225

---

[3] ALVARENGA, Octávio Mello. *Política e Direito Agroambiental: comentários a nova lei de reforma agrária* (Lei nº 8.629, de 25 de fevereiro de 1993). Rio de Janeiro, Forense, 1995, p. 124.

[4] Idem, ibidem, 124/125.

[5] Idem, ibidem, p.112.

[6] Segundo classificação da ONU, os direitos humanos são de primeira geração (os clássicos, civis e políticos), de segunda geração (os econômicos, sociais e culturais) ou de terceira geração (meio ambiente, consumidor).

quando expressa que é direito fundamental o *meio ambiente ecologicamente equilibrado*.

Faz-se valer este preceito constitucional na medida em que se utiliza de técnicas de aproveitamento dos recursos naturais cientificamente comprovadas por diversas pesquisas para sua exploração econômica.

4. O Direito Agrário e a proteção do meio ambiente

É inconteste que o Direito Agrário deixou de ser o direito da agricultura, ou o direito do agricultor, ou o direito do empresário rural, ou, ainda, o direito da reforma agrária, e passou a ser o Direito Alimentário e Direito Agroambiental.

Isto porque o Direito Agrário visa a alimentar o homem, mas sem perder a noção de que não deve esgotar os recursos naturais e depredar o meio ambiente ao explorá-los economicamente. Muito pelo contrário, deve preservar e promover a renovação dos ciclos biológicos vegetal e animal, a fim de garantir o desenvolvimento sustentável.

Esta é a vertente atual do Direito Agrário. A par do reconhecimento do ciclo biológico que faz parte da agrariedade, segundo Antonio Carozza, e da teoria agrobiológica inerente à atividade agrária, consoante Rodolfo Ricardo Carrera, a preservação e a conservação dos recursos naturais é valor que se agrega ao conceito Direito Agrário.

O direito ao meio ambiente sadio e ecologicamente equilibrado já definido como um dos direitos humanos de terceira geração está garantido constitucionalmente no Brasil.

A novel axiologia trazida pela Constituição Federal de 88 elegeu o meio ambiente como direito fundamental do homem brasileiro, e dispensou um Capítulo específico para tratar a matéria, o *VI*, inserido no *Título VIII* que versa *"Da Ordem Social"*, em cuja parte está o art. 225 que determina que " todos têm direito ao meio ambiente ecologicamente equilibrado" devendo ser preservado pela sociedade civil e Poder Público, para as gerações atuais e futuras.

A *mens legis* constitucional é proporcionar ao homem brasileiro qualidade de vida digna e sadia: meio ambiente adequado à saúde e bem-estar da população.

No Estado do Pará, a Constituição Estadual de 05 de outubro de 1989, por seu turno, emprestou ao tema meio ambiente sentido mais próximo do aspecto econômico, como que denotando que a atividade econômica deve ser conjugada com o meio ambiente, pois reservou o *Título VIII* específico para tratar *"Da Ordem Econômica e do Meio Ambiente"*. A interpretação constitucional a ser feita, deve ser, senão outra que o legislador constituinte deseja que a atividade econômica regional se harmonize e respeite o meio ambiente ecologicamente equilibrado, juntamente com as populações amazônicas, proporcionando o desenvolvimento sustentável.

Dentro deste *Título*, o *Capítulo VI* é intitulado *"Do Meio Ambiente"*, e o art. 252 nele inserido estatui que "a proteção e a melhoria do meio ambiente serão prioritariamente consideradas na definição de qualquer política, programa ou projeto, público ou privado, nas áreas do Estado".

O desenvolvimento sustentável na região é explicitamente garantido no art. 254 ao dispor que "O Poder Público realizará o zoneamento ecológico-econômico do Estado, de modo a compatibilizar o desenvolvimento com a preservação e a conservação do meio ambiente, bem como promoverá o levantamento e o monitoramento periódico da área geográfica estadual, de acordo com as tendências e desenvolvimento científico, de modo que o zoneamento ecológico-econômico esteja sempre atualizado, garantindo a conservação das amostras representativas dos ecossistemas".

O zoneamento ecológico-econômico está previsto na Lei Estadual de Política do Meio Ambiente (Lei n° 5.887, de 09/05/1995) e é fundamental para o ordenamento territorial, devido a Amazônia não ser um espaço homogêneo, constituindo verdadeiro mosaico agroambiental. Nos termos do art. 71 da lei, tal zoneamento deve ser aprovado por lei estadual e visa a ordenar o território e a melhorar a qualidade de vida das populações urbanas e rurais.

A previsão do ordenamento e da planificação agroambiental está em consonância com o que foi recomendado na Declaração de Estocolmo/72, da ONU.

O zoneamento ecológico-econômico tem função de ser um parâmetro balizador do avanço, de forma racional e ordenada, da ocupação econômica regional, obedecendo-se às vocações naturais do espaço regional. Não se descurando, todavia, da importância estratégica que o conhecimento tecnológico atual assume e da condição de adequá-lo ou ampliá-lo.[7]

De outra banda, a Constituição Estadual prevê que a todo e qualquer plano, programa, projeto, atividade ou obra potencialmen-

---

[7] COSTA, José Marcelino M. da. "Impactos Econômico-territoriais do atual Padrão de Ocupação da Amazônia". *In Amazônia: desenvolvimento ou retrocesso.* Coord. José Marcelino Monteiro da Costa. Belém, Cejup, 1992 (Coleção Amazônia, 2), p. 95.

te causadora de desequilíbrio ecológico ou de significativa degradação ao meio ambiente, é exigido o estudo prévio de impacto ambiental, nos termos das legislações federal, estadual e municipal.[8] (art. 255, § 1º).

Infere-se, portanto, que a legislação do Estado do Pará, em consonância com a Constituição Federal, lança as bases legais para a consecução do desenvolvimento sustentável regional em harmonia com o meio ambiente ecologicamente equilibrado.

5. Os recursos naturais e o imóvel rural

Nas legislações modernas, a exploração econômica do espaço rural, mais propriamente, o imóvel rural obedece ao princípio da função social da propriedade.[9]

O Direito Brasileiro, e assim as legislações do mundo contemporâneo, incluem a utilização adequada dos recursos naturais disponíveis e a preservação do meio ambiente como um dos fatores de qualidade que predica o direito de propriedade do imóvel rural.[10]

Este predicado, juntamente com outros, traz o caráter de funcionalidade da propriedade agrária, de que nos fala Juan Jose Sanz Jarque.[11]

O fenômeno universal de sensibilidade à natureza veio trazer elemento axiológico novo para o Direito Agrário. A atividade agrária está intimamente imbricada às riquezas da natureza, pois a flora, fauna, terra, água, ar fazem parte do processo produtivo agrário, resultando daí que é direito básico o homem consumir alimentos sadios e ecologicamente puros.

Octávio Mello Alvarenga pondera que, na propriedade da terra, há a presença de três elementos: o proprietário, o objeto apropriado

---

[8] A Constituição Federal, no art. 23, VI, atribui competência comum à União, Estados, Distrito Federal e Municípios para legislar sobre proteção do meio ambiente e combate à poluição em qualquer de suas formas, Já no seu artigo seguinte, o 24, estabelece competência concorrente à União, Estados e Distrito Federal para legislar sobre florestas, caça, pesca, fauna, conservação da natureza, defesa do solo e dos recursos naturais, proteção do meio ambiente e controle de poluição (inciso VI).

[9] Sobre uma visão crítica deste princípio, ver nosso: "Função Social da Propriedade Agrária: uma revisão crítica. In: *Revista de Direito Civil, Imobiliário, Agrário e Empresarial*. São Paulo, Revista dos Tribunais, 76 (20), abril/jun,1996, pp. 72-78.

[10] No Direito Agrário brasileiro, define-se imóvel rural todo aquele que, independentemente de sua localização, tenha por fim a exploração de atividades agrícola, pecuária, agroindustrial e extrativa.

[11] SANZ JARQUE, Juan Jose. *Derecho Agrario*. Madrid, Fudación Juan March, 1975, pp. 102 e segs.

e o conjunto de três fatores: a produção, a estabilidade e o desenvolvimento.

O sujeito exerce seus direitos sobre o imóvel rural, de maneira dinâmica, e não estática, cujo ponto de destaque permeia pelos três fatores indicados.

No que pertine à produção, a propriedade da terra tem por fim produzir alimentos, sendo estes uma das razões do Direito Agrário.

Quanto à estabilidade, significa que as relações jurídico-sociais estabelecidas pela propriedade são meio de equilíbrio social, tanto para os produtores como para a sociedade em geral

E o desenvolvimento, diz respeito que a propriedade é fator de gerar outras riquezas, devendo estar ordenado em todos os seus elementos.[12]

A Constituição Federal brasileira de 88 plasma tal conceito em seu art.186, inciso II. Não apenas aqui, mas também no inciso I do mesmo dispositivo, quando elenca "o aproveitamento racional e adequado" do imóvel rural.

Em obediência ao mandamento constitucional, a Lei Federal nº 8.629, de 25.02.1993, no art. 9º, I e II, dispõe em idêntico teor e forma, sendo que interpreta os conceitos ao dizer, no § 1º do referido artigo, que se considera racional e adequado o aproveitamento quando atinge os graus de utilização da terra e de eficiência na exploração especificados na lei; enquanto no § 2º esclarece ser adequada a utilização dos recursos naturais disponíveis quando a exploração se faz respeitando à vocação natural da terra, de modo a manter o potencial produtivo da propriedade; e, por fim, no § 3º considera que há preservação do meio ambiente, das características próprias do meio natural e da qualidade dos recursos ambientais, na medida adequada da manutenção do equilíbrio ecológico da propriedade e da saúde e qualidade de vida das comunidades vizinhas.

No âmbito da Constituição Estadual do Pará, a preocupação não foi menor, visto que no *Capítulo IV*, quando dispõe *"Da Organização Regional"*, inserida no *Título III*, que versa *" Da Organização Do Estado"*, o art. 50 estabelece que uma das normas programáticas da organização regional é a gestão adequada dos recursos naturais e a proteção ao meio ambiente.

A tutela aos recursos naturais, renováveis ou não, tem como sede constitucional principal o Capítulo que trata sobre meio ambiente, anteriormente referido, sem que o legislador traga algo de

---

[12] ALVARENGA, Octávio Mello. Op. cit, p. 131.

novo e específico além do que está consagrado em caráter universal nas melhores legislações.

Exceção deve ser feita a uma particularidade, a trazida no art. 259 daquele diploma legislativo. A tutela contemplada retrata o grande potencial hidroenergético da região amazônica e os efeitos maléficos que podem ser causados ao ecossistema e às populações regionais se não forem tomadas as precauções lá recomendadas.

Assim é que o referido dispositivo comanda que " as empresas públicas ou privadas que realizem obras de usinas hidrelétricas, de formação de barragens, ou outras quaisquer que determinem a submersão, exploração, consumo ou extinção de recursos naturais localizados em terras públicas ou devolutas, ainda que aforadas ou concedidas, ficarão obrigadas a indenizar o Estado, na forma da lei que a definir".

Anote-se que esta indenização aos recursos naturais é específica às hipóteses previstas na lei estadual, sendo distinta da reparação civil por dano ambiental, de caráter genérico, prevista na lei federal, podendo ambas cumularem-se.

Providencial a atitude do legislador, embora, em momento histórico-econômico anterior à Constituição Estadual de 89, a realidade amazônica já tenha experimentado grave dano aos recursos naturais e ao meio ambiente, sem qualquer implicação de responsabilização à empresa estatal federal ofensora à natureza, como aconteceu no caso da hidroelétrica de Tucuruí, no Pará.

6. O desenvolvimento sustentável e a Amazônia

No Direito Agrário moderno a função econômico-social da propriedade significa não apenas o empreendedor explorar economicamente os recursos naturais, mas também que no uso destes recursos não os destrua, degrade ou esgote, pois é fundamental que o meio ambiente sadio e ecologicamente equilibrado seja preservado para as gerações presentes e futuras.

Assim, a dicotomia exploração econômica (desenvolvimento) x recursos naturais (meio ambiente) pode sobreviver harmonicamente sem que um prejudique o outro. Para tanto, uma das políticas a ser adotada é a gestão local dos recursos naturais, posto que a gestão centralizada distancia o gestor da realidade local, e causa desvirtuamento na solução desejável.

Nas sociedades em que não há discrepância socioeconômica gritante, o desenvolvimento é promovido em favor da grande massa de cidadãos. Contudo, nas sociedades marcadas pela exclusão social e econômica da maioria da população, cuja exploração econômica dos meios de produção é exercida por uma minoria, é de se indagar: desenvolvimento em favor de quem? Esse o ponto nevrálgico a ser solucionado em regiões com população maciçamente pobre como a Amazônia.

A Amazônia, portanto, convive com um paradoxo brutal: as riquezas dos recursos naturais, mormente a mineralógica, hidroenegética e madeireira, abriga uma população nativa, afeiçoada ao seu *habitat*, desprovida das condições econômico-sociais mínimas da dignidade humana.

Com o incremento econômico desordenado do capital originado do Sul do Brasil e do exterior, aliado à propaganda de colonização do governo federal, dentre diversos outros fatores, houve choque ao sistema de vida do nativo arraigado à região, iniciando-se a partir da década de 60 e 70 e mantendo-se até hoje, uma onda de luta pela posse da terra.

A chegada do capital de fora da região expulsou o colono de seu *habitat* natural. Nestes locais foram criadas fazendas, extraída a madeira, montadas indústrias de beneficiamento das riquezas minerais com destino ao exterior, enfim, praticados atos que desestabilizaram o ecossistema.

A questão amazônica, sob este viés, implica encontrar alternativas que traga melhoria de qualidade de vida ao homem local. E a sociedade civil tem se organizado para lutar por esta melhora de vida. A par disso, o interesse pelo desenvolvimento econômico também é presente. Fórmulas devem ser criadas para se explorar os bens da natureza, sem esgotá-los e nem excluir o nativo, mas inserindo o caboclo amazônico na economia do mundo.

Nesse sentido, duas experiências de desenvolvimento sustentável convivem hoje na região. Vejemos cada uma delas.

6.1. Reserva extrativista

Com a decadência da era da borracha e da castanha do pará, os antigos seringais e castanhais, principalmente do Estado do Acre, foram desativados, outros abandonados, de sorte que o detentor dos meios de produção (o seringalista, o proprietário dos castanhais) saiu da cena econômica da borracha e da castanha.

Os antigos empregados - os seringueiros e castanheiros - e seus descendentes, tornaram-se autônomos, mas continuando a viver na floresta, à custa da caça, da pesca, da coleta do látex e dos frutos, e de tudo mais que o meio da floresta possa proporcionar. Assim, deixaram de fazer parte do empreendimento extrativista tradicional e se tornaram autônomos, com modo de produção individual cujas atividades de corte, coleta e transformação do látex em borracha são feitas por cada família.

A população extrativista tem na floresta sua fonte principal de subsistência e os recursos florestais são seu bem econômico maior. Por isso, preservam-na

A partir da década de 70, na Amazônia Ocidental, especificamente no Acre, os seringueiros autônomos somaram esforços para protestar contra o desmatamento. Esse movimento reuniu suas forças e em 1985 organizaram o primeiro Encontro Nacional de Seringueiros da Amazônia, de onde resultou a proposta de criação da Reserva Extrativista.

Digno de nota é que a idéia nasceu a partir das comparações de *modus vivendi* análogo entre a população indígena e a população extrativa. Ambas levam tipo coletivo de vida e da floresta extraem sua subsistência.

As reservas extrativistas são modelo de unidade de conservação de recursos naturais, pela qual se compatibiliza a exploração econômica com os benefícios sociais, sem descurar a preservação ambiental.

Um outro fator agroambiental que determinou a criação desta unidade de conservação, foi a colonização oficial imposta pelo INCRA. É que o governo federal, utilizando o instrumento da desapropriação por interesse social para fins de reforma agrária, que serve para expropriar imóvel localizado em qualquer parte do país, distribuiu lotes individuais com área do módulo regional, que é de 50 a 100 hectares.

Entretanto, este sistema oficial de assentamento nas áreas de população tradicional faliu por dois motivos básicos: o modo de vida natural do seringueiro, mesmo o autônomo, não é feito individualmente, mas coletivamente; e para que sobreviva, juntamente com a família, da exploração do látex, o lote de 50 ou 100 ha é insuficiente, uma vez que a seringueira, a árvore, está espaçada na floresta nativa e para que sua extração seja rendosa, com a tecnologia de hoje, há necessidade de 300 a 500 ha de área.[13]

---

[13] Mary Helena Allegretti, que pesquisou *in loco* a comunidade, diz: "nas condições atuais em que é feita a extração do látex de seringueiras nativas, cada produtor individual necessita, em média percorrer de 100 a 150 árvores por dia para obter uma média anual de 500 kg. de borracha In: ALLEGRETTI, Mary helena. "Reservas Extrativistas:uma proposta de desenvolvimento da floresta amazônica". *Pará Desenvolvimento*. Belém, IDESP, nº 25, jan/dez,1989, p. 6.

Ao se adotar esta solução genuinamente amazônica, conseqüentemente, a reserva extrativista também vem solucionar um outro problema agrário, especificamente fundiário, que é a regularização do título de terra para a comunidade. Assim, por este instituto agroambiental se legaliza a área em harmonia com uma forma específica de utilização de recursos naturais.

Após reivindicações em congressos das populações nativas, destacando-se a ação de Chico Mendes com ampla repercussão internacional, e a pressão da opinião pública internacional e nacional em torno do noticiário de freqüentes assassinatos de líderes sindicais rurais cujo símbolo mor foi a morte de Chico Mendes, veio a Lei 7.804, de 18/7/89, alterando o inciso VI do art. 9º da Lei 6.938/81, que trata da Política Nacional do Meio Ambiente, e criou a reserva extrativista, cujo regulamento é o Decreto Federal nº 98.897, de 30/01/90.

O decreto regulamentador, após definir o que seja reserva extrativista, de acordo com os elementos fornecidos pelas populações tradicionais da área, menciona que no ato legal de criação, deve constar os limites territoriais, a população destinatária, ficando a cargo do Instituto Brasileiro do Meio Ambiente e dos Recursos Naturais Renováveis – IBAMA – as desapropriações que se fizerem necessárias.

Ora, ao reconhecer semelhante natureza à reserva extrativista, o legislador a conceituou como instituto jurídico ambiental, tanto que legitimou o IBAMA para promover a desapropriação necessária. Entretanto, entendemos que a reserva extrativista é essencialmente agroambiental, posto que a população nativa, mesmo preservando a floresta, extrai dela o meio de subsistência, utilizando parco nível de investimento e incipiente desenvolvimento tecnológico.

A lei designa, também, que a exploração auto-sustentável e a conservação dos recursos naturais será feita por contrato de concessão de direito real de uso, cedido a título gratuito.

Mencionado contrato se constitui um típico exemplo, no Direito brasileiro, do que a doutrina especializada denomina de *contrato ambiental*, por ter objeto e finalidade de proteger e conservar o meio ambiente, utilizando racionalmente os recursos naturais[14] A nosso ver, acresceríamos dizendo ser um *contrato agroambiental*.

---

[14] PARIS RODRIGUEZ, Hernando. "Contratos Ambientales". *In*: Antologia de Derecho Agrario. Cood. ULATE CHACÓN, Enrique. San Jose, C.R., Editorial Universidad de San Jose, 1996, p. 255.

A cautela da lei em lançar mão do direito real de uso para a concessão do espaço territorial é porque o solo, a floresta, os recursos naturais disponíveis são considerados de domínio público,[15] em perfeita consonância com a disposição constitucional que determina ser a floresta amazônica brasileira patrimônio nacional (CF/88, art. 225, § 4º).

O direito real de uso será transmitido a título gratuito. A gratuidade se faz necessária tendo em vista que os seringueiros autônomos já são nativos deste espaço territorial e psicologicamente consideram-se proprietários dele, além do que são desprovidos de recursos financeiros.

No contrato de concessão faz parte o plano de utilização da área aprovado pelo IBAMA e contém cláusula de rescisão quando praticar dano ao meio ambiente ou fizer transferência *inter vivos* da gleba.

O plano de utilização da área é o plano de manejo florestal[16] em que é proibida a exploração dos recursos minerais e a caça amadorística ou profissional, dentre outras limitações.

A proibição de transferência *inter vivos* do direito real de uso, é fundamental para que coíba o beneficiário de transmiti-lo a quem seja um alienígena ao *modus vivendi* florestal, e assim evitando a possibilidade de depredação ao meio ambiente.

A gestão e fiscalização desse espaço agroambiental fica a cargo do IBAMA, segundo os termos do decreto regulamentador.

Desse modo, infere-se que as reservas extrativistas contemplam elementos que lhe são próprios e peculiares, quais sejam: existência de recursos naturais renováveis em condições de serem explorados; população tradicional adequada ao ecossistema; e, ação do poder público para legalizar a utilização desses recursos naturais.

6.2. *Florestas nacionais (flonas)*

As Florestas Nacionais, as chamadas FLONAS, estão criadas pelo Código Florestal (Lei nº 4.771/65, art. 5º, *a*) e se constituem em

---

[15] BENATTI, José Heder. "Aspectos Jurídicos das Unidades de Conservação no Brasil". In: *Cadernos da Pós-Graduação em Direito*. Belém, 2(1), jan/mar.,1997, pp. 52 e58.

[16] O Plano de Manejo está previsto há mais de trinta anos na legislação florestal básica (art. 15 da Lei 4.771/65 – o Código Florestal) e pode ser conceituado como o projeto dinâmico que, utilizando técnicas de planejamento ecológico, determina o zoneamento de um espaço protegido, caracterizando cada uma de suas zonas e propondo seu desenvolvimento físico, de acordo com suas finalidades (art. 6º do Decreto 84.017, de 21/09/79, que dispõe sobre Parques Nacionais) e visa ao manejo ecológico adequado: compatibilização da preservação dos ecossistemas protegidos com a utilização dos benefícios deles advindos (art. 5º do referido Decreto).

áreas de cobertura florestal de espécies nativas ou plantadas e servem de objeto para exploração mercantil sustentável de madeira e outros produtos vegetais (ex. cascas, folhas aromáticas, cipós).

As FLONAS são áreas de domínio público da União, submetidas à condição de inalienabilidade e indisponibilidade, em parte ou no todo, e têm seu regulamento no Decreto nº 1.298, de 27/10/1994

A exploração econômica desta unidade de conservação ambiental é instrumento que lançou mão o poder público a fim de compatibilizar a necessidade de preservação de recursos ambientais com o desenvolvimento, inserindo-se, portanto, dentro do contexto de desenvolvimento sustentável.

A utilização planejada e racional da madeira e subprodutos florestais na região amazônica é indispensável e necessária para que não se chegue à temida exaustão genética vegetal.

É que a indústria madeireira regional, especialmente as serrarias, via de regra, têm imprimido ação predadora ao meio ambiente. A extração seletiva de madeira praticada em alta intensidade (exploração irracional), e o corte raso para o uso intensivo da terra, têm apresentado quase sempre um comportamento itinerante, deslocando-se em buscas de nova áreas onde encontre madeira rendosa ao mercado internacional, principalmente. Nesse processo, onde o lucro fácil e imediato é o objetivo primeiro, há o risco de perda da sustentabilidade da atividade devido ao esgotamento do recurso.[17] Tal vem ocorrendo no Nordeste e no Sul do Pará onde as serrarias atendem demanda de contratos de fornecimento de madeira.

Contudo, este desflorestamento bastante acelerado em passado recente, tem suas taxas diminuídas no presente, devido à reação dos poderes públicos, bem assim das organizações não-governamentais e da sociedade em geral.

Desse modo, a preservação e o uso racional e sustentável das FLONAS são mecanismos inteligentes que conduzem o homem na Amazônia a promover o manejo dos recursos naturais, garantir a manutenção dos recursos hídricos, das belezas cênicas, e dos sítios históricos e arqueológicos, e fomentar o desenvolvimento da pesquisa científica básica e aplicada, da educação ambiental e das atividades de recreação, lazer e turismo (art. 1º e incisos do Dec. 1.298/94).

Cabe ao IBAMA a gestão das FLONAS. Conforme a sistemática legal vigente, o IBAMA elabora o Plano de Manejo que contém os programas de ação, o zoneamento ecológico-econômico, identifican-

---

[17] YARED, Jorge Alberto Gazel & BRIENZA JÚNIOR, Silvio. "A Atividade Florestal e o Desenvolvimento na Amazônia". In: *Pará Desenvolvimento*. Belém, IDESP, nº 25, jan/dez, 1989, p. 61.

do qual a área que pode ser explorada economicamente. Após, é aberto ao mercado a licitação pública onde consta no edital as normas básicas e regulamentadoras da exploração vegetal, elaborado em obediência ao regimento interno da FLONA já anteriormente aprovado pelo IBAMA.

Ao IBAMA cabe também promover as desapropriações e indenizações respectivas, indispensáveis à regularização das FLONAS.

A região tem, sem dúvidas, vocação florestal para o desenvolvimento sustentável. Apesar dessa importância, a utilização racional e planejada do potencial florestal somente há poucos anos começou despertar interesse e preocupação dos poderes públicos no sentido de utilização de técnicas de manejo florestal.

As políticas públicas para o desenvolvimento da Amazônia, notadamente a partir da ECO/92, foram voltadas para incentivar atividades que privilegiem a vocação maior da região, que é a florestal, tanto que medidas legislativas foram tomadas nesse sentido: a Medida Provisória nº 1.511/96, sucessivamente reeditada até o presente, proibiu o incremento da conversão de áreas florestais em áreas agrícolas na área da Amazônia Legal; o Decreto 1.963, de 25/07/1996, suspende, pelo período de 2 anos, as autorizações e concessões para exploração da madeira de lei valiosa no mercado internacional, quais sejam o mogno e a virola.

Nesse sentido, o uso racional e sustentável das riquezas florestais, mormente a madeireira, é um caminho a ser trilhado pelo empreendedor a fim de evitar a ação predadora ao meio ambiente e aos recursos naturais renováveis da região amazônica.

6.3. Atividades agroambientais incentivadas pelos Poderes Públicos

A região Amazônia, embora rica em recursos minerais, vegetais, animais e naturais, é pobre socioeconomicamente. Por isso, necessita de fomento para a iniciativa privada investir na região e para o poder público local infra-estruturar as municipalidades.

Dentro desse diapasão, há duas agências desenvolvimentistas regionais, que são o Banco da Amazônia SA (BASA) e a Superintendência de Desenvolvimento da Amazônia (SUDAM). Vejamos a atuação de cada uma.

6.3.1. A SUDAM

A Superintendência de Desenvolvimento da Amazônia (SUDAM) atua promovendo o desenvolvimento econômico através de incentivos creditícios e fiscais, dentre outras ações. Promove o incremento da iniciativa privada a nível agropecuário, ambiental, industrial, fazendo gerar empregos e contribuindo para que a Amazônia caminhe as trilhas do progresso econômico e social.

Nesse espírito, apóia diversas linhas de ação da sociedade civil. Dentre estas, para nosso objeto de estudo, interessa especificar as seguintes: estudos e pesquisas tendo como áreas temáticas a pesca, florestal-madeira, recuperação de áreas degradadas, elaboração de diagnóstico ambiental de Municípios, cujo objetivo é preservar as características ecológicas, de modo que se obtenha o maior equilíbrio entre a exploração econômica dos recursos naturais e a conservação de seus ecossistemas.

Fomenta, também, a produção agrícola em comunidades amazônicas, visando à administração e à modernização de atividades tradicionais e ecologicamente sustentáveis, bem como a implantação de novos ramos e atividades de grande potencial econômico e preservação ambiental.

Ainda, objetivando a melhoria de qualidade de vida, apóia à implantação de projetos de infra-estrutura nos segmentos de transporte, energia e saneamento básico, a fim de que o desenvolvimento econômico e social de Municípios amazônicos esteja em estreita sintonia com os aspectos ambientais.

Estimula, também, outras atividades econômicas em megaprojetos capitalistas de interesse para o desenvolvimento regional.

Ora, é de se verificar que o suporte indispensável à promoção e à integração regional que tem a SUDAM na Amazônia é voltado não apenas à iniciativa privada, mas também ao poder público municipal, objetivando atender às prefeituras carentes do interior amazônico, bem assim às estatais, autarquias ou fundações federais, estaduais ou municipais, enfim, a toda instituição pública ou privada instalada na região amazônica e que venha trazer progresso social e econômico.

6.3.2. O BASA

O Banco da Amazônia SA – BASA – é a outra agência desenvolvimentista regional.

A Constituição Federal de 88, em seu art. 159, inciso I, alínea *c* criou o Fundo Constitucional de Financiamento do Norte, o chamado FNO, que obrigou a União destinar 3% da arrecadação do Imposto de Renda e do Imposto de Produto Industrializado para aplicação em programas de financiamento ao setor produtivo na região Norte.

Por força da Lei 7.827/89, modificada pela Lei 9.126/95, que regulamenta o dispositivo constitucional supra, o BASA é a instituição financeira de caráter regional responsável pela administração do FNO.

Nesse sentido, o BASA gere o FNO, com oferta de dinheiro mais barato que o mercado, com taxas de juros menores, utilizando-o em treze programas de financiamento que congregam atividades econômicas dos setores agropecuário, agroindustrial, mineral, industrial e de turismo da região Norte, sendo que destes programas, interessa-nos os seguintes:

Programa de Apoio à Reforma Agrária – PROCERA – é uma linha especial de crédito de custeio e investimento, destinado a apoiar os projetos de assentamento elaborados e/ou aprovados pelo Instituto Nacional de Colonização e Reforma Agrária (INCRA), ao pequeno e miniprodutor rural;

Programa de Apoio ao Desenvolvimento do Extrativismo – PRODEX/FNO ESPECIAL – estimula a atividade extrativista vegetal, propiciando a ocupação de mão-de-obra e geração de renda aos pequenos e miniprodutores extrativistas e suas famílias, desde que estejam vinculados a associações ou cooperativas de produção legalmente constituídas;

Programa Nacional de Fortalecimento da Agricultura Familiar – PRONAF/FNO ESPECIAL – é uma linha de crédito de investimento e custeio que visa propiciar aos agricultores, familiares e suas organizações aumento de sua capacidade produtiva, geração de emprego, melhoria de renda, qualidade de vida;

Programa de Apoio à Pequena Produção Familiar Rural Organizada – PRORURAL/FNO ESPECIAL – objetiva possibilitar o acesso ao crédito de fomento por parte dos miniprodutores, organizados em associações, tendo por fim a diversificação e o aprimoramento técnico das atividades e a eliminação da agricultura itinerante, tão presente na realidade amazônica;

Programa de Apoio ao Desenvolvimento da Agricultura – PRODAGRI – visa promover o desenvolvimento da agricultura e a incentivar o aumento da produção e produtividade das culturas regionais, em favor de qualquer produtor, até mesmo do grande empreendedor;

Programa de Apoio ao Desenvolvimento da Pecuária – PRODEPEC – busca diversificar as atividades de produção animal, de modo a incentivar a melhoria do padrão racial do rebanho. Apóia os produtores e empresas rurais, de qualquer capacidade econômica, na aquisição de animais bovinos e bubalinos, de padrão racial superior ao do rebanho existente na propriedade, e de máquinas e equipamentos integrados a atividades, inclusive em exposição-feira. Este programa contempla a criação de animais de pequeno, de médio e de grande porte.

Programa de Apoio à Sustentação e Preservação do Meio Ambiente – PROSUMAM – é linha de financiamento que objetiva racionalizar o uso dos recursos naturais renováveis, procurando minimizar o desequilíbrio dos ecossistemas através do manejo sustentável, contemplando a criação racional de animais silvestres, o manejo florestal sustentável e a reabilitação de áreas alteradas, através de sistemas agroflorestais e de reflorestamento.

A partir da determinação constitucional de repartir obrigatoriamente o bolo da receita tributária nacional para com a região Norte e com a administração destes recursos pelo órgão fomentista, a região passou a contar com recursos certos, não mais dependentes do sabor político, e os setores rural e ambiental foram mais bem aquinhoados, e, por sua vez, dentro destes setores, os pequenos e miniprodutores foram melhor contemplados com os recursos financeiros daí provenientes, de sorte que a expectativa de melhoria da situação para esta categoria de produtores tornou-se uma realidade.

6.3.3. O Poder Público do Estado do Pará

A diversificação da produção agrícola no Estado do Pará é escassa, pois é voltada basicamente para as culturas anuais de subsistência: arroz, feijão, milho e mandioca. Esses cultivos, normalmente realizados de forma consorciada ou de rotação, são conduzidos com baixos padrões tecnológicos, sendo comum a agricultura itinerante, estabelecida após a derrubada ou queima da floresta, utilizando mão-de-obra fundamentalmente familiar. As culturas anuais industriais, como as fibras (juta, malva, algodão) foram, praticamente, desativadas no Estado pela falta de assistência técnica e financeira, dentre outros motivos.

O extrativismo ainda é atividade agrária muito desempenhada no Estado. E o principal produto quanto ao extrativismo vegetal é a madeira, extraída em tora.

Diante desta realidade, o poder público estadual do Pará tem se empenhado em mudar a base produtiva agrária, engendrando programas de financiamento para a agricultura familiar. Assim, é que foi criado recentemente o Programa de Modernização e Verticalização da Agricultura Familiar, o *promover*, assegurando aos pequenos produtores rurais o acesso aos recursos financeiros e tecnológicos disponíveis no mercado.

Objetiva o programa, em parceria com prefeituras do interior, associações de produtores e órgãos ligados ao setor, mudar o perfil dessa agricultura de subsistência, mantendo-a, mas em condições tecnológicas melhores, com a introdução da mecanização e verticalização da produção.

Por outro lado, infra-estrutura-se e incentiva-se a produção agropecuária exportadora, hoje incipiente, a fim de resgatar o volume satisfatório do corredor exportador, já agora em bases planejadas, racionais e sustentável, sem agressão ao meio ambiente.

7. Conclusão

A Constituição Federal de 1988 é um marco indelével dentro do ordenamento jurídico brasileiro. Não por ser um diploma constitucional, mas por que sua axiologia e sua novel principiologia trouxeram para a sociedade brasileira valores, conceitos e regras antes desconhecidos do cidadão.

Um desses elementos novos foi o direito ao meio ambiente sadio e ecologicamente equilibrado. Em nosso sistema constitucional, esse direito tem natureza de cláusula pétrea, pois constitui um dos direitos humanos de terceira geração, para usar a nomenclatura da Organização das Nações Unidas.

Nosso ordenamento jurídico constitucional, nesse sentido, está moderno e atual. E toda a legislação infra-constitucional regulando a matéria é no sentido único de conservar e preservar o meio ambiente sadio e ecologicamente equilibrado para o desfrute igualitário das gerações presentes e futuras.

A partir deste valor do Direito brasileiro, inúmeros são os princípios e regras daí originados. Um é o uso racional e adequado dos recursos naturais renováveis, evitando-se o exaurimento desta riqueza; outro, é o planejamento que deve conduzir a atividade agroambiental; mais um, é que a exploração econômica das riquezas naturais deve obedecer à preservação do meio ambiente saudável; corolariamente ao anterior, o desenvolvimento socioeconômico deve ser sustentável. E aqui está a pedra de toque de nosso trabalho.

É desejável que o desenvolvimento seja uma realidade constante. Não obstante, o homem deve zelar, conservar, preservar os recursos naturais, para que o ciclo da natureza seja também uma realidade constante. Assim, chega-se ao desenvolvimento sustentável. E a atividade agrária está indissociada desse processo, dela fazendo parte necessariamente, porquanto o empreendedor rural utiliza os recursos postos a sua disposição pela natureza para dela sobreviver. A atividade agrária exercida em consonância com os recursos naturais e meio ambiente, assegura a regularidade do ciclo produtivo agrário, do qual depende a vida humana. Conseqüentemente, o Direito Agrário é um dos sustentáculos deste novo conceito.

Maior cuidado deve ter o legislador e, de fato, tem tido ao dispor a questão do desenvolvimento sustentável perante a realidade agroambiental de cada região do Brasil. É que, sendo o Brasil um país continental com diferenças geográficas, climáticas, de fusos horários, enfim um país onde se encontra condicionantes da natureza peculiar a cada região, o legislador tem que respeitar essas contingências impostas pela própria natureza.

Desse modo, as disposições normativas dirigidas à região amazônica devem atender às necessidades daqueles que nela vivem. Um exemplo vivo e cuja solução proveio das entranhas do meio amazônico, porque criada pelos próprios interessados, é a reserva extrativista. E a realidade regional é tão forte, que esta unidade de conservação é fórmula ideal para aquelas áreas de populações tradicionais que vivem da extração dos recursos naturais. Mas não o é para a Amazônia como um todo.

Por isso, mesmo em se considerando uma única região, a Amazônia no caso, em face da complexidade e diversidade regional formando verdadeiro mosaico agroambiental, ainda assim as soluções para os problemas não são uniformes ou únicas.

Quanto aos recursos florestais, por exemplo, a sua conservação está intimamente ligada ao uso de tecnologias apropriadas ao seu manejo. A produção sustentada de madeira, com base no manejo das florestas naturais, é uma das alternativas mais racionais de uso, pois procura compatibilizar a preservação ambiental com os interesses socioeconômicos.

Assim, de uma forma ou de outra, infere-se ser indispensável que todos tenham consciência que, para a sobrevivência da Amazônia às gerações presentes e futuras, há necessidade de o poder público, as organizações não-governamentais e a sociedade civil em geral promovam um conjunto coerente de ações articuladas, visando às transformações da realidade regional e à promoção do desenvolvimento socioeconômico sustentado e compatível com o ecossistema.

É curial que se modernize e reestruture a base produtiva regional, voltada para o aumento de produtividade e melhoria da eficiência e compatibilidade das atividades agrárias na Amazônia, propiciando, assim, a inserção da economia regional nos mercados nacional e internacional, de forma sustentada, utilizando racionalmente os recursos naturais e preservando o equilíbrio ecológico do meio ambiente.

Ao se perseguir uma política de semelhante jaez, haverá melhoria de qualidade de vida do homem amazônico, ofertando-lhe a possibilidade do exercício de fato da cidadania e uma vida digna condizente aos padrões mínimos da condição humana.

Dedico este trabalho à esperança de qualidade de vida digna ao caboclo da Amazônia!

Bibliografia

ALLEGRETTI, Mary Helena. "Reservas Extrativistas:uma proposta de desenvolvimento da Floresta Amazônica. In: *Pará Desenvolvimento* Belém: IDESP, nº 25, jan/dez, 1989.

ALVARENGA, Octávio Mello. *Política e Direito Agroambiental: comentários à nova lei de reforma agrária* (Lei nº8.629, de 25 de fevereiro de 1993). Rio de Janeiro: Forense, 1995.

Banco da Amazônia SA - BASA. Relatório de Atividades Desenvolvidas e dos Resultados Alcançados no 1º Semestre de 1997. Belém, 1997.

BENCHIMOL, Samuel. "ECO-92: Borealismo ecológico e tropical ambiental". In: *Amazônia: desenvolvimento ou retrocesso*. Coord. José Marcelino Monteiro da Costa. Belém: Cejup,1992 (Coleção Amazônia, 2).

BENATTI, José Heder. "Aspectos Jurídicos das Unidades de Conservação no Brasil". In: *Cadernos da Pós-Graduação em Direito*. Belém, 2(1), jan/mar.,1997.

CARROZZA, Antonio & ZELEDÓN, Ricardo Zeledón. *Teoria General e Institutos de Derecho Agrario*. Buenos Aires: Editorial Astrea, 1990.

COSTA, José Marcelino M. da. "Impactos Econômico-territoriais do atual Padrão de Ocupação da Amazônia". In: *Amazônia: desenvolvimento ou retrocesso*. Coord. José Marcelino Monteiro da Costa. Belém: Cejup, 1992 (Coleção Amazônia, 2).

FERNANDES, Manoel, RAIOL, Luis Flávio, MACHADO, Edda & FERREIRA, Benjamin. " Agricultura e Pecuária: dados sobre a produção estadual". In: *Pará desenvolvimento*. Belém: IDESP, nº 29 – edição especial, 1996.

GODARD, Olivier. "O Desenvolvimento sustentável:paisagem intelectual". In: *Faces do Trópico Úmido: conceitos e novas questões sobre desenvolvimento e meio ambiente*. Coord. Edna Castro, Florense Pinton. Belém: Cejup-UFPA-NAEA, 1997.

HOMMA, Alfredo Kingo Oyama. "A (Ir)Racionalidade do Extrativismo Vegetal como Paradigma de Desenvolvimento Agrícola para a Amazônia" In: *Amazônia: desenvolvimento ou retrocesso*. Coord. José Marcelino Monteiro da Costa. Belém: Cejup,1992 (Coleção Amazônia, 2).

Instituto Brasileiro do Meio Ambiente dos Recursos Naturais Renováveis – IBAMA. RIMA – Relatório de Impacto Ambiental do Projeto de Manejo Florestal da Floresta Nacional do Tapajós para a Produção Sustentada de Madeira Industrial: relatório final. Curitiba, 1996.

LARANJEIRA, Raymundo. "O Extrativismo como Atividade Agrária - sua ponte entre a tradicção e a modernidade". *In: Las Grandes Tendencias del Derecho Agrario Moderno: características entre tradición y modernidad*. Coord. ZELEDÓN, Ricardo Zeledón. San Jose, C.R., Ed. Guayacán: Centroamericana, 1994.

MACHADO, Paulo Affonso Leme. *Estudos de Direito Ambiental*. São Paulo: Malheiros Editores Ltda., 1994.

MATTOS NETO, Antonio José de. *A Posse Agrária e Suas Implicações Jurídicas no Brasil*. Belém: CEJUP, 1988.

――. "Função Social da Propriedade e Trabalho Rural na Amazônia". *In: Revista do Tribunal Regional do Trabalho da 8ª Região*. Belém 29(57), jul/dez/1996.

――. "Função Social da Propriedade Agrária: uma revisão crítica", *In: Revista de Direito Civil, Imobiliário, Agrário e Empresarial*. São Paulo: Revista dos Tribunais, 20(76), abr/jun., 1996.

――. "Por uma Justiça Agrária e Ambiental". *In: Justicia Agraria y Ambiental en América*. San Jose, C.R., Editorial Guayacán Centroamericana, 1998.

MENDES, Armando D. & SACHS, Ignacy. "A Inserção da Amazônia no Mundo". *In: Faces do Trópico Úmido: conceitos e novas questões sobre desenvolvimento e meio ambiente*. Coord. Edna Castro, Florense Pinton. Belém: Cejup-UFPA-NAEA, 1997.

MENDONÇA, Otávio. "O Direito Agrário e o desenvolvimento da Amazônia". *In: Revista do Tribunal Regional do Trabalho da 8ª Região*. Belém: TRT, 15(28), jan/jun,1982.

OST, François. "Ecologia e Direito: qual o diálogo". *In: Faces do Trópico Úmido: conceitos e novas questões sobre desenvolvimento e meio ambiente*. Coord. Edna Castro, Florense Pinton. Belém: Cejup-UFPA-NAEA, 1997.

PANDOLFO, Clara. "A Desordem Ecológica na Amazônia" *In: A Desordem Ecológica na Amazônia*. Coord. ARAGÓN, Luis E. Belém: UNAMAZ/UFPA,1991 (Série Cooperação Amazônica, 7).

PARÁ. Governo do Estado do Pará. *Programa de Modernização e Verticalização da Agricultura Familiar - PROMOVER*. Belém, 1998.

PARIS RODRIGUEZ, Hernando. "Contatos Ambientales". *In: Antologia de Derecho Agrario*. Cood. ULATE CHACÓN, Enrique. San Jose: C.R., Editorial Universidad de San Jose, 1996

PINTON, Florence & AUBERTIN, Catherine. "O Extrativismo entre Conservação e Desenvolvimento". *In: Faces do Trópico Úmido: conceitos e novas questões sobre desenvolvimento e meio ambiente*. Coord. Edna Castro, Florense Pinton. Belém: Cejup-UFPA-NAEA, 1997.

RIBEIRO, Nelson de Figueiredo. "A Questão Ambiental Amazônica: caracterização e políticas". *In: A Desordem Ecológica na Amazônia*. Coord. ARAGÓN, Luis E. Belém: UNAMAZ/UFPA, 1991 (Série Cooperação Amazônica, 7).

SANZ JARQUE, Juan Jose. *Derecho Agrario*. Madrid: Fundación Juan March, 1975.

YARED, Jorge Alberto Gazel & BRIENZA JÚNIOR, Silvio. "A Atividade Florestal e o Desenvolvimento na Amazônia". *In: Pará Desenvolvimento*. Belém: IDESP, nº 25, jan/dez,1989.

Impresso com filme fornecido pelo cliente por:

FONE: (051) 472-5899
CANOAS - RS
1998